新生

新华银行微观史 1949—1952

刘平 著

NEW BIRTH

SIN HUA TRUST, SAVINGS & COMMERCIAL BANK, LTD.

A MICRO-HISTORY

中国出版集团 东方出版中心

图书在版编目(CIP)数据

新生：新华银行微观史：1949—1952 / 刘平著.
上海：东方出版中心, 2024. 11. -- ISBN 978-7-5473
-2617-6

Ⅰ. F832.95

中国国家版本馆 CIP 数据核字第 2024AB0263 号

新生： 新华银行微观史（1949—1952）

著　　者　刘　平
策 划 人　刘佩英
责任编辑　肖春茂
装帧设计　青研工作室

出 版 人　陈义望
出版发行　东方出版中心
地　　址　上海市仙霞路 345 号
邮政编码　200336
电　　话　021－62417400
印 刷 者　上海盛通时代印刷有限公司

开　　本　890mm×1240mm　1/32
印　　张　13.5
字　　数　297 千字
版　　次　2024 年 11 月第 1 版
印　　次　2024 年 11 月第 1 次印刷
定　　价　78.00 元

目 录

插图目录

引　言

　　1949 年 6 月 7 日,周耀平先生偕夫人及公子搭乘的太古轮船公司盛京号轮船,抵达上海吴淞口码头①。这艘轮船因此行未经当局批准,擅自搭载了 21 名外侨,还惹了一场不小的风波②。

　　这位周耀平,就是后来被称为"汉语拼音之父"的周有光先生。不过,此时,他的职务是新华信托储蓄商业银行总经理室经理。

　　周耀平,曾用名周耀,笔名周有光,1906 年 1 月 13 日出生于江苏常州青果巷,1918 年入常州高级中学,1923 年考入上海圣约翰大学,主修经济学,兼修语言学。1925 年,上海发生"五卅惨案"后,他改入光华大学。1933 年 4 月,他与张允和结婚后,同往日本留学。因仰慕日本马克思主义经济学家河上肇,他离开原本就读的东京大学,转考入京都大学。但河上肇此时已被捕入狱,周耀平未能如愿成为河上肇的学生。1935 年,他放弃在日本的学业返回上海,任教于光华大学,并在江苏银行兼职,参加了反日救国会(章乃器小组)。

　　全面抗战爆发后,他带全家逃亡四川避难,后调入国民政府经济

---

① 《总行周经理耀平抵沪》,载《新语》14 卷 12 期,1949 年 6 月 15 日。
② 《盛京轮擅载外侨入境》,载《解放日报》1949 年 6 月 9 日。

部农本局，任该局重庆办事处副主任，主管四川省合作金库。在重庆期间，周耀平一边在农本局工作，一边兼江苏银行的办事处主任。他还继续参加抗战前就参加的一个活动——"星五聚餐会"，这是上海一些重要工厂或银行组织的，章乃器、蔡承新、周耀平等都是其重要成员，上海工厂迁川后这一活动继续进行。当时，中共驻重庆办事处的周恩来等人，经常与重庆各界人士召开座谈会，由许涤新具体组织，"星五聚餐会"的成员包括周耀平等经常被邀请参加，周耀平也因此与许涤新等共产党人越来越熟悉，并多有交往①。

　　根据周耀平亲笔填写的新华银行行员登记表，他是在 1943 年 3 月 27 日正式加入新华银行的。他入行时的起点不低，职务为总行稽核处稽核，相当于总行部门级经理，属于该行高级职员，介绍人为时任新华信托储蓄银行总经理王志莘。王志莘选中周耀平，看重的应该是他的对外交往和业务开拓能力，更多的是着眼于战后的准备。当时，西南是抗日战争的根据地，王志莘提议由新华银行等四家银行成立一个小调查团，调查西北的情况，看西北能不能发展经济。周耀平实际上主持了这个调查团的工作，并顺带考察新华银行在西安设立分行的可行性。此次考察从西安往西，到甘肃，经过河西走廊的西面，一直到敦煌，调查的重点是西安和兰州②。

　　经过调查，确认在西北暂不具备设立新华银行分支机构的可能性。王志莘同周耀平商量后，成立了一家新原物产公司，作为新华银行的附属事业，从上海运送生活必需品（主要是袜子和衣服等）至湖南吉首，再到成都，然后转运到重庆等处。王志莘计划战争结束之

---

① 周有光：《逝年如水：周有光百年口述》，浙江大学出版社 2015 年版，第 148—152 页。
② 同上书，第 181—183 页。

后,把这个公司转成一个国际贸易公司,把中国的土产运销到国外去。这个公司规模不大,请了一两个人在吉首做中间站。成都是其中的一个重要交接点,按照王志莘的建议,周耀平把家也安在了成都①。

抗战胜利后不久,根据王志莘的指示,周耀平先行回到上海,为新华银行重庆总管理处撤回上海作必要准备。1946年初,周耀平被新华银行派往美国,为新原物产公司在美国开设一个据点,准备将来在美国和中国之间做国际贸易。新华银行原本就在美国纽约百老汇路设有一间长期的办公室,与华尔街第一号门牌的欧文信托公司,一直有业务上的往来和人员上的联系②。

1948年,周耀平接到新华银行通知,到伦敦与英格兰银行联系,准备开展伦敦和上海之间的汇款业务以及进出口的押汇。其间,周耀平考察了欧洲大陆,重点考察法国和意大利③。在伦敦待了差不多一年后,他回到了香港。当时,新华银行在香港设有一个分行④。

根据王志莘的指示,周耀平留在香港处理若干业务工作。不久,他接到一份秘密电报,告知办完事情不要回上海。他后来才知道,因曾帮助一些共产党朋友办理香港上海之间的汇款,自己上了国民党的黑名单。他因此只能继续待在香港,等待上海的解放。在这个等待的时期,他为香港《大公报》《文汇报》以及共产党主办、许涤新主持的《经济导报》周刊撰写了不少文章,这些文章后来集成一个论文集

①　周有光:《逝年如水:周有光百年口述》,浙江大学出版社2015年版,第195—196页。
②　同上书,第202—204页。
③　同上书,第235—239页。
④　同上书,第245—246页。

出版，书名为《新中国的金融问题》。在港期间，他还经章乃器、王季淮介绍，加入了中国民主建国会。上海解放后不久，周耀平通过许涤新的特殊关照，乘坐"盛京"号英国客轮，从香港回到了上海①。

　　周耀平在国外的那段时期，中国国内发生了很大的变化。周耀平后来回忆说，"关于国共内战的经过，我是在国外看到的报道，没有看到中文的材料……"②

　　不过，他回到上海后，很快就亲身感受并参与到了这一巨大而深刻的变化过程之中。这一过程，对新华银行 1 200 多位同人而言，同样是影响深远、难以忘怀的。

---

① 周有光：《逝年如水：周有光百年口述》，浙江大学出版社 2015 年版，第 252—254 页。
② 同上书，第 204 页。

第一章

解　放

1949 年 1 月 1 日出版的新华银行行刊《新语》,刊发了一篇署名"丙炎"的文章,记述了一位新华银行职员眼中的华中各省区工商业实景:

浙江、江苏、安徽三省,近百家丝织工厂已逐渐停工关厂。

京沪线上最大的工业城市无锡,亦有许多工厂宣告停闭。

苏州一向为富庶江南的中心,却因运用资金的缺少,也是一片凄惨现象。

重庆,在这次"飓风"中倒下来的有银号、有钱庄,也有规模宏大的百货商店。更有好几家银行头寸短绌,颇有难以摆平的情形;华侨兴业银行便是其中的一家。

作为政治中心的南京共有 39 家典当,一下子便突然宣告关门了 25 家,其他小工商业因无法维持而倒下来的,一月以来就有 50 余家。

上海附近各城市,已有很多粮食行、杂货铺等纷纷宣告停闭。上海本地,也有许多工厂正在闹着停工,最显著的是香烟厂、造纸厂、缫丝厂。纺织厂、内衣厂、针织厂则正在闹着减工。

作者认为,"这一阵危机并不是局部而微小的,乃是具体而普遍的”，其中的原因则相当复杂。一方面，过去一两个月来资金外流甚为严重，各业流通资金枯竭；存兑金银又拥挤空前，"市面上银根时告紧俏"，暗息①的高昂，渐渐为一般正当工商业所负担不起。就职工生活指数而言，工薪阶层普遍感觉物价高昂；然而，就商家和厂家而言，则因受发行金圆券②而实行的限价政策影响，"牺牲"太大，元气犹未恢复，加之市面疲滞，也都已感到负担颇重了③。

著名学者吴承禧先生指出：在长期通货膨胀的过程中，经验教训了人民——他们必须"重物轻币"，绝对不能信任货币，一有钱，赶紧就花了它，或把它变成货物或金钞，否则就要受到贬值的损失。他更进一步指出，这种"重物轻币"的哲学，对于银行业的经营显然是不利的：

第一，它摧毁了人民储蓄的习惯，谁也不愿再把货币存入银行生息，这就必然地影响银行存款数量的增加，"至少它的增加要远落在通货膨胀的程度之后"。在过去的两年中，银行存款实值（即除以物价指数以后所得值）"大约只合到战前数字的千分之三至千分之十"，

---

① "暗息"，亦称"黑息"。中国旧时银行、钱庄为争取存款，在规定存款利息外，对存户额外给予的利息。但在国民党政府通货膨胀时期，规定利息已不能抵补币制跌落的损失，银行、钱庄多使用明暗两套账目，对存户加付暗息，对欠户加收暗息。刘鸿儒主编：《经济大辞典（金融卷）》，上海辞书出版社1987年版，第569页。

② "金圆券"：国民政府纸币名称。1948年8月19日发行。每元法定含金量为0.22217克，但不能兑现，发行额以20亿元为限，按1元折合法币300万元、东北流通券30万元的比价收兑法币和东北流通券。禁止买卖金银和外币，金银和外币的持有者必须在9月30日前兑换成金圆券，黄金每两兑200元，白银每两兑3元，银元每枚兑2元，美金每元兑4元，过期一律没收。在不到两个月的时间内，被收兑的金银、外币价值共2亿美元。发行金圆券是施行新的通货膨胀，造成了物价的暴涨。11月12日又将金圆券每元含金量减为0.044434克，这不过是文字游戏。1949年6月发行额达130万余亿元，为发行初的65万倍。5月初上海批发物价指数为1937年1月至6月的210万余倍。参见于光远主编：《经济大辞典》，上海辞书出版社1992年版，第1495页。

③ 丙炎：《工商业又闹着不景气》，载《新语》14卷1期，1949年1月1日。

当时银行业的资力，一般地说，比全面抗战爆发前真是相差太远了。

第二，"重物轻币"不仅减低了银行的存款，并且大大加速了货物的流动性，也大大增加了银行存款的游离性。银行存款流动的加速，当然使得银行家们大伤脑筋，因为他们不能充分运用客户的资金，"大约每一百块钱，比较稳健的银行顶多只能运用它的百分之七十"。对此，银行只能加强准备工作。

吴承禧说："总之，今日中国通货膨胀过甚，以致工商业奄无生气，商业行庄实力日渐衰微，不健全的小行庄太多，国家行局又自成一系，虽庞大而无补于工商百业。"他强调：整个银行制度实在缺点太多了，"和平到来以后，实非再加一番改进不可"[1]。

王志莘

1949 年 1 月 1 日，新年伊始。这一天出版的新华银行行刊《新语》，头版刊出了一篇文章——"张公权先生演讲人事制度"，记录了张公权于 1948 年 11 月 30 日在新华银行作演讲时的情形。

在演讲开始前，主持人、新华银行总经理王志莘在介绍张公权时，用了四个词："金融界的权威""新华银行的创造者""新华银行的精神领导者""本行改组以来历任的董事"。[2]

应当说，王志莘彼时彼刻之言，并非溢美之词，几乎每一称呼背后，都蕴含了故事。"本行改组以来历任的董事"，这是比较写实的说法。这里重点解读一下前三个称谓。

---

① 吴承禧：《通货膨胀下的中国银行业》，载《经济周报》8 卷 7 期，1949 年 2 月 17 日。
② 《张公权先生演讲银行人事制度》，载《新语》14 卷 1 期，1949 年 1 月 1 日。

"金融界的权威"。称张公权为金融界的权威，一点都不过分。张公权即张嘉璈，字公权，江苏宝山（今属上海）人，1889 年出生，1905 年赴日本入东京庆应大学进修财政学。1914 年任中国银行上海分行副经理，1916 年任中国银行副总裁，1928 年任中国银行总经理。1935 年任国民政府财政顾问委员会副主席、中央银行理事会常务理事及监事会监事，同年辞去中国银行总经理，任铁道部部长。抗战胜利后，任东北行营经济委员会主任委员、中央银行总裁、中央信托局理事长等职。1948 年 5 月辞职。著有《中国铁道建设》《中国通货膨胀史(1937—1949)》等。

"新华银行创造者"。新华储蓄银行由中国银行和交通银行共同筹设，1914 年 10 月在北京正式成立。开业之初以经营储蓄业务为主，办理活期储蓄与定期储蓄，并受政府委托，发行有奖储蓄票，每年 4 月 25 日在北平开奖。1915 年，内战频仍，储蓄业务所受影响甚大，该行开始兼营商业银行业务，改名为新华商业储蓄银行。1918 年，政体改变，首都南迁之后，"华北商务锐减，本行业务逐步衰退"，至 1930 年，几乎濒于绝境，基础岌岌可危。同时，各地银钱业均面临危机，行庄倒闭，时有所闻，"影响金融业信誉及人民储蓄心理甚大"。为顾全整个局面的波动及该行许多零星储户的利益，该行乃商请中国银行、交通银行这两家银行"本提倡扶植之初衷，出资协助整理"，并于储蓄业务之外，应民间需要，兼营信托业务，改名为新华信托储蓄银行。这不仅为该行业务开辟了一条新路线，同时又是"银行镕储蓄与信托两项业务于一炉的创举"。1948 年，因受新《银行法》的规定，再改名为新华信托储蓄商业银行（为简便计，以下简称"新华银行"）①。从

---

① 王志莘：《从苦难中挣扎起来的新华银行奋斗史》，载《新语》14 卷 10 期，1949 年 5 月 15 日。

新华储蓄银行到新华信托储蓄商业银行,其间数次较大的变化,均与中国银行及中国银行董事长张公权有着直接的关联。

"新华银行的精神领导者"。1930年新华银行改组之时,时任中国银行总经理的张公权明确提出:新华的以后任务,必须能为民众服务,保护民众的利益,才有存在的价值;新华的人事,必须个个心在民众,为民众谋福利,才能负起此项责任。银行改组时决定将之后的业务重心调整到储蓄与信托,因此改定行名为新华信托储蓄银行,推冯耿光为董事长,聘王志莘与孙瑞璜为总经理与副总经理,总行由北平迁往上海。从1931年2月20日开始,用张公权的话说:"本着新的理想,新的阵容,新的作风,新的方法,经同人许多年团结奋斗,一般社会大众才知道有新华的存在,新华才开始苏醒起来。"①

王志莘还特意展示了当年新华银行改组开幕时,张公权亲撰的一幅贺联:

　　成功都从困苦得来以执事以往立身任新华今日改造备历艰辛平生大业此嚆矢
　　同情原是人类天性聚社会锱铢所积为民众教养之资共登康乐克尽厥职在吾侪②

张公权在此次演讲中明确提出,办银行最重要的就是要靠人事推展业务。他认为,目前全世界银行最看重的就是人事问题,"最感头痛的亦是人事问题"。他以当时英国银行的人事管理为例,阐述了

---

① 王志莘:《从苦难中挣扎起来的新华银行奋斗史》,载《新语》14卷10期,1949年5月15日。
② 《张公权先生演讲人事制度》,载《新语》14卷1期,1949年1月1日。

如何把握"甄用""训练""薪给""升迁"等几个关键环节。①

　　不过，张公权在此次演讲中对于王志莘个人的评价，对此时的新华银行来说，似乎更具有特殊意义。张公权说，当年新华银行改组时，自己对选择负责人一事曾颇费思量，确定了比较高的标准：一定要找到一位负责人，他的心是放在储蓄上面的，负责怎样可以保障零星存户的利益；并且他的脑筋是要有思想的，研究怎样可以利用这笔储蓄，用之于扶植民众利益。他告诉了所有在座者当时自己最后的选择："我知道志莘兄的心是在民众，关怀民众的福利，因此，我对他说，你如果能出长新华，新华是可以救活，否则她就不能维持"；张公权说："当时他慨然答应，亦可知道志莘兄是心在民众，十八年的成绩，也可证明他是完全为民众服务。"②

　　张公权在此时传递的一个重要信息就是：过去，王志莘是值得信任的；此后，王志莘也应当是值得信任的。

　　王志莘，上海川沙县(今上海浦东新区)人，1896年4月21日生。父亲早亡，家境清寒，靠母亲刺绣收入维持生活，勉强支持他到南洋公学读书。1915年中学毕业，他先后在定海县立小学、上海留云小学教书，后来还到新加坡做过教员和报馆编辑，经管过橡胶园。1921年回国，重新考进上海商科大学(东南大学分校)继续读书，同时在中华职业教育社工作，深受该社创始人黄炎培的赏识。1923年经黄炎培介绍，得到菲律宾华侨李昭北资助，赴美国哥伦比亚大学留学，攻读银行学，获得硕士学位。1925年学成回国，在上海商科大学和中华职业教育社教书。1926年加入薛仙舟主持的上海工商银行，担任储蓄

① 《张公权先生演讲人事制度》，载《新语》14卷1期，1949年1月1日。
② 同上。

部主任,提倡用合作贷款调剂工商资金。1928 年江苏省农民银行正
处筹办阶段,邀请王志莘任副经理。不久,总经理去世,王志莘升任
总经理。王志莘主持该行工作后,大力发展农村信用合作社。当时
江苏省信用合作社数量之多居全国之首,王志莘在银行界中崭露头
角。1930 年新华银行改组,经张公权等人推荐,王志莘出任该行总
经理。

新华银行改组后发表了《宣言》,强调银行之使命:"在以社会为对
象,从事于其经济力与信仰心之集中,进而运用之于社会,为社会造
福。"改组后,新华银行千方百计发展储蓄业务,为适应群众生聚教养
各方面需要,先后举办多种储蓄业务,如生活储金、俭约储金、定活两
便储金、零存整取储金、子女教育储金、人寿储金、礼券储金、纪念储金
等,帮助人们有计划地安排生活,努力做到量入为出,收支有余,从而
达到幼有所教、老有所养的目的。为了客户的存取方便,新华银行还
在上海选择居民集中、商业发达之处陆续设立多个办事处,并规定各
办事处客户可以同时在江西路总行办理存款取款。新华银行为储户
设想细致周密,而存款办法和处理手续则力求简单方便,加上工作人员
服务态度和蔼可亲、热情周到,储蓄业务迅速发展,当年就扭亏为盈①。

改组后的新华银行,除了发展储蓄业务外,还设立服务部,积极
开展各种信托业务,主要有代客投资,代理房地产业务,代理有价证
券业务,代办公司的创立登记、发行股票和改组清理服务,代发行公
司债,代理工商企业设计资金周转方法,代理设计会计制度和检查账
务,代理编制预算决算,办理信用保证,代执行遗嘱和管理遗产,代拟

---

① 吾新民主编:《新华银行简史》上篇(1914—1952),1998 年,内部印刷品,第
90 页。

消费或信用合作社章程和组织办法,代设计职工储金办法,代设计学生实习银行办法,办理经济报道,代作信用调查和出租保管箱等业务。这些信托业务的开办,在当时中国银行界中比较新颖,颇为社会人士所关注[1]。

　　王志莘进入新华银行以前,曾在中华职业教育社工作多年。该社一直提倡"实业救国""职业救国",和中小民族工商业关系较为密切。王志莘接办新华银行后,大力发展与国货厂商的业务往来,通过银行的投资和放款,积极支持国货厂商资金的需要。王志莘和孙瑞璜分别兼任了这些企业的董事或董事长。据新华银行1948年决算表分析,各项放款中,工矿企业占34%,主要日用品营销企业占36%,公用交通事业占12%,其他占18%。由此可见,该行在支持中小国货产销事业方面发挥了积极作用。[2]

　　为了保证事业的正常发展,王志莘还大力革新新华银行的人事。改组以后,先后聘请陈鸣一、贺友梅、周仰汶、严景耀、王瑞琳等一批留学归国人士或大学教授担任各部室经理。这些人大多有比较丰富的学识,较少官僚市侩习气和贪污腐化风气,社会上称赞新华银行领导人具有学者风度。银行录用行员,则着重吸收大、中学校的毕业生,很少任用私人。据1948年底统计,该行职员中曾受过国内外大专院校教育的占48.1%,受过中等学校教育的占50.4%,二者合计共占全行职员的98.5%,且平均年龄不满30岁。他们富有朝气,工作积极,很少沾染旧社会各种不良风气。王志莘在对行员讲话时,经常比喻银行为"大家庭",鼓励大家发扬"新华精神",要求银行工作人员

---

① 吾新民主编:《新华银行简史》上篇(1914—1952),1998年,内部印刷品,第90页。
② 同上书,第91页。

时时处处从客户的需要出发,全身心地为社会服务①。

新华银行改组后,先后在北京、天津、南京、汉口、广州、厦门、重庆、昆明、长沙、无锡、苏州、香港等地设立分行。抗战胜利后,又通过中国银行和美国大通银行,与伦敦、纽约、巴黎等世界各大城市建立了通汇关系。1946 年起,该行和上海商业储蓄银行、浙江兴业银行、浙江第一银行等加强业务联系,四家银行的主要负责人每周碰头研讨业务,统一经营步调,人称"南四行"。在十多年间,新华银行逐步发展成为我国知名的大银行②。

王志莘在上海银行界中,还是一位思想比较进步的人士。在很长一段时期内,他追随黄炎培提倡"职业救国"和"实业救国"。他还和薛仙舟、吴觉农等发起组织了"中国合作学社",担任了该社常务理事和合作函授研究班主任。"九一八"事变后,"团结御侮"成为全国人民一致的呼声,抗日救国运动风起云涌。1936 年,他和章乃器等银行界的进步人士,率先在《文化界抗日救国宣言》上公开签名,在推动全国工商界的抗日救国运动中发挥了重要作用。③

抗日战争全面爆发后,王志莘经香港辗转到达重庆,设立了新华银行总管理处,领导重庆、昆明等地分行的业务。除银行工作外,王志莘还积极参加社会活动,曾任第一届国民参政会参政员,随同黄炎培、邹韬奋诸先生呼吁团结抗日。后因看到国民党政府贪污腐败,一再搞分裂活动,政局日非,就此不再出席会议。王志莘利用银行的经济实力,对中华职业教育社、生活书店等进步事业,一再在经济上加

---

① 吾新民主编:《新华银行简史》上篇(1914—1952),1998 年,内部印刷品,第91 页。
② 同上书,第92 页。
③ 同上。

以支持。比如,当时邹韬奋主持的生活书店不断遭到国民党政府的迫害,有一次因多处分店被查封,经济陷入极大困境。应邹韬奋的要求,王志莘通过新华银行一次贷款 10 万元,帮助生活书店渡过了难关。王志莘也因此受到国民党特务的监视。1943 年他准备到昆明去视察分行业务,飞机票已买好,但在机场被阻,不准离开重庆①。

王志莘对金融理论素有研究,著有《中国之储蓄银行史》等书。他长期担任上海市银行学会理事长,经常在《银行周报》上发表文章,或应邀向银钱业职工作有关经济金融的演讲,对银钱业职工的业务学习十分关心。抗战胜利后,中共地下组织领导的"上海市银钱业同人联谊会"(简称"银联")恢复活动,王志莘被推举为理事长,并利用他的社会地位,使"银联"取得合法登记,得以公开活动。1947 年该会会员增至 12 860 余人,几乎每家银行或钱庄都有"银联"的会员,"银联"的活动规模大大发展②。

当然,进入 1949 年后,王志莘以及新华银行所面临的局面,无论是外部形势,还是内部管理,与之前任何时候相比,恐怕更为困难,也更为复杂了。

撑　持

对于新华银行而言,从跨入 1949 年起,营业就一直处于勉力维持的状态之中。

新岁伊始,新华银行特地精印了一批 1949 年日历卡,正面用红

---

① 吾新民主编:《新华银行简史》上篇(1914—1952),1998 年,内部印刷品,第92 页。

② 同上书,第 93 页。

蓝二色套印日历,背面用蓝色详列总行办事处、仓库等地址电话,以及各分行所在地,简洁醒目;约有普通名片大小,可置于案头玻璃板下,颇为美观,方便客户查阅①。

该行上海市区各办事处门面及玻璃上的中英文行名,原为新华信托储蓄银行,其英文名亦同。自该行遵照财政部规定改为"新华信托储蓄商业银行"后,行名重加改漆。这项工程于1949年1月中旬陆续完工②。

此前,从1948年8月19日起,中华民国政府发行金圆券,取代法币。但金圆券的滥发,造成了严重的通货膨胀,物价上涨大大超过了货币发行的增长率,银行应付提存发生了困难。

这种情况在进入1949年后表现得更为明显。因社会上流通的现钞筹码短少,中央银行拨付的数额有限,沪上各行庄对客户领取现钞莫不加以限制。在限制最严之行庄,每户仅限取500元。新华银行施行较宽松的取现规定,每户可取2 000元,超出2 000元,则一概给予本票,以便客户周转,也因此业务量大增,往往追近中午时,付现钞及本票之工作最繁忙。③ 总行营业室收解票据的部门,每日上午十时半起至十二时止,顾客最为拥挤,总行本部每日与办事处交换票据约300张,收票平均约500张。④ 1949年1月28日为农历除夕,照向例,春节期内,工商业休业四天,因此票据多在春节前收解。收付特繁,新华银行总行及各办事处的办公时间均予以延长。这一天,行

---

① 《本行分送新卡历,往来客户每户一份》,载《新语》14卷2期,1949年1月15日。
② 《沪各办事处行名油漆一新》,载《新语》14卷2期,1949年1月15日。
③ 《钞荒日重,人频添开本票工作》,载《新语》14卷3期,1949年2月1日。
④ 《农历大结束期近,出纳部分收付票据骤增》,载《新语》14卷3期,1949年2月1日。

方还专门备有丰盛晚餐,慰劳同人①。

不过,即便是春节以后,现钞筹码仍未见比较明显的宽裕,各银行对往来客户领取现钞继续予以限制,对超过规定以上金额改给本票。新华银行则较前更见宽松,每户领取现钞数额最高可达 3 万元,故本票开出减少,这也减少了不少工作量。② 财政部发行 500 元及 1 000 元大钞的消息公布后,新华银行仿各同业办法,客户领取现钞,每户每天暂以 10 000 元为限,其余则给予本票。③ 尽管如此,客户之本票需要,仍有增无减,柜面应付殊感繁忙。④ 为便利客户存取及内部办事,新华银行特将收票处柜台延长,于总行收票处设一柜台,于代办事处收票处另设一柜台,分柜收票,便利了顾客,增进了不少办事速率⑤。

应付客户的工作确实比较繁重。3 月 7 日为星期一,适逢星期日休业以后,来行收解票据的客户尤见众多,一时营业室人手突告不敷,临时由人事室抽调各室同人多位,前往帮忙。⑥ 总行营业室的录票、排票,原在楼下出纳间内办理,后因票据数量剧增,一度迁至二楼,"惟地位仍嫌不敷",4 月 9 日起再迁至四楼,并抽调各室人员集中办理。据载,自上午 11 时 30 分至下午 4 时左右,"一时算盘的拨搭

---

① 《农历大除夕,总行办事处同人延长办公时间》,载《新语》14 卷 3 期,1949 年 2 月 1 日。

② 《宽放领取现钞,减轻开本票工作》,载《新语》14 卷 4 期,1949 年 2 月 15 日。

③ 《领取现钞新限额,每客暂限一万元》,载《新语》14 卷 6 期,1949 年 3 月 15 日。

④ 《应付现钞问题,本行尽力宽放犹感不足》,载《新语》14 卷 7 期,1949 年 4 月 1 日。

⑤ 《总行收票柜延长,总行及代办事处收票分柜办理》,载《新语》14 卷 6 期,1949 年 3 月 15 日。

⑥ 《收解票据转见忙碌,营业室同人工作紧张》,载《新语》14 卷 6 期,1949 年 3 月 15 日。

之声,不绝于耳"①。

在金融动荡不安之中,由于商业票据抵用日渐增加,各家银行虽然大量增加人手,仍感无以应对。浙江第一、浙兴、上海、金城、中实、通商、四明、国货、中华劝工及新华银行等同业,共同决定自 4 月 5 日起,客户存入的支票、本票等一概不能抵用。这项办法实行以后,银行内部工作减轻不少,各业市场、工厂则因停止抵用,暂时停顿,"但不数日商人渐成习惯,逐渐恢复常态矣"。②

新华银行总部设在上海,它与外地分支机构,尤其与地处或毗邻战区分支行的信息沟通,备受关注。

1948 年 11 月 29 日平津战役开始后,北平、天津两地先后成为战场,上海往返平、津的邮件,暂时停寄③。北平、天津解放后,新华银行北平、天津分行陆续恢复了营业,但直至 1949 年 3 月初,因上海仍处国民党统治区域,这两处与上海的邮件往返仍未畅通。如书报等印刷品,均遭上海当地邮局加盖"邮运困难暂停收寄故退"章退还④。

好在总行和北平、天津两地分行通过电讯,多少能够沟通一些信息。新年伊始,"闻该两地虽在炮声隆隆之中,市区平静如恒,银行照常开业,本行同人颇为镇静,一切均甚平安云"⑤。总行管理层对平津局势也非常关心,除已屡次发电指示外,"并时时注意局势之变化,垂询平津两行最近情形云"⑥。

---

① 《钞票排票改在四楼》,载《新语》14 卷 8 期,1949 年 4 月 15 日。
② 《安定金融,停止票据抵用,本行、浙一、浙兴、上海等严格办理》,载《新语》14 卷 8 期,1949 年 4 月 15 日。
③ 《平津邮件停寄,平津两行通讯暂失联络》,载《新语》14 卷 3 期,1949 年 2 月 1 日。
④ 《平津邮运仍滞》,载《新语》14 卷 5 期,1949 年 3 月 1 日。
⑤ 《平津两行同人安全》,载《新语》14 卷 1 期,1949 年 1 月 1 日。
⑥ 《平津两行同人安全》,载《新语》14 卷 2 期,1949 年 1 月 15 日。

辽沈、淮海、平津三大战役之后，中共中央军委决定以百万大军发起渡江战役。新华银行南京分行与津浦铁路一江之隔，接近战区，该分行同人为安全计，先后自行将眷属疏散来沪，本人则仍回南京安心工作①。这一时期的南京，战时气氛浓厚，"隔江对岸已在战事状态，首都城内各机关空无一人，人心惶恐已极"，不过，南京分行仍"本服务民众之旨，表示对民众服务到底"，照常工作②。南京分行自迁入新址后，为担心临时断电，防患于未然，于 3 月 3 日致函总行，请求代为购买一批汽油灯，"当由总行购妥三百支光凤凰牌灯拾只，由因事留沪之京行副股长张忍君随车携往京行备用"③。

无锡分行的周钟瑜、鲍国治两人，因事须与总行接洽，于 4 月 23 日由无锡启程。当时因时局动荡不安，无锡市所有公用汽车均已被征用，交通困难，二人只得改乘本行自有的大汽车来沪。根据周钟瑜的报告，"军队于是日午夜十二时进城，秩序良好"。至 24 日（星期日）下午，"锡行已有电来沪，锡行留守同人，自伍经理以下共十余位，均告平安"④。

这一时期，新华银行同人的日常生活状态也发生了较大变化。

"婚丧礼份"是新华银行延续的一项福利，因物价上涨而不断调整。自 1949 年 1 月起，对致送行员和工友本人婚丧之礼份，及其父母、配偶之丧礼，于行员改为金圆券 360 元，于工友改为金圆券 180 元⑤。

---

① 《京行同人眷属疏散来沪》，载《新语》14 卷 1 期，1949 年 1 月 1 日。

② 《炮火仅一江之隔，京行同人照常工作》，载《新语》14 卷 4 期，1949 年 2 月 15 日。

③ 《京行托购汽油灯》，载《新语》14 卷 6 期，1949 年 3 月 15 日。

④ 《锡行同人电告平安》，载《新语》14 卷 9 期，1949 年 5 月 1 日。

⑤ 《行员婚丧礼份，人事室再予调整》，载《新语》14 卷 2 期，1949 年 1 月 15 日。正式的行员之外，担负勤杂事务的辅助人员称"行役"，如花工、门卫、司务、电梯工等。

2月起,再予提高,改为行员 1 800 元,工友 900 元①。3 月 16 日起,
调整为行员 2.6 万元,工友 1.3 万元②。4 月 1 日起,调整为行员 6.8
万元,工友 3.4 万元③。4 月 16 日起,再予提高,行员 30 万元,工友
15 万元。④ 5 月 1 日起调整如下:行员 700 万元,工友 350 万元⑤。
金圆券贬值速度之快,由此可见一斑。

"民以食为天",吃饭问题或许更值得每一个员工加以关注。

著名出版家张元济先生之子张树年是新华银行的高级职员,但
他家每天的生活开支也得仔细算计。他的妻子葛昌琳在 1949 年的
日记中,对上海解放前夕物价等情况作了如下记载:

> 二月二十五日"新经济方案"公布,黄金、白银可自由买卖;
> 发行银元。

> 四月十六日　唐妈、昭嫒自乡出来,云乡间兵队很多,米每
> 石六十万元。送我鸡蛋五十枚,给其银元一枚(大头)⑥。

---

① 《员工婚丧礼金,人事室再予提高》,载《新语》14 卷 4 期,1949 年 2 月 15 日
② 《员工婚丧礼份,人事室酌予调整》,载《新语》14 卷 7 期,1949 年 4 月 1 日。
③ 《员工婚丧礼金调整新额》,载《新语》14 卷 8 期,1949 年 4 月 15 日。
④ 《员工婚丧礼金有新规定》,载《新语》14 卷 9 期,1949 年 5 月 1 日。
⑤ 《员工婚丧礼金酌加调整》,载《新语》14 卷 10 期,1949 年 5 月 15 日。
⑥ "袁头",亦称"袁大头""大头",袁世凯头像银元的俗称。辛亥革命后,北洋政
　府于 1914 年颁布《国币条例》。同年 12 月天津造币总厂开铸银元,南京、武
　昌、杭州、成都等厂继之。正面有袁世凯侧面像和铸造年份,背面嘉禾花纹,中
　间标明"壹圆"字样,每枚重七钱二分,成色八九。因式样新颖,重量及成色划
　一,流通甚广。1919 年 6 月,上海取消鹰洋行市后,以袁头与鹰洋、龙洋等一律
　通行。由于各种旧银元多被销熔,袁头遂成为市场上的主要银元。1927 年国
　民政府成立后停止铸造。于光远主编:《经济大辞典》,上海辞书出版社 1992
　年版,第 1868 页。另,本书所有引用原始资料,即使有文字谬误,也照录不改,
　以尊重历史原貌。特此申明。

四月十八日　小菜价又涨一倍，猪肉每斤十万元；鸡蛋每只六千元。

四月十九日　晨，赴菜场售去"孙头"①银元一枚，得价十六万元，买菜用去廿三万元，可吃两天。

四月廿八日　晨，去买菜，售去"孙头"一枚，得一百万元，买菜一百〇五万元。

五月八日，下午和龙到东新桥买绒线二磅，每磅银元一元五角。见沿途均是地摊，有卖套鞋、钢精锅子、被面、洋伞等等，都系厂家发不出工资，以出品发给工人，工人设摊求售，一路人山人海，拥挤不堪，即乘电车返。

五月十六日　同孚路摆满摊头，价很便宜，买大化呢八尺，价一元；锅子一只，亦一元。

五月二十一日　小菜大涨，猪肉每斤三千万元，蔬菜每斤一百万元。②

　　银行内部的储备物资开始发挥作用。之前，新华银行沪区同人福利会为应付同人生活需要，曾购有面粉、白糖一批，1月中旬起陆续配售给同人，每人可购面粉一袋、白糖四斤。③　前存有吉美罐头食

---

① "孙头"，铸有孙中山头像的开国纪念币银元的俗称。1927年国民政府建都南京后，停铸袁头，利用1912年所存"开国纪念币"旧模改铸新币。正面为孙中山侧面半身像，周围有"中华民国"和"开国纪念币"字样，背面中间为"壹圆"和嘉禾纹，周围环以英文。于光远主编：《经济大辞典》，上海辞书出版社1992年版，第968页。

② 葛贤鐄、葛贤健整理：《葛昌琳日记(1949)》，载陈立群编：《上海·1949》，同济大学出版社2019年8月版，第47—49页。

③ 《福利会配售面粉白糖》，载《新语》14卷2期，1949年1月15日。

品公司油焖笋一批,因时局紧张,自 4 月 25 日起也配发给同人,每人配得一听①。

就单身员工而言,自办伙食或许是一种比较实惠的选择。十处宿舍同人,为减少外出就餐不便,合作自办伙食,住在宿舍的同人"莫不大快朵颐,饭量增加不少"②。

总行聘请的膳食顾问周德卿女士,自 1948 年到行以来,对于改良膳食,"建议殊多";故任期满后,总行决定再续聘周女士为当年度膳食顾问③。

总行自办的理发室生意兴隆。依旧例,同人于春节期前,往往理发一次,"以增观瞻"。尤其市上理发店打烊后,行内理发室却并未增价,短发为 7 元,长发 10 元,"客座常满,颇有应接不暇之势"。④ 不过,春节过后,理发室的价格终究还是上涨了,理由是"所须凡士林及杂项开支等日增",2 月 8 日起调整新价,计长发 60 元,短发 50 元,不过,"较市上仍属低廉许多,在行理发同人仍颇众多"。⑤ 之后不到一个星期,理发室再次调价,自 2 月 16 日起,长发 150 元,短发 120 元,"闻以支出激增,故略提高,以资挹注"。⑥ 再过了不到一个月,即 3 月 15 日起,长发 300 元,短发 250 元⑦。

子女教育金,是新华银行员工的一项重要福利。为提高资金使用效率,行方决定于 1949 年 1 月 31 日提前发放,标准为大学 8 000

---

① 《福利会配发罐头食品》,载《新语》14 卷 9 期,1949 年 5 月 1 日。

② 《十处同人大快朵颐》,载《新语》14 卷 6 期,1949 年 3 月 15 日。

③ 《周德卿女士续任膳食顾问》,载《新语》14 卷 2 期,1949 年 1 月 15 日。

④ 《市上理发店打烊,本行理发室客座常满》,载《新语》14 卷 3 期,1949 年 2 月 1 日。

⑤ 《同人理发调整新价》,载《新语》14 卷 4 期,1949 年 2 月 15 日。

⑥ 《同人理发室改价格》,载《新语》14 卷 5 期,1949 年 3 月 1 日。

⑦ 《同人理发新价目》,载《新语》14 卷 6 期,1949 年 3 月 15 日。

元,高中 6 000 元,初中 5 000 元,小学 3 000 元。不过,人事室随后即发现,各校学费多以米价计算,"而米价日来上升颇巨,所收学费出人意外",故自 2 月 10 日起,再予补发,其标准改为大学每人津贴 2 万元,高中 1.5 万元,初中 1.1 万元,小学 0.65 万元,在已发津贴基础上,以补足上列金额为度①。

行方对同仁存款酌加利息优待,按往来存款户的市息加倍计算,并改按每月月底计息一次,限本人户名之活期储蓄存款(存折户)及活期存款(支票户)各一户。本行工友在服务行处开立的存折户,亦得享受上项优待②。

由新华银行投资的博士钢笔厂派发股息,计有博士牌 14K 金笔一种,共有 100 余支,"惟钢笔系实物,不能入投资收益帐,乃决定交福利会售与沪行同人,将得款入帐"。由于沪区员生人数众多,不敷普遍分配,经福利会决定由各部门同人自行抽签,平均五人中可得一支③。

银钱业联谊会特约了一批厂商,同人凭会员证购买可享受一定优待,折扣从 8 折至 9.5 折不等。这些厂商包括华东皮鞋商店、九龙呢绒公司、华新有限公司、万盛昶、中华皮鞋公司、马敦和帽店、集成药房、精华眼镜公司、科美照相器材公司、立信会计图书用品社、华东消防工业社、有德照相馆、中国内衣公司、鹤鸣鞋帽商店、中国太康罐头食品公司、上海雨衣织染厂、太和药房、五和织造厂、万象照相馆、中英药房制药厂等④。

---

① 《行员子女教育金,人事室提前发给》,载《新语》14 卷 4 期,1949 年 2 月 15 日。
② 《同仁存款酌加利息优待》,载《新语》14 卷 4 期,1949 年 2 月 15 日。
③ 《博士钢笔厂钢笔,同人抽签认购,五人中可得一支》,载《新语》14 卷 6 期,1949 年 3 月 15 日。
④ 《银钱业联谊会特约厂商一批,同人凭会员证购买可享优待》,载《新语》14 卷 2 期,1949 年 1 月 15 日。

上海银钱业同人联谊会附设的银联诊疗所,自 4 月 1 日起增设配方部,除原有药品数百种外,新增药品百余种,并聘请正式药剂生担任配方工作。定价以低廉为原则,"同时办理接方送药,在银行区域内可以随接随送"。①

1949 年 1 月 1 日出版的《新语》,刊发了《同人业余生活谈》一文,作者为詹詹,记述了此前上海同人的业余生活,内容不可谓不丰富。

收听广播,相当普遍:

> 同人中备有收音机的,虽找不到确切统计,但是某次到同人宿舍里,却会发现收音机在大吹大唱,至于公馆里面更不用说,至少每家一具。公余归去,有的爱听京戏,有的爱听歌曲,也有爱听"大百万金"的空中书场。如果收音机中有短波收音设备者,更可收听旧金山、檀香山或转播系列纽约节目,颇能增加我人见闻。②

习书画者,不在少数:

> 书画之道,不但是一种艺术,且是陶冶性情的隽品,同人中擅长此道的,不在少数,如施梅僧君、八处华西园君等,均能画得一笔好画,余如杜兰亭君、裘家风君、石柏泉君等,擅长书法,一到夏天,同人请他们题字写扇面的,往往应接不暇。③

---

① 《银联会诊疗所增设配方部》,载《新语》14 卷 7 期,1949 年 4 月 1 日。
② 詹詹:《同人业余生活谈》,载《新语》14 卷 1 期,1949 年 1 月 1 日。
③ 同上。

下棋，也有高手：

> 下棋也是训练思想的工具，一兵一卒，颇见工力，现在七处的朱寿泰君，三析肱于斯，素有"棋王"之目，而研究室的沈祖荣君对下棋研究，正亦不弱。①

小酌，亦可怡情：

> 饮酒过度，固能误事，但偶然喝上几杯，也可显示雅人深致。记得笔者前寄寓第一办事处宿舍时，邻室的周宇江君和华西园君，浅斟慢酌，自有一番乐趣。②

摄影，也有发烧友：

> 同人对摄影下过一番工夫的，据笔者所知，稽核室的汪礼彰君拍照技术甚深，九处张兆会君成绩亦很不错，其他同人因笔者不甚熟悉，恕不能在本文列举，汪、张两君对照片之角度、布景、取材等积多年的实际经验，拍来差不多张张都可令人满意。③

旅行，大众的爱好：

> 业余欢喜旅行的同人，如果可能的话，均以能饱览各地名胜

① 詹詹：《同人业余生活谈》，载《新语》14卷1期，1949年1月1日。
② 同上。
③ 同上。

为快,一遇到春秋假日,凡是本行所在各地及江南风景区,如苏、杭、无锡一带,处处可以见到本行同人的屐痕,屡为本刊执笔写游记的诸子,可视为爱旅行诸君的代表。①

泡图书馆,实惠的选择:

下了办公时间后,若干同人常至美国公共图书馆,随意浏览半小时至一小时。该图书馆位居江西路福州路口建设大厦底层,离开总行只有一箭之遥,每日开放时间至下午六时为止。馆中备有各类参考书,如纽约电讯报的世界年报,人名大辞典,世界大地图,甚至纽约、芝加哥等地的电话簿等,搜罗甚为完备。一般的图书,如经济、政治、社会学、文学、艺术、医药等,亦相当丰富,而购置的美国书报杂志为数尤夥,前在本行供职的吴敬敷先生主编的中美周报,亦可在该馆内看到。某次,笔者尝逢到李经理养性和葛股长中超,也在那里看书。听说馆中对于借书手续也很简便,只要觅一有正当职业的保证人即可,凡是业余爱读书而未去过的同人,笔者可以义务介绍,这里不失为一好去处。②

逛书肆、旧货摊,常有意外惊喜:

同人公余爱逛旧书肆和旧货摊者,披沙淘金,颇有同嗜,往往花了较少的代价,得到很大的收获,以从容不迫的心情,逐家

---

① 詹詹:《同人业余生活谈》,《新语》14 卷 1 期,1949 年 1 月 1 日。
② 同上。

巡视，每可有意外收入。有人费了数十元买到九成新的商务名著多本，也有人费了二十元买到香港制衣架十二枚，在他处却是无法购得的。①

值得注意的是，以美国公共图书馆等为代表的美国文化对同人的影响不小。

看得出，为了解上海一地同人业余生活之情形，作者观察得极为细致，其所收集的应当是 1949 年之前一段的情形。问题在于，到了文章正式发稿时，同人们的工作和生活情形已经有了很大的变化——这些同人的雅趣还能持续吗？

1949 年 2 月 20 日以后，上海市的气温增高，天气和暖，"正如春到人间，一般时髦朋友，大多更换春装，色彩鲜艳，惹人欣慕"，各公园的游客亦骤见增多。有同人偶逛中山公园，入门即见同人 M 君和 M 君的夫人已"兴尽出园"，到里面又见到同人 W 君与二三友人席地而谈。② 如此情形，也被记录下来，并且发表在《新语》上，至少可以说明，这是一种比较难得的场景了。

舒松年是该行苏州分行的一位职员，他用文学的笔调，抒发了自己的真实心态，颇具代表性：

> 又一年的冬天，在萧煞的古城里生活的人们，眼望着红叶飘寒，心底却更凄凉了，锦绣河山，却配上这么一个多苦多难的日子，凭添了更多的矛盾与苦闷。

① 詹詹：《同人业余生活谈》，载《新语》14 卷 1 期，1949 年 1 月 1 日。
② 《春到人间，公园发现新华人》，载《新语》14 卷 5 期，1949 年 3 月 1 日。

傍晚,落日的余辉,不再令人神往,拙政园的诗情,更没有那么好的心情去领赏,倦鸟已作归计,猛然地,觉得自己亦该回家了。

四两茄皮落愁肠,脸上平添一抹红晕,哼着"小楼昨夜又东风,故国不堪回首月明中……"的词句,愁上添愁。

妻微笑地望着我,说:"你醉了!"

"没有!"我说。

"一定醉了,以往你喝了酒,不是这个样儿!"

其实这个日子,不醉更不行了。

如梦呓一般,我接连说了一连串的牢骚?

妻懂了,说:"正因为你是一个平凡的人,因此,你就感到打发这些不平凡的日子不容易了;如果你以为自己是个不平凡的人,心理上,你自然为觉得这个日子,正是你需要的。"

这段话里,我静静的,细细的嚼着滋味,找出了不少的哲理。

明天,我要试试做个不平凡的人![①]

确实,相较于物价上涨等经济困难而言,同人心理上的痛苦与迷茫,恐怕更值得关注!

有广州分行同人在《新语》撰文,列举了当地的一些离奇景象:

(一)在生活高涨民生困难时期,反而娱乐场所生意兴隆,饮食店益为蓬勃,大抵一般人心理以如在现实生活中,不能得精神上之安慰,对此世界,认为快将末日,大有朝不保夕之虞,是以

① 舒松年:《醉在姑苏》,载《新语》14卷3期,1949年2月1日。

今朝有酒今朝醉，袛以声色饮食以安慰自己空虚之心灵。

（二）一般平民之于生活之不暇，对于人情世故，重钱而不重义，以致人情淡薄。

（三）有权势之辈，鉴于近代每似"拔茅连茹"情况，职守五日京兆可虞，认为时机不可失之处心，遂同流合污，交征逐利，罔顾法律道德，虽身败名裂，亦所不顾。

（四）血气方刚者，遇到生活艰苦时，不耐穷困，遂铤而走险，落草为寇，杀人越货，甘罹法网，终不得其死以了一生。

（五）有学问青年，离校自觉前途茫茫，而社会亦人浮于事，自感学而无用，无路请缨，渐生苦闷，偶遇到不正当诱惑，遂甘走歧途，背离初衷，亦聊以泄发其苦闷心意。

（六）士大夫感世与我而相违，遂抱危行言逊而独善其身，持消极态度，遁迹草野间，虚度韶华，辜负平生所学。

作者坦承了自己的苦闷心理，并提出了"自我安慰"之道："吾人苟能互相认识自己地位，素其位而行，忠实自己工作，所做不出道德范围，所行不损害社会公益，则自己固可行心所安，精神上便可得安慰"；当然，作者在行文结束时，对未来还是有所期盼的："一旦春回大地，万物向荣，那时吾人苦闷心理当可霍然解脱矣。"①

另一位作者"永生"则认为，对于目前的生活，"只有在艰苦中撑持"：第一，对于生活应抱有一种"态度"，如果能以贫者自持，认识自己的处境，节衣缩食地过活，不作非分之想，不羡慕他人的荣华富贵，以这种态度应付艰苦的生活，至少自己可以安定自己。第二，对于生

---

① 藏：《谈精神上苦闷与安慰》，载《新语》14卷3期，1949年2月1日。

活应具有一种"计划",柴米油盐酱醋茶,开门七件事,件件要顾到,发薪之日就要根据薪金的数字,把这七件事考虑一番,缺少者应当添购,不足者应当补充,使这一月的生活得以敷衍过去。如此,"虽不敢说丰衣足食,至少可以免除冻馁之虞"①。

事实上,无论"态度"或"计划",都是个人主观的有限选择;但在如此局势之下,个人又还能有别的什么选择呢?

应　变

1949 年 2 月 7 日,新华银行总行人事室通告沪区各同人:近来偶有一二同人,未到、迟到或请假者,往往由其他同事代为签到,"不独有违行纪,且失去设置行员考勤簿之本意",嗣后务望各部门同人,每日准时到行时亲自签到,"以维行规"②。4 月 9 日,人事室通知:即日起,在对外营业终了时间,本行同人悉由边门进出;同时,为防免外人杂入起见,务请各同人佩带本行徽章,"以资识别"③。

可见,即便在局势多变的情形下,新华银行对员工的考勤管理依旧没有放松。

3 月 17 日晨,王志莘抵达该行广州分行,这是他此次南行视察的第二站,前一站是香港分行。王志莘抵达分行后,笑容可掬,与同人一一握手为礼,"亲切有若家人,其精神饱满之貌,和蔼可亲之容,令人肃然起敬"。18 日晚,广州分行全体同人假本行楼上聚餐,为王志莘洗尘,并请其致训。王志莘在训词中"以广州目前受金融波动,对

---

① 永生:《怎样安定自己的生活》,载《新语》14 卷 5 期,1949 年 3 月 1 日。
② 《人事室通告同人签到应亲自签名》,载《新语》14 卷 5 期,1949 年 3 月 1 日。
③ 《人事室通知各室同人,佩带徽章进出》,载《新语》14 卷 8 期,1949 年 4 月 15 日。

各同人生活之艰辛，深表同情之意"，同时勉励同人贯彻原有"新华之精神"，一致忍耐，继续努力，以渡过此难关①。

王志莘指出：这许多年来同人的努力，"已能博取今后的立足"，既然原定方针是前进的，是社会需要的，就必须坚定意志，向着原定的途径做去，"我们的前途是不必顾虑的"。他强调："我们是金融业的技术人员，只要社会需要我们，我们就应忠实做去，能忠于社会，忠于事业，自然能消除一切不必要的恐惧，一切不必要的顾虑。"最后，他希望局势能早日安定，"好把我行以往的奋斗，换取今后更光明的前途！"②

应当说，他的这次讲话，明确表达了对"光明"的期盼，并认为新华银行在新时代可以更好为大众服务。这是一个重要的表态和信号。

4月13日下午四时，新华银行在总行四楼会议室招待该行福利会干事、监事茶叙。这实质上是劳资双方关于应变问题的一次对话。

王志莘首先发言："从大环境说，现在这个环境好像是到了山穷水尽之境，无论哪一个工商业都没有办法……银行正处在一个非常困难的时期。"接着他请稽核室、分行处室，以及营业室等几位经副理，分别介绍了全行资产负债各科目数字和总行、分行的营业困难情况。

孙瑞璜副总经理明确表态："目前这样的局面是一定要变的。我们不能逃避事实，一定要应这个变。"他指出，"行方从平津变成围城前后就决定了一个坚定的立场"，即："个人可以自由去留，机构决

---

① 《总座莅粤视察》，载《新语》14卷7期，1949年4月1日。
② 《总经理粤行致训词》，载《新语》14卷8期，1949年4月15日。

不搬动。平津如此,宁汉也是如此,任何一个地方都是如此"。

同人福利会的陈镇华、徐尚綑、朱应麟、石柏泉等干事,先后就应变问题发了言,对行方的困难表示理解和体谅,同时代表职工提出了"储粮""储薪"等建议,并提出在紧急情况下住在偏僻地方的职工可能要集中住在行里等问题。

王志莘在会谈结束时表示,希望福利会对应变提出具体办法,认为必须办的,"就是卖掉家私也要把应变的事办好,这就是应尽的责任"。

对这次谈话会情况,新华银行福利会的会刊《会讯》作了专门报道,对会谈的气氛如是评价:"会上空气是融洽的,态度坦白诚恳,充满一种团结合作、共渡难关的精神。"[1]

为保护行产的安全,新华银行于 4 月中旬起在大楼旁出入口装置了钢皮铁门,沿路口的长窗外亦加设了木块横条。[2] 同时,顾念沪区少数同仁在非常时期"食粮及燃料有中断之虞",自伙食项下调借食米 200 担、木柴 200 余担及煤球等,贷与各需要同仁。由福利会发给申请书,根据同仁实际经济状况,视其需要,核准借配[3]。

时局变化后,行务与业务活动也作出了相应的调整。

4 月下旬,因时局紧张,若干分行临近战区,交通不便,总行管理层决定,原定每年春季举行的行务总会议,今年暂停举行[4]。

5 月 10 日起,遵照上海市银行同业公会通知,新华银行将营业时

---

① 《总座招待福利会干事茶叙》,载《新语》14 卷 9 期,1949 年 5 月 1 日。徐尚綑、应道荣:《新华银行职工运动历史纪实》,《上海市金融业职工运动史料》第三辑,中共上海市委党史资料征集委员会主编,1990 年 4 月,第 222 页。

② 《总行门窗装铁皮木门》,载《新语》14 卷 11 期,1949 年 6 月 1 日。

③ 《福利会配借米柴,按同人需要办理》,载《新语》14 卷 11 期,1949 年 6 月 1 日。

④ 《本年度行务总会议暂停举行》,载《新语》14 卷 9 期,1949 年 5 月 1 日。

间作了更改：星期一至星期五，上午 9 时开始营业，12 时至下午 2 时休息，下午 2 时开始营业，3 时 30 分终止营业；星期六，上午 9 时开始营业，12 时终止营业，下午休业①。

鉴于总行及各办事处工作较前清闲，只需一部分同人工作即可应付，自 5 月 12 日起，沪区同人实行轮流办公方式，除股长以上级别同人外，"于不妨碍工作原则下，均可轮流休息，不作请假论"②。

5 月 14 日召开的总行股长谈话会，则是特殊时期召开的一次重要会议。

那一天是星期六。下午三时半，王志莘邀约总行暨沪区办事处各股长、副股长，在总行四楼董事室举行了谈话会，到有约 70 余人。有同人称，"诸同仁平日因散处各部门办公，除公事接洽外，殊鲜共话一堂之机会，故探询彼此近况，以及日常生活之声，洋溢乎会议室中，会中诸'家长'尽情诉说家常，情绪倍觉亲切。"③

应该说，"倍觉亲切"固然不假，但会议气氛却是比较凝重的。

王志莘简短开场后，由总行稽核室副经理徐维镳报告总分各行营业及开支情形。不过，徐副经理所谈"纯为总分行营业开支之数字，略感枯燥无味"。《新语》在刊发这次谈话会的内容时，这一部分直接略去了。显然，业务问题已经不是同人们此时最关心的了。

孙瑞璜发言时透露："总经理从香港返沪时，即有召集这会的意思。"这至少说明，王志莘不久前的香港之行，对相关问题已有比较充分的思考与决定。孙瑞璜明确指出，目前银行业处于最困难的时期，总行存款总额至当天为止，倘以美元计算，"简直使人当他是一个笑

---

① 《本行更改营业时间》，载《新语》14 卷 10 期，1949 年 5 月 15 日。

② 《沪区同人实行轮班办公》，载《新语》14 卷 10 期，1949 年 5 月 15 日。

③ 《总行股长谈话会记》，载《新语》14 卷 11 期，1949 年 6 月 1 日。

话"。他说,总行现有同事 500 多人,工友 100 余人,"拿现在的戋戋小数,来维持开支,是很困难的"。与抗战前比较,那时的存款总额,如果同样折合美金计算,也比现在要多得多,而战前同事不到现在的1/5;相当一部分分行也存在不少困难。但他同时强调,新华银行是一个有历史精神的银行,要设法运用全力来克服困难。①

徐振东经理坦言:"总经理要我报告业务,我以为现在无业务可言。"他对目前营业上的情形,作了一个比喻:现在的行,好像一只质地不很坚固的船。它没有风帆,没有机器,全靠人力划行。船身虽好,已经用人力修过补过,全行同仁都是船里的人。目前船离岸虽已不远,大家希望靠岸,可是船已在漏,已在进水,一部分同人要尽力戽水出去,以免沉沦;一部分人还是要努力划水,希望早登彼岸。他说,我们现在都是在这只船上,总经理如船主,各位经理如船上各部分的主管,诸位和全体同仁都是船上各部门的水手。他强调:"现在都应该本着风雨同舟,和衷共济的精神,各就各位,加紧努力,进行戽水划水的工作,为我们共同的目标去尽力。"②

华文煜经理报告的相关内容,显然是由管理层事先作过研究和决定的。他说:非常时期的准备和应该注意的工作,打算分四方面进行:第一是消防,为预防发生火情及扑灭火灾计,拟检查现有的和添设灭火机及其他消防设备。第二是警卫,警卫在平时固然需要,在紧急时格外重要:组织好了,可以守望相助,通力合作,应付不测事故。第三是急救,如组织担架队、准备药品,以便看护受伤人员。第四是节约,包括节省水电、纸张、电话等开支。他特别提出,在此非常

---

① 《总行股长谈话会记》,载《新语》14 卷 11 期,1949 年 6 月 1 日。
② 同上。

时期,要保障行产,要保障同人,非有组织不可,"要派定工作,各有职责,庶能发挥最高效率"。他向与会者报告,总经理指定了缪子中、潘爽斋、邹叔权、徐维鑅和他共五人,协助福利会负责人推进这件工作。①

最后,王志莘起立致词。他说,今天的集会,尤其在听到四周炮声的时候,和大家有一次谈话,的确很有意义,更值得纪念。他明确指出:"此次行方所定方针,与抗战时不同,简单说'不撤不迁',便是本行的方针,早已通知总分行一体奉行。"他同时也指出:事实表现,平、津、京、苏、锡、汉各行,的确照此方针办理,"各行阵容,整齐而勇敢,经理绝无弃同人而图个人之安全者"。他认为,"此种表现在同业中可无愧色,同人不但要兴奋而且可以自傲"。②

他特别强调:"此一局面,与抗战不同,我们不应萎缩退避而应该奋勇去迎接。"他具体阐述说:如不认识时代,不了解责任,将行结束解散,把负债料理清楚,把资产变卖分配,交还给各股东,遣散各位同人,如此当前负责人的肩头是轻松了,可是做事、做人的意义在哪里呢? 本行同人花了多少精力,多少心血,始终抱定不惜任何困苦艰难,设法保持此机构,设法支持此团体,无非希望能对社会国家有所贡献。他指出:"我行本此项坚定政策,决心尽力支撑,渡此艰难时期。现在各地分行已有良好的表现,总行在领导地位应有更好的表现。"③

他坦承,目前全行的处境确已到了极艰难的境地,存款已失其运用的作用,其他业务亦失其意义。同时,他也强调,银行服务社会,不是狭义的,而是广义的,不是求一时的,而是求久远的,现在最要紧的,便是如何渡过这一时期的难关,怎样维护保持这机构永久的存

---

① 《总行股长谈话会记》,载《新语》14卷11期,1949年6月1日。
② 同上。
③ 同上。

在。他指出,自己作为本行负责人,不仅要顾到目前,更须进一步顾到后来,希望在座各位"能把困难情形放在心中",共同支撑,渡此难关。他强调:"假如能把最近难关,一心一力渡过,再能支持三个月,局面一定能够有转机。"①

值得注意的是,这次会议的第二天,即 5 月 15 日出版的《新语》,发表了王志莘近万字的文章《从苦难中挣扎起来的新华银行奋斗史》。该文包括了以下几个部分:① 诞生时的处境与使命;② 受环境支配,行名与业务几经变迁;③ 值得重视的几次有意义的增资;④ 具有历史性和决定命运的民十九(1930)改组;⑤ 随着改组带来了几项理想;⑥ 国难重重,我们为实现我们的理想苦斗;⑦ 回想本行过去史实,不禁给予吾人无限兴奋与感慨。在该文结束时,王志莘写道:"抚今思昔,感慨万分,惟吾同人应得自信并自勉,一切困难,只有人力可以解决之,一切理想,只有人力可以实现之,今后银行所可倚恃者,乃无形之人力,而非有形之资产。"文后还特别注明:"完稿于 4 月 30 日股东会之后"。② 此文的稿费,王志莘捐赠给了本行同人福利会③。

《新语》此时发表这篇文章,应当说别有深意,在员工中自然也引起了极大的反响。有同人即撰文指出:从这篇文章里,可以知道新华银行过去创办和发展的艰难,以及所抱的理想崇高远大,又可以知道"过去办理的方针和将来我们努力的途径"④。

---

① 《总行股长谈话会记》,载《新语》14 卷 11 期,1949 年 6 月 1 日。
② 王志莘:《从苦难中挣扎起来的新华银行奋斗史》,载《新语》14 卷 10 期,1949 年 5 月 15 日。
③ 《总经理捐赠稿费》,载《新语》14 卷 11 期,1949 年 6 月 1 日。
④ 李养性:《读〈新华银行奋斗史〉后的感想》,载《新语》14 卷 11 期,1949 年 6 月 1 日。

5月17日，沪区召开行务会议，华文煜经理报告称，警卫、消防、救护等紧急工作，已在陆续办理之中。总经理与各同人交换了开源节流的意见。陈琳襄理表示，"行与员两位一体"，将来在行万分困难之时，各同人应尽力输财，放弃小我，而为大我。他的这一建议，"在座同人，无不感动"①。

尽管上海全部解放是在5月27日，但由于新华银行总行和市区所有办事处都在苏州河南岸，在新华银行同人的概念中，5月25日上海已经"解放"了。《新语》刊发了《解放前后见闻》一文，涉及了新华银行总行及多个办事处，记述翔实，画面感极强，属于来自第一时间、第一现场的报道：

第一办事处(位于静安寺愚园路口)：

在二十四日夜曾发生激烈巷战，交通银行沪西分行与静安区警察局俱为双方射击的目标，接触自午夜十二时三刻起至清晨四时始止，结果交通银行及正章干洗商店两处弹痕累累。一处也有流弹一颗飞入，幸未伤人，二十五日有部份同人到行，但对外未有营业。②

第七办事处(位于新闸路、新闸桥路)：

解放之后，在桥北福新面粉厂及苏州河浜一带，尚有残余军队抵抗，经过二十五日一日夜的激战，到了二十六日清晨才算解

---

① 《交换开源节流意见，陈襄理建议同人输财》，载《新语》14卷11期，1949年6月1日。

② 《解放前后见闻》，载《新语》14卷11期，1949年6月1日。

决,结果新闸路一带居民饱受惊吓,房屋中弹者颇多,惟七处行厦座北向南,掩蔽得地利之宜,幸告人屋无恙。①

第九办事处(位于老西门复兴东路):

在战争期中,因地近高昌庙南码头一带,每夜炮声甚厉,同人不无惴惴,不料在二十五日清晨,首遭解放,曹主任及部份同人到行,且于当日开门营业,附近一带商店亦同时开门交易云。②

第十办事处(位于北四川路海宁路):

在苏州河南全部解放后,该处因是退军必经之路,所以经过一番很激烈的巷战,十处对门的中国银行与凯福饭店及虹口大厦都有残余军队负隅抵抗,向南北夹攻的解放军射击。自二十五日至二十七日上午九时以前,该处始终枪击不断,弹片四飞,行人绝迹。十处同人宿舍内,全体职工避伏于室内。楼下营业间曾有流弹数颗飞入,碎窗玻璃二块。其他一切幸无损失,直至二十七日上午九时,街道方才解严,苏州河南北交通于焉宣告恢复。③

第八办事处于 24 日晨撤迁到总行。第二、三、四、五、六各处,在 24 日夜及 25 日清晨之时,"虽然附近都有小接触,但为时甚暂,情形

---

① 《解放前后见闻》,载《新语》14 卷 11 期,1949 年 6 月 1 日。
② 同上。
③ 同上。

多也大同小异"。总行的情形比较特别,值得详细记述:

24 日:

> 总行在二十四日那一天,情形就有些紧张。第八办事处因为原址不能营业,改迁至总行办公。这一天下午一时左右,总行同人就接得电话,说解放军已进入西站。公共汽车仅至静安寺站为止。当天下午本行聘定的伯特利医院院长梅国桢氏,来行演讲紧急救护,也临时取消。街道的行人,神色匆匆,商店十九打烊。总行同人为了安全起见,大多提早离行。①

25 日:

> 早晨,笔者看到新闻报上"上海今晨解放"的标题。我绕过江西路福州路,从九江路转入本行。到达总行时,铁门紧闭,只留小门出入。一部份同人业已到行。行内的空气仍旧很宁静,行外却不断传来枪声。据说苏州河以北,尚未解放,当天笔者回去时,走出行门,可以看见南京路江西路转角,匍匐着几个警戒中的解放军,偶尔向苏州河以北的方向射击。②

26 日:

> 除依旧有稀疏的枪声以外,比较要缓和得多。总行当局已

---

① 《解放前后见闻》,载《新语》14 卷 11 期,1949 年 6 月 1 日。
② 同上。

到行开始办公。①

27 日：

> 本市银钱业议定一律开业，营业时间自上午十时起至十二
> 时止。全行同人除少数因交通阻梗，未能到行外，均能到行办
> 公。一切都又恢复正常了。②

非常凑巧的是，5 月 25 日这一天，新华银行第四办事处的屠易股
长，假座上海林森中路（今淮海中路）华府饭店，与陈高湘女士举行结
婚典礼。是日为人民解放军解放上海之日，路上车辆稀少，但到场的
仍有双方亲友及该行同人百余人。仪式于当日下午 3 时正举行，由
孙瑞璜副总经理证婚，唐文进副经理为介绍人，礼毕，孙副总经理致
词，略谓：此次上海解放后本人初次作证婚人，很觉高兴，并谓"新人
亦可由情感的抑制而进入解放"。次由陈镇华股长代表来宾致词，
"祝颂新夫妇努力耕耘，以期美满收获"。"于成后，来宾各进精美西
点，同时新夫妇向双方尊长见礼，至四时余宾主尽欢而散"③。

一般而言，婚礼的日期应该是早早就已确定的，不过，恰逢上海
解放这样的喜庆日子，却也是可遇而不可求的了。

中共地下组织

新华银行第一个中共党组织成立于 1939 年，曾在群众中组织了

---

① 《解放前后见闻》，载《新语》14 卷 11 期，1949 年 6 月 1 日。

② 同上。

③ 《四处屠易股长结婚》，载《新语》14 卷 11 期，1949 年 6 月 1 日。

一系列活动,如组织"星火读书会",阅读进步书刊,开展要求增加膳贴、增加薪津等斗争。抗战胜利后,党组织从广泛征集"银联"会员入手,在争取和平民主斗争中宣传教育和组织群众;同时,引导群众正确进行争取改善生活待遇的斗争。新华银行先后发生6次较大的斗争,其中有4次是由党组织组织和发动的。

其间,1946年5月26日正式公开成立的新华银行同人福利会,得到了新华银行管理层的认可和支持,并成为中共党组织领导群众开展各项活动的重要载体。同人福利会创办了油印会刊《会讯》,多次举办同人聚餐会,组织开展球类活动,设立平剧研究会,组织赴无锡集体春游,组织配售生活用品,开办理发室等。

1948年9月、10月起,新华银行党支部改变了群众斗争的方法和组织形式,不再采用发动群众"怠工"或"饿工"的方式,而是着重发挥同人福利会的作用,代表职工与资方谈判折冲,经过劳资协商来保障职工的最低生活待遇,如要求行方按照生活指数发薪、购储若干日用生活必需品等。至1948年底时,新华银行党支部共有党员10余人,支委成员有徐尚炯、金其达、沈光宗、汪海清、龚宝春和程盛棣6人。办事处的党员另编党小组,由支委程盛棣负责联系,分布在办事处的党员有梁宏(一处)、陈俊明(三处)、程盛棣(五处)、夏弘宁(六处)、廖国豪(九处)等[①]。

1949年初淮海战役结束后,南京和上海解放在望。中共号召把工作重心立即转入迎接解放、准备力量配合接管的工作,并发动群众开展应变斗争,团结各阶层人民进行反破坏、反迁移、护厂护校,保产

---

① 徐尚炯、应道荣:《新华银行职工运动历史纪实》,载《上海市金融业职工运动史料》第三辑,中共上海市委党史资料征集委员会主编,1990年4月,第211页。

保业的斗争①。

1949 年 2 月,中共上海沪中区委银钱业分区委成立,徐尚炯参加了分区委工作并仍兼新华银行支部书记,他向支部传达了上述精神。支委会决定:充分发挥同人福利会的组织作用,不另行成立应变互助组织;在应变斗争中注意经济与政治结合,既要解决群众关心的储粮储薪等物资上的要求,又要利用时机在适当场合指出新华银行在未来新社会应争取的地位和前途,要求行方当局不撤不迁,不转移、不逃避资金,保产保业,以利于今后的顺利接管。同时,为了更好发动群众开展应变工作,必须加强宣传工作,吸收《银钱报》办报经验,恢复福利会刊物《会讯》②。

1949 年 2 月 20 日,用红色报头铅印的《会讯》以新的面目与同人见面,新华银行党组织有了公开合法的宣传阵地。该刊物限于经费,仅仅是一张只有 4 个版面的 16 开小报,但内容和形式是群众喜闻乐见的,反映了新华银行职工呼声和要求,也是党向群众进行宣传教育的园地。

复刊后的《会讯》,第一版就刊登了两篇反映中共党组织意图的评述性文章。

《怎样来应变》一文,开门见山地指出:"战局紧迫,应变准备已刻不容缓了。"文中又指出"未来社会"的银行前途:"新华银行的生命将与国家的生命同生死……新华可能改造,然而不可能消灭……银行当局有责任帮助全体同事渡过这个难关,也就是帮助银行渡过

---

① 徐尚炯、应道荣:《新华银行职工运动历史纪实》,载《上海市金融业职工运动史料》第三辑,中共上海市委党史资料征集委员会主编,1990 年 4 月,第 209 页。
② 同上书,第 220 页。

难关,也就是保存社会再生的力量。"最后呼吁行方要与其他同业一样,为同人储粮储薪作好应变准备。

《存亡的关键》一文,转载了上海市银钱信托三公会因政局动荡、营业极感困难向当局提出的八点请求,这些要求包括放宽限制,改变有关金融政策法令,如调整拆放利率以解决生存困难问题等,并要求当局予以具体而圆满的答复。作者在文末提出,现在大局已到了大变动的前夜,这些要求不仅是为了应变,也是存亡的一个重要的关键,希望全市所有商业行庄团结起来,为坚持这些要求的实现而奋斗①。

该期《会讯》出版后,反响强烈,同人踊跃来信来稿。《会讯》在第2期开辟了"应变笔谈"专栏,选登了10篇短文。大家不仅谈到了物资上的准备,还提出了精神上的准备,要求"为迎接新的时代到来而共同前进"②。

3月15日,新华银行福利会召开第6次会议,根据群众普遍反映和要求,向行方集中提出两点要求:一是要求行方将发薪日期改为每月1日;二是要求行方储备粮食燃料,共策应变。福利会朱应麟在《会讯》发表了《物价涨风与发薪日期》一文,用数据说明每月1日和5日的购买力相差一半,提前发薪可以使员工减少损失③。

4月15日,同人福利会召开第7次会议,决定组织一个应变研究小组,起草行方与同人应变的具体方案。推选朱应麟、石柏泉、沈光宗、徐尚炯、程盛棣、应道荣、陈镇华等7人为小组委员,并推徐尚炯

---

① 徐尚炯、应道荣:《新华银行职工运动历史纪实》,载《上海市金融业职工运动史料》第三辑,中共上海市委党史资料征集委员会主编,1990年4月,第221页。
② 同上书,第221页。
③ 同上书,第222页。

为小组召集人①。

4月26日,福利会召开扩大会议,讨论应变研究小组起草的方案。因福利会事先号召每个关心这个问题的同人都可以参加,结果同人踊跃参会,设在总行投资股办公室的会场人满为患。会议议定,请行方购储食米600石、食油3 500斤,煤球1 200担或火油600听,以备紧急时发给有急需的同人②。

4月27日,福利会就上述要求与总经理、副总经理商谈。行方原则上表示赞成,但要求同人谅解行方目前处境,"如再要动用流动资金去添购实物实感困难",并宣布行方已有准备,储存了大米600石,食油5 000斤,还有大批燃料(煤及柴),又认为紧急时期还未到,"不能把这批贮存用于日常伙食的粮薪就分给同人"。事后,福利会又提出了一个折中办法,即以不动用银行流动资金为原则,要求行方把贮存粮薪留出3个月的用量作为准备,其余则用借贷方式发给同人。几经交涉,行方同意将实际每月消耗数统计出来再作研究,这样又拖延了些时日。5月16日,福利会再度与人事室缪子中副经理商谈,最后行方答允贷给职工200石米和200担柴,谈判经此告一段落。

鉴于大部分同人在一定程度上存在生活困难,福利会决定放宽贷给对象,但由于数量的限制,规定每人只能贷米不超过三斗,贷柴或煤球不超过半担。这次紧急时期实物贷给申请人共有594人,合计贷给米172石2斗,煤球180担,木柴70担半。为了把实物及早分

---

① 徐尚炯、应道荣:《新华银行职工运动历史纪实》,载《上海市金融业职工运动史料》第三辑,中共上海市委党史资料征集委员会主编,1990年4月,第222页。
② 同上书,第222页。

发给急需的职工,党员和积极分子全力以赴,放弃休息,更不管日晒雨淋。由于分批发放,轮到程盛棣、潘静洭最后两天执勤配发煤球时,已是 5 月 23 日、24 日了①。

为了迎接解放,党支部认为,除了储粮储薪等物资上的准备外,思想上的应变准备更为重要。

为此,《会讯》连续刊登《津行同人三月来信》和《天津通讯三札》等文章,具体报道了天津解放后银行职工的学习、工作、生活情况,帮助职工及时了解党的政策,消除对党的疑虑。《我们都顽强地生活着》的作者李养愉和《生命的转折点》的作者朱吉民,均为该行天津分行的副股长,在沪行同人中熟人较多,他们的亲身见闻、切身体验,使大家倍感亲切,受到不少的启发和教育。与此相呼应,《会讯》也不断反映许多职工要求进步、要求赶上时代步伐的呼声,如《战争与和平》一文写道:为了迎接这新的时代,要有所准备,不仅是物资上储粮储薪,更要紧的是思想上的准备,确立为人民服务的人生观。在《保卫我们的事业》一文中,作者提出:要保持机构、保存账册、保护行产,以新的精神来迎接新的时代! ②

1949 年初,为配合接管工作,中共上海沪中区委银钱业分区委成立了以"南四行(浙一、浙兴、上海、新华)""北五行(金城、盐业、中南、大陆、四行储蓄会)"为重点的私营行庄调研小组,由徐尚炯负责联系,新华银行支部金其达和汪海清都参加了这个小组。这个组的主要任务是通过调查研究,掌握各行的基本情况,包括机构人员、股东股权、资产负债、国内外投资、现金账册保管等情况,为护行、护产

---

① 徐尚炯、应道荣:《新华银行职工运动历史纪实》,载《上海市金融业职工运动史料》第三辑,中共上海市委党史资料征集委员会主编,1990 年 4 月,第 224 页。
② 同上书,第 225 页。

和协助接管准备相关资料①。

在上海市档案馆所藏新华银行档案中，笔者找到了一份题为"新华信托储蓄商业银行"的史料。该件共计15页，全部以细小的钢笔字手抄，右上角标明"COPY"（复制件），未见成文时间。其内容包括了该行创办简史、股份分析、重要负责人及职务、组织系统、营业概况、重要往来户、重要资产及附属事业、分支机构、人事概况、重要负责人介绍、历来对职工的态度、对本企业今后处理政策的意见等。该文内容非常具体，如"重要负责人员介绍"，对时任董事长冯耿光、总经理王志莘、副总经理孙瑞璜、营业室经理徐振东、分行处室经理陈鸣一、稽核室经理项吉士等，从家庭背景、学习经历、工作经历，到业务能力、为人处世态度等，都有较为详细的描述②。

从史料的内容，尤其其中引用的数据时限（如"营业概况"中交换金额的"最近"统计时间，为1949年1月底）、叙述主体（数次出现"本党"等字样）等诸方面综合分析和判断，这份史料应该就是新华银行党支部在1949年2月至3月所撰写和提供的。

5月24日，人民解放军已进入部分市区，当晚，新华银行部分党员和"职协"会员集中到总行值夜班，开始执行起护行、护产的重要任务。

5月25日凌晨，解放大军胜利解放了上海苏州河以南地区。当时敌军尚在苏州河北岸负隅顽抗，外滩一带还是枪弹纷飞。这一天，中共上海沪中区人民保安队银钱业中队指挥部设在新华银行总行营

① 徐尚炯、应道荣：《新华银行职工运动历史纪实》，载《上海市金融业职工运动史料》第三辑，中共上海市委党史资料征集委员会主编，1990年4月，第226页。
② 《新华信托储蓄商业银行》，上海市档案馆藏新华银行档案，Q269 - 1 - 1007。

业室外汇股；"银联"的工作人员也集中到新华银行总行二楼开展工作。《银钱报》油印出了三期"号外"，及时报道了解放军进入市区的喜讯。银钱业中队的队员分成纠察队和工作队，兵分两路，上街开展巡逻和宣传工作。

　　新华银行党支部将党员和部分积极分子编成若干小队，分别参加了人民保安队上述两方面的活动，另外留下一些人协助中队部，刻印有关政策宣传材料和中国人民解放军《约法八章》等文件。工友张根新听到人民解放军已到南京路，赶紧把茶水站设在上海市银行门口，端茶水送毛巾，以表示慰问和敬意①。

① 徐尚炯、应道荣：《新华银行职工运动历史纪实》，载《上海市金融业职工运动史料》第三辑，中共上海市委党史资料征集委员会主编，1990年4月，第227页。

第二章

接　管

金融是旧中国国家资本、官僚资本实施最重要的领域。在东北、华北的大部分城市,对原国民政府国家资本、官僚资本金融机构的接收开始于 1949 年 10 月中华人民共和国成立之前。1949 年 3 月,中共中央明确规定:"国民党反动政府的中央、中国、交通、农民四行和合作金库及其一切产业,经各地军事管制委员会接收后,原则上应交由中国人民银行负责接管,暂时得委托我各地军管会代管。"①

具体而言,接管工作又分为三种情形:① 对于原国民政府经营的金融机构,不论国营、省营、市营、县营,一律没收接管。具体有中央银行、中国银行、交通银行、中国农民银行、中央合作金库、中央信托局、邮储局、江苏省银行、江苏农民银行、浙江省银行、广东银行、台湾银行等。② 对于以四大家族及大战犯私营名义出现的(如孔祥熙的裕华银行),一经清查确实,即予以全部没收。③ 对于原官商合营的金融机构(如中国通商银行、中国实业银行、四明银行、新华信托储

---

① 《中华人民共和国经济档案资料选编(1949—1952)》金融卷,中国物资出版社 1996 年版,第 17 页。

蓄银行等），则派员监督其经营，掌握其财产，监督其业务①。

1949 年 5 月 25 日，中国人民解放军已胜利解放了上海市苏州河以南地区。5 月 27 日，上海宣告全面解放。新华银行由于有 60%以上的资本属于官僚资本，应由人民政府接管。5 月 28 日，中国人民解放军上海市军事管制委员会以财字第 3 号命令派特派员陈先进驻。命令中说："查新华银行系官商合办，本会为保障人民合法产权起见，特派陈先为本会驻该企业军管特派员，代表本会实施监督与保护，仰所有人员各安职守，照常生产营业，该企业负责人应即将全部财产情况，据实造册呈报，倘有转移隐匿等情，呈报人应依法负完全责任，仰即确实遵照为要。此令。"②

陈先(1919—2018)，出生于浙江省宁波市，曾在宁波"慎生钱庄"当学徒，工余在宁波基督教青年会夜校进修，1939 年加入新四军，曾任淮南路东货物管理局局长、华中第三行政区货物管理局局长等。1947 年 7 月起任山东烟台工商局局长。1948 年 10 月起，任山东省立商业专门学校副校长，主持日常工作。该校当时的校长为顾准，学生规模达 1 500 余人。该校的教学内容主要是会计学，以及时局和形势教育等，主要任务是接收和培育一批学生，为接管南京、上海、杭州和青岛等地作干部准备。③

据陈先回忆，1949 年 2 月 21 日，他在济南商专动员学生和教员800 余人，组成几个队，分别登上军用列车离开济南。次日上午 9 时到达徐州，在徐州休息了 3 天。25 日晚 22 时离开徐州，于 26 日上午

---

① 吴景平：《20 世纪 50 年代中国金融制度变迁的历史考察》，载朱佳木主编：《当代中国与它的发展道路》，当代中国出版社 2010 年版，第 397 页。
② 吾新民主编：《新华银行简史》上篇(1914—1952)，1998 年，内部印刷品，第 67 页。
③ 陈先：《九十纪行》，中国计划出版社 2010 年版，第 22—26 页。

8时到达安徽固镇。以后又组织几个分队,步行南下,边走边学,还在怀远附近一带休整一段时间,组织和进行了南下干部鉴定,填写登记表,接着又随着战争形势的发展,逐步向蚌埠和苏北方向转移。5月4日晚渡江到达丹阳。5月5日,准备接管上海的干部集中在丹阳学习,要求从思想、物资、组织等方面作好准备,学习内容包括中国人民解放军"约法八章",入城"三大公约"和十项守则,城市、外事纪律,以及各方面的准备工作等。5月24日晚11时,陈先随曾山坐汽车从曹家渡方向进入上海市区,当晚在南京西路金门饭店住宿。25日晨,陈先与上海地下党韩宏绰、王伟才等同志接头,交流情况,并乘大客车到位于外滩的中国银行餐厅吃早饭,受到了中国银行员工的欢迎。陈先回忆说:"进城人员一律穿上新的军装、戴军管会的臂章,车子路过南京路时,引起行人的广泛注目。"①

5月28日,受中国人民银行委派,陈先特派员来到新华银行总行,接洽各项事宜。

5月29日,人民银行的庄熙英秘书到达新华银行,并于当日下午召集总行及各办事处的负责人谈话,"席间对收兑金圆券事宜,指示甚详"②。

1949年5月至11月,陈先参与了上海市的接管工作,担任上海市军管会金融处驻中国实业银行、新华银行、四明银行、中国通商银行、中国国货银行共五家银行的特派员。军管会还从人民银行总行抽调陈心波、从上海地下党抽调韩宏绰任副特派员,作为陈先的助手。陈先后来回忆说:我们进驻的几个银行,都不同程度地有国民

① 陈先:《九十纪行》,中国计划出版社 2010 年版,第 22—26 页。
② 《人民银行派员来行谈话》,载《新语》14 卷第 11 期,1949 年 6 月 1 日。

党官僚资本的背景,工作上政策性较强。一方面要安定银行员工,做好民族资产阶级代表人物的工作,继续开展银行业务;另一方面要弄清业务、财务和人事情况,肃清国民党官僚资本的影响;还要对这几家银行提出今后的治理建议,任务比较艰巨。他说:"大家工作都小心翼翼,边做边学。经过几个月的工作,情况大体基本弄清,还提出了建立公私合营银行的建议,以加强对这类银行的管理,并发挥他们的作用。"①

新姿态

　　1949 年 6 月 1 日晚,新华银行全体职工怀着对解放的喜悦和对新时代的憧憬,在中国银行四楼礼堂举行大会,欢迎上海市军管会特派员的进驻,同时宣布成立职工会筹委会。会场充满了热情欢快的气氛,在"解放区的天""团结就是力量"和"我们是新华兄弟"的高歌声中,会议开始了②。

　　王志莘总经理的致辞非常简要,内涵却相当丰富。他说:今天这个会不仅是欢迎军管会陈特派员与韩先生的,更是我们全体同人欢迎人民解放军,欢迎我们自己的人民政府,欢迎人民解放军解放了我们。他指出:"欢迎的意义亦就是表示我们要接受新的思想,新的主义,新的工作,我们并不能就以这样一个欢迎会便算了,必须以事

---

① 陈先:《九十纪行》,中国计划出版社 2010 年版,第 27—28 页。陈先于 1949 年 11 月起,先后任中国人民银行福建省分行副行长,华东财经委员会计划局副局长,国家计委综合计划局副局长、局长,国家计委统计局局长,国家统计局局长,国家计委常务副主任、党组副书记等,1986 年 7 月任国际计委顾问,1995 年 8 月离休。2018 年 9 月 1 日逝世,享年 99 岁。

② 荣:《大会杂写》,载《新语》14 卷 12 期,1949 年 6 月 15 日。

实上的表现,来证明我们的努力。"其次,他提出三点希望:① 牺牲小我,放弃一己一行的利益观念而谋大众的利益。② 今后有许多东西是前所未见的,唯有用心学习。③ 今后对于军管会特派员在工作上的指示,热诚接受①。

陈先特派员报告了解放军大军胜利解放上海、新中国即将成立的政治军事形势,阐明了军管会进驻审查新华银行的意义、要求以及有关的方针政策。

陈先指出:"监督是把公私划分清楚。"他说:军管会派员到"小四行"(中国通商银行、四明银行、中国实业银行、中国国货银行)及新华银行监督,根据的是毛主席、朱德总司令颁布的"约法八章"中第三条的规定即"没收官僚资本"。他指出:官僚资本原是人民在历史上的血汗的累积,必须没收归还给人民。他强调:至于私人资本部分,则仍旧保障其所有权。至于所采取的监督方法,他指出,"根本不同于过去像胜利后的国民党接收那样",是人民收回他们在历史上所付出的血汗与劳力的累积,在座者都是人民的一分子,监督也是大家的责任,希望大家共同来负责。

陈先在讲话中阐述了若干认识问题。他强调:军管会的任务是监督与保护,"使企业不致损坏,仍能为人民服务"。首先,他指出,解放后,上海从过去反革命的堡垒转变为实行新民主主义的重心,在企业方面亦具有同样意义,现在的企业是为人民服务的。其次,他指出:在座诸位服务于银行都有很长的时间,具有许多丰富的经验,但在国民党的统治下,许多理想不能实现,许多技术不能充分发展,今

---

① 《新华员工大会特派员王总经理等演词全文》,载《新语》14 卷 12 期,1949 年 6 月 15 日。

后在新民主主义的社会制度下，一定要加倍努力，尽可能地发展所长。再其次，他指出：有人以为中国共产党是看重工人，不看重职员的，其实我们重视工人在社会生产过程中所发挥的伟大力量，但职员亦是在社会生产过程中必不可缺少的一部分。

他最后提了四点具体要求：一是要发挥一个团体中每一份子的积极性、创造性；二是安心工作；三是加强员工团结，帮助军管会监督工作。四是加强政治认识，革除一切旧的思想，"历史已经转变，如果我们不接受新的潮流，便不能成为新的社会所需要的人材"①。

有同人对这次大会的氛围作了如此的记述："在那种兴奋融洽与团结的空气当中，使人觉得一切困难的事情，都容易解决。"②

上海解放后，政府对金融界包括王志莘在内的一些重要代表性人物，给予了相当的重视和礼遇；而王志莘等人也主动靠拢政府，并积极献言献策。

1949年6月2日下午，由上海市人民政府召开的解放后第一次产业界招待会，新华银行王志莘、孙瑞璜出席③。

6月8日，上海市军管会财经委员会为征询产业界与经济专家对于处理银元问题意见，召开银元和物价问题座谈会，王志莘和孙瑞璜出席。④

8月3日至5日，上海市人民政府为了讨论粉碎敌人封锁、建设新上海的方针，举行了连续三天的上海市各界代表会议。会中通过

---

① 《新华员工大会特派员王总经理等演词全文》，载《新语》14卷12期，1949年6月15日。

② 荣：《大会杂写》，载《新语》14卷12期，1949年6月15日。

③ 《人民政府招待产业界》，载《新语》14卷12期，1949年6月15日。

④ 《财经会召开银元物价座谈会》，载《新语》14卷12期，1949年6月15日。

了组织劳资关系、生产问题研究、疏散难民回乡生产及筹备成立中苏友好协会上海分会等四个委员会的提议。王志莘在疏散难民回乡生产委员会中担任委员①。

8月20日下午,中共上海市委邀请本市产业界代表举行座谈会,王志莘等对于如何恢复运河贩运、增加内河运输力量、加强生产、公私联合采购棉花、资金周转等问题,提出许多积极建议②。

9月9日下午,上海市人民政府假中国银行四楼,邀请工商界座谈金融问题。上海市副市长曾山对人民政府各项重大经济措施,以及将发行500元、1 000元面额纸钞等决议作简要说明。王芹荪、荣毅仁、王志莘等认为,三个月来人民政府的财政经济政策,确实是为全市人民服务的,最近一个多月来物价的平稳情形,为十年来所未见的好现象;发行500元、1 000元人民币为各界需要,但发行时须作广泛宣传,使人民明白政府的货币政策,以防人心波动,同时还得注意物价波动,严格地管理市场,严禁投机活动③。

对于与金融界直接相关的一些社会活动,王志莘等更是积极参与,并且在其中承担了重要角色。

5月28日,上海全市解放的第二天,上海银行公会举行理监事联席会议。因该会理事长、常务理事、监事多数告假或离职,"会务处理未免感觉不便",会议决定在原有理监事会之下,设立会务委员会,在理事及会员代表中,选任11人为该会委员。参会人员公推新华银行王志莘及陈朵如、伍克家、项叔翔、王酌清、谈公远、蔡松甫、

① 《本市各界代表会议》,载《新语》14卷16期,1949年8月15日。
② 《市委召开产业界座谈会,王总经理列席并发表恢复航运意见》,载《新语》14卷17期,1949年9月1日。
③ 《工商界谈金融问题》,载《新语》14卷18期,1949年9月15日。

胡铭绅、周德孙、张重威、李广剑等为委员。王志莘及陈朵如为该会召集人①。

6月27日，上海市经济学家许涤新、冀朝鼎、包达三、孙晓村、吴觉农、郑森禹、冯和法、施复亮及新华银行王志莘、周耀平等30多位，设宴欢迎自北平来沪之马寅初先生，并决定组织新经济学会，即席推举马寅初、许涤新、俞寰澄、孙晓村、王寅生、娄立斋、吴承禧、周耀平、孟宪章、施复亮、王志莘等11人负责筹备相关事宜②。

6月下旬，上海市有关部门就调整全市公用事业价格，征询各界人士意见。王志莘应公用事业处之请提出意见，他认为，公用事业对全体市民福利及工商业发展影响极大，定价必须合理公允，既不使各公司维持困难，亦不使人民福利蒙受损失，对各公用事业公司内部情形，"尤应请专家查核，俾使其内部管理趋于合理化"③。

7月18日下午，上海市商会、银行公会、总工会、轮船公会等四团体，假座河南路桥堍市商会二楼举行茶会，欢迎来沪访问之武汉工商访问团并交换各项意见。王志莘致辞：武汉是上海成品的畅销地，过去给上海的帮助很多，在人民政府发展生产、繁荣经济的大原则下，要先把各地意见沟通起来，"使经济的割裂，缩得越短越好"④。

8月28日上午，上海市工商业联合会筹备会常务委员会假座慕尔鸣路(今茂名北路)昇平街50号卷烟业公会举行首次会议，敲定接管委员会、各同业公会、财务委员会、法规委员会、文教委员会等的委

---

① 《本市银行公会成立会务委员会》，载《新语》14卷12期，1949年6月15日。
② 《经济界欢宴马寅初氏》，载《新语》14卷13期，1949年7月1日。
③ 《公用事业调整价格》，载《新语》14卷13期，1949年7月1日。
④ 《本市四团体欢迎武汉访问团》，载《新语》14卷13期，1949年7月1日。

员人选。王志莘当选接管委员会及调解委员会委员,孙瑞璜当选法规委员会副主任委员兼文教委员会委员①。

在新闻媒体的多次采访中,王志莘等对人民政府的多项方针政策给予了积极的评价。

为纪念"七一""七七",上海市《新闻日报》记者来访多位工商界人士,请他们发表感想。被访问者有张絅伯、中华制药公司总经理陈丰镐、针织业同业公会常务理事徐昭候、中华造船厂厂长杨俊生、新华银行总经理王志莘等。王志莘说:上海解放后,和中共的人们及中共的文献有了较多的接触及研究的机会,虽然只有一个月的时间,"已深刻感到中共人们的真诚坦白及中共文献的富于真理",正在继续研究,以求进一步的了解。他又说:新民主主义是独立民主中国的第一步工作,"以后循着民主及进步的原则迈进"。他表示:我希望新政协成为建设民主中国的第一步工作,以后循着民主及进步的原则迈进。②

孙瑞璜应上海市商报馆之邀,撰写了《划时代的转变》一文,发表于 7 月 7 日该报"纪念七七庆祝解放"特刊,他指出:"不要以为现在一切生活起居,与以前无大差别,即认为所称转变,不过是理论而不切实际的。"他认为,在新民主主义下的转变,一切是温和的、渐近的,但是新民主主义的方向,与旧资本主义的方向是不同的。他特别强调:我们应切实认清这一点,"我们不赞成盲目的附和,但不加推敲,固执己见,乃是不智"。他说,在这短短的解放期中,"已经见到了及听到了许多意想不到及前所未闻的好的事实,还不能触动我们的思

① 《工商业联合会筹委会首次会议》,载《新语》14 卷 17 期,1949 年 9 月 1 日。
② 《纪念"七一""七七",总经理发表感想》,载《新语》14 卷 14 期,1949 年 7 月 15 日。

潮来研究其原故及根底,作为我们的依据吗?"①

《华东区管理私营银钱业暂行办法》公布施行后,上海市金融界人士项叔翔、陈朵如、沈日新及王志莘等,对此联合发表谈话,认为这是一个划时代的文件,正确地指示了政府的金融政策,以及今后金融业的方向;加强了金融业的资力,健全了金融业的机构;增加了对存户的保障;保障了正当信用的构成和运用。并且强调,这个办法不像以往法令侧重消极的限制,而能着重于积极的扶植。它引导金融业机构健全,业务繁荣,"而实实在在能负起金融业本身的职责的路径"②。

7月27日,《解放日报》发表社论,号召"动员上海的人力、游资和技术到农村发展生产"之后,上海市经济专家及金融界人士均认为,这是当前必要的任务,并先后发表意见。王志莘认为,"鼓励资金流向农村去,必先安定农村秩序与治安,进一步说,资金能流向农村之后,农村的秩序与治安,亦自然更加安定起来",这一举措"实为目前急切之图"③。

对于政府当局对银行业的一些具体要求,如兑换金圆券、收兑银元外币、推行折实储蓄、开展节约运动等,新华银行总是第一时间响应,并采取了有力的措施。

收兑金圆券,是上海解放后新华银行承担的第一项任务。

金圆券自1948年8月19日发行后,到1949年5月27日上海全

---

① 《庆祝解放,孙副座撰文纪念》,载《新语》14卷14期,1949年7月15日。
② 《管理银钱业暂行办法公布,总经理等联合发表谈话》,载《新语》14卷17期,1949年9月1日。
③ 《动员人力、游资和技术到农村去——王总经理发表谈话》,载《新语》14卷16期,1949年8月15日。

部解放,计共 9 个月零 8 天,它的价值自每元合美金 0.25 元,或黄金 0.005 两,跌至每元合美元 0.000 000 03 元,或黄金 0.000 000 000 6 两,即跌至千万分之一。在解放前夕,金圆券事实上已成废纸。上海 军管会成立后,于 5 月 29 日颁布收兑金圆券命令,规定折合率为人 民币 1 元合为金圆券 10 万,且兑率划一,没有差等优待的办法。5 月 30 日开始收兑,限面额 10 万以上的金圆券。5 月 31 日起,应人民的 要求,面额 5 万的也同样收兑。除中国人民银行外,并委托上海全市 200 余家银行、钱庄、信托公司及其附属各分支机构,代理收兑工作。 收兑期于 6 月 5 日截止,在这 7 天时间内,共兑出人民币 3.6 亿 余元[1]。

新华银行总行及市区各办事处从 5 月 30 日起代理收兑金圆券, 客户及一般市民来行兑换者极为踊跃,计在 5 月 31 日兑出人民币 990 万元,6 月 1 日兑出 800 万元,2 日兑出 240 万元,3 日兑出 270 万 元,4 日兑出 300 万元,5 日为星期日,原为例假,但照常办公,计兑出 人民币 900 万元,连前共计兑出人民币 3 500 万元,占上海市兑换总 额十分之一,兑换总额仅次于中国银行,名列第二[2]。《解放日报》在 相关报道中专门提到了新华银行,称其积极向中国人民银行上海分 行要求,多发给兑换的人民币,仅 5 月 30 日一天就向中国人民银行 上海分行兑换了两次[3]。

收兑银元、外币的任务,难度也不小。

由于国民党统治时期的通货膨胀,造成了金银投机的猖獗与普

---

[1] 周有光、孙震欧:《解放一月来的上海金融》,载《经济周刊》9 卷 1 期,1949 年 7 月 7 日。

[2] 《收兑伪金圆券结束》,载《新语》14 卷 12 期,1949 年 6 月 15 日。

[3] 《收兑伪金圆券积极》,载《解放日报》1949 年 6 月 1 日。

遍，人民对于货币的不信任，实际是通货膨胀恐怖症心理的延续，再加上经济特务的幕后操纵，上海解放后 10 天之内，银元价格上涨了 160％，影响所及，使得一般的物价普遍抬高，对人民币的信用造成了很大的破坏，对人民的生活也造成了极大的危害。面对这种情况，上海市人民政府以 1949 年 6 月 5 日《解放日报》"扰乱金融操纵银元的投机者赶快觉悟"一文为号召，发动职工、学生以及各界群众进行了广泛的教育与宣传。待这种努力还不能促使投机者洗手的时候，便接受广大人民的要求，对金融投机中心"证券大楼"进行了一次毁灭性的打击。另一方面，人民银行开始组织大量收兑银元，因收兑银元需要支付大量货币，同时举办了折实存款，以为疏导①。

6 月 10 日，上海军管会颁布收兑银元办法，规定银元定价为："袁头"每枚 1 200 元，"孙头"或船洋每枚 1 140 元，鹰洋或龙洋每枚 900 元，其他"杂洋"暂不收兑。银元收兑由中国银行主办，再由中国银行委托新华、中国实业、四明、中国通商、和成及上海市银行等各大商业银行主办②。新华银行总行及各办事处积极参与办理。其中，第九办事处以邻近菜场，为便利主妇兑换计，每晨七时即开始办理，"民众颇为称道云"③。

在中国流通的外币，也是人民币的一种障碍物。一个独立国家决不容许外币的流通。上海军管会于 6 月 8 日颁布命令，严禁外币流通，限于外汇交易所成立后半个月内，一律向中国银行按牌价兑换人民币，或存入中国银行取得外汇存单，以后可凭存单向外汇交易所

① 王敏：《解放一年来的上海金融》，载《经济周刊》10 卷 21 期，1950 年 5 月 25 日。
② 《收兑伪金圆券结束》，载《新语》14 卷 12 期，1949 年 6 月 15 日。
③ 《收兑外币结束》，载《新语》14 卷 13 期，1949 年 7 月 1 日。

自由交易①。

中国人民银行华东区行指定中国银行为执行管理外汇任务及经营外汇业务之机构,同时指定部分银行代办外汇业务。1949 年 6 月 9 日,新华银行总行被批准为外汇指定银行,此后,该行北京、天津、南京、汉口、广州、厦门等地分行,先后被当地核准为外汇指定银行②。自 6 月 13 日起,受中国银行委托,新华银行总行外汇部及第二、八、九、十四办事处等五个单位,代理收兑美元、英镑、港票、卢比等项外币。6 月 14 日起,同时代兑银元,顾客来行兑换甚为踊跃③。因客户颇为拥挤,外汇部原有柜台过短,不敷使用,新华银行还将原有营业员的办公室拆通,全部扩充为外汇部④。

1949 年 6 月 20 日,《解放日报》刊载了市民张庆曾的一封"读者来信",揭发了新华银行位于南京西路江宁路的一家支行,有数位员工在上班时间议论买卖银元,并怀疑这些员工用收兑的银元去从事黑市买卖⑤。此事引起了新华银行管理层的高度关注。鉴于代理收兑外币及银元工作意义重大,王志莘总经理于 6 月下旬颁发通告如下:

　　　　查政府收兑银元外币,旨在消灭黑市,稳定物价,意义重大,本行受托代办,推行国策,服务人民,凡我同人自宜遵从法令,奋

---

① 《收兑伪金圆券结束》,载《新语》14 卷 12 期,1949 年 6 月 15 日。
② 吾新民主编:《新华银行简史》上篇(1914—1952),1998 年,内部印刷品,第 67 页。
③ 《中国银行委托本行收兑外币银元》,载《新语》14 卷 12 期,1949 年 6 月 15 日。
④ 《外汇部柜台不日改装扩充》,载《新语》14 卷 13 期,1949 年 7 月 1 日。
⑤ 《堵塞银元黑市的"方便之门"》,《解放日报》1949 年 6 月 20 日。

发办理，郑重将事。乃查同人中尚有谈论可否以美钞易取银元者，显亦对政府此项施政之意义及本行受托办理之使命尚未正确明瞭，致启顾客之责难，认为有将收进银元售于黑市之嫌，特函报纸，损及行誉，虽经查明未形事实而喧腾众口，影响匪浅，为特通告，务希同人切实注意，随时检讨，互相告诫，是为至要。①

上海市的外币存兑工作自存兑开始起，直至 6 月 25 日结束，前往存兑的人不可胜计，"自薪水阶级乃至各大厂商洋行不一而足"。其中 24 日、25 日两日之内，前往中国银行开立外币存折户者，约有3 000 户，存额有多达美金数万元者，足见一般人民对人民政府的法令及其所发行的人民币，都有良好的信心，"已不再以猜忌的目光去怀疑这由自己的政府所发行出来的通货了"②。

就新华银行而言，参与此项工作的同人非常辛劳，各大公司、厂商，以及外商企业、外侨等，亦多有来行兑换，共兑美钞 77 万余元。其中总行占 5/7 强，次以八仙桥及四川北路办事处为多。港币部分共代兑近 120 万元，其中总行占 8/10 弱。此外，新华银行为客户便利，与中国银行洽妥了代办外币换取外币存单，共计代办 105 户，节省了客户不少排队等候时间，顾客无不交口称誉。此次收兑期间，因原有人手不敷支配，新华银行曾向花旗银行商借了陆佑梅、王朝庆、杞良伦、陈陛荣等 4 人及美国商业银行何兆荣襄助办理，得力不少，行方还正式分别去函道谢，"并酌致陆君等酬劳，以表谢意"③。

---

① 《本市收兑外币银元，总经理通告同人切实遵办》，载《新语》14 卷 13 期，1949年 7 月 1 日。
② 《外币存兑停止》，载《新语》14 卷 13 期，1949 年 7 月 1 日。
③ 《收兑外币结束》，载《新语》14 卷 13 期，1949 年 7 月 1 日。

在肃清金圆券、打击金银投机、管理外币之后，如何疏导游资，减轻物价所受的压力，成为一个亟待解决的问题。人民银行于 1949 年 6 月 14 日委托中国银行举办折实储蓄存款，替游资寻找出路，稳定市场，保障人民的生活。折实储蓄分活期、定期两种，活存或半个月的定存，以有组织的工人、教员、学生为限，存额不得超过一个月的工资薪津或伙食费；三个月以上的定存，任何人皆得存储，不受限制。随后为了适应一般人民的要求，又放宽限制，凡一个月以上的定存，不限对象，凡超过一个月者并得由存户指定付款日期，以应个别的需要。并将定存利率自 11 月 10 日起提高到月息 3 厘、5 厘、7 厘、1 分不等，以奖励储蓄[①]。

中国银行信托部开办的折实储蓄存款，由交通银行、中信局及新华银行等三家共同协助办理。其中，各级学校教职员生的活期、半月、一月折实储蓄系由新华银行独家代理，其他各厂商机关职工的活期及半月、一月的定期折实储蓄，系由中国、交通及中信局分别办理。而定期三月以上的折实存款，则由这四个行局共同办理[②]。

6 月 14 日，新华银行召开了解放后的第一次沪区行务会议，军管会陈先特派员在会上强调：新华银行在解放后，先后兑换伪钞，收兑美钞银元，为民众尽了不少服务工作，今后经办折实储蓄存款，要继

---

① 智修：《解放以来的中国人民银行上海分行》，载《经济周刊》10 卷 1 期，1950 年 1 月 5 日。折实储蓄存款每单位的价格，系根据前一日《解放日报》所载白粳米一斤、十二磅龙头布一尺、本厂生油一两、普通煤球一斤等四种物品的市价合计而成，包括整存整付、存本付息、零存整付、整存零付及活期储蓄等 5 种，利率的高低有无，则按存款的性质与时期来分别明白订定，息金亦以实物价格折付之。

② 《折实储蓄加入踊跃》，载《新语》14 卷 13 期，1949 年 7 月 1 日。

续为国家人民作广大的服务①。

　　新华银行承办的折实储蓄存款，对象以教育界职工、学生等为主，颇受全市大学、中学教职员及学生的普遍关注。为完备各项应办手续，总行及沪区各办事处纷纷推派同人，去各学校接洽解释。上海全市教职员学生总计达 15 万之众，"欲求全部对折实存款的充分了解明晰，尚待时日"，因此，连日各到访单位已增至 20 个小组，积极向全市各校展开活动。总行方面有 10 位同人，每人自成一单位，担任对郊区各大学、专科学校，及著名私立中学访问接洽工作，每日访问结果，缮写报告，汇集讨论。各办事处方面则就相近学校展开工作，"俾收事半功倍之效"②。

　　折实储蓄存款开办后，一般职工及市民皆乐于储存，对于稳定市面，收效颇宏。"惟实施以来，已发现若干职工从中投机牟利的情事"。中国银行为了遏制这种恶劣现象普遍蔓延，将职工折实储蓄的存入时期，限于发薪以后 3 天之内，逾时只付不收。付现亦限于原存入的行处③。此外，为节约人力物力，对于经办之折实储蓄存款，自 1949 年 8 月份起，将原订之储蓄单位存单取消，一律改用存折，每一存户另立分户账处理④。新华银行也作了相应调整。对于教职员存储，规定每月于发薪 3 日内集体开具清册，来行存储，过期即不能再存。各校学生自治会办理同学存储，每月只限两次，各位同学可在两次中任择一次，"惟须一次存讫"⑤。

<hr />

① 《沪区行务会议》，载《新语》14 卷 13 期，1949 年 7 月 1 日。
② 《本行经办折实储蓄存款》，载《新语》14 卷 13 期，1949 年 7 月 1 日。
③ 《折实存款存期限制》，载《新语》14 卷 14 期，1949 年 7 月 15 日。
④ 《折实存款改用存折》，载《新语》14 卷 17 期，1949 年 9 月 1 日。
⑤ 《节省人力物力，折实存款规定限期次数》，载《新语》14 卷 15 期，1949 年 8 月 1 日。

　　8 月 7 日（星期日），新华银行假总行四楼董事室，招待本市高教联及专科大学，到有高教联、交大、复旦、暨大、同济、光华、大同、大夏、东吴、上海法学院、上海商学院、上海美专、无锡国专、立信会计专科、上海音专、东亚体专等 29 校的代表余性元、何德鹤、严沛霖、杨一之等 47 位。新华银行特派员韩宏绰亦列席。招待会于上午 9 时开始，至下午 1 时结束。① 8 月 27 日下午，新华银行招待本市中小教联。28 日（星期日）上午招待本市高教联，各大专学校教授会、"讲助会"及学生自治会代表，韩特派员亦参加指导。新华银行还编有《集团存取须知》《分户帐使用说明》等，供各学校参考②。

　　在上海解放后至当年底 7 个月物价三次波动时期，折实储蓄存款控制了游资，充分发挥了它应尽的使命。如 11 月份物价波动时，折实储蓄金额最高达到 400 亿元，以当时二十一支纱价计算，折合纱一万件以上，减少了游资对物价的冲击力量③。

　　开展节约运动，不仅是响应政府号召，也是新华银行自身生存和发展的需要。

　　7 月 12 日下午，新华银行总行召开沪区行务会议，陈先、韩宏绰两位特派员出席。王志莘明确指出：目前存款减少，头寸不敷应用，而每月薪津开支，愈加使头寸缺乏，收益减少。他强调，"头寸之重要，有如心脏病，随时使生存受有威胁，而收益减少之严重，有如肺病，可使本身逐渐瘫痪下去"，应发动全体力量推展业务，渡过难关。

---

① 《推进折实储存，总行招待高教联》，载《新语》14 卷 16 期，1949 年 8 月 15 日。

② 《折实存款改用存折》，载《新语》14 卷 17 期，1949 年 9 月 1 日。

③ 智修：《解放以来的中国人民银行上海分行》，载《经济周刊》10 卷 1 期，1950 年 1 月 5 日。

同时,他要求同人积极响应和落实上海市军管会金融处提倡节约的号召①。

7月18日,王志莘在《大公报》发表文章,题目是"我们为了生产,为了再生产,必须节约"。他强调:我们普遍谈节约,只注意金钱的节省,其实更有意义的还在物力和人力的节约,也就是物力和人力的经济使用。他认为,"节省消费的购买力,变为生产的购买力,就是化浪费的金钱为生产的资本"。他同时强调,开源是建设性的,为了生产;节流也是建设性的,为了再生产,因此,必须把节约与生产好好配合起来②。

为此,总行事务室拟具了切实方案,包括节约纸张、文具水瓶、电扇、电话、汽车用油等的详细办法,提交职工会参考。职工会号召全体同人提高自觉,协助节约运动之推行③。工友茅竟成建议,同人往来户结单在内部递送时,可将结单封套除去,省去一部分开支。有同人主张减少订阅报纸份数,集中在阅览室阅读。有同人对节约纸张文具提出建议:如尽量使用旧信封、书报杂志封袋等;缮写字体尽量小一些,以节省纸张;圆形别针、回形别针可反复使用;墨水瓶瓶盖要及时盖好,减低干涸速度等④。此前,新华银行总行同人膳食一向采用分食制,平日菜单包括一荤、一素、一汤,合为一客。自8月1日起,将原有之素菜取消,为一荤一汤,"积少成多,对搏省开支,数目可观"⑤。

---

① 《沪区行务会议》,载《新语》14卷14期,1949年7月15日。
② 《响应节约运动,总经理撰文号召》,载《新语》14卷15期,1949年8月1日。
③ 《事务室拟订节约方案》,载《新语》14卷15期,1949年8月1日。
④ 《节约意见》,载《新语》14卷17期,1949年9月1日。
⑤ 《节约第一声,总行膳食减少一菜》,载《新语》14卷16期,1949年8月15日。

参加庆祝解放、纪念"七七"大游行，是解放后不久新华银行组织的一次重要集体活动。

在这次活动之前，新华银行接到了上海市军管会金融处通知，为纪念"七七"及庆祝解放，休假一天半。① 根据上海市银行同业公会早先的安排，1949 年全年的银行休假日如下：① 中华民国开国纪念，1 月 1 日（星期六）；② 全年决算，1 月 2 日、1 月 3 日（星期日、星期一）；③ 革命先烈纪念，3 月 29 日（星期二）；④ 上期结息，6 月 20 日（星期一）；⑤ 半年结算，7 月 1 日、7 月 2 日（星期五、星期六）；⑥ 孔子诞辰，8 月 27 日（星期六）；⑦ 国庆，10 月 10 日（星期一）；⑧ 国父诞辰，11 月 12 日（星期六）；⑨ 下期结息，12 月 20 日（星期二），并规定上列假期中，如有逢星期日者应于假满之次日补假一天②。这次庆祝解放、纪念"七七"的一天半休假，显然是新增加的。

紧接着，根据上海银行同业公会的通知，8 月 27 日作为孔子诞辰纪念日，原已列入银行休假日期内，现"免予休假"③。再接着，为庆祝中华人民共和国中央人民政府成立，10 月 1 日、2 日、3 日放假三天；10 月 8 日，因上海全市大游行之故，又放假一日④。

从一定意义上说，休假日的调整，也体现了新政府领导下银行业的新气象。

有关这次游行活动的盛况，《新语》有过较详细的现场报道：

高速度办完了工作：

---

① 《纪念七七庆祝解放休假》，载《新语》14 卷 14 期，1949 年 7 月 15 日。
② 《卅八年沪市银行休假日期表》，载《新语》14 卷 1 期，1949 年 1 月 1 日。
③ 《孔子诞辰日照常营业》，载《新语》14 卷 17 期，1949 年 9 月 1 日。
④ 《庆祝开国纪念，本行悬灯结彩放假四日》，载《新语》14 卷 20 期，1949 年 10 月 15 日。

　　七月六日，轻微东南风，低气压，阴，上午八时，银行的铁门和往日一样地开了。顾客们进进出出，也照着平日一样地做着各人的事，看来这又是个平凡的一天。但是将近十一时，全体同人接到一份通知：今日下午开始庆祝解放纪念七七大游行。这条消息的传播，好像一颗石子投向平静的湖心，刹时间荡起满湖的波纹，在职工全体加速度工作之下，至中午十二时，已结束了银行当天的业务，下午全体开始进入了新生活的一页。①

出发前的准备：

　　大约在一时半左右，总行及办事处所有参加流行的同人，已齐集在营业间的走廊上，根据各室处预定的各组分成小队，以一、二、三、四……为序，每小队约十至二十人不等，站成四人一排纵队行列；总行临时参加的同人也颇不少，大家都带着兴奋愉快的面容，静候着出发，以前再三忧虑过的问题如空袭、动员等等，现在谁也不听见讲起，与群众站在一起的时候，竟使人忘记了个人的安危。②

浩浩荡荡走出了行门：

　　二时正，一切准备舒齐，银行正门大开，路人以惊诧的目光迎着我们浩荡的队伍出来，潘静洼君高举职工会大旗前导，紧跟

①　荣、华：《纪念七七、庆祝解放同人游行盛况》，载《新语》14 卷 14 期，1949 年 7 月 15 日。
②　同上。

着是毛泽东先生的画像,最别开生面的是两副大算盘;上面整齐的六个黑字写着:"清算官僚资本",行人看了都会心微笑,他们还指指画画说:"这就是银钱业的招牌,看!有这么多的人,恐怕全体职工都出动了。"

行列沿江西中路北行,至宁波路转东进入上海银行,队伍就排立在他们的营业间内。上海银行具备了茶水饮具,口渴的同人,在享受这项周到的招待时,都不禁露出感激的谢意。该行柜台内尚有工作未毕的同人,也暂时停止工作,向这些同业的队伍伸头探望,后来,络绎而来的同业愈聚愈多,"解放区的天"与"你是灯塔"的歌声此起彼伏,更与锣鼓声喧成一片,直至银钱业第三区队总指挥朱应麟爬上了桌子,才渐渐宁静下来。

朱君以话筒简单地报告了这次行列的次序,计第一队上海银行、第二队浙江兴业银行、第三队浙江第一商业银行、第四队国华银行、第五队新华银行。据临时估计,此次参加人数以我行四百人为最多,其次浙兴的人数也不少。

二时一刻,队列再从上海银行出发,约二时三十分到达外滩,银钱业全部行列都在此汇合,排列在交通银行大厦前,面对黄浦江,我们就在那里等候着解放军的来临。①

伟大的场面在迎接解放军:

时间还早,我们藉此机会向前后左右参加游行的队伍,互相

---

① 荣、华:《纪念七七、庆祝解放同人游行盛况》,载《新语》14 卷 14 期,1949 年 7 月 15 日。

巡视了一下，第一个印象是场面的伟大，黄浦滩上如许的人潮，除了从前挤兑黄金以外，实在无法比拟；然而那时是人与人互相倾轧，在旧的不合理的社会中，受着有形与无形的鞭子所压迫，人们只能顾及个人的利害。现在则是人与人互相握手，我们看到形形色色的人民，各式各样的服装，无论男女老少，兀立在江边，风吹不冷他们的热情，雨洗不掉他们的笑容，渴望着解放军的到临！

四时正，江风阵阵吹来，同人身着单薄的衣衫，不禁都有寒意，惟有廖国豪君，因为参加歌咏队演出，购啖冰棒三根之多。四时许，突落骤雨，一部分未带雨衣的同人，暂时退至沿街的大楼下躲雨，然而为我行歌咏团的精神感召（在雨中跳秧歌舞），又都站了出来。

五时半，在无数群众热烈的期待下，解放军的整齐的队伍，三人一排，终于出现了。他们穿着一律的黄色布制服，军帽上佩着"八一"帽徽，足上裹着绑腿，穿着黄色跑鞋，胸前缀着红星。这时雨愈下愈大，他们的精神，却更见抖擞。

在每一队军队之前，还有几个骑在马上的军官领头，向夹道欢呼与鼓掌的人民队伍，频频答礼。在军人的行列中，更夹着各式武器，有用马拖的重炮，也有解放军背在肩上的机关枪。人民向他们致敬的锦旗，不但擎在他们的手中，也披在大炮的炮身上。军队在人民队伍前立停，银钱业各职工会便纷纷开始献花献旗。①

---

① 荣、华：《纪念七七、庆祝解放同人游行盛况》，载《新语》14 卷 14 期，1949 年 7 月 15 日。

陈鸣一先生代表献旗:

　　本行分行处室陈经理鸣一,也站在新华银行职工的队伍中,代表七百多位同人,在腾扬的欢呼与掌声中,向解放军献上了鲜花和绣着"人民救星"红底黑字的锦旗。这是本行职工的衷心感激的表示,也是团结一致的象征。每一个在场的同人,在感情上都有一种说不出的冲动。隔不了多久,浩浩荡荡的装甲车队伍,也接踵出现,与步兵会师。夹道的人民队伍争着向装甲车上勇士们鼓掌和握手。听说本行朱寿泰君因为抢先要向解放军致敬,和勇士们拉手,险些给坦克车撞倒。本行职工的情绪热烈,于此可见一般。①

本行的队伍始终整齐前进:

　　军队到达之后,大游行的队伍便开始出发。沿外滩折入中正东路,再转入江西中路。本行队伍经过九江路总行行址时,已经八时左右了。队伍继续前进,由江西路转入南京东路,向中正北二路前进。本行参加游行的同人,依照规定的次序,多在这里散去。剩下来擎着毛主席巨像、向毛主席致敬等旗帜的同人,却步行至本行第三办事处,将旗帜好好的安放在内。据一位总行的工友告诉笔者说,他回到总行的时候,已经晚上十时左右了。②

---

① 荣、华:《纪念七七、庆祝解放同人游行盛况》,载《新语》14 卷 14 期,1949 年 7 月 15 日。
② 同上。

　　为纪念八一建军节而发起的劳军捐献运动,新华银行组织得也颇有成效。

　　7月18日下午,上海市工商界劳军分会于永安公司大东酒楼成立,并推选陈叔通、盛丕华、黄炎培、项叔翔及新华银行王志莘总经理等77位为本市工商劳军分会委员①。

　　7月22日,新华银行职工会劳军委员会召开第一次会议,议决分设总务、宣传、会计三科,由朱应麟担任主任委员,同时全行成立劳军总队,每一行政机构设立一个分队,分队长由行政机构负责人担任,工友另设一个分队。总队长由徐振东担任,并请总、副经理担任名誉总、副队长②。

　　全行同人对这一运动给予了积极响应,在所属各部门组织下踊跃认购折实单位。职筹委会随时油印快报,公布进行的成绩,并制就了大计分表,悬挂于营业间走廊的墙壁间,对团体冠军与个人冠军赠以红旗作为奖励。截至8月12日下午,认购共计折合人民币470余万元。驻新华银行的韩宏绰副特派员,也参加了新华银行的劳军运动,捐献了20个折实单位。新华银行聘请的膳食顾问周德卿女士捐献10个单位。一处工友分队捐献了22个折实单位、肥皂10块。孙瑞璜副总经理捐献了人民币4万元③。此次银钱业的劳军捐款,新华银行行政方面亦认捐了450万元,由银行公会汇集,转献给市劳军总会④。

　　除了自身捐款外,新华银行还要做好对外服务工作。上海市劳

---

①　《工商界劳军分会成立》,载《新语》14卷15期,1949年8月1日。

②　《职筹委会发起劳军运动》,载《新语》14卷15期,1949年8月1日。

③　荣:《劳军捐献汇讯》,载《新语》14卷16期,1949年8月15日。

④　《本行劳军认捐巨款》,载《新语》14卷16期,1949年8月15日。

军运动自 8 月 1 日起逐渐进入高潮,在工商界分会的发动下,全市三百余个工商界团体举行提成义卖三天。为使银行收款更为普遍便利,除原定之人民银行、中国银行、交通银行三行代收捐款外,另外增加了浙江兴业银行、中国实业银行及新华银行三家及其各分机构,共 6 家银行同时收款。新华银行自 8 月 2 日起至 15 日止,每日将经手款项逐日汇交人民银行入账①。

职筹委会

新华银行的职工会,是在原有同人福利会的基础上筹组的,并且在解放后数日即启动了这项工作。1949 年 5 月 30 日,新华银行同人福利会成立了沪区职工会筹委会(以下简称"职筹委会"),推定了筹备委员 31 人,其中福利会理监事 13 人,工友 9 人,会外 9 人。其组织名单如下。常务委员:朱应麟、陆荣根(主委)、吾新民、沈光宗、金其达;总务部:王大鸿;联络部:程盛棣;组织部:金其达;福利部:陈镇华;宣传部:石柏泉;康乐部:夏弘宁。"会章"起草委员会委员:吾新民、时明德、石柏泉、程盛棣。"筹备宣言"起草负责人:王大鸿、沈光宗、朱应麟②。

职筹委会成立后,一边筹备,一边积极开展工作。

6 月 3 日下午,职筹委会假座总行四楼董事室召开了一次扩大座谈会,商讨如何协助军管会特派员的审查工作。吾新民担任会议主席,出席者包括孙副总经理及各部门同人、工友等 100 余人。谈话会

---

① 《劳军运动进入高潮,本行加入服务代收捐款》,载《新语》14 卷 16 期,1949 年 8 月 15 日。
② 《本行沪区职工会筹委会成立》,载《新语》14 卷 12 期,1949 年 6 月 15 日。

于 4 时开始,孙副总经理、徐经理、曲副理,以及金其达、石柏泉、沈光宗、罗镒宗等多位,先后发言,情绪热烈,"至六时许方告散会"①。

　　6 月 4 日,新华银行审查委员会正式成立。这是军管会特派员办事处委托新华银行职筹委会所组织,"俾用同仁集体力量,发挥民主精神,就大公无私之公正立场,协助军管会金融处推展监督工作"。职筹委会推选了朱应麟、金其达、吾新民、石柏泉、沈光宗、王大鸿、陈镇华、潘静洼等 8 位委员,并另行推选陈鸣一、曲宗炎、龚善继、施梅僧、赵荫先、周宇江、胡绩勋等 7 人,合计 15 人,组成了审查委员会。该会成立当日即召开第一次会议,决定推选石柏泉、沈光宗、朱应麟、吾新民、金其达等为常务委员,负责综合联络工作,内部分股本、人事、事务、业务及其他资产等五个小组,除推定各组负责人外,另行聘请思想开明、态度端正,能对人民负责,技术熟练的若干同仁襄助进行。同时,为集思广益、群策群力,设立了意见箱,广为搜集意见及资料,以供参考②。有关这个小组的工作成果,本章后续将会详述。

　　推展本行同人的折实储蓄,也是职筹委会成立后开展的重要工作之一。

　　折实储蓄开办后,经新华银行职筹委会与中国银行洽妥,由该会集中举办本行同人折实储蓄存款。各同人的存储额,以不超过本人每月所得薪津工资折合之存储单位为限。总行同人可直接在总行存款股办理,办事处同人直接在所在办事处存储,存储种类分活期、半个月及一个月三种③。

---

① 《职工会筹备会召集座谈会》,载《新语》14 卷 12 期,1949 年 6 月 15 日。
② 《职工会审查委员会成立》,载《新语》14 卷 12 期,1949 年 6 月 15 日。
③ 《本行职工折实存款,会员应照规定自由参加》,载《新语》14 卷 13 期,1949 年 7 月 1 日。

在推展本行同人折实储蓄的过程中,有一个小插曲。

8月11日下午,职筹委会在总行董事室召开折实储蓄工作座谈会。到会者有军管会韩特派员,王志莘总经理,陈鸣一经理,职工会筹委、联络员、干事,折实储蓄工作人员,九处及四处同人等。值得关注的是会中有一项议程,由九处同人童文年坦白错误,并由经办同人报告办理经过,"会中并对确立为人民服务道德,有很虚心坦白的讨论"①。

此事要从7月29日说起。那天,九处童文年因父亲关照购家用食米,但行中职务繁忙,未能抽空买好,因恐不能如数买到,米价上涨,遂借用同人名义存入210个单位,违反了相关规定,"事为经办人员知悉,晓以大义"。事后,童文年于8月3日致函王志莘总经理:

> 谨呈者:职于七月二十九日,因家父购家用食米,职当日因职务繁忙,无暇照办,又恐翌日米价上涨,遂借陶宗福、何兆良、陈水林名义,存储折实存款二百十单位。今职自知错误,衷心悔过,以后决不再犯,尚恳钧座赐职以改过之机,俾求自新,耑呈
> 总经理 钧鉴
>
> 童文年呈
>
> 一九四九年八月卅日

新华银行管理层在接到童文年来信后,本着"治病救人"的原则,"特意去书戒勉":

> 迳启者:八月三日悔过书收悉,查职工折实储蓄存款,原为

---

① 《折实储蓄座谈会》,载《新语》14卷16期,1949年8月15日。

人民政府保障职工生活而设，规定不得转让顶替。本行受中国银行之委托，经办是项业务，尤应仰体政府意旨，慎重办理，乃执事一时失检，借用同人名义，私存折实存款，不特有违政府意旨及业务规则，抑且影响本行信誉，关系甚大。惟事后执事深知悔悟，且于折实工作检讨会中，当众坦白，自认错误，此种精神，亦复可嘉。倘得此教训后，执事能处处留意，不蹈前辙，本行同人，并能以执事为鉴，对于本行一切举措，更加谨慎，则此次执事之过，未始非如浮云之掩白日，不足损其光明也。尚希自勉为要。

此致

童文年君①

　　这两封信同时刊登在《新语》上，目的自然也是为了引起全行同人的警惕。事实上，在组织职工开展政治学习和教育方面，职筹委会积极配合管理层，还采取了其他许多有效的举措。这一点，将在后文详述。

　　在自身建设方面，职筹委会也做了不少工作。如 1949 年 8 月 4 日，职筹委会为明了各位同人情况，分发调查表格，调查全行职工近况，其内容包括：姓名、籍贯、年龄、住址、电话、人口、负担、经济情形、有否加入其他团体、对于职筹委会的批评、建议及希望等项，以作为登记临时会的准备②。

　　当然，该行员工最直接感受到的，还是职筹委会举办的一些福利项目。例如，职筹委会多次向上海市总工会申请配米，并且获准，价

---

① 《顶替同人折实单位空额，九处童文年君坦白悔过，本行当局覆书戒勉》，载《新语》14 卷 17 期，1949 年 9 月 1 日。
② 《职筹委会调查职工近况》，载《新语》14 卷 16 期，1949 年 8 月 15 日。

格相对比较优惠。6月,每人可配购二斗,价格按每斗910元计算,共计1820元①。7月,每人可申请籼米二斗,每斗人民币2000元②。9月,每人可申请中籼二斗(30斤),价格3200元,八一通粉一袋,价格5000元,凡本行会员均可在二者中择取其一③。此外,职筹委会福利科根据上海市总工会及上海市公用局的优待规定,先后为职工代办公共交通车月季票(享受五折优待),以及"公用事业价格优待证"等。文教科康乐组则发起组织排球队,与茂名路进德女中商定,使用该校一部为球场,练习时间定为每星期二、四、六下午5时至6时④。

值得关注的是,随着职筹委会工作的不断推进,该行工友的地位也有了显著的提高。有一个比较明显的例证,即《新语》对于工友的报道篇幅,有了比较明显的增加。

1949年6月15日出刊的《新语》,刊发了一篇题为"访服务二十年的工友孙兆昌先生"的文稿,文字通俗易懂,深刻的意义却蕴含其中:

其一,外貌特征:

凡是在总行或有事接洽,到过总行的同人,对于在经理室工作的工友孙兆昌君,大多留有鲜明的印象。他剃平头,白发苍苍,夏天穿着短装制服,冬天穿着一袭蓝布长袍,高度适中,体躯结实,精神矍铄,看起来比他的实际年龄年轻,粗粗一看,谁也想

---

① 《职委会配售同人食米》,载《新语》14卷13期,1949年7月1日。
② 《职筹会二次配米》,载《新语》14卷15期,1949年8月1日。
③ 《职筹委会办理四期配米》,载《新语》14卷18期,1949年9月15日。
④ 《职筹委会代办交通车月季票》,载《新语》14卷16期,1949年8月15日。《职筹委会代办公用事业优待证》,载《新语》14卷18期,1949年9月15日。《职筹委会筹组排球队》,载《新语》14卷16期,1949年8月15日。

不到他今年已达六十九岁的高龄了，至少他是本行工友中年龄较高而继续在本行服务的一位。

其二，工作简历：

据孙工友告诉记者说，他是在民国十八年三月进行的，这一年他适为五十岁，至今年三月，已满服务二十年。他还记得最初进行的时候，系在江西路三百六十一号旧址内营业室工作，那时本行的总行尚在北平，上海只是分行，分行经理是黄明道先生，副经理是叶宝三先生，当时孙工友一起工作的，有陆宝根工友，徐玉明工友，曹林根工友等，一共有七八位。孙工友对于几位先进工友的指示，至今还很表示感谢。后来陆宝根工友升任老司务后，即调派孙工友在经理室工作，在调任之先，曾由事务股部份，对于工作注意事项，吩咐甚详，孙工友均能遵照规定，一一做去。

其三，工作态度：

民国二十年本行改组，王总经理、孙副总经理进行就职，孙工友便开始为两位服务，同时为董事长服务，并担任董事室内照料一切。孙工友的平日工作，除在经理室、董事室，注意各项清洁工作外，还包括通报、招待及招呼新工友等工作。他不但处处须求服务周到，且须见机行事，才能应付得当。

其三，家庭情形：

关于孙工友的家庭情形,他又说原籍江苏吴县,家境清寒。现有老妻作伴,膝前女儿一位,业已出嫁,兄弟二人,侄子一位,均在上海。至于他的学历,自小在私塾读书,因为塾师督责过严,责罚时要他放在台角上打手心,孙工友无心求学,且深得祖母的溺爱,故旋即辍学,现在他能够粗通书报,还是靠他后来自修的工夫。

其四,现实表现:

孙工友对于董事长,王总经理,孙副总经理,各分行经理,各办事处主任以及各处副理、股长及各同人平日指导有加,由衷的表示感谢,尤其在去年六月中,因患高血压症,医嘱须在家休养,向行方请假三个多星期,始获痊可,病中深荷王总经理,孙副总经理,事务股施襄理,高股长等体恤,在经济上加以接济,这也可以见得行方不分职员或工友,关怀同人福利的一斑。

最近上海解放以后,本行职工筹备会已在积极筹组中,成立在即,事先曾有许多工友,拟推孙工友担任一部分工作,孙工友提出年龄已高、程度不够两项理由,向各工友婉辞,词意恳切,实际他对任何有关大众的工作,都是愿意去做,不过不要名义罢了。①

《新语》以如此篇幅报道一位普通的工友,在之前是从未有过的。

再如,1949 年 9 月 15 日出版的《新语》,刊登了一位服务满 30 年的工友徐玉明去世的消息,文中提到总经理、副总经理及职工会朱应

---

① 孚:《访服务二十年的工友孙兆昌先生》,载《新语》14 卷 12 期,1949 年 6 月 15 日。

麟均亲往吊唁，抚恤金也比较丰厚，可谓"备极哀荣"；这大概也可称得上是"新社会、新气象"了：

> 总行老司务徐玉明君，原籍江苏嘉定车门曹王庙。他在民国八年四月就进本行工作，至今年四月为止，已整整的服务满三十年了。他的别名叫做阿根。提起"阿根"两字，比他的原名"玉明"，是各同人尤其是出纳部份和工友之间更熟悉的名字。

> 徐玉明君本来是一位花匠，他在进本行之前，先后在本市外滩某英人公馆、徐家汇交通大学、吴家弄康颂茂公馆和陆家浜中华职业学校担任过收拾花圃的工作。他进本行以后，曾经当过信差，至民国三十一年，升为老司务。

> 据与徐君接近的某君说，徐君专司介送钞票等工作，办事很负责认真。平日除喝一些酒和吸烟外，并无其他嗜好。他的身体一直很好。近来因为操劳过度，突于本月五日午夜患病，当经送往时疫医院求治，据时疫医院诊断为心脏病及胃出血，病情严重，于是送入中山医院诊治，至七日晨间二时，终于不治病故，享年五十九岁。

> 徐君噩耗传出后，总行事务部份，即协同料理后事，购买棺木衣衾成殓。并经六处吾新民主任介绍，于八日送往乐园殡仪馆大殓。

> 是日上午九时，事务室陶志才君即往乐园殡仪馆代为安排招呼，徐君灵前置有信差间工友合送之花圈一枚，布置简单庄严。先后前往致唁者，有本行总副总经理、出纳股徐副理乐寿、程君谟股长、职工筹委会代表朱应麟君、潘静洼君，及工友代表宋士敏君、张根新君等，其他部份出席的工友也很多，连徐君亲

友在内，共约一百多人，济济一堂，备极哀荣。

行中依照工友抚恤章则的规定，除致送奠仪八千二百元外，并拨送抚恤金三百二十九万六千元及人寿扶助金二十万元（内扣未缴互助费八百元），业由徐君家属具领。

听说徐君家属有长兄一位，务农为生，兄弟一位，现任上海恒丰织绸厂领班，膝前一子一女，子在本市商学院求学，女已出阁，其老妻现亦健在，所以家庭生活很是美满，此次作古，颇出意外，闻讯者无不为之哀悼不已。[1]

1949 年 7 月 25 日，一场突如其来的特大台风袭击上海，"江水倒灌，致全市顿成泽国"，给全市带来了极大的影响。《新语》刊发了一篇报道，题为"暴雨与洪水为灾，新华同人奋起搏斗"。新华银行员工在灾难面前的所作所为，充分体现了解放后当家作主的主人翁觉悟。摘录如下：

其一：

在上星期日（七月二十五日）的晚上，台风暴雨，开始侵袭上海，总行四周开始积水。驻行同人及工友准备防水工作，将总行四楼各处窗户关好。这一天晚上，风雨始终不息，到了次日，即星期一（七月二十六日）早上，总行门外的大水，高于营业室大厅齐。临近各处如江西路、九江路一带，都泛成一片泽国。

后来水越积越深，总行的库房，也被水浸入。旋由总经理偕

_____

[1] 普：《服务满卅年的工友徐玉明君不幸去世》，载《新语》14 卷 18 期，1949 年 9 月 15 日。

同华文煜先生等到行，将库房打开，把内藏的钞票等，移往高处。这一天因为门外都是大水，未能照常营业，全体同人分居市区各处，有的因交通阻梗，有的因电线吹断，有触电危险，未能准时到行。其次在半途为风雨打湿衣衫，中途折回的也不少。但是到行同人，仍有票据间十余位，及其他部分同人多位。中午进餐时，因厨房间被水淹没，一律吃粥，菜蔬也无法购得，只能供应咸带鱼一种。至下午同人公毕后，暴风雨的声势，未曾稍杀，由行用大汽车分送诸同人回寓。在这一次大风雨中，总行方面除孙副总经理办公室与人事室有少数玻璃打碎外，其它幸无损失。①

其二：

第七办事处地深较高，门前还没有受到暴风雨的灾害，早上八点钟有少数同事不怕暴风雨，冒雨到行，所以行内一早即开，可是顾客无一个上门，及后听到商业银行完全停业，于是行门又闭，四邻的商店，都未营业，而新华的行门，却是个中翘楚，路过的人无不称赞。②

其三：

复兴东路九处一带，地势甚高，在本市风袭期间，马路上一度亦水深及膝，行人绝迹，商店双扉紧闭，但至二十六日下午水

① 荣、正、华：《暴雨与洪水为灾　新华同人奋起搏斗》，载《新语》14 卷 15 期，1949年 8 月 1 日。
② 同上。

以尽过,往来方便。当严重时期,九处宿舍住有同人多位,一日三餐皆以蛋炒饭充饥,若再继续一二日,恐也不堪设想。[1]

其四:

十处的行址,除底层为营业室外,楼上尚有一部分为同人宿舍。在此次大风雨中,据一位宿舍同人某君告诉笔者说,十处底层,为水淹入,无法营业。楼上屋顶因被雨水浸入,致二楼也积水一二尺深。在室内行走,需穿长统靴,未备长统靴的,只能赤足步行。某君又说他睡在床上,可以听见雨水经过楼梯板从二楼流至楼下的潺潺的水声,这也是一种新的经验。中午时,同人未能外出进膳,改在宿舍中吃白饭与酱油汤。进食时,还需一手遮着饭碗,以免雨水滴入。幸亏天即放晴,否则真是不方便极了。[2]

学习热潮

上海解放后各界掀起了学习高潮,新华银行管理层和职筹委会适时进行了组织和安排,内部学习气氛逐渐浓厚。

总行研究室购买了《新民主主义论》《论联合政府》《中国革命战争中的战略问题》等图书14种,以备同人借阅[3];并将四楼前交换间

---

[1] 荣、正、华:《暴雨与洪水为灾 新华同人奋起搏斗》,载《新语》14卷15期,1949年8月1日。
[2] 同上。
[3] 《新民主主义等书籍,研究室购买多种,同人可随意借阅》,载《新语》14卷11期,1949年6月1日。

重加布置，改为阅览室，作为同人业余浏览书报之所，并于 1949 年 6 月 6 日正式开放。接着又购买了第二批新书，包括《社会主义思想史》《思想方法和读书方法》《苏联见闻录》《资本论通信集》《亚洲苏联》《近代经济学说史纲》《近代资本主义思潮批判》等 30 余种①。

根据军管会特派员的要求，新华银行管理层及职筹委会共同选定委员孙瑞璜、金其达等 21 人，并于 7 月 12 日下午在总行四楼会议室召集会议，成立学习总会。韩特派员莅临指导。会中通过简则，并选举孙瑞璜、石柏泉为正、副主委，决定各部门火速成立学习小组②。

1949 年 7 月 15 日，《新语》头条刊发了评论员文章《从旧观念中解放自己》，作者认为，鲁迅笔下阿 Q 和孔乙己的"面目"，也就是我们自己的"脸谱"，是小资产阶级的知识分子"形相"；在新的形势下，银行从业员首先应该努力学习，改造思想，把自己从旧观念里解放出来，清除小资产阶级的意识，放弃知识分子的特权，负起应尽的责任③。

7 月 19 日下午，新华银行学习总会在总行会议室召开学习小组各组长会议，决定为加强小组与总会联络，增设分会七处，计办事处合设两个分会，营业室合设两个分会，二楼稽核室、分行处室、事务室及保管证券仓库合计设一个分会，四楼经理室、人事室、研究室、秘书室合设一个分会，工友合设一个分会。为指导同人学习，韩特派员特邀请吾新民、孙震欧、顾黄茂等六人，出席中国实业银行学习讨论会，"藉资观摩"④。

---

① 《研究室书报阅览室开放》，载《新语》14 卷 12 期，1949 年 6 月 15 日。
② 《新华沪区同人学习总会成立》，载《新语》14 卷 14 期，1949 年 7 月 15 日。
③ 何百华：《从旧观念中解放自己》，载《新语》14 卷 14 期，1949 年 7 月 15 日。
④ 《学习总会召开组长会议》，载《新语》14 卷 15 期，1949 年 8 月 1 日。

在组织全行员工学习的过程中,职筹委会发挥了自己独特的组织优势。

7月13日下午四时半,职筹委会在总行四楼董事室举行学术座谈会,讨论"新民主主义政权"。出席各室处同人甚为踊跃,席间并请金融处陈心波特派员讲话,对国家、政权及民主专政"解释颇详",同人亦热烈发言,至6时余始行散会①。

为加强同人学习,提高对目前环境之认识,职筹委会自8月29日起举办了学习讲座。讲座采取听讲与讨论并重之方式,第一日为专题讲演,由学者专家担任,听讲者均须作笔记。第二日为小组讨论,即就上日演讲内容并参考其他有关资料,提出大纲,分组集体讨论。第三日为总结,将各组讨论所得加以汇集,求取结论。此次演讲与讨论共分四题:

8月29日为第一题"金融与物价",由上海市军管会金融处顾问吴承禧主讲。当天晚上6时半,吴承禧准时到行,演讲历时两小时许。他首先介绍和分析了上海解放三个月来的物价变动情形及原因,并认为现阶段物价下跌和稳定的主要原因包括:政府对物价政策的决定和执行、城乡物资交流速度的增加、过去浪费的购买力减少、当局对市场管制的成功等,并预测了今后物价变动的动向和趋势。

9月2日为第二题"美国白皮书的分析",由《世界知识》编辑冯宾符主讲,冯先生首先阐明"白皮书"中八章所包含的内容,指出美帝百年来对中国的关系是"始终一贯地侵略的",其次分析了"艾奇逊致杜鲁门信"中所说的今后对中国所采取的三个政策,再将美帝发表白皮书的目的以及正在策划中的阴谋加以详细说明,最后比较美苏对华

①《职筹委会召开学术座谈会》,载《新语》14卷15期,1949年8月1日。

政策的基本不同以及为什么要"一边倒"之理由，并特别指出要对"民主个人主义"者加倍警惕。

9月6日为第三题"职工会组织问题"，由上海市总工会文教部副部长王若望主讲。王先生为使讲演切于实际，当时特征求同人对职工会组织的各种问题，同人提出书面问题者甚多，如工会在未正式成立前为何必须经过一个筹备阶段，筹备时间之长短以及职工会之任务等，王先生均逐条加以详尽之说明，且常插入生动而风趣之比喻，会场中时闻笑声。

第二、第三两日除讨论本题外，对本行职工会之各种问题亦曾加以讨论，气氛异常热烈，尤以第三日总结时，发言者接连不断，提出许多宝贵之意见，直至晚10时许，会议始散。

9月9日为第四题"青年问题"，由新民主主义青年团上海市中区工作委员会负责人程韵启主讲。程先生说明了目前华东地区特别是上海的情势以及所遭遇到的困难情形，为配合目前局势，克服困难，必须把广大人民（包括工人、农民、学生、青年、妇女等等）组织起来。接着，他把唯一的青年组织团体新民主主义青年团的组织、任务、工作、学习情形，以及入团所应具备之条件等等，均详加介绍与说明。

参加同人非常踊跃，除旁听者外，约160余人，共分16小组，在两个星期的集体学习期间，虽因月终结息、代收学费以及存放款分类等，工作较忙，但参加者学习情绪之热烈却始终如一，"由此可见新华同人求取进步之热切"①。

基层单位同人的学习自觉性高涨，学习形式多种多样。

---

① 《学习讲座完满结束》，载《新语》14卷18期，1949年9月15日。吴承禧讲、云观笔记：《金融与物价》，载《新语》14卷18期，1949年9月15日。

总行及办事处同人,第一次学习题材为毛泽东《论人民民主专政》一文。各学习小组展开热烈讨论,对疑难问题则转送学习总会,请予解释。第二次学习题材为《解放日报》7月27日社论"粉碎敌人封锁,为建设新上海而斗争"一文。8月8日起,根据讨论大纲,对当前形势及文中列举的六大任务,开始学习①。各分会学习小组对有关精简节约一项,另作专题研讨,还拟定具体办法,转呈学习总会核定②。

鉴于全行工友的文化程度参差不齐,学习总会决定成立学习班,分簿记班及读书会两组。读书会又分政治班及文艺班两班。簿记班聘请陈之源先生担任教授,于6月28日起开始授课。读书会先开政治班一班,选读《中国革命与中国共产党》一书。工友对内容不明了者,可在班上提出讨论。文艺班选取了《解放日报》文艺作品作为教材。上课时间定为每天下午6时半至8时止,参加工友有数十人③。

总行各部门出版的壁报,是展示员工学习成果的一种重要载体。

学习总会第二分会,系稽核室、分行处室、事务室及会计股部分同人组成,为提高学习热情,编制了壁报,张挂于总行二楼走廊内,内有文字及漫画多篇,"甚为精彩"④。

总行出纳部门不甘落后,亦于8月22日创办《群力》,张贴于营业室底层出纳间内。《群力》封面系以出纳部门全体同人签名衬底,

---

① 《第二次学习题》,载《新语》14卷16期,1949年8月15日。
② 《学习普遍开展,从六大任务讨论到节约专题》,载《新语》14卷17期,1949年9月1日。
③ 《工友学习班成立》,载《新语》14卷13期,1949年7月1日。
④ 《同人学习热》,载《新语》14卷16期,1949年8月15日。

上贴用剪刀剪成的银色"群力"两字,稿纸则利用废纸背面书写,内容有专论、漫画、春谜等,并备有薄酬,向同人征求答案①。第二期《群力》9 月 1 日出版,封面用红纸衬底,上缀以大小黄色五角星多枚及银色"群力"两字,"殊为美丽"②。

总行营业室主编的《新华园地》于 8 月 24 日出版,报头的歌词歌谱"新华的兄弟,大家团结在一起",颇为醒目,"同人公余前往围观阅读者颇多"③。

四楼经理室、人事室、研究室合编的《新声》壁报,则于 8 月 30 日发行,其命名意义系"新的声音","以发扬同人在新民主主义社会中新的思想、新的生活与新的作风"④。

总行机器间主编的《机声》第二期亦于 9 月 9 日出版。事先经过 10 天准备,插图及文字等均经精心构思,封面绘有一台巨型坦克车,车头上缀以"机声"二字,"颇具匠思"⑤。

总行及办事处工友主编的《友声》壁报创刊号于 9 月 16 日出版,张贴于总行二楼的走廊内。封面绘一打开的书本,左右书页上用红纸剪成的"友声"两字,"似寓有鼓励工友们多读书、多学习之意"⑥。

观看电影与阅读文学作品等,是同人学习的重要途径,并且效果较为明显。

《新语》刊发了一篇观看电影《桥》的感想。《桥》是新中国拍摄的第一部故事片。作者通过对影片细节的引述,感叹"共产党创造的精

---

① 《壁报争妍斗胜》,载《新语》14 卷 17 期,1949 年 9 月 1 日。
② 《壁报出版消息汇讯》,载《新语》14 卷 18 期,1949 年 9 月 15 日。
③ 《壁报争妍斗胜》,载《新语》14 卷 17 期,1949 年 9 月 1 日。
④ 同上。
⑤ 《壁报出版消息汇讯》,载《新语》14 卷 18 期,1949 年 9 月 15 日。
⑥ 《壁报近讯》,载《新语》14 卷 19 期,1949 年 10 月 1 日。

神是伟大的""工人的力量是伟大的""共产党以身作则领导人民";在
文章的最后,作者写道:"我看过这部影片以后,由戏院漫步出来,在
脑海里盘旋着'创造、团结、刻苦'六个大字,后来想想这六个大字,正
是我们步入新时代后新生的道路。我们要做新时代的人民,也惟有
要能创造、团结、刻苦才能够得上条件。"①

在《读〈鲁迅传〉后》一文中,作者特别指出:该书对于鲁迅日常
生活的描写,"极为淋漓有趣",鲁迅每天要抽五十支老刀牌卷烟,爱
吃糖果,爱品茗,爱穿橡胶底鞋子,衣穿极为落拓,等等,也都写了上
去,"保有传记的真实性,也如小说一样的趣味化"。结尾部分,作者
如此写道:"鲁迅是小资产阶级中的模范人物,他向无产阶级看齐。
鲁迅是知识份子的带头,他批评了自己,以革命来贯彻了自己的
一生。"②

部分员工参加了上海市总工会组织的各类脱产短训班,接受更
为系统的学习培训。如:总经理室金其达、六处潘学敏等,经上海市
总工会筹委会调派,自 7 月下旬起,参加上海职工干部学校受训,为
期两个月③。总行朱应麟于 8 月 27 日入上海市职工会短期训练班,
为期一周④。总行刘秉恭、徐文华、六处夏弘宁等,于 9 月 13 日入上
海市总工会主办的青工训练班,为期一周⑤。四处的丛延宗,投考了
华东军政大学职工短训班并被录取,于 9 月 13 日入校,受训四个月,
行方给予了鼓励和照顾,自 10 月份起给予 4 个月特假,其间优给半

---

① 正:《看"桥"归来》,载《新语》14 卷 18 期,1949 年 9 月 15 日。
② 邱庆南:《读〈鲁迅传〉后》,载《新语》14 卷 18 期,1949 年 9 月 15 日。
③ 《金其达、潘学敏两君受训》,载《新语》14 卷 15 期,1949 年 8 月 1 日。
④ 《总行朱应麟君受训》,载《新语》14 卷 17 期,1949 年 9 月 1 日。
⑤ 《同人纷入青工班学习》,载《新语》14 卷 19 期,1949 年 10 月 1 日。

薪，以资鼓励①。

这一时期，有数位新华银行的同人，其中还包括个别工友，报考了军大、西南服务团等，这意味着他们将离开新华银行，走向新的革命行列。

潘静涛、邬宝康、毛邦基等三人，报名参加西南服务团工作，并被录取。稽核室叶家书及工友徐金育投考军大，也被录取。7 月 24 日（星期六）晚，新华银行同人假座九江路花旗银行二楼清华同学会聚餐欢送，陈先特派员及王志莘总经理等约 100 人出席，陈先及王志莘均致词勉励，潘静涛、徐金育两人致答词，最后由职筹委会歌咏班带领全体歌唱至 8 时许，"在一片兴奋与热烈情绪中散会"②。

总行稽核室的孙震欧在赴华东人民革命大学就读之前，特地撰写了"为人民服务，柜台是我们的生命线"一文，交由《新语》发表。他说，在柜台岗位上工作的同事们，要努力树立起新的工作态度，增进效率，注视自己工作的重要性，为人民服务，向人民学习。《新语》在"编者按"中指出：这篇文章"语意深长，弥足珍重"，尤其在本行推展业务声中，更值得同人的体味③。

审查报告

由上海市军管会特派员办事处委托新华银行职工会筹备委员会组织的审查委员会，自 1949 年 6 月 4 日成立后，积极开展了工作。

①《丛延宗君入军大深造》，载《新语》14 卷 19 期，1949 年 10 月 1 日。
②《欢送南下及军大同人聚餐会》，载《新语》14 卷 15 期，1949 年 8 月 1 日。
③ 孙震欧：《为人民服务，柜台是我们的生命线》，载《新语》14 卷 17 期，1949 年 9 月 1 日。

除委员会的15位委员外，审查委员会还动员了55名员工，分股本、人事、业务、事务、其他资产共五个小组，进行全面审查与清点，内容包括股本性质、人事制度、业务上"明账"及"暗账"全貌、事务部分的存料与费用等，"庶几检讨过去，划分公私"。

全部现场工作，历时两个星期；再经过一个星期，完成了各组的书面报告。特派员审阅各组的报告后，认为部分资料不够明晰，指示交由银行当局"阅洽说明"。经过两星期后，银行当局写成了《解放前情况述要》报告书一册，对各组的审查报告加以补充说明。在此基础上，审查委员会完成了《新华银行审查委员会审查报告总结》。

审查委员会就其工作本身进行了检讨，认为：协助审查的同人态度认真，工作积极，同时得到了全行同人不少帮助，使审查工作能够如期完成；大部分经管人员均能坦白合作，使审查工作能顺利进行："业务审查引起大部同人对业务研究之兴趣"。同时，审查委员会也坦承此次工作上的不足：审查时只注意文字记录，未发动广大员工进行检讨，尤其是业务小组更因时间有限，对历史性资料较少追溯，未能作深入之研究；审查方法事先无周密之决定，致工作进行不无凌乱，"此系负责人员缺乏经验，能力薄弱所致"。审查委员会同时也指出，股东名册不完整，以及部分账册销毁，给相关小组的审查工作带来很大的不便①。

首先是股本审查小组的审查情况。

新华银行的资本在1930年改组前为200万元，改组时将旧股作20万元，另由中国银行、交通银行以债权转账增资180万元，合计仍

---

① 《新华银行审查委员会审查报告总结》，上海市档案馆藏新华银行档案，Q269－1－1003。

为 200 万元。事实上，改组后新华银行仅减少 180 万元负债，而真实资产仍为数百万元之亏损，"经多年奋斗，在事实上全部弥补完成"，故改组后"虽得新生，亦为本行之艰难奋斗阶段也"。新华银行自改组之时起，"即悬希望，将本行股份逐渐归同人所有，使成为同人之行"，但这一希望，却多年无机会实现。至 1943 年，中储券贬值过多，上海各家银行被迫增资，新华银行即利用增资机会，将一部分股份分给同人，规定以"在职时保有股份、离职即转让在职同人分有"为原则。抗战胜利后整理股份，以及金圆券发行后强迫增资时，都本着这一原则逐步增加同人股份，行股归行员所有，这一办法"至少在解放前之民营银行，不失为一种值得提倡之制度"①。

股本小组审查的范围包括：历次调整资本之情形、本行内中国银行和交通银行股份之变迁、官僚资本及可疑投资、行股（本行自有股份）之来源、董监与同人股份之产生等。审查的方法，包括查阅历年股东名册，审阅董事会记录，查阅董监与同人分派赠股之原始表，过户之追索，行股如何入账，及与"其他资产"（即账外资产）部分是否相符，股份性质分析等②。

该小组的审查结论为：

（1）中国银行与交通银行两行股数占新华银行股数之比例，经 1943 年 3 月及 1944 年 2 月两次增资后，已由 92.29％，降至 64.65％，再降至 58.18％。（除中国银行、交通银行两行股份外，还发现官僚资本股份宋子文一户，计 360 股；与官僚资本有关及其他可疑投资股份，计 4 720 股。）

---

① 《新华银行解放前情况述要》，上海市档案馆藏新华银行档案，Q269‐1‐813。
② 《新华银行审查委员会审查报告总结》，上海市档案馆藏新华银行档案，Q269‐1‐1003。

（2）同人部分的股数，因两次发给酬劳股及两次发还同人储金之关系，其占新华银行总股数之比例逐渐递增。本行赠给同人之股份，其股票由保管部分保管，同人执有保管证，可转让同人或售与行方，不能流出行外（即不能售与散户，此等股份称为"冻结股"）。同人部分现存股数为 24 104 股，其中 22 720 股均为冻结股，其余 1 380 股则自散户处购得之"自由股"。

（3）因同人之间股份不能让与散户，故散户之股份逐渐减少（因其无法自同人部分购进），但因包括董、监股份关系，故其总数反而有所增加。

（4）由于本行股份并不在市场流通，以及一部分股票为"冻结股"之故，致本行散户部分股份转让，"殊为寥落"，"此点使分析本行股份性质之工作趋于简单，且能达到极正确之程度，而不致有所隐蔽或遗漏"。

（5）行股总数为 9 006 股，占本行总股数 9%，除 101 股保留老股增资权外，尚余 8 905 股已与审查委员会"其他资产部份"账面相合①。

其次是业务审查小组的审查情况。

有关新华银行的业务特点，管理层是如此自我评价的："在民十九（1930 年）改组以后，以储蓄为吸聚资金之来源，以信托为发展产业之运用，而商业部则配合二者，以收协力之效。"管理层也坦承："抗战至今，通货膨胀，储蓄业务几近消灭，生产亦无法作正常之发展，对于本行打击极大，商业部以环境需要，独成畸形膨大。"②

---

① 《审查委员会股本部分审查报告》，1949 年 6 月，上海市档案馆藏新华银行档案，Q269 - 1 - 1004。
② 《新华银行解放前情况述要》，上海市档案馆藏新华银行档案，Q269 - 1 - 813。

　　业务审查小组分成 15 个小组，计放款、联行、储蓄部、信托部、银行部年组存款、银行部月组存款、证券投资及暂记、外汇、保管、仓库、房地产、证券股及办事处三组等，审查时以新华银行行政当局呈送军管会特派员的报告为根据，而以全行一应会计记录为资料。审查时对现状方面务求详尽，以求完备；对过去历史性的研究，则根据与经管人员之谈话及其他调查所得资料，以决定工作手续之繁简。"至审查方法，则采不断检讨方式，并提交全体工作人员会议中审定之"。

　　该小组认为，新华银行自改组以来即以服务社会为号召，但在反动政府统治之下，由于股权大半属于官僚资本，其服务之社会偏重于官僚资本为主体之统治阶层，或无形中助长投机囤积，其原意或非如此，而事实俱在，不容否认，"其与一般人民大众之关系比重之大小则彰彰明甚"，今上海已告解放，全国解放为期不远，过去服务社会之口号应灌输新的意义，以服务人民为唯一对象，"凡业务上违背人民利益者均应视为严禁，如属有关增进人民利益者均应设法尽力协助，虽或收益微薄，亦应勉力从事，使新华利益符合全体利益，毋负时代使命焉"。

　　关于业务上应予注意之方向，该小组提出，自应以当前之工商政策"发展生产、繁荣经济"为依归，而毛主席所号召之四面八方问题，即"公私兼顾、劳资两利、城乡互助、内外交流"等实际方面，"尤须奉为圭臬"。该小组还就今后业务发展方向提出了如下具体建议：

　　（1）业务机构应设法响应下乡，"以免资金壅塞都市而使农村形成贫血现象"。本行过去亦曾设立不少乡村办事处，当时服务对象难免仍以地主阶级为主要对象，或名义上为农民，而实际受到地主阶级所操纵，今后环境已变，应彻底服务农民大众之对象，作资金之融通，并可举办仓库，以利保管。

　　（2）存款方面应设法加强宣传，使一般民众对过去"重物轻币"

心理有所改变,使其认识人民币本质上之不同,一方不惜尽量提高存款利率,先行举办短期定存,渐次提高较长时间之储蓄存款,尽量吸收社会游资,"聚过去危害市场之资金,转而投入生产途径"。至于本行目前经办中国银行之折实储蓄存款,尤宜加强推行,尽力以赴,"庶不负人民政府付托重望"。

(3)放款方面须以扶植正当工商企业之发展为主,尤应注意中小型工商业,应调查放款用途,使其真正用于增加生产,以贯彻服务人民大众之目的。对当前增加生产之农、工、矿生产事业及促进城乡交流之运输、贩卖事业,均应视能力所及尽量援助。"至投机取巧,及仅以剥削榨取为能事之中间商人,则务须严格谢绝援手"。

(4)汇款方面,对过去协助资金逃避之汇款应彻底根绝,凡有促进交流及互助作用者,应尽力设法迅速调拨,以争取时间,务使物尽其用,货畅其流①。

再其次,是事务部分审查小组的审查情况。

事务部分审查小组的工作范围,以银行事务部分为限,举凡事务部分之各项费用(包括人事费用、营业费用及印刷品),预付费用(包括纸张、文具及消耗品),生财器具及事务部门过去之暗账(即积存物品账),均在审查范围之内。

在这部分审查过程中,有很多工友协助办理,尤其是清点存货工作,审查时比较单调,然而工友们觉悟到这是在清点人民的财产,亦就是清点自己的资产,因此工作情绪很高,审查工作乃得如期完成。事务室同人对于这部分工作最为熟悉,且工作进行时该室同人态度

---

① 《新华银行审查委员会审查报告总结》,1949 年 6 月,上海市档案馆藏新华银行档案,Q269‑1‑1003。

非常坦白，"颇能做到大公无私的精神"，尤其是积存物品账，"如无原经手人之协助，恐一年、二年之审查亦不克臻此成绩"。

该小组审查后提出了如下意见：

(1) 董事长私人住宅之装修费用不应由银行来负担。

(2) 同人之住宅(行产)如需装修时，装修费用过巨，非同人能力所能负担，及该项装修同人搬出时无法拆除者，该项装修费用可由银行负担，然有一部分中级同人住宅(行产)之装修仍须同人自己负担，"何以厚此薄彼"，对于此种费用究在何种情形之下可归银行负担，有无明文，应订立标准加以管理。

(3) 解放前存在中华橡胶厂之汽油等，未曾同时申报军管会特派员，未申报之原因亦请银行当局解释。

(4) 未编号之器具应编号列入器具帐，器具之分类太简单，应详细分门别类①。

再有，就是其他资产(即"账外资产")审查小组的审查情况。

对于新华银行解放前设立账外资产的原因，新华银行管理层的表述为："抗战后期，本行受(通货)膨胀威胁，有非藏帐外资产，即必事业破产之势，为争事业生存，不得已设立帐外资产。"不过，管理层也解释道："但办理既晚，处置又过谨慎，故所积至微，不能与其他同业相比拟。"关于这些账外资产的使用，新华银行管理层特意说明："'八一九'后，辛苦积蓄，被迫交出，转瞬化为乌有，虽其后又复零星累积，为数更微，仅堪供发薪、头寸调度之准备耳。"同时也强调，这些账外资产"名虽属帐外而实则对内公开"，且"不论其性质如何，均涓

---

① 《新华银行审查委员会审查报告总结》，1949 年 6 月，上海市档案馆藏新华银行档案，Q269 - 1 - 1003。

滴归公,故在事实上无不可告人之处";并派有行员分别管理记录,"且每笔外帐决非一人经手,遇有职务交替,则纪录移交后任,继续经管纪录之"①。

其他资产审查小组的工作范围,以截至 1949 年 5 月 24 日上海总部的账外资产为限,分行方面因资料不全,只能由各分行自行实地审查。审查方法是根据现有账册(暗账),其他各审查小组之报道,各经管"暗账"人员口头与书面报告等,配合起来加以分析、综合,在有时不能寻着审查途径时,再询各经管人员,以书面或口头补充联系。由于账外账的特殊性,缺乏相关制度,再加上以前的部分账册被人为销毁,这项工作进行得比较困难。

审查中发现,除 1949 年 5 月 24 日以前已转入账内者外,尚有不在上海市区及无法转入账内者(如本行股票),经询明后,业已转账者,计四笔:① 加法机,40 架(在香港分行);② 存香港分行尾数港币 1 849.26 元;③ 新原公司存纽约美元 141 989.98 元,内有呆账美元约 9 万元;④ 本行股票,8 905 股。②

审查小组提出如下综合意见:

(1)由于外账账册大部分销毁,审查人员仅能依据幸存保全的账册进行报告,无法确定其他资产之正确数字。

(2)依据这些幸免销毁的账册,提出如下意见:① 外账资金之运用类皆亏损,是否实情,殊难断言。② 美国新原公司坏账之责任及事后处置问题,宜郑重考虑。③ 外账载有向他行开立之活存户,该项存户之实际进出状况,应请经管外账人员补充说明、负责签章。

---

① 《新华银行解放前情况述要》,上海市档案馆藏新华银行档案,Q269-1-813。
② 《新华银行审查委员会审查报告总结》,1949 年 6 月,上海市档案馆藏新华银行档案,Q269-1-1003。

④ 幸免销毁之外账，是否即系全部外账资产，无法查核。

（3）幸免销毁的外账记载，经核查发现比较详尽，与其他有关部分审查报告核对无误。

（4）此次审查人员仅以幸存的外账账册进行总结报告，不能负担其他责任①。

尽管困难重重，但审查人员仍试图尽力还原相关问题的历史原貌。

据查，关于外账的销毁，共有两次。第一次，1948 年 8 月，"伪政府颁行经济紧急措施方案，检查帐册、金钞甚严，并滥捕人民"，新华银行当局为使不影响行之生存，此项资金除不动产及股票外，皆转入行账，剩余金钞均已缴兑伪中央银行，所有外账账册因无保存必要，遂于同年 9 月底经总行行政主管人员之决定，将账册、传票、文卷等予以销毁。至于总行未结束部分账册，仍暂保留。第二次，1949 年 5 月初旬，"伪上海警备司令部严查银元，并有不利于本行之传说"，始由行政主管人员决定，将前保留而已结转至本年度之其他资金账册单据等予以销毁，仅将 1948 年 12 月 31 日之资产负债表及本年度之其他资产账册，仍予保存待结束。②

审查小组对外账的资金来源也作了梳理。据查，由于当时国民党政府压榨过甚，为保障行产及行之继续生存，新华银行行政当局遂将可以转出的资金陆续提出，经营此项资金者，前后有总管理处、总行、各分行及附属新兴、新原公司等。资金来源为汇款手续费、代放款项手续费及总行内移资金等，总值法币折合美元约为 43 万元。

---

① 《新华银行审查委员会审查报告总结》，1949 年 6 月，上海市档案馆藏新华银行档案，Q269 - 1 - 1003。

② 《其他资产审查报告书》，1949 年 6 月，上海市档案馆藏新华银行档案，Q269 - 1 - 1002。

关于新原公司有关问题。新华银行于抗战前原拟于西安筹设分行,后因故未能成立,乃将该项资金开设"新原公司"。1947 年,上海新原总公司拟经营对外贸易,遂于当年 4 月间在美国纽约登记成立"新原公司",与侨商所办的纽约原有的一家贸易公司"中国贸易公司"合地办公,由周耀平负责,并请中国贸易公司负责人章午云,以及另一家贸易公司中国摩托公司负责人秦宝同担任副经理。周耀平以不拟在美国久留,故实际委托章午云、秦宝同二人办理业务,一切支付款项由三人中二人会签支领,如三人中有二人离去,则由中国贸易公司的会计主任 Burbe 经律师证明后会签款项。①

关于秦宝同挪用款项经过。周耀平在美国时,曾经上海总公司核准后,交秦宝同美钞 2 万元,拟投资合营食品加工运销业务,并推秦宝同主持其事。未料周耀平离开美国后,秦宝同将款用去而业务未办,经追索后已全部收回。此外,秦宝同在周耀平旅欧途中,冒签支票,向银行取款美钞 87 500 元,俟周耀平返回上海发觉后,乃致电纽约的章午平代表追查。秦宝同承认冒领,并有其亲笔函证明,"据云此款为中国摩托公司(秦宝同任职之公司)应急而出此下策支取,并非私用"。此点亦经章午平调查属实,本可以法律起诉,但据律师认为,"虽能胜诉而款反难追得",故仍在追索中②。

需要补充的是,1950 年 2 月、3 月间,根据新华银行董事会的决定,周耀平专程赴香港分行视察,其中一项任务即是设法追讨此笔款项。周耀平到达香港后,与熟悉美国法律的律师及章午云等进行了仔细研究,最终向新华银行管理层提出了较为现实的处置意见,采取

① 《其他资产审查报告书》,1949 年 6 月,上海市档案馆藏新华银行档案,Q269 - 1 - 1002。
② 同上。

了"和解"办法，收回了 87 500 美元中的 45 000 美元，除去律师费，尚余 40 000 余美元，"避免万一免诉成立而不能扣留之危险"。这一建议，最终得到了新华银行董事会的认可①。

最后，是人事部分审查小组的审查情况。

新华银行管理层对本行的人事管理如此评价："本行同人，在同业各行中，自信人数较经济，效率较迅速。"并对甄选方式尤为自豪："同人入行，高级者必先经相当时期慎察其为人，普通同人昔以考试选择，抗战后因时局有紧急需要，每次添人不多，陆续进行，不便用考试竞选方式，乃改用个别口试、笔试办法。"②

此次人事部分的审查，系根据本行人事室现有的公开卷宗，包括本行各项规则、各种办法、介绍人员登记表、员工登记表、员工考绩表、员工名册、员工薪津表等，"作一周密之分析与统计"。因限于资料及时间，仅以总行在职员工为对象③。该小组的总体评价是："从本行整个的人事制度来看，在旧的社会下，尚不失为一个进步的、科学的制度，因为它没有造成严重的官僚裙带作风、冗员充斥，尤其是在各种记录档卷上还算周详精密。"同时也明确指出："不过仍免不了旧社会里共同的丑恶，就是专权。"④

有鉴于此，审查小组特别声明，审查报告是"试以新的、科学的、民主的观点，提出我们的意见"。这就意味着，这些意见更多是着眼

---

① 《周董事耀平赴港视察》，载《新语》15 卷 5 期，1950 年 3 月 1 日。《周经理偕李股长由港返沪》，载《新语》15 卷 8 期，1950 年 4 月 15 日。

② 《新华银行解放前情况述要》，上海市档案馆藏新华银行档案，Q269－1－813。

③ 《新华银行审查委员会审查报告总结》，1949 年 6 月，上海市档案馆藏新华银行档案，Q289－1－1003。

④ 《人事审查报告》，1949 年 6 月，上海市档案馆藏新华银行档案，Q289－1－1001。

未来的建设性建议。概括起来,这些意见如下:

(1)组织与行政:由于本行是中国银行、交通银行投资的银行,而该两行对本行一切行政均不干预,加以人事组织纯为集权制的,总经理有显著的权限,"负责人事的人事室未能完成其应尽的职责"。

(2)员工之任用:没有发现在本行员工间有严重的裙带关系,也不存在冗员充斥的现象,但不公开的招考制度,"对搜罗人才范围的偏狭是无疑的"。

(3)考绩:考绩方法"采由行政系统与由人事室主管人员委托私人考绩的方式并重",既然与被考绩者没有接近的关系,没有深切的认识,其结果当然不能正确,"而秘密的、类似侦探的考绩方式,尤其在员工间造成恐惧惶惑的情绪"。

(4)薪津:计算方法太灵活,操纵随意,根本失去了科学的根据。上下悬殊过其,事务生与总经理间相差 12 倍之多,但襄理以上人员却与总经理相近,这是本行一向实行的干部政策的具体表现。

(5)福利:福利设施既少,又不普及。行方非但不主动推行福利,且对员工自己发起的福利工作,加以阻挠。

值得关注的是,审查小组将上述问题的症结,更多地归结到了人事室:"总之,由于人事室没有尽了他应尽的责任,甚至连充作行方与员工间的桥梁都没有能够做到,管理人员高高在上,不肯和员工打成一片,以致行的行政不能得到员工的融和的配合,员工的意见和愿望,行方置之不顾,乃造成一种冷漠的空气,这也是人事管理缺点之一。"①

审查报告最后的结论,还是比较客观的。审查报告认为:"本行

---

① 《新华银行审查委员会审查报告总结》,1949 年 6 月,上海市档案馆藏新华银行档案,Q269-1-1003。

是生长在旧的社会环境中，我们也不必过事苛责本行的人事制度之
不能超脱那个环境，因为在旧的社会环境中有旧的新华银行也就必
然有其旧的人事制度。"

　　审查报告最后特别强调：人事管理的方法，是民主而公开建立
批评与自我批评的制度，无论考绩、任免、薪津、福利和各项设施，"通
过了民主而公开的批评和自我批评制度的方式，暴露在阳光下面，必
然地就显出了公正和光明"①。

　　人事部分审查小组的这份审查报告，以及其他四个小组的报告，
均体现了较为严谨、客观的态度，为军管会特派员办事处的决策提供
了扎实依据，同时也为整个接管工作的顺利完成奠定了重要基础。

新董事会

　　从上海金融业的面上情况看，1949 年 5 月 27 日上海全部解放
后，以国民政府中央银行为首的七个"国家行局"，江苏、上海、浙江等
五个省市银行，以及以"民营"姿态出现的山西裕华银行、亚东银行、
广东银行等俱被接管，中实银行、四明银行、通商银行、新华银行、国
货银行等五家"官商合办"银行，除国货银行最终被接管外，其余均经
监督整顿后改组。与此同时，全市私营银钱业奉令将所有属于"四大
家族"与反动官僚的资本、物资及一切债权予以冻结，听候处理。整
顿后的中国银行成为经营外汇的专业银行，整顿后的交通银行成为
经营与管理长期投资的专业银行。整顿后的中实、四明、通商、新华

---

① 《人事审查报告》，1949 年 6 月，上海市档案馆藏新华银行档案，Q269‐1‐
　　1001。

四家银行，成为公私合营银行，是国家资本主义性质的企业，由人民银行领导①。

本书前一章提到，我曾在上海市档案馆找到了一份调查材料，这是解放前夕新华银行地下党组织所撰写，其中"对本企业今后处理政策的意见"一节，明确提出："照股份分布情形看，本行除中交官股及同人股份外，流于市上者极少，故不能成为官商合营的性质，而应成为完全国营的银行，而成为第二级的专营事业银行。"同时还提出："在清理期内，应组织一个管理委员会，由政府委派人员和原来本行中上层开明份子及职工积极份子与本党党员共同组织，俟一切清理完毕，该委员会解散，再委派或推选企业的经理人员。"②

作为基层党组织的新华银行党支部，当时仍处于秘密活动状态下，能够提出如此的建议，虽然与后来的实际运作有所差距，但由于当时环境和条件等所限，已经是相当不容易了。

从军管会特派员进驻新华银行，到新华银行新董事会成立，审查阶段前后历时三个多月。

在此期间，王志莘、孙瑞璜同被聘为华东区和上海市财经委员会委员，并被推选为上海市各界人民代表会议代表。上海市军管会、人民银行等有关方面也就新华银行的前途问题，数次征询王志莘等的意见。

1949年6月1日，军管会特派员陈先对王志莘说，新华银行可有三种前途，即公营、公私合营和私营，请发表意见。王志莘表示，银行是社会性事业，对社会经济、人民生活关系密切，不宜交给少数私人去经营；"如是私营以归本行职工共有较好，但偌大资金，职工无力买

---

① 王敏：《解放一年来的上海金融》，载《经济周刊》10卷21期，1950年5月25日。
② 《新华信托储蓄商业银行》，上海市档案馆藏新华银行档案，Q269‐1‐1007。

下来,故此举不可能";公营不如私营灵活,就本行现在情况而言,最好是公私合营。①

6 月 14 日及 8 月 30 日,军管会金融处处长、中国人民银行华东区行行长陈穆两次邀王志莘谈话。陈穆说,新华银行在金融界有卓越的地位,在社会上有良好的信誉,还应该继续为人民服务;新华银行今后的性质为公私合营,但可以商业银行的形式与人民银行密切配合,为发展生产、繁荣经济服务。②

陈先特派员在审查结束后表示,新华银行业务基础、社会信誉均较好,一般员工文化业务水平较高,总经理王志莘、副总经理孙瑞璜思想比较开明,业务经验丰富,工作作风正派,在抗日救国运动和担任银钱业联谊会理事长和副理事长时有较好表现,解放时人员全部留沪,可以保持机构,继续经营,尽量发挥原机构的服务机能③。

9 月 15 日,新华银行接奉上海市军事管制委员会财政经济接管委员会令:"查新华银行自经军管会派员实施监督以来,审查工作已告结束,该行官股占资本百分之六十以上,为确保人民财产及私股合法权益起见,原代表前中、交两行之官股董事、监事,应行解除职务,兹另派谢寿天、赵帛、韩宏绰、周耀平同志,代表人民政府接收官股,并担任该行董事,应即会同原留解放区之商股董事筹组董事会,策划行务,仰即遵照。此令。"据此,新华银行留沪商股董事冯幼伟、王志莘、孙瑞璜三人,和上述军管会委派的四人共同组成了新董事会④。

---

① 吾新民主编:《新华银行简史》上篇(1914—1952),1998 年,内部印刷品,第
　67—68 页。
② 同上。
③ 同上。
④ 《本行新董事会即将开会》,载《新语》14 卷 18 期,1949 年 9 月 15 日。

9 月 25 日（星期日）上午，新华银行假座上海丽都大戏院召开员工大会，欢迎新董事，庆祝新董事会成立。庆祝大会于上午八时召开，近午结束，"济济一堂，盛况空前"①。有同人记录了会议实况：

讲台四边和讲台上的桌子都围了红布，戏台上端张挂着"庆祝新董事会成立"的红底白字横额，台的两旁挂了一副红底白字的对联，一边是"与生产结合，确立新的营业方针"，一边是"为人民服务，创造新的劳动态度"。台的正中，安放了毛主席和朱总司令的巨幅水彩画像。"毛主席显得慈祥近人，朱总司令拉下了嘴角，显得果敢沉毅"。台的左右分别插了四面红旗，靠近讲台的左右墙上分别挂了一丈多长的红旗。一切显得简单而庄严②。

胡名璠司仪宣告开会，宣布由王志莘、孙瑞璜、陈鸣一、周耀平、吾新民、潘静淇、宋士敏、朱应麟等组成主席团，新华银行董事长谢寿天、韩宏绰董事、赵帛董事、陈先特派员、王志莘总经理、孙瑞璜副总经理、周耀平董事、陈鸣一经理，和职筹委会代表吾新民、朱应麟、潘静淇、宋士敏等，走上了讲台③。

这时会场内忽然响起了一阵掌声，嘹亮的"你是灯塔"的曲子，传入了会场，原来应邀前来演奏的银钱业联谊会的乐队也准时到达了④。

大会开始，主席朱应麟以很镇静持重的态度，用宏亮清晰的声音，说明开会宗旨，代表同人向新董事会致敬，对于王总经理、孙副总经理报以非常热烈的一致拥护，并一一宣读本行南京分行、苏州分

① 《庆祝新董事会成立员工大会特辑》，载《新语》14 卷 19 期，1949 年 10 月 1 日。
② 《大会速写》，载《新语》14 卷 19 期，1949 年 10 月 1 日。
③ 同上。
④ 同上。

行、无锡分行等的贺电①。

　　陈穆处长在讲话中指出：新华银行以前是官商合办的银行，从今天起还是一家官商合办的银行，但本质上与以往根本不同，以前的"官"就是"官僚"，今日所谓"官"却是人民代表，代表了人民大众的利益。他说，就经营方针来说，以前"官僚化""机关化"，高高在上脱离了人民大众，与工商界也非常隔阂疏远；今后则必须与人民接近，适合人民大众的需要，为人民谋生产发展，执行人民政府的金融政策。②

　　陈穆处长特别指出：新华银行还肩负了一重特殊的使命，这便是努力向人民银行靠拢，沟通私营行庄与人民银行之间的关系。他说：私营行庄与人民银行之间的关系，当然无隔阂可说，私营行庄也是了解政府金融政策的；不过它们执行政策的经验不够，方法欠好，业务也还不能正规化。他强调：新华银行必须起到模范作用，领导各私营行庄，繁荣经济、繁荣工商业；同时，还应该把自己的经验提供给人民银行作参考，使人民银行明了如何与私营行庄来结合。他说，这个责任是很重大的，并非一朝一夕可以达到目的，大家必须团结一致，努力学习，努力创造，向没有止境的前途去求发展。③

　　在谈到银行的内部人事时，陈穆处长指出：在以前，经理与下层职员常处于对立的地位，从此以后，大家务须团结一致，采取民主的管理方式，共同为人民服务。他说，对于银行的业务和制度，要时时进行检讨，好的必须予以发扬光大，坏的则予以废弃淘汰，以新的方法来替代旧的方法，以新的制度来替代旧的制度。他最后强调，新华

---

① 《大会速写》，《新语》14 卷 19 期，1949 年 10 月 1 日。
② 《庆祝新董事会成立员工大会特辑》，载《新语》14 卷 19 期，1949 年 10 月 1 日。
③ 同上。

银行必须在民主的基础上，团结一致，向人民银行靠拢，为人民的利益服务①。

陈先特派员致词说："旧"与"新"的区别所在不是名义上的，而是本质上的，由旧银行一变而为新银行，必须在组织上、方针上、业务上，都有新的转变，必须在工作当中努力去创造、去研究。他强调："此后的新华，大部分皆属人民大众所有了。行员就是主人。大家就应该好好地做主人翁。努力劳动！努力创造！"②

谢董事长在讲话中指出：今天各位在这儿集会，自王总经理以下，都表现出一种非常热烈的新的情绪，这就证明了新政权与新董事会对于国家人民的重大贡献。他说："去年，兄弟在香港与王总经理相见，经过一番谈论后，对于保持新华银行完整这一点，已有了确定的信心。"他指出，现在新华银行实行改组了。各位同仁都还在这里服务，这个信心是具体实现了，值得庆祝。他表扬了解放以后新华银行在收兑伪币及美钞银元、代办折实储蓄等工作上的表现，肯定了新华银行的存款放款业务在私营行庄中居首位的成绩，并强调新华银行应该在私营行庄中起模范作用，促使他们辅助生产事业。他还希望新华职工会加强组织性、创造性、自发性，团结一致，努力做检讨建议的工作，帮助新董事会来完成新的使命！③

谢寿天讲话中透露的信息表明，以王志莘为代表的新华银行管理层在解放前夕的重要选择，与当时中共地下组织的主动工作有着直接的关联。

王志莘在致词中谈了自己的感想：第一，新新华与旧新华有本

---

① 《庆祝新董事会成立员工大会特辑》，载《新语》14卷19期，1949年10月1日。
② 同上。
③ 同上。

质上的不同。过去的新华是一家官商合办的银行，但此后的新华却是公私合营的银行。所谓"公私合营"与"官商合办"完全不同，股份虽没有什么变动，但以前是对官股商股负责，此后却是对人民负责的。第二，就业务的环境来说，新华在过去三十余年的历史当中，无时无刻不处在风雨飘摇之中，不知道曾受过多少挫折困难，也不知道曾遭受过多少巨涛骇浪，基础是脆弱的、不健全的。这一次，人民政府把金融币值稳定下来，新生的新华处在这个优良的新环境之下，正可以好好成长了，力量也可以日见长大了。第三，新华的基础和管理都是有缺点的。在以前，新华银行曾有过不少的决议案，但做到相当的程度以后都停止了下来，无法贯彻下去，旧新华的基础可说是放在"倒形三角"的一点上。现在大家已经觉悟，认定了为人民服务的目标，关心着这个银行，愿意一致努力了，相信新华一定可以在这个基础上，充分地发展成长①。

在谈到新华银行今后的任务时，王志莘指出，在过去也抱了为社会服务的目标，虽没有将个人利益当作出发点，确是只从行的利益出发，出发点虽不是私人的，但确是有所偏倚的，过去所谓"服务"，也只是属于狭义性的。从今天起，要在人民银行的领导之下，团结金融业共同协助政府，实现金融政策。要自今天庆祝新董事会诞生、新华新生开始，团结一致，担当起新华的使命②。

陈鸣一，潘静洼，宋士敏，分别代表管理人员、员工及工友发言，表达了对新董事会的拥护，以及对未来的美好展望③。

吾新民襄理代表审查委员会，对于审查结果作了报告，对于组

---

① 《庆祝新董事会成立员工大会特辑》，载《新语》14 卷 19 期，1949 年 10 月 1 日。
② 同上。
③ 《大会速写》，载《新语》14 卷 19 期，1949 年 10 月 1 日。

织、业务、人事、事务等各点都作了说明。在提到秦宝同拖欠新华银行美金事件时，周耀平董事起立讲话，对于这一事件作了详细说明，并表示将继续负责到底，一直到有了合情、合理、合法的解决，他才卸责。"周董事诚恳负责的态度，得到了全体同人充分的同情与了解。"①

经华东区财经委员会核准，新华银行及中国实业银行、四明银行等行的特派员监管制，自 1949 年 9 月 30 日起撤销，此后所有应行陈报或请示事项，均直接向中国人民银行华东区行联系②。

在 1949 年 10 月 1 日出刊的《新语》头版上，王志莘总经理发表了《新生后的新华》一文。他明确指出："上海解放以后，新华经过了四个月军管会特派员监督和协商时期，终究产生了一个新董事会，使新华获得了一个充满希望的新生。"那么，新生后的新华应该怎样呢？这是全行每个员工心头的问题。王志莘的答案是：第一，在业务方面，今后要密切联系社会上广大的群众，扩大服务的范围。第二，在管理方面，今后要依照董事会的决策，在不混乱行政系统的原则下，力求民主化。第三，在组织人事方面，今后要不违背精简原则，把组织搞得灵活圆滑，使全行的工作效率充分提高。他说："我们必须这样做，新华的新生才是有意义的新生。"最后，他强调："要以新的心情，新的作风，怀着满腔的热忱策划新生后的新华。"③

---

① 《大会速写》，载《新语》14 卷 19 期，1949 年 10 月 1 日。

② 《总行特派员撤销》，载《新语》15 卷 20 期，1950 年 10 月 15 日。

③ 王志莘：《新生后的新华》，载《新语》14 卷 19 期，1949 年 10 月 1 日。

第三章

助　手

　　1949 年 11 月 4 日，在新华银行董事会招待全体同人联欢大会上，谢寿天董事长明确指出，军管会代表了人民，接管了以前的官僚资本，委派了新的董事会来进行监督，"这在表面上，好似只是人手的更替，但在实际上，却是一个重大的本质上的转变"。他强调，新董事会的重要任务是要把行务搞好，积极地负责推动政府的金融政策，以达到扶助生产、繁荣经济的目的①。

　　1950 年 2 月 1 日和 2 月 15 日先后出版的两期《新语》，连续刊载了新华银行总经理王志莘撰写的《新生新华的新任务》一文。他明确提出："新生的新华是基于新的政治基础、新的金融政策而产生的，他的本质已经起了变化，他的新生将随着新的环境和新的需要而发展，所以新生的新华必然有他的新任务。"

　　那么，新华银行的新任务究竟是什么呢？王志莘认为：首先，做一个私营行庄和公营银行间的"桥梁"，在配合人民银行工作方针的

---

① 《新华同人的大团结，董事会招待联欢》，载《新语》14 卷 22 期，1949 年 11 月 15 日。

前提之下，致力于联系沟通工作，以推行政府的经济金融政策。其
次，做一个私营行庄与私营或公私合营企业间的"联络员"，增强同业
间的关系，扩大业务上的联络，参加或发动各种集体放款与联合投
资。再次，做一个投资大众与公私企业间的"工作者"，本着以往经
验，要创设种种方便法门，引导人民大众乐意节约储蓄，并乐于将余
资投向工业或其他发展生产途径。最后，"做一个年青的、前进的、有
为的银行"，要在组织、人事、管理制度、营业作风、工作态度上，继续
不断地检讨、改进与创造，在同业间树立新的、好的"榜样"[①]。

　　无论是"桥梁""联络员""工作者"或是"榜样"，概言之，就是新华
银行要在人民银行的领导下，在做好自身工作的同时，承担起人民银
行"助手"的责任。这是王志莘对新华银行在新的历史阶段精准而现
实的定位。这一判断彰显了这位优秀银行家的卓越见识，实际也成
了新华银行此后不断努力的方向。

靠拢人民银行

　　由于新华银行在上海金融界的重要地位和影响，尤其新华银行
成为公私合营银行之后，王志莘、孙瑞璜等新华银行高层管理人员，
有更多机会与政府及监管当局接触与沟通，从而及时获得相关信息，
并使得新华银行能够不断跟上时代的要求，跟上各个阶段政府金融
政策的节拍。

　　1950 年 1 月初，中国人民银行行长南汉宸因公来沪。1 月 6 日
下午，上海市工商业联合会及上海市金融公会假座虹光大戏院举行

[①] 王志莘：《新生新华的新任务》，载《新语》15 卷 3 期，1950 年 2 月 1 日。

欢迎大会,工商界及金融界代表济济一堂,约有 2 000 余人参加,其中包括新华银行王志莘总经理、徐振东经理、华文煜经理、徐维鑅副理,及工会代表吾新民、石柏泉、宋士敏等 7 位[①]。

南汉宸行长在欢迎大会的演讲中认为,金融业私营行庄的命运握在自己的手里,这就是说要看这些行庄扶助生产、发展工业的程度而定,若能有功于生产,则自有其存在的地位。他指出,上海市有 10 余家行庄的存款之和,占全市存款总额半数以上,其余 100 余家所占存款不到一半,"是可见本市现有行庄的数目超过实际需要,似嫌过多,不健全者将自然逐渐归于淘汰"[②]。

其后,南行长坦率谈到了金融业目前的困难:第一,私营行庄吸收存款不易,大额存款多数集中于公营银行,余数不多,相互间竞争激烈;第二,吸收存款利息高,期限短,而放款则工商业希望利息低,期限长,影响所及,成本高,毛利微,调度头寸不易,运用困难;第三,开支巨,本市私营行庄最低职员月薪一般在 230 折实单位以上,折合北地小米达 1 400 斤,中国人民银行职员薪金比较要低得多。他举例说,自己作为人民银行总行行长,月入仅合小米 1 300 斤,人民银行其他同人所入在 1 000 斤以上者,只有副行长一人[③]。

南行长还阐明了繁荣经济、发展生产的正确意义,他说繁荣经济并非表面繁荣市面。他举例说,南京有人批评人民解放军来后,什么都好,只是马路上生了青草。他认为,"马路上生青草不一定坏,若能使不正当消费场所生青草倒是好了"。至于发展生产,并非仅指个别

---

① 《工商金融两公会欢迎南行长大会》,载《新语》15 卷 2 期,1950 年 1 月 15 日。

② 徐振东:《听人民银行南行长汉宸演讲后的感想》,华文煜笔记:《南行长演讲记略》,载《新语》15 卷 2 期,1950 年 1 月 15 日。

③ 同上。

一行一业而言,凡是有用的生产事业部门要发展,无用的生产则相反,应予以限制①。

南汉宸行长此次因公来沪,百忙之中还专门邀请王志莘、孙瑞璜作了三次谈话,对新华银行"服务人民之作风深表嘉许"。南行长希望新华银行继续配合政府政策,对发展生产、繁荣经济尽最大努力,以完成新任务②。对新华银行和王志莘等而言,这样的机会是非常难得的,也充分体现了人民银行对以新华银行为代表的公私合营银行的期许。

1950 年 2 月下旬至 4 月中旬,王志莘总经理视察了该行北京分行和天津分行。4 月 23 日,王志莘在第二次员工大会上报告此行观感时,特别披露了与中国人民银行南汉宸行长,以及与财经委员会陈云主任委员谈话的具体情况。

南行长在与王志莘的谈话中指示:1950 年的金融总方针是力争财政收支平衡、现金收付平衡和物资调拨平衡;银行的任务是现金的集中、管理和运用,就是争取现金收付平衡;公私合营银行要接受人行指导,善于执行政府法令,要吸收和组织私人资金,扶助有利于国计民生的工商业;要团结私营行庄,希望私营行庄环绕在公私合营银行的四周,把整个金融业导入正轨,尤其经营正当、规模较大的私营行庄,希望新华银行多多联系,做此工作;此外,全国整个金融体系的建立方面,新华银行可以多贡献意见③。南汉宸的这些具体指示,实

① 徐振东:《听人民银行南行长汉宸演讲后的感想》,华文煜笔记:《南行长演讲记略》,载《新语》15 卷 2 期,1950 年 1 月 15 日。
② 《人行总行南行长邀请王总经理孙副总经理谈话》,载《新语》15 卷 2 期,1950 年 1 月 15 日。
③ 《新华员工第二次大会》,载《新语》15 卷 9 期,1950 年 5 月 1 日。

际也是希望新华银行更多更好地发挥人民银行"助手"的作用。

　　陈云主任委员在交谈时，曾很虚心地问道：政府在方针上、政策上有不周到的地方没有？王志莘回答说：我从人民的立场，认为政府的方针政策是非常正确的，目前的问题根本在于民间购买力的薄弱。陈云说：是的，但是必须忍耐过去，目前之所以觉得有希望是财经方面在过去六个月中，经过了一场恶战，此刻已得到胜利把握，今后困难虽然还有，但是比较小的了，预计秋收以后，购买力可以转苏，因此，目前政府对于农田水利和交通运输各方面积极帮助农业生产的工作大力推进，但是全部好转，一定要等土改完成以后，总还要等二三年，到那时，人民生活一定好转。陈云举了东北事实为例，表示购买力因土改而增加①。陈云与王志莘的谈话，尽管并未涉及银行具体工作，但却具有极强的战略指导意义。

　　孙瑞璜副总经理对于做好人民银行"助手"问题也有过具体阐述，他认为：解放以后，由于新华银行本质的转化，很早就有了一个正确的认识，就是靠拢人民银行，服从人行领导，争取作为人行的外围或助手的地位。他说，根据人民银行华东区行的指示，新华银行和其他公私合营银行，由人行总行委托华东区行代管和领导各地总分行的存放汇业务，作为当地人行的一部分。而人民银行华东区行本着这种宗旨，自从1950年3月上旬起，为了在政策上业务上作正确的、及时的了解和决定，已经每星期召集新四行举行业务会报，彼此交换经验，发挥团结精神，帮助新四行的业务发展。并且由这个业务会报决定设立了放款小组，统筹和把握上海新四行的放款业务。他

---

① 《新华员工第二次大会》，载《新语》15卷9期，1950年5月1日。

认为,"可见本行等新四行的业务已经获得人民银行的直接的和总的
领导"①。

孙瑞璜还特别指出,已往做银行,"对于业务数字都是做到哪里
是哪里,都是散漫的,缺少具体目的,现在情况不同了"。人民银行为
了贯彻执行全国金融会议的决议,大力推行现金管理工作,给予公私
合营各银行以确定的和合理的任务,吸收存款有数字的任务,定存人
行有数字的任务,办理汇款也有数字的任务。人民银行让各行分担
任务,合起来就达成总的任务。而且,对于新四行的放款总额有最高
的限制,剩余头寸可以尽量定存给人行,不以规定任务为限。"利率
方面还加以照顾,帮助本行部份地解决企业化的问题"②。

赵帛董事指出,新华银行的存款在上海已居压倒所有私营行庄
的地位,加上其他三个兄弟行存款的激增,对于稳定物价、扭转通货
膨胀是很有效的。他认为,新华银行在短短的时间内发生了显著的
变化,对于国家银行确已尽了助手的作用③。

王志莘还就人民银行对合营银行的领导方式作了归纳:① 通过
董事会执行政府法令,主持个别行的行政业务;② 利用表报方式进
行了解和管理;③ 通过向华东区领导的会报方式,使新四行总行联
合起来,逐渐采取同一步调,按照协商布置的任务争取完成,"做成人
民银行的外围银行或卫星银行"④。

王志莘认为,新华银行的第一任务就是认真执行政府金融法令。

①《新华员工第二次大会》,载《新语》15卷9期,1950年5月1日。
② 同上。
③ 同上。
④《王总经理在解放后第一届行务总会议之报告》,载《新语》15卷12期,1950年
　6月15日。

他指出，本行因为具有公私合营的本质，对于政府金融法令负有积极推进、使法令效能正确发挥、愈发宏大的任务。他认为，法令之中，大部分固然是各级政府机构颁布的，可是因为人民银行负有管理银钱业的责任，公私合营银行归其直接领导，所以人民银行对本行的指示，对本行具有法令的效力，应该绝对遵照施行。他强调，"我们为了完善地执行法令，免除偏差起见，对各种法令首先要有正确的认识，深入的学习"①。

在重庆分行与员工座谈时，他的讲话更为直率。他说，各位应该认清今天的新华在本质上已有基本的改变，我们现在是处于合营的地位，人行对我们寄希望很大，因之一举一动，均为人行所注视。他强调："我们靠拢人行，不但地位稳定，而且有保障，有希望，这就可以看出私营行庄为何羡慕我们的原因。"②

新华银行非常注意抓住各种机会，与各地人民银行建立良好沟通关系，积极争取人行的领导。

上海解放以后，军管会一面接管国民党所控制的金融机构，一面加以改组，就其原有的基础建立新的、为人民服务的金融机构，并迅速开展业务，便利人民。1949 年 10 月 1 日，人民银行上海分行合作储蓄部开始营业。为了贯彻国家银行专业化的政策，11 月内又将中国银行的储蓄部及交通银行的储蓄部并入人民银行合作储蓄部，中、交两行的信托部归入人民银行上海分行合组信托部，中、交两行各尽其管理和经营外汇及工矿实业专业银行的使命。截至 1949 年 12 月，人民银行上海分行下属 1 个支行(郊区支行)、33 个办事处，分布

① 《王总经理在解放后第一届行务总会议之报告》，载《新语》15 卷 12 期，1950 年 6 月 15 日。
② 《王总经理在渝行员工座谈会上的讲话》，载《新语》16 卷 1 期，1951 年 1 月 1 日。

于上海市各区及市郊,经办存汇业务的服务处达 130 余处,此外尚有 48 个收款处经收税款,全体工作人员计在 6 000 名以上[1]。

1949 年 11 月 11 日,新华银行工会的两位同人专门访问了位于外滩的中国人民银行上海分行,以座谈漫谈等方式,了解人民银行在业务、职工人事等方面的相关信息。事后,这两位同人撰写了《人民银行访问记》一文,发表在《新语》上[2]。

《新语》还专门刊发了《发扬服务精神——向人民银行看齐》一文。作者介绍说,人民银行首先实现了工作竞赛,以出纳部门的点钞工作为开始,继之发起了"五分钟运动",使每一笔收付都要在五分钟内完毕为基础,尽量使客户便利,充分提高了工作的效率,发挥了为人民服务的精神。作者同时指出,不但要向人民银行看齐,还要向本行外汇股的同人看齐,他们为了手续简化,工作迅速,已做到在二分钟的时间内完成一笔工作,甚至超过了新的纪录,"希望我们全体同人本着'新华精神',努力来完成我们的'二分钟运动'"[3]。

1950 年 2 月 3 日晚,新华银行及四明、中实、通商等四家公私合营银行,特趁华东区各地人民银行主持人员在沪开会之便,在新华银行设宴联欢,并招待参观总行各部。到场嘉宾有人民银行华东区行副经理兼上海分行经理陈穆,上海分行副经理卢钝根,上海中国银行经理项克方,区行业务处处长赵帛、副处长叶景灏,区行会计处长徐里程,区行人事处长胡荣佳、副处长杨世仪,区行经研处长吴承禧、副

---

[1] 智修:《解放以来的中国人民银行上海分行》,载《经济周刊》10 卷 1 期,1950 年 1 月 5 日。

[2] 张炳文、朱惟章:《人民银行访问记》,载《新语》14 卷 23 期,1949 年 12 月 1 日。

[3] 徐繁勋:《发扬服务精神——向人民银行看齐》,载《新语》14 卷 22 期,1949 年 11 月 15 日。

处长关英甫，区行金融管理处长项伟略、副处长王伟才，上海分行业务部经理方祖荫，苏南分行行长忻元惕，南京分行行长顾忧遥，福州分行行长高盘九，厦门分行行长王有成，青岛分行行长刘涤生，及华东区其他各地行长、副行长、科长等50余人，四家公私合营银行高级职员作陪①。有那么多的人行官员集聚新华银行，这种机会确实是可遇不可求的。

席间，新华银行王志莘总经理代表四行致欢迎词。他指出，公私合营银行的任务是配合政府的政策，协助政府达成城乡互动、内外交流、发展生产、繁荣经济的目的，而达成这个任务的方法是靠拢人民银行，接受其管制，服从其领导，配合其工作，全心全意为人民服务，除此以外，还要随时接受人民政府或公营银行委托办理的各项特殊业务。他指出，"诸位先生是华东区人民银行的主持人，我们竭诚希望，也可以说是请求诸位，给我们总行多多指示，并扶助我们的分行，使我们的总分行都能随时随地地效法人民银行的良好作风，加紧努力，朝着正确的方向前进"，他特别强调，"在新的金融体系中，人民银行和我们四家银行的关系，就好像太阳之于卫星。我们的任务完成了，就是给人行部分地完成了任务，假使我们不能完成任务，也就是人行本身的缺憾"②。

8月24日，新华银行青岛分行正式开幕，王志莘总经理在出席全国金融业会议后，专程转赴青岛主持开幕事宜③。王志莘到达青岛后，先后到当地人民银行和金融管理处拜访了人行的刘行长和金管

---

① 《四家公私合营银行在本行公宴华东区人行要员联欢》，载《新语》15卷4期，1950年2月15日。

② 同上。

③ 《青岛分行开幕》，载《新语》15卷17期，1950年9月1日。

处的王科长,向他们说明新华银行初来青岛,对当地金融法令不尽熟悉,请多关照指示,新华银行一定虚心接受。但他没想到的是,两位领导都说,已去青岛分行看过,觉得生气勃勃,非常高兴,前途有办法。王志莘后来了解到,此前有一天下午四时,监管部门打电话给青岛分行,说要去看看。"后来来了,参观行屋布置,和同事见面。青行备了饭菜,留他们吃夜饭。"王志莘知晓此事后,在青岛分行同人欢迎会上,专门称赞了当时为人行和金管处领导准备饭菜的同事,说他在很短的时间,准备出一桌整齐的饭菜,表现了新华精神。王志莘特别强调,"我们新华精神要处处表现出来,准备饭菜虽然是小节,可是也能表现出新华精神"①。这虽是一件小事,但从中可以看出王志莘对新华银行与监管部门关系的重视。

响应人民政府号召,态度坚决,举措有力,更是体现了新华银行作为人民银行"助手"的担当。

1949 年 12 月 4 日,中央人民政府发行人民胜利折实公债的决定公布后,王志莘等表态积极支持。他在谈话时称:这次政府决定发行胜利折实公债,不但对国家的财政上有所帮助,同时在经济上也是有很重要的意义;发行的方法,用折实和分期的办法,使这次公债推行胜利的完成有了保证。他同时指出:发行公债,有收缩通货、约束民间购买力的作用,折实公债,更有鼓励人民储蓄的意义,在目前生产力犹未恢复正常之前,不免物资缺乏,希望物价稳定,实有赖于人民的节约储蓄,故此时分期发行折实公债,"诚属急要而又合乎时宜之措施"②。

---

① 思:《青行通讯》,载《新语》15 卷 24 期,1950 年 12 月 15 日。
②《政府发行人民胜利折实公债,王总经理等发表谈话一致拥护》,载《新语》14 卷 24 期,1949 年 12 月 15 日。

　　1950 年 1 月 5 日,《新闻日报》"人民胜利折实公债第一期发行特刊",刊发了新华银行董事周耀平《组织人民胜利折实公债的意义》一文。周耀平对于弥补财政赤字的"发行公债""增加赋税"与"增加发钞"等三项重要办法,分别就基本性质、负担分配、物价影响、生产影响、金融影响、政治意义等六项观点,"加以剀切周密的解释"。他在结语中说,"为了负担合理,物价稳定,生产发展,利息低下,我们必须唤醒自己,节约购债,购债储蓄"①。

　　1 月 6 日晚,新华银行工筹委会特地召集了一个推销公债座谈会,与会者对人民政府发行胜利折实公债一致表示拥护,并建议每位

图 3 - 1　认购人民胜利折实公债

(来源:《新语》15 卷 2 期,1950 年 1 月 15 日)

---

① 《提高人民认识折实公债的意义》,载《新语》15 卷 2 期,1950 年 1 月 15 日。

员工以半个月的薪水认缴。接着,石柏泉、龚善继、王大鸿等相继认捐,不到一刻钟,便认捐了 400 多分。会上即席产生了新华银行推销胜利折实公债委员会,并根据工作单位分队,把全行分成 47 个单位,各部分主管员及工会代表分任队长及干事,阵容极为整齐①。

为了配合认购公债的高潮,沪区各部门纷纷张贴了漫画和标语,尤以总行营业室大厅的布置"最见精彩"。从江西路的入门口进来,首先见到外汇柜台旁的墙上贴着一张画,一端画着几家工厂和建筑物,上面写着"最高纪录"几个字,一面画着几个工农装束的人,向目标奔去,在发挥带头认购的作用。在营业厅的一处柱子上,又见到另一张漫画,画着白细布、煤炭、面粉、大米等物,还注明白细布四匹,煤炭十六斤,面粉一斤半,大米六斤等,"这是说明折实公债一分所代表的实物"②。

从这根柱子绕过去,是新华银行认购公债运动中最注目的布置。墙上高悬红底白字的横幅,最先两行小字是"支援解放战争,迅速统一全国",下面一行大字是"踊跃购买胜利折实公债",以下又有两行小字是"安定人民生活,恢复发展经济"。横幅之下,则是一幅很大的记分表。表的上端写着,"有一分力量,认一分公债",表上分列各单位认购的平均分数,谁先谁后,一目了然,"表上所贴的代表分数的红线,不断在变动,在增加,它是表现同人认购热情的一座活动指标"。行员蒋照仪在病中不忘购债,带头认购 10 分,还希望出纳股同人多多加码。机器间同人李富庭除已认购 9 分外,"宁愿出无车,将所置九成新跑车一辆,愿以四十分出手",将所得购买公债。行警丁祖彝一人负担了四口之家,却依旧很热心地认购了 12 分③。

① 硕:《光荣认购人民胜利折实公债》,载《新语》15 卷 2 期,1950 年 1 月 15 日。
② 同上。
③ 同上。

图3－2　认购人民胜利折实公债

（来源：《新语》15卷2期，1950年1月15日）

　　1月17日，中午十二时一刻，营业室徐振东经理从播音器中，同时向总行膳厅及营业室播音，"徐经理以宏亮清晰的声调，唤起同人认购公债的热情"。他宣讲了认购公债的意义与作用，并强调：这次认购公债，是向政府靠拢的一次实际行动；相对其他行庄，我们只有争前，不能落后，"看齐是最低限度，否则带头的作用，便会消失"①。

　　为了配合认购公债的宣传和行动，分行处室陈鸣一经理从1月23日起依次访问各办事处，以恳切言词，阐明认购公债的意义，"听者动容，到处扬起认购热潮"。他首先到达二处，报告了新华银行各方面具有的优越条件，接着便说："折实公债认购多少，就是一个人、一个企业对于国家爱护不爱护的具体表现"。二处同人在激动的情绪下，不到2分钟，就加了51分。冯耿光副董事长在家休养，对于认购公债甚为兴

_____

① 兆：《购债热潮在新华》，载《新语》15卷3期，1950年2月1日。

图 3-3　认购人民胜利折实公债

（来源：《新语》15 卷 2 期，1950 年 1 月 15 日）

奋，认购了 120 分，并且将债款一次付清，托转交金融工会①。

王志莘还在《新闻日报》撰文，题为《我们不怕困难》，他说，当前这推销公债的工作是有困难的，然而只要大家不躲让，各尽其分地贡献出自己的一点一滴，"就可以澎湃起巨浪般的力量"，站起来负担责任的人愈多，每人所担负的责任就相对地减轻，克服困难的力量就愈大，存在的困难就愈小——"只需每人做到了他的一分，困难也就可以消失，公债的推销，进行得虽然迟缓，却是能圆满地完成任务的"②。

除了自身积极购买之外，新华银行还积极开展对外宣传营销。1950 年 1 月 22 日，新华银行人民胜利折实公债推销委员会发动了一

① 兆：《购债热潮在新华》，载《新语》15 卷 3 期，1950 年 2 月 1 日。

② 《推销公债"我们不怕困难"，王总经理撰文号召》，载《新语》15 卷 4 期，1950 年 2 月 15 日。

次宣传游行。有同人记述："是日我行乐队和腰鼓队一体参加,穿了一式的服装,阵容甚为整齐。"游行的队伍,自总行出发,经过南京路、马霍路(今黄陂北路)折入林森中路(今淮海中路),最后回到总行散队。在游行的途中,腰鼓队随时表演,吸引了许多行人,同人们便向他们解释认购公债的意义,"他们都能有透彻的了解"①。

图 3-4　新华弟兄向他们看齐!
(来源:《新语》15 卷 4 期,1950 年 2 月 15 日)

何霖,这位平时沉默寡言的小职员,其行为颇能代表同人对公债认购的态度。

何霖原籍江苏如皋,1923 年出生在一个没落的"世家"里,勉强读完高中,便无力升学了。当过小学教员,酷爱教育事业,虽然他和别的小学教员一样过着清苦的日子,但渐渐地,生活的重压——他负担全家老小 11 个人的生活,迫使他不得不放弃执教的爱好,由友人介绍,进入新华银行为练习生,"藉较优的收入,来轻一轻自己的肩子"。

①《向人民宣传折实公债》,载《新语》15 卷 3 期,1950 年 2 月 1 日。

他最初在出纳股服务,再调内汇股,后在保管股工作,他对工作正如他待人接物一样——老实诚恳,凡是和他在一起工作过的人会知道,这话并不夸张①。

他诚朴勤俭,始终如一。有同人说,"例如他乘电车,我看他总是在拖车里,路不太远,干脆是安步当车;雨天,他没有雨衣,老打着一柄旧阳伞上班,怡然自适"。他家住在四川路底润德坊一间小屋子里,这间屋子包括了客房、烧饭间和卧室,它的面积大小,大致相当于十处同人宿舍一个房间的二分之一,晚间所有床铺占据了整个地面,这儿非但谈不到宽敞与舒适,连健康也很难顾及,仅仅是"聊避风雨"而已! 他爱好文艺,也喜欢历史,这就是他业余唯一的消遣②。

解放了,他欢欣鼓舞,别人参加了西南服务团,考进了军大,他也想去,但一大堆包袱压在他的背上,使他走不了,他常感到苦闷。渐渐地,他明白了每个工作岗位都需要人,革命是不限工作、不限地区的,站在经济建设的岗位上搞好工作,也是一样的光荣。这时,他不再犹豫,消除了以往的雇佣观点,坚定了意志,工作得更认真、更努力。

折实公债发行了,他认识它的意义重大,爱国岂能后人,他以一个练习生的薪津,在负担 11 人生活的情况下,更降低了最起码的生活条件,节省支出,共认购了 9 分之多,这热忱确实可敬。时隔数月,1950 年 5 月间,他突患了肋膜破裂症,在他的经济情况下是不能再受此意外的,浩大的医药费首先就成了问题。好人有好报,后来很多同事们纷纷赠助,使他渡过了这次的难关,安然痊愈③。

《新语》在"半月一人"栏目以相当篇幅专门介绍了何霖的事迹,

---

① 家:《何霖》,载《新语》16 卷 11 期,1951 年 6 月 1 日。
② 同上。
③ 同上。

实际上也是一种明确的正面导向。

社会责任

　　上海解放后，作为金融界重要代表人物之一的王志莘，经常有机会参加一些重要会议或接受媒体采访，对涉及国计民生的一些重要问题，献计献策，畅所欲言，体现了一个银行家强烈的社会责任意识。

　　1949 年 10 月 27 日下午七时半，上海市新闻日报馆假座红棉酒家举行座谈会，检讨人民政协颁布的共同纲领中的经济政策。应邀出席者有工商业、染织业、棉布业、金融业、保险业等各界人士。新华银行王志莘总经理(孙瑞璜先生代)、孙瑞璜副总经理均被邀请参加。王志莘发表书面谈话，认为共同纲领中有关经济政策的部分具有三项特点：首先，合作社经济是人民经济的一个重要组成部分，纲领中扶助和优待的条文，可奠定良好的经济基础；其次，纲领鼓励人民储蓄，"导游废资金于生产一途"，这些办法是化贫困为富裕的切实方案；再次，纲领规定金融业是贯彻国家经济政策的重要工具，无论公营、私营，服务人民是唯一之目的。他强调指出：有了如此明确合理的方针，依循它，服务它，人人各就其位工作，"发展生产、繁荣经济"是一定会成功的[1]。

　　12 月 5 日，上海市第二届各界人民代表会议揭幕，出席的有上海市各首长及工、农、工商、宗教等各界代表共 667 人，历时 7 天，至 12 月 12 日结束。王志莘在 12 月 9 日的大会上发言说：本人服务金融

---

[1] 《王总经理孙副总经理出席新闻日报座谈会》，载《新语》14 卷 21 期，1949 年 11 月 1 日。

业，常常听到各界谈起游资压迫物价、威胁人民生活的苦痛经验，更不时从产业界人士方面听到关于从事生产事业的种种苦难，尤其是周转资金的困苦，"深感金融业对于应尽的责任未尽，该做的事没有做到，实在是感到无限的惶悚与惭愧"。他同时指出，金融业同仁要配合政府的政策，在人民银行领导之下，全心全意地安定物价，协助产业界维持生产，发展生产，来安定全市人民的生活，这不仅是政府的工作，也是金融界的责任。他还提出了解决市场资金供需的具体办法：① 在人民银行的领导下，举办联合生产贷款；② 协助人民银行妥善地执行利率政策，稳定金融市场；③ 帮助当局消灭地下拆放的机构和非法经营；④ 促使留滞在海外的资力归来，转向生产途径，并便利各地侨汇汇款回国；⑤ 积极提倡储蓄，大家节衣缩食，把财力积聚起来，加强生产资金的来源。最后，他还表态：对于人民胜利折实公债，金融业更是责无旁贷，应该全力以赴，要把全上海的银行、钱庄、信托公司及其散布在各地的分支机构与人力贡献出来，协助这件工作的进行，保证这一发行公债的艰巨工作胜利地完成①。

履行社会责任，不只是响应人民政府的号召和满足监管的要求，同时也是企业自身生存和发展的需要。完成增资工作，就是一个例子。

1949 年 8 月 21 日，中国人民解放军华东军区司令部公布《华东区管理私营银钱业暂行办法》，这一办法大体以华北区的办法为蓝本，一为可以经营与特许经营的业务，及不得经营的行为；二为向主管机关登记给照的办法；三为不同地区的增资数额和资本构成；四为

① 《本市第二届人民代表会议，王总经理出席报告金融业中心工作》，载《新语》15
　卷 1 期，1950 年 1 月 1 日。

资金运用的规定；五为存款保证准备和付现准备的比率；六为一般管理情形；七为营业活动的查核；八为违法的处分。

　　管理私营银钱业的主要手段之一，便是增加资本额。私营银钱业经过日伪多年的剥削，以及国民党反动派的搜刮，大部分机构的资力确实减少，也有一部分利用反动派的恶性通货膨胀而发财的。"甚至大部分一方面虽被日伪反动派等勒索去，而一方面他们利用恶性通货膨胀而绕回来"，不过他们资力的表现不在账面上，而是寄托于黄金、外汇、商品、房地产、生产事业投资等上面。因而在发展生产上，除了存款资力以外，本身资力与产业界根本不发生任何关系，对发展生产所起作用也非常有限。构成存款的内容，95％以上是活期，"不但把不住他今天用还是明天用，甚至把不住他上半天来拿还是下半天来拿"，因此，放款通常是日拆，多数小行庄甚至半天拆，"上等者变成了产业界的账房，中等者变成了投机家的帮凶，下等者本身就虚设了许多字号而投机囤积"。以 1949 年 7 月底为例，上海市 210 家行庄的存款不过 63 亿元，平均每家不过 3 000 万元的资力。分开来看，银行的平均资力是 3 600 万元，钱庄是 1 650 万元，信托公司是 1 460 万元，外商银行是 6 000 万元。以这样薄弱的资力，应付产业界的需求，无疑是杯水车薪①。

　　上海市军管会公布的这一办法，指定各地中国人民银行为当地银钱业之管理检查机关，协助各级政府管理银钱业事宜；并且具体规定，上海市的银行、信托公司资本标准为 10 000 万元至 20 000 万元（其中现金部分不少于 10 000 万元）；青岛、济南、南京、无锡、杭州、鄞

---

① 盛慕杰：《论〈华东区管理私营银钱业暂行办法〉》，载《经济周刊》9 卷 8 期，1949 年 8 月 25 日。

县六县市的银行、信托公司标准为 4 000 万至 8 000 万元（其中现金部分不少于 4 000 万元）；华东区其他各地的银行、信托公司资本标准为 1 000 万至 2 000 万元（其中现金部分不少于 1 000 万元）；同时规定，"超过资本最低额之资本，得以房地产及其他经过认可之财产构成之，但房地产及经认可之财产总额，最高不得超过其总资本百分之五十"[①]。9 月 1 日，中国人民银行华东区行颁布《华东区私营银钱业申请登记验资办法》《华东区私营银钱业暗帐合并正帐处理办法》，要求各私营行庄必须在当年 9 月 20 日前，依照规定办理增资，申请登记[②]；并且规定："房产估值，照公会估值七折计算，黄金每两折合'袁头'七十枚，银元及外币皆按牌价计算。"[③]

由于《华东区管理私营银钱业暂行办法》是一个区域性的措施，以及全国尚未完全解放，各地交通电讯尚未恢复等原因，财经当局对于管理办法中所订定的现金资本额，并未严格规定必须由行庄的股东来认股。但有一个原则：即是全部现金资本必须真正为行庄自身所有，亦即不得以拆借等方式来伪造。各行庄的情况大致如下：

（1）大部分特别是较大的行庄，其现金资本是从处分"暗账"资产而获得的；中国人民银行亦曾因银钱业的申请，兑换了四十几家行庄从"暗账"转移到正账的黄金 4 000 两左右（每两作价银元 75 元，合计人民币约 5 亿元）；至少有 150 家左右的行庄根据中国人民银行的训令，把"暗账"转入了正账。

（2）一部分行庄处分了正账内的资产（如房地产、有价证券等），

① 《华东区管理私营银钱业暂行办法》，载中国人民银行上海市分行编：《上海钱庄史料》，上海人民出版社 1960 年版，第 393—395 页。

② 同上书，第 398—399 页。

③ 《银钱业增资办法人民银行补充说明》，载《新语》14 卷 17 期，1949 年 9 月 1 日。

移作现金资本。

（3）一部分行庄因"暗账"资产不足，以及正账内没有相当的资产可以变现，就由旧股东按比例认购新股。

（4）缺乏上述三个条件的行庄，就招请了新股东认股，若干总行在外埠的分行在报上所登"自行增资"的启事，就属于这一类。

（5）若干行庄由职工参加一部分股款。

（6）一部分行庄（指总行在待解放区及华东区以外者），其现金资本由总行筹划①。

新华银行在华东区的机构，当时有上海总行和南京、无锡、苏州、厦门等 4 个分行。华东区各行增资统由总行办理②。

新华银行华东区各行增资后资本总额为人民币 31 000 万元（详见表 3-1）。其中现金增资部分，以认可资产美汇 57 760 元、英汇 4 900 镑，按 8 月 31 日中国银行外汇挂牌计算拨充，二者合计人民币 150 004 800 元。资产升值增资部分，则以所认可的房地产现值计算。新华银行在华东区各行以资产升值的 15 000 万元，是以总行在沪的四处房产：溧阳路房产、宝山路新华别业房产、西体育会新华一村房产和江西中路 361 号房产，按上海市房地产业同业公会评估价 7 折升值抵充。四处房产 7 折升值合计 150 794 762 元，减除尾数 794 762 元转入各项准备。还由于总行原有金圆券资本 200 万元，折合人民币 20 元，实际资产升值增资为 149 999 980 元③。

---

① 王敏：《上海私营银钱业的初步整编》，载《经济周刊》9 卷 13 期，1949 年 9 月 29 日。

② 吾新民主编：《新华银行简史》上篇（1914—1952），1998 年，内部印刷品，第 69 页。

③ 同上书，第 70 页。

表 3-1 新华银行华东区各行增资数额

单位：万元

行　　别	增资总额	资产升值增资部分	现金增资部分
总　　行	20 000.00	10 000.00	10 000.00
南京分行	3 200.00	1 600.00	1 600.00
无锡分行	3 200.00	1 600.00	1 600.00
苏州分行	800.00	400.00	400.00
厦门分行	3 800.00	1 400.00	2 400.00
总　　计	31 000.00	15 000.00	16 000.00

[本书所指人民币，均按解放初的旧人民币计算。1955 年 3 月，旧币以 1 万比 1，改为现在通行的人民币。来源：吾新民主编：《新华银行简史》上篇（1914—1952），1998 年，内部印刷品，第 69 页。]

新华银行在华东区以外尚有北京、天津、汉口、长沙、广州等五个分行，亦先后遵照当地政府法令，分别单独办理增资，申请营业登记（详见表 3-2）。

表 3-2 新华银行华东区以外五个分行增资数额

单位：万元

行　　名	增资总额	资产升值增资部分	现金增资部分
北京分行	1 800.00	900.00	900.00
天津分行	2 400.00	1 200.00	1 200.00
汉口分行	4 800.00	2 400.00	2 400.00

（续表）

行　　名	增资总额	资产升值增资部分	现金增资部分
长沙分行	3 000.00		3 000.00
广州分行	36 000.00	18 000.00	18 000.00
总　　计	48 000.00	22 500.00	25 500.00

［来源：吾新民主编：《新华银行简史》上篇(1914—1952)，1998 年，内部印刷品，第 70 页。］

华东区以外各分行增资，总行共垫交现金 23 900 万元。因重庆、昆明两分行当时尚未解放，为准备该两分行在解放后的增资需要，以及香港分行将来增资，总行以认可的资产三处：江西中路 361 号、宝山路天通庵路以及江西路九江路的地产，按时值估计，约为 107 072 万元，作为增资准备①。

从整个银钱业面上情况看，至 1949 年 9 月 20 日，因无力与无意增资而停业的行庄有复华、长江等 20 家。共计 172 家行庄完成了增资（另外 6 家因总行不在上海而由各该总行所在地办理增资）。中国人民银行华东区行即于 9 月下旬开始查验，因部分行庄仍未改变投机取巧的作风，被查出有各种违法行为的行庄 60 家，也因此而使查验工作延续了两个月之久。在处分这批违法行庄的时候，华东区行征求了银钱业方面的意见，被处以停止票据交换的行庄 22 家，被处以罚金及警告的 27 家，此外，原应受永久停业处分的春茂等 7 家行庄，由于职工方面的请求，以及资方有悔过自新之表示，改为暂停营

---

① 吾新民主编：《新华银行简史》上篇(1914—1952)，1998 年，内部印刷品，第 70 页。

业之处分①。

至此,新华银行步入正常营业的轨道。

1950 年 6 月 17 日(星期六)下午 3 时,新华银行解放后第一次股东临时会在总行四楼会议室举行。各股东及委托代表到会。谢寿天董事长主持会议。王志莘总经理向大会作出报告,其主要内容包括三项:① 上海解放后,上海市军事管制委员会派特派员到行监督;② 上海解放后,财政经济接管委员会委派谢寿天、赵帛、韩宏绰、周耀平四人,代表政府接收公股,担任本行公股董事,并会同原留解放区之商股董事,组织董事会;③ 行务及业务概况。会上同时分发了王志莘在解放后第一次行务总会议上的报告,供各股东参考②。

此次会议还追认了此前办理的营业登记案及工商登记案,其中关于资本总额一条,经修正为:"本银行额定资本总额为人民币五十亿元,分为十万股,每股五万元。实收资本额,由董事会根据需要,决议筹集之。"③(1951 年 12 月 6 日,解放后第三届第四次董监联席会议决议又将资本改为 250 亿元④)新华银行董事监察人数一条,亦经修正为:"本银行设董事十三人,监察人三人,均由股东会就股东中选任之。"其余如第一条、第二十八条、第二十九条、第三十二条、第三十四条,亦均修正后通过⑤。此次会议选举了本届新董事及监察人,谢寿天、赵帛、韩宏绰、陈心波、孙及民、王志莘、周耀平、俞寰澄、项叔

---

① 王敏:《解放后的上海银钱业管理》,载《经济周刊》10 卷 1 期,1950 年 1 月 5 日。

② 《本行解放后第一次股东临时会》,载《新语》15 卷 13 期,1950 年 7 月 1 日。

③ 同上。

④ 吾新民主编:《新华银行简史》上篇(1914—1952),1998 年,内部印刷品,第 71 页。

⑤ 《本行解放后第一次股东临时会》,载《新语》15 卷 13 期,1950 年 7 月 1 日。

翔、张锡荣、程恩树、孙瑞璜、冯耿光等 13 位以获得最多票数，当选董事，项伟略、潘寿恒、曹少璋等 3 位当选监察人[①]。

1950 年 12 月 31 日，上海市私营企业财产重估评审委员会以金字第十六号审查通知书通知，新华银行实有财产重估后增值额为人民币 32 671 993 395.54 元[②]。

同庆钱庄归并至新华银行，是在人民银行主导下进行的一项重要工作，同时也体现了新华银行的社会责任，并具有特殊重要的意义。

同庆钱庄具有一个特殊的背景：它是中共华中局在解放战争期间，考虑到与国民党长期斗争的需要，在上海组织创办和领导的一家企业。抗战胜利后，国民党当局对开办民间金融机构限制很严，不准成立新的金融机构。只有那些在抗战以前颁领过执照、因故停办且无债务纠葛的行庄，经财政部批准才可以复业。中共筹备人员设法买到了一张早已停业的原同庆钱庄的执照。为了筹措足够的资金，并能在金融界站稳脚跟，经党组织同意，聘请了原中国电工企业公司的创办人蔡叔厚入股，并由他担任董事长，由包述传任总经理，由陈其襄(中共党员)担任副总经理。1946 年 10 月，同庆钱庄正式开业。经蔡叔厚的介绍，陈其襄参加了当时在沪金融、工商界的不少中上层活动，并加入了金融问题研究会、中国工矿建设协会、众行联谊会等团体，提高了钱庄的社会信誉，各项业务也得到了迅速的发展，由此为党的活动提供了不少资金。淮海战役后，解放区的范围逐渐扩大，收缴来的法币很多。党组织将大量法币运到上海后，通过同庆钱庄

---

① 《本行解放后第一次股东临时会》，载《新语》15 卷 13 期，1950 年 7 月 1 日。
② 吾新民主编：《新华银行简史》上篇(1914—1952)，1998 年，内部印刷品，第 71 页。

用各种方法尽快将法币投放到市场,再购买物资运到解放区去。由于掩护条件较好,同庆钱庄的真实背景到上海解放时仍未暴露①。

1949年9月1日,中国人民银行华东区行颁布了《华东区私营银钱业申请登记验资办法》,规定凡申请验资的行庄,必须在9月20日前完成相关手续。同庆钱庄于9月16日向中国人民银行上海分行缴足人民币2亿元现金,呈请验资。这在所有钱庄中是最早的②。同庆钱庄后来在参加人民银行组织的两次联合放款银团,以及购买人民胜利折实公债等活动中,也都有上佳的表现③。

同庆钱庄增资后,又呈请中国人民银行华东区行改称为同庆银行。归并于新华银行时,同庆银行的执照尚未颁下,故仍称同庆钱庄,位于上海江西中路111号。同庆钱庄中公股占77.2%,私股占22.8%,时任董事长蔡叔厚、总经理包述传、副总经理张又新,设业务、信托两部及总务、稽核两处,全行共有职员66人,工友14人。同庆钱庄归并新华银行之时,存款总额为人民币71亿元,放款总额43亿元,投资总额5.8亿,库存现金、存出准备金及存放同业总额22亿元,应付未付税款1.2亿元,其投资集中于中国电工企业公司、顺记造船厂、华吉纺织用品厂及利华保险公司四家④。

---

① 中共上海市委党史研究室:《中国共产党上海史(1920—1949)》下册,上海人民出版社1999年版,第1618—1619页。
② 《银钱业开始增资,七家行庄缴足现金》,载《解放日报》,1949年9月16日二版。
③ 《1949年9月钱庄参加上海市公私合营金融业联合放款处认贷额统计》《1949年12月钱庄参加上海市公私合营金融业联合放款处认贷额统计》《1950年上海钱庄购买人民胜利折实存款统计表(二)》,载张徐乐:《上海钱庄的最后时光》,上海远东出版社2021年版,第74页、77页、81页。
④ 《新华银行受并同庆钱庄摘记》,上海市档案馆藏新华银行档案,档号:Q269－1－789。

　　对于同庆钱庄未来的发展，代表人民政府的同庆钱庄公股股东认为，"合并金融机构为政府政策，同庆虽能自给，已无独立存在之意义"。1949 年末，上海市军管会金融处与包述传总经理商定了"结束归并"的原则。1950 年 1 月 29 日，新华银行公股董事赵帛与新华银行王志莘总经理"谈及此事"，赵帛当时的另一身份是人民银行华东区行业务处处长。王志莘总经理为配合金融政策，"表示原则接受，办法容加考虑"①。

　　1950 年 2 月 10 日，新华银行举行临时董事会议，决定了并入同庆钱庄的原则。随即，军管会金融处约请新华银行王志莘总经理、孙瑞璜副总经理，同庆钱庄包述传总经理、张又新副总经理"会于该处"，决定"为商讨归并技术起见"，设立 11 人委员会，由新华银行方面 7 人、同庆钱庄方面 4 人共同组成，以新华银行孙瑞璜为召集人。经过双方努力，最终达成了彼此比较满意的结果：同庆归并新华以后，同庆名义撤销，上海江西中路 111 号同庆原址改为新华上海第一分行；同庆股本由同庆在归并前自行清理发还各股东；同庆一切资产及对外负债归新华承受，同庆设立之利华保险公司即行结束，并入新华设立之新丰保险公司；新华上海第一分行之人事文书及事务工作集中总行调度。合并后，有 50 位职员、3 位工友派在第一分行，其余则安排在总行各部门。原同庆钱庄总经理包述传担任第一分行经理，原同庆钱庄信托部经理王丰年担任第一分行副经理，原同庆钱庄副总经理张又新担任总行人事室经理②。

　　3 月 4 日，新华银行和同庆钱庄就双方合并之事，分别呈请人民

---

① 《新华银行受并同庆钱庄摘记》，上海市档案馆藏新华银行档案，档号：Q269 - 1 - 789。
② 同上。

银行华东区行,呈文中均有"为响应金融政策,增加为人民服务力量"等相同的文字表述。3月15日,人民银行华东区行以业字第609号"函复照准",同意两家机构于1950年3月20日起正式合并①。

3月19日上午,新华银行假座上海市乍浦路海宁路胜利大戏院正厅,举行新华及同庆同人会师大会,共约500余人参加②。正在北京公干的王志莘总经理、陈鸣一经理专门发来贺电:"响应政府整编方针,创立同业合并先声,从今两行一体,全力为人民服务,至堪欣忭,驰电庆贺!"③

在这次会议上,孙瑞璜副总经理的讲话,诙谐幽默。他说,上面的横幅(指悬在舞台上方红布白字的长条)写着"新华同庆兄弟会师大会"这几个字,这个"会师"的譬喻,很对,也很恰当,不过,也可以把它比作结婚大喜事。他还特别指出:会标还缺漏了"姐妹"两个字,因为同庆还有十几位女同事;过去的新华总行,由于设备的简陋,除了特殊任务以外,未用女职员的,现在总行方面已有了这种设备,将来就可调一部分的女同事到总行来办公。他强调,业务上的统一性是十分必要的,但是,"我们也不必亟亟于求勉强的形式的统一,以免妨碍业务的进行"④。

在1950年4月23日召开的新华银行第二次沪区全体员工大会上,孙瑞璜副总经理再次对第一分行的设立给予较高的评价。他说,

---

① 《新华银行受并同庆钱庄摘记》,上海市档案馆藏新华银行档案,档号:Q269 - 1 - 789。
② 《工会召开两行会师大会,欢迎同庆兄弟姊妹们》,载《新语》15卷7期,1950年4月1日。
③ 《庆祝两行合并贺电汇志》,载《新语》15卷7期,1950年4月1日。
④ 《工会召开两行会师大会,欢迎同庆兄弟姊妹们》,载《新语》15卷7期,1950年4月1日。

金融机关合并在我国是很少的事，这次同庆和新华的合并，自开始动议到合并完成，一帆风顺，一点没有障碍，而且，上海第一分行从开幕到现在，业务蒸蒸日上，对本行业务任务的完成有很大贡献，一般同事的工作情绪极高，不但作为本行有力的生力军，并且起到了带头的作用。他说，如果把这次合并比作婚姻结合，"事实证明了是一个美满婚姻的结合"①。

"业务深入民间、机构接近社会"，是新华银行早年改组后一直秉承的理念；解放后，这一理念更是得到了传承和发展。

新华银行在上海本埠设有十个办事处，至上海解放时为止，本埠办事处的数目为上海银行界之冠。新华银行每设立一个办事处，必预先调查是否有此需要，并预先确定其业务对象，其中有以住户为对象者，有以学校为对象者，有以某种行业如百货业、电影业、海味业等为对象者，故办事处虽多，"颇收分工合作之效"②。接管结束后，新华银行对分支机构进行了逐步的调整和完善。

苏州分行增设了阊门办事处。此前，苏州当地金融业集中于城内观前街一带，而阊门附近，"工厂林立，商号遍设，城乡物资交流，胥集于此，且苏行往来客户中有百分之三十来自阊门，平日收介款项，往来城中，殊感不便"。为此，苏州分行提出了添设阊门办事处的计划③。此事很快得到了新华银行总行及当地人民银行核准④。

1949 年 12 月 3 日上午 9 时，苏州分行阊门分办事处正式开幕。该处主任由苏州分行副经理蔡俊民兼任。"蔡君本系苏人，在当地交

① 《新华员工第二次大会》，载《新语》15 卷 9 期，1950 年 5 月 1 日。
② 《新华银行解放前情况述要》，上海市档案馆藏新华银行档案，Q269－1－813。
③ 《苏行拟添设办事处》，载《新语》14 卷 20 期，1949 年 10 月 15 日。
④ 《苏行阊处勘定行址》，载《新语》14 卷 22 期，1949 年 11 月 15 日。

游颇广"。开幕之日,孙瑞璜副总经理、陈鸣一经理、华文煜经理等出席主持。"是日各界道贺来宾甚众,均由苏行冯经理执中等殷勤招待,顾客盈门,接踵而来"。业务发展的势头非常不错,"开户者以特种短期存款为多,往来户亦复不少,一日间共收存款五千余万元,成绩甚佳"①。

沪区的第三办事处和第八办事处则进行了迁址。

新华银行南京西路第三办事处,近年因业务繁忙,房屋不敷应用,顾客拥挤不堪,常有排队至营业室外情事,对于招待顾客及本行办事,诸多不便,经总行几度设法,租得临近大华路南京西路前中国工业银行大厦,为三处新址②。新址地位宽敞,光线充足,第三办事处于1950年1月4日起迁至新址营业③。

新华银行第八办事处,则于3月10日迁入中华路16号新址。此处地位宽敞,沿街有六开间门面,正门及边门均面对街面,较八处原址面积,至少增加六倍以上。是日上午天色微阴,下午大放光明,"八处同人即于下午撮一影,以志纪念"。八处一位同事说:"天色由阴趋晴,可以象征本行和八处前途的灿烂光明。"④

至上海解放时,新华银行在外埠分行共有12处,在解放区者有北平、天津、汉口、南京、无锡、苏州等行,在未解放区者有重庆、昆明、广州、厦门、长沙等行,在大陆外者有香港一行,各分行所属之办事处共有10处。总行专门设立了"分行处室",类似于今日的"分行管理部",管辖分行及沪区办事处之事,联络及沟通各分行及各办事处之

① 《苏行阊门分处开幕》,载《新语》14卷24期,1949年12月15日。
② 《三处觅得新址》,载《新语》14卷24期,1949年12月15日。
③ 《三处乔迁新址》,载《新语》15卷2期,1950年1月15日。
④ 《八处乔迁新址》,载《新语》15卷6期,1950年3月15日。

业务及情报，"使一方面各分行或办事处得以充分发展，一方面得与总行营业室取一致步骤"①。

解放后，新华银行又先后增设了南通分行和青岛分行。

南通是苏北工商业重镇之一，气候温和，水陆交通均极便利，主要农产物有棉、麦、稻、豆、茧等，水产物有各种鱼、虾，矿产物有食盐等，工艺品有棉纱、土布等，其中尤以棉产，最负盛名。南通工业之中，范围最大，以大生纱厂为首，有纱锭 10 余万支，其他如面粉厂、榨油厂、电气厂等，也都初具规模。南通的商业，也因工业的发达、交通的便利而相当繁盛。南通的金融业，在解放以前，共有行庄 20 余家，解放以后，银行方面仅有人民银行一家，原有的银行都没有开业，钱庄只有志诚、东源、盈泰等三家②。显然，在此地开设分行，具有较大的发展空间。

1950 年 7 月 3 日，新华银行南通分行正式开业。那一天，虽然天不作美，整天大雨，但仍旧拦不住盈门的贺客和客户。开业当天，存款数字已超过 6 亿元，户数达 80 余户，其中大部分是往来户，个人存款较少。由总行派往南通分行工作的职员彤椿认为，南通不是存款码头，在整个苏北农村穷困环境下，有此记录，已经不算太差了，况且现在又处在淡月里，不然成绩可能更好一点。在他看来，"南通并不像上海人所想像的那么寒伧，我倒觉得南通的市面比上海情况好。早晨七时，路上的店铺都已经开张了，而晚上八点钟还没有关门。在大街上也是熙熙攘攘，颇形热闹，店铺子比上海只有热闹"③。

南通分行设立后，很快和当地人民银行建立了良好的关系。9月 7 日下午 7 时，南通分行在本行会客室举行谈话会。当地人民银

---

① 《新华银行解放前情况述要》，上海市档案馆藏新华银行档案，Q269 - 1 - 813。
② 子中：《南通印象》，载《新语》15 卷 11 期，1950 年 6 月 1 日。
③ 彤椿：《南通分行开幕》，载《新语》15 卷 14 期，1950 年 7 月 15 日。

行顾定祥行长、陈展成秘书等出席。顾行长在谈话中对南通分行给予了充分肯定,他指出:南通分行开业两月来,业务进展甚速,对市场有很大的贡献,并且还给人民银行的完成任务及配合执行政策方面,作了有力的支援。他强调,新华银行是国家经济体系的一部分,是有政策方向的,这和纯商业性的行庄有所不同,除了本身很好的发展,求得保本自给外,还要通过本身的发展,帮助整个南通的发展。他认为,无论吸收存款或放款,都需要配合这一目标,这是最根本的一点。同时,公私合营银行除了有力地帮助国家银行配合政策之外,还得团结私营行庄,用行动改造他们,给他们作示范。他特别指出,"私营行庄是有前途的,但是必须要像新华银行一样的方向,要帮助工商"①。

青岛分行的设立,稍晚于南通分行,由总行派去的李养性经理主持筹备,经勘定肥城路 14 号为行址,事前并经呈准中国银行为外汇指定银行,于 1950 年 8 月 24 日开幕。王志莘总经理于出席全国金融业会议之后,专门赴青岛主持开幕。是日宾客盈门,各界来宾计 240 余人,由全行同人殷勤招待。当日新开户计 148 户,收受存款总额约 28 亿元,约占全市存款总额四分之一,"营业前途定可预卜"②。

王志莘此行,对青岛分行的团队精神留下了深刻印象。他后来回忆说,在青岛分行开业初期,大家同作同息,营业时间一致对外,营业时间终了一致对内,如有一位同人工作没有做好,其他同人便一起帮助,没有七零八落的现象,没有人偷懒。他说:我住在行内,开幕前一夜,他们至深宵 1 时,才工作完毕,工友工作到凌晨 3 点钟,我睡不着,听得清清楚楚,李经理也和同事一同工作,大家情绪之高,使我

① 丛延宗、陈彤椿:《通行举行谈话会,人行顾行长出席指示》,载《新语》15 卷 18 期,1950 年 9 月 15 日。

② 《青岛分行开幕》,载《新语》15 卷 17 期,1950 年 9 月 1 日。

非常感动。他说,在青岛分行开幕的头三天,同事们都工作到深夜 12 时,我慰问他们的辛苦,他们却说因为手续生疏,不习惯,才做得那么迟,毫无怨言,好像代我解释,我有说不出的感动。他特别强调,"我在青行发现了新华精神,以前大家对于新华精神觉得很模糊,因为很少具体机会来了解,现在青行的表现是具体而充实"①。

　　原有分支机构如何健康发展,同样很重要。以北京分行和天津分行为例,新华银行总行分别针对两家分行发展中存在的严重问题,提出了有效的指导方案。

　　北京分行有职员 27 人,工友 19 人,包括一行两处,人手很紧,有时甚至工友直接上柜台工作,工作压力不可谓不大,但该分行最大的问题在于赤字。1949 年 12 月底亏损 1.5 亿元,1950 年 1 月底亏 1.5 亿元,2 月底亏 1.9 亿元,3 月底亏 1.6 亿元,共亏 5.5 亿元。整个分行存款则总共只有 20 多亿,亏损的比例甚大,且常发生头寸缺、运用难的现象②。

　　1950 年 3 月,王志莘在经过实地调研后明确提出,北京分行必须要达到收支平衡,而且要在 4 月、5 月、6 月三个月,把亏去的钱弥补起来,到 6 月底不再有赤字出现。他强调,要想法增加存款,存款如一时不能增加,或在逐渐增加的过程中,为了争取时间,由总行酌给头寸;同时,请天津分行量力援助;"须添几位干员,要技术高,能够吃苦耐劳,这样可以提高京行同人服务精神与工作情绪"③。

　　天津分行的情形,与北京分行有所不同。天津市金融业共有商业银行 22 家,存款 1 000 亿元,钱庄 90 家,存款与此数相近。天津市各

---

① 《王总经理出席全国金融业会议归来在总行业务检讨与推展会上作传达报告》,载《新语》15 卷 18 期,1950 年 9 月 15 日。
② 《陈经理报告京行津行及青岛情况》,载《新语》15 卷 9 期,1950 年 5 月 1 日。
③ 同上。

银行存款中,金城银行最多,上海商业储蓄银行次之,新华银行第三,与上海商业储蓄银行差不多。新华银行天津分行的业务除存、放、汇以外,还兼营证券、外汇、房地产及代理人民银行各项业务,在新华银行各分行中是业务最发达的一家。1950年初,天津分行存款为10亿元至11亿元,3月份增加至70亿元以上,账上盈余8亿元。放款方面,因银根抽紧,自3月份起逐渐采取谨慎方针,将部分资金存入人民银行。当时,利息很高,商业行庄一个月定期存息为16元,人民银行为17元,从3月份起利息步降,"津行存入人民银行所得的存息,相当可观"。①

天津分行最大的问题是内部管理不善。1949年6月,"天津金管处因津行发生几件案子,有指令给本行董事会"。这些案件包括职员私营拆放、窃款卷逃,办事不按手续,以及职员兼职等。新华银行总行经过详细调查,并与职工们谈话后,这些问题均已陆续解决。职工中有两位业已停职,交法院办理。被骗去的钱,由主管员赔出。职员兼职的,则一律将所兼工作辞去。对于天津分行同人办事不按手续的,如先付现款后补头寸等,均予纠正。同人活期支票户,则照总行办法,一概取消。汇款处理错误而损失的钱,由关系人赔出一半,以昭炯戒。"工友吞没股息十余万元,当时即全部追回,姑从宽处罚,令该工友照同数金额罚款,在他的薪金中扣除"②。

1950年3月,王志莘在天津分行工会正式成立之日到场祝贺,他明确指出,过去管理是靠行政上几个少数人,因此,有"瞒上不瞒下"的恶习,等到上面知道,事情早已搞糟;至于风气的好坏,更是系于少数几个首脑了;现在有了自动自觉组织的工会,大家有了警觉,要靠

① 《陈经理报告京行津行及青岛情况》,载《新语》15卷9期,1950年5月1日。
② 同上。

多数人了，靠多数人比靠少数人有力量，"过去发生好多不愉快事情，可以一概归之于旧社会的遗毒，今后进入了新时代，应当不会再发生了"。同时，他提出两点要求：一是"整风气"，主要的就在克服私念，要能放弃小我，照顾大我。二是"勤学习"，学习可以改变思想，可以改变作风，对于个人，对于团体，都有帮助①。

无锡分行的银元事件，也使全行上下受到了一次较深刻的教育。

无锡分行解放前以库款收购了一些银元，抵作现金库存的一部分。解放时，无锡分行将库存银元转入正账，但没有按照银元收进时之成本转入正账。他们于 1949 年 4 月 22 日照当天银元市价转账，而未将市价与成本的差额转入损益账，因此，轧多了 185 元小头。无锡分行行政当局将此项银元另行提出，"置诸于正账之外，亦未向总行申报备案"，虽然并无将此项银元经营活动的行为，然而已经抵触了《华东区管理私营银钱业暂行办法》中不准设立暗账或作不确切记载之规定。1950 年 5 月，无锡人民银行苏南分行检查发现此事后，对无锡分行负责人及经手人进行了严肃的教育，无锡分行工会亦为此事开会提出检讨。对此，新华银行总行对无锡分行负责人进行了告诫，并"分函各分行知所警惕"。②

《新语》载文指出，无锡分行的此种行为显然违反了人民政府法令，今天我们公私合营银行如果不能以身作则，遵循政府法令，"必将为私营银钱业有所指摘"。该文强调，人民银行一再表示希望新华银行在银钱业中起模范作用，带头作用，成为私营银钱业与人民银行的桥梁，"以新华今日之地位，实不该有蔑视政府法令的行为"③。

---

① 《总经理在津行工会成立和欢迎会上讲话》，载《新语》15 卷 9 期，1950 年 5 月 1 日。
② 侃：《关于无锡分行的银元事件》，载《新语》15 卷 11 期，1950 年 6 月 1 日。
③ 同上。

　　在重大突发事件的考验面前,新华银行主动响应政府号召,积极配合,一致行动。

　　1950年2月6日,国民党空军对上海进行了大轰炸,当时上海最大的发电厂杨树浦发电厂遭到的破坏最为严重,上海的电力供应受到极大影响,自来水供应也出现了严重困难。

　　2月7日,新华银行防空委员会宣告成立,分设纠察组、消防组、救护组、保管组等①。这些小组制订了若干紧急预案,并落实了相关措施,如将总行俱乐部暂定为避难室,添加灭火机等设备;拆除各室所装火炉烟囱,以防受震堕落伤人;与本市卫生局及消防处接洽,定期约专门人员现场指导等②。

　　3月7日下午,上海市军管会特派员办公处召集四家合营银行防空委员会负责人举行会报,决定成立新四行防空联合委员会,由特派员办公处袁绮祥秘书及四行各派三人组织,设秘书、救护、消防、纠察四组,秘书组由特派员办公处及四明银行担任,救护组由新华银行担任,消防组由中国通商银行担任,纠察组由中国实业银行担任,并推定四明银行韩宏绰协理为主任委员,新华银行华文煜经理为副主任委员,每两周举行会例一次③。同日,人民银行华东区行防空指挥所亦派员到新华银行视察防空工作④。

　　为响应政府号召,节约水电,新华银行2月16日颁发通告。在用电方面规定:① 白天办公时间尽量利用日光,关闭非必要之电灯,"天色昏暗时除外,惟亦须以节省为原则"。② 减少非必要之电灯,

---

① 《本行防空委员会成立》,载《新语》15卷4期,1950年2月15日。
② 《本行防空委员会举行第一次汇报》,载《新语》15卷5期,1950年3月1日。
③ 《新四行成立防空联合会》,载《新语》15卷6期,1950年3月15日。
④ 《区行派员视察本行防空工作》,载《新语》15卷6期,1950年3月15日。

拆除其灯管、灯泡或开关。③ 每日中午非营业时间，电灯一律关熄，"惟走廊要道及必需继续工作之办公室不在此限"。④ 每日工作完毕时，各部门工友先关熄一部分电灯；俟清洁工作完毕后，全部关熄。⑤ 晚间除楼梯间保留一灯外，其余一律关熄，如晚间须加班工作，亦以节省为原则。⑥ 晚间工友宿舍内，尽可能提早熄灯。⑦ 总行理发室尽可能缩短使用电具时间。⑧ 在各部门电灯开关处，粘贴节省用电标语，以资警惕。⑨ 总行电梯遵照政府规定停驶。在用水方面规定：① 除饮食必需用水外，洗灌冲洗用水，尽量节省。② 在厕所及厨房之自来水龙头处，张贴节省用水标语，以资警惕①。

　　鉴于空袭频繁，新华银行总行管理层决定实行局部疏散，除总行营业室、总经理室、人事室、事务室仍留在江西路总行外，稽核室于2月26日迁至第三办事处办事，分行室与研究室分别于27日、28日迁至静安寺第一办事处办事②。

　　3月18日开始，新华银行启动凿井工程，由上海市天源机器凿井公司承造，井址择定在总行同人俱乐部前空地，工程进行颇为迅速，至3月25日，"已掘至五百呎以下"③。

　　4月22日（星期六）下午，新华银行总行组织了消防、救护演习。消防组预约了上海市中央消防区队的李副队长及消防队同志来行，说明铅桶传递法、循环法、扇形泼水、集中泼水及"自下上泼"等技术，表演了水带装卸手续。接着，由消防组同人依指示作实地演习，并用木柴生火，"一时浓焰上腾，经使用灭火机扑灭"。救护组同人，亦同

---

① 《响应政府号召，本行颁发通告节约水电》，载《新语》15卷5期，1950年3月1日。

② 《总行疏散各部门》，载《新语》15卷6期，1950年3月15日。

③ 《准备水源，总行开始凿井工程》，载《新语》15卷7期，1950年4月1日。

时演习担架、包扎、救护等工作。同人有的背了药包,有的装扮受伤者,奔来奔去,情形逼真,在旁围观的同人很多,使同人对于防空的重要性,有了进一步的认识①。

《新语》也及时刊载了一些消防救护常识,如《防空救护简易急救法》《绷带用法概要》《如何扑灭火灾》②,以及部分同人撰写的参加消防队活动的收获与体会③。有同人即认为,"爱护大家,即是爱护自己",人人只要有防空准备和措施,在行动方面加紧防空,与自己精神方面保持镇定,"尽管飞机日夜空袭,也觉不足道的"④。

对人民政府倡导的节约救灾、捐助失业弟兄、保卫和平签名、劝募皖北灾民寒衣、支前抗美慰劳战士、示威大游行等,新华银行积极响应,措施得力。

1950 年 3 月初,全国许多地区因灾情严重,粮食严重紧张,新华银行工会接受部分职工提议,发起节约救灾运动。经工会与事务室、膳食委员会商定,建议总行及沪区各办事处在每个星期四"可一律茹素一天",以省下来的荤菜钱(约有人民币八九十万元),捐献救灾⑤。3 月 17 日,新华银行同人将实行蔬食以来捐款所得,包括总行、各办事处及个人等捐献,共计人民币 153.193 3 万元,送交《大公报》代收。第二次捐款,包括第一分行在内,计人民币 156.631 5 万元,亦已送去⑥。至 5 月 9 日工会第二次会员大会召开,此项每周四的节约救

---

① 《防空委员会举行消防救护演习》,载《新语》15 卷 9 期,1950 年 5 月 1 日。
② 《防空救护简易急救法》《绷带用法概要》《如何扑灭火灾》,载《新语》15 卷 6 期,1950 年 3 月 15 日。
③ 钱震撼:《我参加了消防队》,载《新语》15 卷 6 期,1950 年 3 月 15 日。
④ 弹性:《用卑劣手段轰炸是吓不倒我们的》,载《新语》15 卷 5 期,1950 年 3 月 1 日。
⑤ 《工会发起节约救灾》,载《新语》15 卷 6 期,1950 年 3 月 15 日。
⑥ 《响应节约救灾,本行节约菜费捐款》,载《新语》15 卷 7 期,1950 年 4 月 1 日。

灾,前后已有 8 个星期,捐款数字已有 1 229 万元①。

根据上海市委和市总工会指示精神,为救助上海市 15 万失业职工的生活困难,新华银行开展了捐助失业弟兄活动,有 690 位同人捐献了一日所得,捐款总计 2 318 万元②。

1950 年 5 月,中国人民保卫世界和平大会委员会发出号召,在全国开展和平签名运动,新华银行很快地结合了"中苏条约"的学习,在每一工会小组热烈展开③。

劝募皖北灾民寒衣运动,从 1950 年 10 月 28 日至 11 月 24 日结

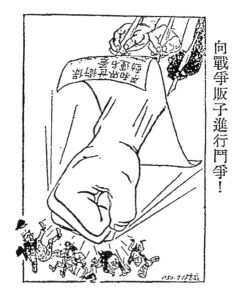

图 3-5　保卫世界和平签名运动

(来源:《新语》15 卷 14 期,1950 年 7 月 15 日)

---

① 《第二届会员代表大会》,载《新语》15 卷 10 期,1950 年 5 月 15 日。
② 同上。
③ 同上。

（成組字八廿） 畫 字 組

名十二以但，張一祭戲「蝕衞」得可的中猜，幅兩上以
。止爲底月本至截。法籤抽用採則，多過信來如，限爲
。加參躧蹄者讀望希

图 3 - 6　已有二亿二千万的中国人民在和平宣言上签名，
定能粉碎美帝侵略（组字画谜，28 字）

（来源：《新语》15 卷 24 期，1950 年 12 月 15 日）

束，共募得寒衣 1 500 余件，代金 3 000 余万元（包括义演所得）。这次运动预定目标寒衣 500 套，折合代金 2 500 万元，结果超出了一倍之多，平均每位同人捐出了 7 万多元。新华银行在展开这项工作之前，先邀请赵朴初先生作了一次皖北的灾情报告，听者深为感动，打了一个很好的基础。劝募寒衣委员会的工作同志都很努力。曹桂全"在在都表现了他负责到底的精神"，和工友宋福康点收了送来的衣服，把它折算成棉衣，记录下来；又动员了全体清洁工友、女工科的大部分同志，把一千多件衣服，分单、夹棉等扎成十件一包，装好车子送出。施景仪挤出时间画了一幅很大的成绩统计表，把各个单位的成绩每天用红线标志出来。龚以桢的经收代金工作相当繁复，他义不容辞地担任了下来①。

———————

① 内：《劝募灾民寒衣工作的总结》，载《新语》15 卷 23 期，1950 年 12 月 1 日。

图 3-7　皖北人民苦难言 大家快把寒衣捐（组字画谜，14 字）

（来源：《新语》15 卷 22 期，1950 年 11 月 15 日）

图 3-8　捍卫祖国（剪纸）（作者：群）

（来源：《新语》15 卷 22 期，1950 年 11 月 15 日）

　　抗美援朝运动开展以后,新华银行很快转入以"支前抗美慰劳战士"为中心的另一高潮。出纳小组在 12 月 11 日早上学习时,全体同人首先自发捐献了子弹 462 发、手榴弹 9 个。其中,夏弘宁和刘继宏各认捐了 100 发,并在饭厅《大家谈》壁报上向全行同人挑战①。经过10 多天的努力,全行共捐得三类代金 2 600 多万,计手榴弹 175 颗、子弹 11 600 发、慰劳袋 659.5 只。其中,第一分行的表现最为突出,孙爱芳等不但捐出了钱,更亲自连夜做了 20 多只慰问袋,里面放了毛巾、牙刷和肥皂等。青年团员们还每人赶写了一封慰问信,附在袋内,把温暖运向在朝鲜的志愿战士们心里,并祝贺他们的再胜利②。

图 3-9　积极捐助慰劳中朝战士,救助朝鲜受难人民
　　　　　(组字画谜,18 字)

(来源:《新语》16 卷 4 期,1951 年 2 月 16 日)

---

① 《出纳外汇展开捐献子弹运动,一分行稽核室人事室急起响应》,载《新语》15卷 24 期,1950 年 12 月 15 日。
② 《捐献子弹运动胜利完成,有奖储蓄竞赛方兴未艾》,载《新语》16 卷 1 期,1951年 1 月 1 日。

在多次全市性的大游行中，作为一家负责任的金融机构，新华银行更是展现了良好的社会形象。

1949 年 10 月 8 日，本来因为天雨延期的上海市人民为庆祝开国纪念、中央人民政府成立与保卫世界和平，具有三重意义的示威大游行，终于在这一天举行了。那天，新华银行总行及办事处参加者共有 160 人，与上海商业储蓄银行合编为第 34 大队第 5 中队，队伍集中地点在民国路（今人民路）老北门。在沪中区私营企业队伍中，最前面是银钱业同人擎着载有庆祝示威标语的横幅，后面是银钱业职工的行列，再后面是军乐队，之后依次是斯大林、列宁、毛主席、朱总司令等四幅巨像，再后面是腰鼓队。游行队伍途径黄陂南路、林森中路（今淮海中路），折入徐家汇路、复兴中路，再转入老西门、民国路，而至老北门。有新华银行的同人记述：那一天本行在银钱业的队伍最为整齐，担任纠察工作，要开路，又要维持秩序，很觉吃力，"以本行六十位同人的纠察队，去维持银钱业二千人的大队伍，自然很是辛苦，临时又去拉了金城银行和上海银行等六位同事来帮忙，方才松下一口气来"①。

1950 年 10 月 1 日，上海市举行了 75 万军民示威大游行。新华银行也积极参加了这次活动。有同人记录了这次活动的部分场景：

> 七时不到，同仁们陆续到达总行集合，几天前准备好的漫画，伟人像，红旗，都背上同事们的肩头。我们的队伍是雄壮的，前面有"新华银行"四个大字的行徽做开导，接着是服装辉煌的军乐队，大红旗，毛主席巨幅像，斯大林巨幅像，每幅由四位同事

---

① 《十月八日示威大游行，同人热烈参加》，载《新语》14 卷 20 期，1949 年 10 月 15 日。

肩着,"永远跟着毛泽东走"八个大字拿在女同事的胸前,后面,就是卅多个毛主席小幅像,分成三排,再后是世界民主国家的领袖像及本行一年来的工作成绩图画,殿后是工友厨师们的锣鼓队。我们先行到九江路浙江路口集合等待依序进入跑马厅。我们的番号是属于第十八大队,由人行带头,接着是中行、四明、中实等,千万个人的脸上和心中,各个都是充满了伟大胜利的信心和坚强的意志,在一年来财经工作辉煌的成就下,我们以无比狂热的欢欣来庆祝中华人民共和国的国庆![①]

1950 年 12 月 16 日,上海工商界举行了抗美援朝示威大游行。那天清晨风雪交加,天气奇冷,包括 300 多个行业 15 万工商业者所组成的队伍,精神焕发,浩浩荡荡出现在这个过去曾是美帝侵略基地的上海街头,坚决表示了全上海工商界抗美援朝、保家卫国的决心。合营银行的队伍超过了 200 人,和人民银行合编为第二大队第一中队,孙副总经理担任了中队长。虽然外滩的风雪格外大,但七点钟时,队伍就从集中地华东区行的隔弄中,进入五马路(今广东路)外滩指定的地点排列了。新华银行专门准备了横幅和五面红旗,派出了自己的乐队,参加人员有 80 余人[②]。

1951 年 3 月 4 日,上海市 66 万工人参加了反对美帝武装日本示威大游行。新华银行在沪职工参加者有 620 余人,基本上做到了"百分之百"的参加。有同人说,这在本行是空前的,因为谁能忘得了日寇在中国人民心目中所种下的仇恨,谁又能容忍美帝国主义今天又

① 《七十五万军民示威大游行》,载《新语》15 卷 20 期,1950 年 10 月 15 日。
② 通:《十五万人结成浩荡队伍》,载《新语》16 卷 1 期,1951 年 1 月 1 日。

图3‑10 坚决反对美帝重新武装日本(组字画谜,12字)

(来源:《新语》16卷5期,1951年3月1日)

来利用被我们打败了的仇人。有同人说:我们的队伍始终保持着严肃、整齐,整整四个半小时的游行,使得不习惯走长路和抱病参加的同志,确实感到有些疲倦,但大家心底却是无比的轻松,"因为我们高举着走向和平和幸福的红旗,又一次给予帝国主义以沉重的打击"①。

1951年5月1日,这一天的"五一"劳动节示威大游行,新华银行格外重视。全行员工早在半个月前就掀起了保证参加游行的挑战热潮,大家承继了"三四"大游行的热情,不但保证不迟到、不丢队,而且更积极地准备好宣传工作。美工组耗费了几个日夜,完成了十二幅四尺宽、七尺长的巨幅宣传漫画;第一分行制成了一丈多高的"人民的巨掌"立体模型,并组织了一支锦旗队,表示一年来在各种运动中的辉煌成绩;一处把宣传标语制成背心,穿在身上;十处做了大红的横幅宣传标语。在新华银行的队伍里,还有一支队伍由54面鲜红的

① 《高举着走向和平与幸福的红旗前进!》,载《新语》16卷6期,1951年3月16日。

图 3－11 画家笔下的"我们队伍"

(来源:《新语》16 卷 10 期,1951 年 5 月 16 日)

大绸旗组成,红旗是由该行员工庄健夫妇在两天两夜里制作完成的。全行同人捐了一笔钱,制作了一面献给毛主席的大锦旗。在队伍前面,还有一面用鲜花缀成的"庆祝五一国际劳动节"大横幅。女工组还号召全行家属参加,并保证做好招待工作。这几天虽是业务工作极度繁忙的时候,大家还是连日连夜保证赶完了结息发清单等工作,及时去参加"五一"大游行。用该行同人的话说,"这都见得我们工人阶级热爱自己节日的崇高热情激发表现"①。

同业表率

1950 年 6 月,王志莘在解放后召开的第一次总行务会议中指出:

---

① 《我们要参加"五一"示威大游行》,载《新语》16 卷 9 期,1951 年 5 月 1 日。

本行虽然是公私合营银行，但因历史的关系，经营的需要关系，至今仍以商业银行的姿态出现于同业之间。我们与私营同业有悠久和深厚的友谊。他们中间有很多经营正当、组织健全的，我们要效法他们，联系他们和团结他们。他强调，这项工作"应当认作本行的任务之一，力求完成"①。

同时，王志莘指出：新四行的业务在许多地方已经视作当地人民银行业务的一部分了；新四行已经彼此认为兄弟行了，四家银行彼此要竞赛，争夺锦标，但绝不作无情的竞争，直到目前为止，本行在兄弟行中保持首位，主要因为本行机构同人较多的缘故。他说，我们的兄弟行都很努力，业务进展很快，本行同人要互相勉励，不但在业务上要和兄弟行竞赛，在服务态度上、在执行法令上，以及在服从领导上，都要和兄弟行作友谊的比赛。他特别强调："这层意思是华东区行负责同志再三提示给我们新四行的。"②确实，新华银行在各项业务发展过程中应当而且也有能力成为同业的表率，这本身就是其作为人民银行"助手"的题中之意。

当然，新华银行能否成为同业的表率，最有说服力的，是要看其主要业务指标在当地市场所占的份额。从这个意义上说，新华银行是有这个资格的。

存款。解放前，由于恶性通货膨胀，各家银行的存款很少。1949年5月24日，上海解放前三天，新华银行沪区全部存款（折合人民币）仅1 725 770元，5月底为197万元，且多系活期存款。随着物价的逐步稳定、工商业情况不断好转，以及银行为适应社会需要，大力

---

① 《王总经理在解放后第一届行务总会议之报告》，《新语》15卷12期，1950年6月15日。
② 同上。

提倡人民储蓄,新华银行从举办 3 天、5 天、7 天的短期存款,到定活两便、整存零付、保本保值等各种存款,至 1950 年 1 月底,存款总额已达 196 亿元,至 5 月底跃至 1 300 多亿元,占全市行庄存款总额的23％以上。当时,新华、中国实业、四明、中国通商等四家合营银行又占全市行庄存款总额的 51％以上,而新华银行的存款则占全市合营银行总额的 44％左右。1950 年 6 月份以后,因政府调整公私关系,人民银行对私营行庄在业务上予以疏导和帮助,私营行庄的经营信心有所增强,陆续组成联营集团,同业间竞争趋于激烈。新华银行存款呈现少增与下降趋势,1950 年 7 月至 1951 年 2 月,存款总额始终徘徊在 1 000 亿元左右,但仍居各商业行庄首位①。《解放日报》每日刊载的私营行庄短存利率,即以新华银行作为标准②。

　　放款。新华银行的放款历来以生产企业为主要对象,并以户数多、金额少、分散放款、避免集中少数大户,力求稳健为原则。解放后,对有利于国计民生的工业放款更占重要地位。1949 年 5 月 24日,上海解放前三天,新华银行的放款总额仅为人民币 362 713 元,至11 月底增至 31.54 亿元,至 1949 年底,便增加到 100 亿元。1950 年"二六"轰炸后,由于电力受到破坏,一些工厂停工,银行放款大部分停滞。人民银行对新华银行,一方面拆款支持,帮助渡过难关;另一方面限制放款,以 3 月 24 日放款总额 317 亿元为最高额度,不得超过;以后又改为放款以存款额的 50％为限,多余资金则转存人民银行。下半年,人民银行执行调整工商业和公私关系的政策,取消了放款限额,新华银行的放款也随着存款的进展而增加。当年 12 月,平

---

① 吾新民主编:《新华银行简史》上篇(1914—1952),1998 年,内部印刷品,第74—75 页。
② 《带头作用》,载《新语》15 卷 2 期,1950 年 1 月 15 日。

均放款为 681 亿元,比上年 12 月平均放款 57 亿元增加 11 倍。年终放款余额 644 亿元,与上年年终的 100 亿元相比,增加了 5.4 倍,其中工业放款占 90％以上①。

汇款。为扩大汇兑网,加强城乡物资交流,人民银行于 1949 年 6 月 21 日起开始办理内汇业务,初次通汇地点计 27 处,随后陆续增加,并于 9 月 26 日开办东北汇兑。截至 12 月底,汇兑已普及全国中小城市,通汇地点达 330 处。收汇地点亦普遍设立,除人民银行上海分行及各办事处分理处、服务处外,又委托中国、交通、中国通商、四明、中国实业、新华等银行办理②。新华银行过去的业务一直以存、放款为主,1949 年 10 月以后,始将汇款视为主要业务之一。同年 11 月开始代理人民银行国内汇款,当月汇出、代理汇款 33 亿元。自当年年底,全行汇款累计数 335 亿元。整个 1950 年,汇款常居同业首位,约占全市汇款的 20％—30％。全年累计汇出 8 001.5 亿元,其中代理人民银行 2 509.2 亿元。1951 年 1—3 月,累计汇出 2 649.1 亿元,其中代理人民银行 537.4 亿元③。

外汇。解放以后,新华银行总行于 1949 年 6 月 9 日被批准为外汇指定银行。其后,北京、天津、南京、汉口、广州、厦门等地分行,均先后核准为外汇指定银行。新华银行外汇业务以吸收侨汇为主,除主要经由香港分行汇入外,国外代理行有马尼拉中兴银行、纽约花旗银行、旧金山美国商业银行等。上海总行自 1949 年 7 月至 12 月止,

---

① 吾新民主编:《新华银行简史》上篇(1914—1952),1998 年,内部印刷品,第 76 页。

② 智修:《解放以来的中国人民银行上海分行》,载《经济周刊》10 卷 1 期,1950 年 1 月 5 日。

③ 吾新民主编:《新华银行简史》上篇(1914—1952),1998 年,内部印刷品,第 76—77 页。

汇款数额不多,平均每月1 008笔,金额港币60万元。1950年起,数额显著增加,全年汇入36 435笔,港币2 023万余元,平均每月汇入3 036笔,金额169万元,分别比1949年月平均笔数增加201%,金额增加182%①。

保管业务。解放初期,上海市军管会为清查国民党反动官僚非法隐匿财产,限制从银行提出保管品,新华银行的保管业务基本停顿。解冻后,保管品可以自由进出,但保管业务仍然清淡。1950年后,情况有所好转。这一年,新开的保管户头580户,结清482户,至年底共有1 160户,其中96%是"露封"保管,计1 115户;4%为"密封"保管,计45户。对于"露封"保管品的管理,银行不仅负保管责任,还须注意保管品的变化及其他有关问题,诸如债券抽签还本、领取本息、股票增资换据、代领股息红利等。1950年全年,保管费收益为125.8万元,加上代理股票增资过户及代收本息等手续费收益,共为280万元。此外,总行所属静安寺和淮海中路的第一、第四办事处有保管箱出租业务,大小保管箱共有708只。1950年止,共租出588只,未出租120只,全年保管费收入2 067万元②。

1950年结算时,在上海市私营行庄出现普遍亏损和大批倒闭的情况下,几家公私合营银行却已有盈余,其中的新华银行和中国实业银行还发了股息,是当年上海仅有的两家发股息的银行③。

1949年8月、9月,物价出现了相对稳定局面,各行庄的定期存款普遍增加,全部存款约在400亿元以上。为了避免这笔庞大的资

① 吾新民主编:《新华银行简史》上篇(1914—1952),1998年,内部印刷品,第77页。
② 同上书,第78页。
③ 同上书,第79页。

图 3-12　手续要快,客户称便(作者：徐炽诚)

（来源：《新语》15 卷 22 期,1950 年 11 月 15 日）

金走上投机的道路,上海市军管会金融处号召各私营行庄,组织银团对私营棉纺织业联合放款。这样一方面可以解决一部分企业的生产资金问题,一方面又可以疏导行庄资金,并从办理联合放款开始,逐渐改变其经营方式,使其为生产服务①。

1949 年 9 月 23 日下午,上海市银钱业信托业联合放款处假座银行公会正式宣告成立。新华银行新董事长、人民银行上海分行副经理谢寿天出席指导。他对于私营银钱业的这一行动给予高度评价,并希望紧接着开展第二步业务,协助新中国的各项建设事业,并对各地银钱业起模范作用。新华银行王志莘总经理指出："以往是同业嫉妒,现在这种错误的偏向已随时代的转变而成过去了,今后同业必须合作、互助。"他强调,"今后营业的观点亦改变了,顾到本身业务,亦顾到客户和同业,同时更要考虑业务的意义如何"。此次参加放款的行庄有新华、浙兴、宝丰、中一信托等 173 家,于 9 月 24 日正式签

① 华东区行经济研究处：《上海两次组织银团办理联合放款的经验》,1950 年 6 月,《中华人民共和国经济档案资料选编·金融卷(1949—1952)》,中国物资出版社 1996 年版,第 948 页。

订合约,其首次贷款,系与国棉联购处签订,第一批 20 亿元,于 9 月 26 日贷出①。这次银团贷款总资本为 40 亿元,分为 800 个单位,每单位计 500 万元,由各会员行庄分别认缴凑足,其中新华、浙兴、金城、上海、中南、浙江第一等 6 家银行各认缴 45 个单位,合共 270 个单位,占银团总资本的 1/3 强。用人民银行领导的话说,"这几家银行是发挥了带头作用的"②。

至当年 11 月的物价大波动之后,生产资金问题愈加严重,银钱业就原有基础,扩大组织了第二次银团。与第一次银团不同的是:① 银团基金已扩充到 120 亿元,后于 1950 年 2 月 8 日增加至 300 亿元。4 月间,因工业生产遭受严重困难,致私营行庄连续发生倒闭,又改为 180 亿元。② 国家银行直接参加联合放款,人民银行和中国银行、交通银行两专业银行共出资 20 亿元,以资直接领导。③ 放款对象适度扩大,不限于棉纺业。④ 参加银团会员行庄数,则因私营行庄的连续发生倒闭,从第一次的 173 家减为 165 家③。

需要指出的是,部分行庄因各种原因出现了停业倒闭,或者虽未停业倒闭但资金短缺,因而无力继续承担已经认购的两次银团放款的款额,在这种情况下,人民银行号召其他较有实力的银行或钱庄积极承接转贷。新华银行在此时再次发挥了重要作用,体现了自己的担当。如 1950 年 1 月 7 日,新华银行承受了永泰银行转让的 5 个基金单位;1950 年 3 月 7 日承受了上海绸业银行、浙江建业银行等转让

---

① 《银钱信托业联合会放款处成立》,载《新语》14 卷 19 期,1949 年 10 月 1 日。

② 华东区行经济研究处:《上海两次组织银团办理联合放款的经验》,1950 年 6 月,《中华人民共和国经济档案资料选编・金融卷(1949—1952)》,中国物资出版社 1996 年版,第 949 页。

③ 同上书,第 950 页。

的 8 个基金单位①。

　　上海市两次组织银团办理联合贷款的做法，引导行庄资金投向生产，并为联合放款业务奠定了一个雏形。同时也要看到的是，放款政策停留于消极的维持，没有进一步去检查促进生产事业的改造，加上"二六"轰炸后的影响，以致发生了大量呆账，使私营行庄对联放业务的信心受到了一定影响②。

　　尽管如此，银团的组织，大大影响了私营行庄的经营方面，"它们已渐渐觉悟到，只有联合起来为生产服务，才能够在新民主主义社会里立足"。因此，在两次大银团的组织之余，若干私营行庄在公私合营银行的带头之下，还组织了一些小银团，集中资力投向生产。其中规模较大的包括：1949 年 10 月间，新华、中南、金城、上海、浙江第一等 12 家银行，联合贷放苏南松江区棉纺工业联营处(收购国棉)共 2 亿元；1949 年 12 月 27 日，新华、中实、四明、国华等 13 家银行，联合贷放国泰、昆仑、大同三家影片公司实现制片计划，共 20 亿元；1949 年 12 月 29 日，新华、四明等 5 家银行联合贷放申新二厂、五厂，协助其装运 1 000 件美棉回国，共 20 亿元；1950 年 3 月间，新华、四明、中实、金城、浙兴等 18 家行庄，联合贷放吴江县四个灾区进行生产自救，共 2.5 亿元；1950 年 4 月下旬，新华、中实、上海、金城等 53 家行庄，组织了上海金融业农业贷款团，有计划地展开农贷业务，共集资 21.2 亿元③。

---

① 《上海市公私金融业联合放款处放款统计表》，1950 年，上海市金融业同业公会档案，Q172‐4‐9。转引自：张徐乐：《上海钱庄的最后时光》，上海远东出版社 2021 年版，第 292—293 页。

② 华东区行经济研究处：《上海两次组织银团办理联合放款的经验》，1950 年 6 月，《中华人民共和国经济档案资料选编·金融卷(1949—1952)》，中国物资出版社 1996 年版，第 952 页。

③ 同上书，第 951 页。

图 3 - 13 加紧生产,促进城乡物资交流(组字画谜)

(来源:《新语》16 卷 10 期,1951 年 5 月 16 日)

为乡村服务,为农民服务,是新华银行一直坚持的努力方向,在新时期又有了新的发展。

早在 1931 年,新华银行改组成立的第一年,即确定设立乡村办事处的计划。首先在苏州的荡口设立办事处。其后又在无锡的洛社,上海的南桥、北桥、闵行、吴淞、泗泾及邻县的松江,先后设立多个办事处。这其中,属于农贷者,曾先后办理蚕种、豆、菜籽、棉花、渔产,以及农具、渔具之抵押贷款,并自办农仓,保管农民的米麦杂粮;属于指导者,宣传农村银行服务,提倡改良农业生产,辅助农民组织农产品产销合作社等。全面抗战爆发后,这一计划受到了阻碍,这些乡村办事处或归并总行,或先后裁撤①。

1949 年 7 月 27 日,《解放日报》发表社论《粉碎敌人封锁,为建设

---

① 一新:《从动员资金下乡,想到本行的乡村办事处》,载《新语》14 卷 16 期,1949年 8 月 15 日。

新上海而奋斗》,指出当前六大任务,其中属于经济方面的,是号召动员上海的人力、资金及技术,到农村去发展生产。此后,有关重新推展乡村办事处的计划和设想不断被新华银行同人提及,希望本行不仅要为都市人民服务,还要为乡村农民服务①。

1949 年 8 月召开的人民银行华东区行分行经理会议,明确了当年秋季工作的重心,首在稳定货币与货币下乡。主要目的在稳定通货,而货币下乡则是达到这一目的的一种经济手段。毕竟,在农村的封建势力尚未彻底消灭的现阶段,货币停留在大小城市而不能深入广大的农村社会,很容易引起城乡关系脱节的现象②。

1950 年 1 月 19 日下午,上海市《大公报》假座宁波路钱庄俱乐部,召开以"推进农村副业生产问题"为主题的时事座谈会。与会者有工业部乡村工业推广处向景云、黄异生,工商界蔡北华,天厨味精厂吴蕴初,及新华银行王志莘、周耀平等 10 余位。王志莘认为,推进农村副业生产的方法,需要各方面配合,如资金、技术,等等,单有资金还不够,今后应汇合大家的力量,从教育上、技术上着手领导农村③。

1950 年 3 月初,浙一、浙兴、新华等 18 家行庄,参加了一次集体试办农贷活动。这次活动由吴江县生产救灾委员会为适应当地农民的需要而接洽进行,贷放范围为江苏吴江县所属黎里、平望、震泽、盛泽等四区,贷放总额为洋山芋种籽 8 万斤及肥田粉 50 吨,约值人民

① 一新:《从动员资金下乡,想到本行的乡村办事处》,载《新语》14 卷 16 期,1949 年 8 月 15 日。

② 蒋学桢:《资金下乡与私人金融资本》,载《经济周刊》9 卷 15 期,1949 年 10 月 13 日。

③ 《大公报推进农村副业座谈会》,载《新语》15 卷 3 期,1950 年 2 月 1 日。

币 2.5 亿元,由参加的 18 家行庄集体分担,贷款利率为月息 2％,4 个月后一次还清本息,所有本息一律折合"老车面粉"计算①。

同年 5 月 5 日,由上海市金城、浙一、浙兴、联合及新华银行等 23 家行庄合组的农业贷款团下乡工作队启程,分批至常熟、松江、太仓、青浦、嘉定等五县。此次下乡任务是与当地政府及人民银行联系,重点调查各区农村情况,对借款农民作借款前的宣传和重点访问,作贷放的布置工作,议定了贷放额度为豆饼 340 万斤②。

参加这次下乡工作队的新华银行职员戚兆昇,对数日的工作情形作了较为详细的记述:

5 月 5 日下午,从上海出发到嘉定:

> 下午一时,我们——嘉定队——至苏南汽车上海站上,欢送了太仓、常熟二队先行出发后,就乘了二时的车子,在三时半到达了嘉定县城。和县府取得联络后,县府张秘书就着人为我们安顿了宿处和床位,除当晚在县府用膳外,其余全在人行用膳。几天以来,王县长和人行顾行长在工作上和生活上,都给了我们极大的照顾。如果将王县长比方作家长,顾行长比方作我们的大哥,那是最恰当不过的,尤其是顾行长关心我们的冷暖,问茶问水,无微不至,几使我们不安。③

5 月 5 日晚,与当地交换意见、了解情况:

---

① 《行庄集体试办农贷》,载《经济周刊》19 卷 10 期,1950 年 3 月 9 日。
② 《本行等合组农业贷款团开始下乡工作》,载《新语》15 卷 10 期,1950 年 5 月 15 日。
③ 戚兆昇:《由上海到嘉定分区出发》,载《新语》15 卷 10 期,1950 年 5 月 15 日。

晚七时，全队和王县长、顾行长等就农贷工作，交换了一般意见，他们极能体会我们的原则和要求，使我们能在初步工作的进行上，获得了很大的便利，县府和人行供给了我们很多的资料。

嘉定除城区外，共分南翔、马陆、黄渡、娄塘、外冈和徐行六区。农产品以稻、麦、棉为主，其他产品如黄草、毛巾等产量也很多，因出口遭匪帮封锁，所以使农村经济很受影响，加上历年的蒋灾和去年的水灾，有些地区受到很严重的损害，农民需肥，异常迫切。根据估计，夏耕至少需豆饼三百万斤，目前农民因无力购肥，多准备以河泥和野草来替代，农民并不畏惧这些困难，他们已以无比的劳动热情来迎接今年的生产任务。我们曾在郊区看到耕地还在近昆山县区的农民，驾着船来划草。现在人行预备贷豆饼六十万斤，加上我们的五十万斤，不过一百十万斤，距最低要求还是很远。在县府会议上，当局和我们的看法，是一致的，不管人行或我们的贷款，都本着——必须用于生产，重点贷放，和有借有还的原则。虽然在利息和其他技术方面有一些差别，但这不是顶重要的事。①

5月6日，制订工作计划草案：

根据已得到的资料，全队加以钻研，草拟了嘉定队的工作计划，我们要求的地区，必须具备：灾情不重、组织较强、以往信用较好、劳动情绪较强、以产稻为主、运输交通较便利等条件。于

① 戚兆昇：《由上海到嘉定分区出发》，载《新语》15卷10期，1950年5月15日。

是,决定了我们的贷放,只限于南翔、马陆和黄渡三区,其他地区由人行贷放。此外规定了户的最高额为五亩,每亩的最高额为十市斤。后者虽和上海的原意有出入,但为照顾当地的情形,和克服技术上一部分的困难,是必要的。[1]

5月7日,修改完善工作计划:

晚,在县府就我们的计划,再和王县长等,加以反复的讨论,作了适当的修正,补充了一些意见。八日晨,王县长介绍三个区的主要干部和大家见面,他们都表示引为己任,保证以整个组织的力量来协助我们工作的进行。会上,并决定了黄渡区三十万斤,马陆、南翔各十万斤的分配额。知无不言,言无不尽,由于这几天来和政府一系列的接触,我们有充分的理由可以相信,此后双方在工作的合作上会融洽无间。当然,这对工作的完成,有很大的帮助。

在上海,我们以很大的勇气接受了这项任务,在嘉定,我们已满怀信心——能够胜利地完成这项任务。明天我们就要分区出发,更详细的了解各区的具体情形,我们将掌握原则,先选择重点,布置进行典型试放。[2]

应当说,参加农贷工作对银行员工本身也是一种教育。从上海出发一个星期后,戚兆昇深有感受,他说:在这7天内,自己所经历到

---

① 戚兆昇:《由上海到嘉定分区出发》,载《新语》15卷10期,1950年5月15日。
② 同上。

的是和都市完全不同的生活，"睡在地板上，洗的是冷水，吃的是大锅菜"，虽然多少有点感到不习惯，可是一看到当地干部们对革命的贡献很大，仍是那么刻苦勤劳，全心全意为农民服务，自己深受感动。他认为，政府不但大力号召生产救灾，还推动各乡村建立新的借贷关系，由政府来保证有借有还，发扬互助精神，自己参与的这项工作非常有意义①。

对新华银行而言，如何配合政府不同阶段的政策，有效做好贷款投放工作，始终是一项重要的课题。

1950 年 3 月，中央颁布的统一财经工作决定实施后，物价渐趋稳定，利率下降，尤其国民党用以封锁大陆的基地舟山群岛及海南岛相继解放，为工商业发展提供了有利条件。同时，上海市三届人民代表会议决定调整公私关系和搞好劳资关系的精神，在各企业普遍贯彻，尤其私营企业方面得到了国营企业尽量的照顾，采取了收购成品、定货、贷款、委托代织、代纺、代染等措施，工商业渐趋好转②。

1950 年 5 月 16 日，人民银行上海分行公布了私营工厂申请贷款手续，目的是使贷款对生产发生积极的推动作用，同时从受贷者改善经营的过程中，保证贷款的安全。公私合营银行也依据同样方针，展开对私营企业的放款。这是金融业贷放业务上的一大进步。

合乎手续的申请进出口押汇，大部分获得了批准，中国银行特别对联营组织，再给予优惠的条件。新华、四明、中国实业、中国通商等四行的放款，5 月底余额达 1 027 亿元，较 4 月底增加 20％。放款的90％以上投于生产事业，特别是对于具有克服困难决心的工厂，有重

---

① 戚兆昇：《我参加了农贷下乡工作》，载《新语》15 卷 11 期，1950 年 6 月 1 日。
② 荣：《统一财经工作和调整公私关系在本行起了很大作用》，载《新语》15 卷 11 期，1950 年 6 月 1 日。

点地予以贷款。贷款一般以劳资关系正常及保本自给为先决条件,并由贷款对象提出归还办法。在这些办法中,有的以加工费,有的以出售生产品或过剩器材为保证。贷款的日期,除部分系采用押汇、贴现方式期限较短外,大部分放款,均在一个月以上,甚至有长达三个月的。确定放款对象时,由人民银行领导的放款小组讨论,并由人民银行向各有关方面征询意见,反映加工、收购、劳资关系及经营情况后决定,贷款后又经常了解情况,推动厂商改善经营,以期贷款发生积极作用①。

新华银行的贷款质量也有了向好的转变。申新纺织厂,从"二六"轰炸发生呆滞,已能付息转期;永利化工公司的集团借款,第三、四次到期借款,因为产品滞销,未能如期还清,因得到政府的照顾加以收购,已将第三次 9.75 亿元借款还清②。

1950 年 6 月,人民银行召开放款工作小组会议,人民银行华东区行陈穆行长强调,在目前情况下放款与存款一样,是一个任务;要有整体的观点,要帮助工商业改造,要统一征信工作。人民银行华东区行卢钝根副行长强调了放款的原则: ① 要收集有关方面意见,走群众路线;② 要贯彻生产方针,注意重点发展;③ 帮助企业改造,督促改造,达到收支平衡;④ 公私兼顾;⑤ 注意协调劳资关系;⑥ 与党政中心任务结合③。

上海华生电器厂是一个例子。该厂 1916 年成立,是我国制造电风扇始创厂家,所制风扇曾畅销海内外,抗战后该厂内迁重庆,至抗

---

① 《银行贷款扶助厂商》,载《经济周刊》10 卷 24 期,1950 年 6 月 15 日。
② 荣:《统一财经工作和调整公私关系在本行起了很大作用》,载《新语》15 卷 11 期,1950 年 6 月 1 日。
③ 知:《放款工作者会议胜利闭幕》,载《新语》15 卷 13 期,1950 年 7 月 1 日。

战胜利后复员。该厂所有外汇,曾由反动政府强制收兑,在经济上受到很大的损失。至上海解放后,又因为社会习尚趋向俭朴,风扇销路一落千丈,加以该厂内部人事未能洽调,存在人手过多现象,以致负了很多的债务,在经济上与业务上都遭遇了严重的困难。根据客观环境的变化,华生厂决定了改造计划,从制造风扇转为制造变压器、发电机等更有迫切需要的产品,同时裁去冗员,紧缩开支。上项改造计划中有关变更产品、偿还旧欠和发给解雇费等所需的资金,即由新华银行主持贷放。华生厂经过新华银行贷放后,起了很大的变化,一面积极整顿财务,一面开始制造工业部、铁道部等的定货,做到了保本自给。拟在原料中作价偿还债务的矽钢片,也自香港陆续运沪。此外,工人的工作效率,在认识了新的劳动观点以后,也普遍提高,在定货限期前,完成了提前交货①。

新光内衣厂的情况,同样在不利的环境下,经过新华银行贷款改造后,趋向好转。该厂在解放后,由于资方不知面向生产,没有改变过去"投机钻营"的经营方式,人民银行、花纱布公司虽然予以贷款及代织、代染等帮助,但仍不改恶习,依然投机,终告搁浅。《解放日报》曾专门报道了此事,认为人民银行、花纱布等机构负责处理借贷的干部,对人民财产责任心还不够强,及各方面缺乏相互联系,在借贷是项物资后,没有很好去监督该厂是否用于生产。如花纱布公司给予新光厂代染、代织的布匹,人民银行认为是该厂自己的物资,竟拿来作为借款押品,但该厂资方不以政府的帮助维持生产,反认为有机可乘,变本加厉,以借贷的物资作为投机资本,危害国计民

---

① 《通过银行改造工商业,本行对华生、新光贷款发挥作用》,载《新语》15 卷 15 期,1950 年 8 月 1 日。

生,扰乱市场。1949年11月,该厂趁物价波动之际,将制造成品原材料府绸一万余匹(内有一部分系空头栈单)、棉纱数十件抛出,博取厚利。1950年1月14日,花纱布公司取得代染布五千匹后,即抵押给私营银行,企图进行投机。该厂最终因投机失败后,资方负责人潜逃,陷该厂2 000余职工生活于困境①。新华银行接受任务后,对该厂贷予流动资金,同时调派人员,驻厂管理现金。该厂业务由下坡路逐渐趋向上坡,自1950年4月底起至5月底一个月内,盈余8亿余元②。

当然,不能否认的是,新华银行的贷款工作有时也会出现偏差,甚至带来一定的负面影响。

1950年6月下旬至7月初,上海市食糖价格不断上涨,每斤价格自四五千元涨至1万多元,而银行对糖业的放款亦越放越多③。自6月17日至7月5日,公私合营银行共承做糖业放款42笔,放给20家糖行,金额达7.8亿余元,实际用于购糖者共6.6亿余元。这其中,新华银行2.8亿余元,中国实业银行2.1亿余元,中国通商银行2亿余元,四明银行0.19亿余元。如按逐日市价折成食糖,占市场交易量的38%。此项贷款增强了糖商在市场上的活动能力,实际助长了食糖价格波动。事实上,这些糖行获得贷款后,以2.1亿元向化工原料公司购买食糖约378担,占化工原料公司在市场上抛售的14%,削弱了该公司调剂市场的力量。贷款中的另一部分是向外埠采购食糖,如

---

① 《新光内衣厂投机钻营终告失败》,载《解放日报》1950年4月25日。
② 《通过银行改造工商业,本行对华生、新光贷款发挥作用》,载《新语》15卷15期,1950年8月1日。
③ 若波:《糖贷事件的教训与收获》,载《新语》15卷17期,1950年9月1日。

此，势必引起全国性的糖价波动，而实际上若干城市的确也受了一些影响①。

新华银行的第八办事处对糖业关系较多，糖业贷款自 6 月 20 日的 3 600 万元到 7 月 4 日增至 21 500 万元②。这一情况，首先由新华银行第八办事处记账员发现，并提到业务检讨会讨论，人民银行华东区行也派员进行了调查，同时该报通讯员应道荣亦来函揭发。人民银行进一步检查了所有公私合营银行的放款，并召集各行放款工作同志进行检讨，批判了单纯业务观点，同时各行也对区行提出意见，要求及时地具体地指导放款工作③。

1950 年 8 月 9 日，《解放日报》登出了公私合营银行盲目放款影响糖价的消息，同时发表短评《加强对贷款工作的领导》指出：任何银行承做放款，都应符合"巩固财经统一、巩固物价稳定"的总原则，否则就会犯错误④。《解放日报》并认为，出现这种情况，除了银行中执行业务的负责人对巩固物价稳定缺乏应有的认识，以致在业务的政策上没有了把握，形成单纯的业务观点之外，另一个问题就是，"还存在着公私合营企业间相互配合与相互联系的关系不够健全"⑤。

客观地说，在此次事件中，其他私营行庄也有类似问题。如恒丰钱庄以"拆票"方式，自 6 月 20 日至 7 月 6 日承做"糖贷"累计达 35.9亿余元。浙江兴业银行小东门支行自 6 月 28 日至 7 月 6 日共承做

① 《公私合营银行盲目放款影响糖价》，载《解放日报》1950 年 8 月 9 日。
② 若波：《糖贷事件的教训与收获》，载《新语》15 卷 17 期，1950 年 9 月 1 日。
③ 《公私合营银行盲目放款影响糖价》，载《解放日报》1950 年 8 月 9 日。
④ 若波：《糖贷事件的教训与收获》，载《新语》15 卷 17 期，1950 年 9 月 1 日。
⑤ 《加强对贷款工作的领导》，载《解放日报》1950 年 8 月 9 日。

1.3 亿余元,也起了助长糖价波动的作用①。当然,作为人民银行"助手"的公私合营银行,在其中确实应当承担更大的责任。

人民银行华东区行将此次现场检查集中发现的八个问题,发给各家银行讨论:① 各行单纯业务观点承做放款的危害性——不知不觉地被利用作为破坏力量。② 公营及合营银行执行政策,而对私营行庄放松是不对的——恒丰钱庄一家的"糖贷"规模远超所有合营银行。③ 客户借款用途真实性有问题,不深入了解,无法明白真相。④ 放款审核工作没有掌握,审核程序脱节,不能及时发现问题、纠正偏向。⑤ 银行与有关部门联系不够,情报不灵。⑥ 各银行对政策执行存在模糊看法,对于检查不认真。⑦ 私营行庄以往的"拆票"放款仍然存在,是投机活动的有力支援。⑧ 业务性与政策性的强行划分很危险,必须将业务性在政策下统一起来才对②。

针对人民银行华东区行提出的批评意见,新华银行全行上下进行了深刻的检讨与反思。

管理层认为,自身在此次"糖贷"事件中"是不够机警的"。开始因放款数目不大而没有注意,及至 7 月 4 日发现天天有糖业放款,虽然在合营银行放款小组会议上提出,但没有切实去研究问题的对策。一方面虽然知照八处注意,但没有明确指出对"糖贷"应予停放或收回,也没有调查一共放出了多少及怎样的用途等,"这样的指示,和没有指示一样,以致没有能够及时纠正"。总之,对于放款业务,还是偏重于客户的到期偿还能力,并以放款作为吸收存款的武器,同时更着眼在增加收益的方面。"这一套过去的纯业务观点,至今还是存在,

---

① 《公私合营银行盲目放款影响糖价》,载《解放日报》1950 年 8 月 9 日。
② 若波:《糖贷事件的教训与收获》,《新语》15 卷 17 期,1950 年 9 月 1 日。

因此，在执行政策上，起了模糊作用"①。

第八办事处主任夏文教检讨说：当时客户以向外购糖为由申请贷款时，自己纯以搞好业务的观点出发，对客户用途没有深入了解，以致有两笔用途与报告不符。其中最大的两笔，为 7 月 4 日放给"均益"与"和兴"各 5 000 万元，当时自己只考虑该两号在南市糖业中最为殷实，完全是想对该业多起点业务关系。总结起来，此次"糖贷"事件，是因业务观点模糊，又缺乏整体的政策观点，以致不知不觉被人利用了；另一点是只想争取客户，打算和同业竞争，没有想到合营银行应起模范作用②。

如何切实提高贷款的效益，同样始终受到新华银行上下的关注。

上海解放前，某些生产企业因盲目发展，机构臃肿，经营不善，在解放后造成了严重的困难。各家银行为了配合政府政策，从 1950 年起对这些企业陆续发放了改造性质的放款，数字较为巨大。但有的企业因为改造不彻底，生产的前途与政府政策和社会需要未能配合，或者原订的生产计划与实践有距离，使得银行放款的效果受到较大影响，甚至无限期拖用，结果造成一般银行都不敢贸然办理。

黄雪芷，这位从同庆钱庄转入新华银行的"老银行"，思维敏捷，分析事理清楚，无论业务上的成绩，或是辩论竞赛上的表现，都给同人留下了深刻印象。上海鸿丰面粉厂改为公私合营性质后，新华银行又选其前去主持业务③。对放款资金运用问题，他有着自己清醒的思考。他认为，这种贷款如能掌握得精密，其作用与意义比之一般

---

① 若波：《糖贷事件的教训与收获》，载《新语》15 卷 17 期，1950 年 9 月 1 日。
② 同上。
③ 壹洪：《黄雪芷》，载《新语》16 卷 8 期，1951 年 4 月 16 日。

放款来得更为重要和明显,关键是银行如何来把握企业的改造,使其生产计划严格落实,以及如何规定分期偿还的办法;再有就是厂商因生产上无法纾困,是否退而有足够剩余物料或设备,作为清偿的准备。他认为,放款工作是银行从业员的一项艰巨职责,不仅需要精密的头脑,正确政策的把握,更需要有丰富的经验和机警熟谙的技术①。

1950年8月全国金融业联席会议召开后,新华银行管理层认为,"中小型的工商业户,多半仍关在银行门外,没有得到银行照顾,我们应当去联系他们,扶助他们,同时我们不能盲目地随便乱拉户头去做"。为此,新华银行创办了"集团保证分户贷款"业务,其基本考虑是:由于推广工商业往来,必须具备广泛的人事关系与周密的调查征信,这在当时很难大规模地开展,因此,通过工商业本身的组织(同业公会和工商联),用集体信用来代替个别信用,订立合约,动员开户,先取得面的扩大,然后经过同业协助,来展开调查征信与深入联系。

"集团保证分户借款"的具体做法是:① 行方与公会负责人协商,得到初步同意后,公会召开大会,组织负责贷款方面工作的委员会(如绸缎业及制革业的福利委员会);② 公会与行方订立集团保证分户借款契约;③ 公会根据会员的信用程度(如制革业用民主评议方式评定),出具开户介绍书及申请借款介绍书,载明借款限额,向新华银行开户往来;④ 对初次与银行往来的客户(如制革业已在新华银行开户者共380余户,内中100户以上从未与银行往来),新华银

---

① 黄雪芷:《放款资金运用灵活问题的检讨》,载《新语》16卷6期,1951年3月16日。

行派专人向客户分组在本行会议室解释各种手续;⑤ 新华银行每周将各户存欠及借款情形报告公会;⑥ 公会与新华银行每月举行会报,促进双方了解,改善各种办法。这个办法,使工商通过了同业组织的力量,有了一个与金融机构接触的机会,获得了资金的融通①。应当说,这是新华银行的一项重要的业务创新。

---

① 《新华银行"集团保证分户借款"工作从开始到现在》,载《新语》15 卷 19 期,1950 年 10 月 1 日。

第四章

转　轨

新华银行总经理王志莘认为,新生的新华银行是基于新的政治基础、新的金融政策而产生的,它的本质已经起了变化,它的新生将随着新的环境和新的需要而发展。他指出,新生的新华银行扫除了以往一切阴霾与障碍,新的任务当然与原来的不能相同,工作便不能因袭一切原有的方针制度方法去处理,而必须精细透彻地去考虑,严正缜密虚心地去检讨;"留其长者,去其短者"。他强调,新华银行已经属于国家资本主义性质的公私合营银行,以合营银行的姿态现身于金融同业之间,其前途将取决于其本身能否自力生存、能否执行新任务,有否存在的价值与意义;因此,要靠全体同人的集体力量,兼顾服务大众与企业化两个方面[1]。

不可否认的是,王志莘对新时期新华银行的定位及其存在的问题,认识是清醒的;当然,清醒地认识到自身存在的问题,与真正解决这些问题,中间还有相当长的一段距离。对新生的新华银行而言,如何解决巨额亏损问题,如何推进民主管理工作,如何激发员工的主人

---

[1] 王志莘:《新生新华的新任务》,载《新语》15 卷 13 期,1950 年 2 月 1 日。

翁精神等,都是非常艰巨的挑战。

企业化

在 1950 年 2 月 20 日召开的沪区第一次员工大会上,王志莘专门提出了弥补赤字和平衡预算的问题。一个明显的事实是,截至 1949 年底,新华银行亏损达 9.02 亿元,其中沪区亏损 9.08 亿,各分行"轧盈"为 600 万元。王志莘指出,尽管其他商业银行也有相当亏损的,但在公私合营银行中唯独新华银行亏损,"证明本行的经营没有企业化,有问题,有缺点"①。王志莘在这里提到的"企业化",更多的是指企业经营要有盈利,至少要能做到自给自足。

王志莘指出,资金成本高,放款运用又不能机动配合,开支有增无减,造成了这么大的赤字。他分析了赤字造成的具体原因:① 解放初期,营业额很小,存放汇数字很小,费用却甚大,财务收支失去了平衡。② 总分行增资时,缴纳现金从运用资金中提出,失去了相当数目的收益。③ 总行接济分行增资、缴税、支前借款和营运资金,减少了收益。④ 存款中短期定存多,活期存款少,存款利息负担很高。⑤ 1949 年的物价有几次周期性的波动,物价平定时,存款数字向上,放款跟不上,赔去利息;物价上涨时,存款骤减,头寸发生困难,资金运用灵活性不够。⑥ 利息高时,贷款放不出去,利息低时吃亏存息,机动性不够,以致利息损失相当多。⑦ 上年终考勤等奖金,原应全年摊提,后来一起提支,又增加了赤字②。

---

① 《沪区召开第一次员工大会》,载《新语》15 卷 5 期,1950 年 3 月 1 日。
② 同上。

王志莘提出的弥补赤字办法,核心是开源节流,具体包括:① 处分不必要的资产和投资,使呆滞的资产变成活动的资金。② 推进存款,办理透支,增加活期存款,和工商业加强联系,尤其要注重活期往来。③ 发展汇款业务,通知港行多招揽侨汇。④ 增加手续费收入,如代售印花税、推展折实储蓄等等。⑤ 放款要有机动性,经济运用头寸①。

在这次会议上,王志莘还就如何充裕头寸的问题特别强调:我们要靠拢人民银行,却不可倚赖人民银行。他说:我听人说,公私合营银行有人民银行帮助,是不要紧的,"这是一种错误的观念",我们要感谢人民银行支持,却不可存一丝一毫倚赖心。他说:我们承认起初有一些慌张,急于放款,急于弥补赤字,以致造成目前头寸紧迫的局面。他认为,接下去有两条路,一条路就是整理放款,"使呆的变成活的",情形比较活动的,可以收息则收息,可以收本则收本;还有一条路是扩展存款,存款增加一倍,如果放款不增加或增加不到一倍,那么头寸就可逐渐宽裕起来了②。

时隔数月后,王志莘再次强调了企业化问题。他指出:本行是公私合营银行,一面应该担负的光荣任务需要完成,一面至少要能确保自给自足,不损耗人民财产,"不完成任务就失却了本行存在的意义,不做到企业化就是对人民不负责"③。王志莘实际已经把这个问题上升到了一个相当的政治高度。

王志莘分析说:依照目前法令,公营企业及合作社的存款集中

① 《沪区召开第一次员工大会》,载《新语》15 卷 5 期,1950 年 3 月 1 日。
② 同上。
③ 《王总经理在解放后第一届行务总会议之报告》,载《新语》15 卷 12 期,1950 年 6 月 15 日。

在公营银行,其他金融机关只许收受公私合营企业、私营企业团体和个人的存款,因此,无论从执行政策的立场看,还是从本行的业务观点看,吸收私人资金应该是本行的主要业务,吸收数额愈大愈好。至于如何组织私人资金,他认为,应分析私人资金的性质,用种种不同的存款方式,将期限、利率及各种条件加以有计划、有目的地厘定,一方面适应存户的需要,一方面符合国家的政策和社会情况,例如创办保本保值存款、鼓励长期存款、各种存款利率差别计算、存取手续加以不同的规定等等。他强调,吸收和组织了私人资金以后,必须加以适当地运用,扶助有利国计民生的私营工商业。他说,谈到扶助私营工商业当然要是兼利的,不是盲目的,"我们必须研究扶助的方法,精益求精,才能正确地完成任务"①。

孙瑞璜副总经理也强调:就现阶段而论,求企业化固然极其重要,完成任务更是重要。"只要我们能胜利地超额地完成我们的存款汇款和上缴人行的任务,我们的赤字总会得到照顾和弥补的"②。

如何求得企业化,考核指标科学化是关键。某种意义上说,考核指标就是"指挥棒",决定了企业业务发展的未来走向。

1950 年 6 月,新华银行召开了解放后第一次行务总会议,确定了从当年 6 月至第二年 6 月为期一年的全行主要业务指标,并且明确:"完成任务的程度,不以数字为标准,因为客观的条件,可能有变化,而以在同业中的名次为先后。"③显然,在新华银行内部,单纯的数字高低已不重要;重要的是要与同业相比,比的是当地的市场份额。显

---

① 《王总经理在解放后第一届行务总会议之报告》,载《新语》15 卷 12 期,1950 年 6 月 15 日。

② 《新华员工第二次大会》,载《新语》15 卷 9 期,1950 年 5 月 1 日。

③ 《新华员工第三次大会》,载《新语》15 卷 13 期,1950 年 7 月 1 日。

然,这种做法更能体现一家银行实际的市场竞争力,当然也是颇具难度的。

总行营业室徐振东经理报告总行业务目标:如以同业公会的数字为准,1950 年 6 月 17 日,全上海公私合营和私营行庄存款总额 5 433 亿元,本行存款 1 218 亿元,占总额 22.4%。"这一个数字和成分,希望要能保持下去"。1950 年底和 1951 年 6 月底,仍旧要保持第一名,存款比例则希望达到 25%。其次,汇款业务,目前每月有 540 亿元,占全市汇款业务总额 21%,今后希望能占 24%。放款业务方面,每月平均放款数字要占平均存款的 50% 至 60%,同时,"放款工作者要注意达到任务;达到任务以后,须要注意是否企业化,要同时并进"。损益方面,要以每月开支的 1/10 为盈余,例如总行每月开支 12 亿元,即以每月 1.2 亿元为盈余①。

分行处室陈鸣一经理报告了各分行的业务目标:各分行每月平均存款额,应该以当地同业(包括公私合营及私营行庄在内)每月平均存款总额的百分比为基础,逐渐提高。同时各分行存款在同业中的地位,也要逐步提高。没有达到第一位的,要努力争取,已达到第一位的,要巩固已有地位。进展的程序,分为两个阶段,第一阶段为 1950 年底,第二个阶段为 1951 年 6 月底。具体计划如下:

北京分行,现有存款占同业总存款的 14%,名次第 2 名。至第一阶段终了,即在 1950 年底,存款百分比提高到 18%,定为第 1 名;下年 6 月底,存款占同业 20%,名次第 1 名。

天津分行,现有存款约占同业 9.5%,名次第 3 名。当年年底提高至 12.5%,名次第 2 名;下年 6 月底,占 15%,名次第 1 名。

---

① 《新华员工第三次大会》,载《新语》15 卷 13 期,1950 年 7 月 1 日。

南京分行,5 月底存款数字占同业中 20％,名次第 2 名。当年年底提高至 23％,名次第 1 名;下年 6 月底,占 25％,名次第 1 名。

广州分行,5 月底存款数字占同业 14％,名次第 3 名。当年年底提高到 16％,名次可能仍旧是第 3 名,"因为照目前情形估计,与第一名相差过远";1951 年 6 月底存款百分比,提高至 18％,名次第 2 名。

汉口分行,存款数字占同业中 4.3％,相当低落,名次第 5 名。当年年底定为第 4 名,存款占 5％以上;1951 年 6 月底,定为 10％,名次第 3 名。

重庆分行,存款占同业 10％,名次第 5 名。当年年底希望提高至 13％,名次第 2 名;1951 年 6 月底,定为 16％,名次第 2 名。

苏州分行,5 月底存款数字占同业中 32％,名次第 1 名。当年年底和下年 6 月底都要维持原地位。

长沙分行,存款占同业 21％,名次第 2 名(低于聚兴诚银行)。当年年底希望到 23％,名次可能是第 2 名;下年 6 月底定为 25％,名次争取第 1 名。

无锡分行,存款占同业 23％,名次第 1 名。当年年底定为 24％,名次第 1 名;下年 6 月底占 25％,名次第 1 名。

厦门分行的存、放、汇业务,在同业均占第一位,继续保持。

昆明分行的情况,因当地未上轨道,没有具体数字,任务暂无规定。

各分行的放款任务,与总行原则相同,即每月平均放款额,占每月平均存款额的 50％至 60％。在这次会议中,决定各分行资金应互相委托运用。

各分行的汇款任务,与总行原则相同,根据当地行庄汇出汇款总额的百分比,逐月提高,其占同业间的比重,应不低于存款业务在同业间的比重。至于分期完成任务的办法,亦与存款业务相同。

在有关损益的财务任务中,决定了三项原则:① 各分行以每月收支平衡为最低任务。② 各分行决算纯益的标准,以开支中的 10% 为盈余(凡是超出预算的捐税,可以剔除)。③ 各分行自解放时至 1950 年 6 月止,有亏损的应设法弥补。

香港分行地位特别重要,情况有所不同,任务也有差别。存款业务标准,第一步是到 1950 年底增加现有存款的 50%。港行放款政策,重点应放在国内贸易方面,定为每月平均存款额的 50% 至 60%。港行是供给总分行各相关单位侨汇业务的来源,侨汇出发点大部分在香港,其重要性不言而喻。1950 年底侨汇业务,亦拟增加 50%[①]。

1951 年 2 月 18 日,王志莘在第六次员工大会上宣布:1950 年度已弥补了上年度的亏损,做到了企业化,全行决算略有盈余。同时他也指出,盈利的数字很小,"与兄弟行比较,可以说相形见绌,还谈不到累积资金,增厚实力"[②]。应该说,这一成果确实来之不易。

清查物资,属于"节流"性质,是实现企业化的一项重要举措。

为争取企业财政情况更大的好转,响应政府颁布财经统一的政策,新华银行于 1950 年 7 月 5 日成立了节约委员会,由行政、工会及党团配合组织,"来推展清理物资运动和启发全行同人树立厉行节约的风气"。针对部分员工怕劳动、怕困难、怕龌龊等顾虑,节约委员会加大了宣传力度,通过《新语》的文字宣传、全行同人的节约签名运动、张贴插画标语、黑板报等,进行连续不断的宣传、解释和说服。

---

① 《新华员工第三次大会》,载《新语》15 卷 13 期,1950 年 7 月 1 日。
② 《王总经理在第六次员工大会中报告》,载《新语》16 卷 5 期,1951 年 3 月 1 日。

十处的工友们首先以行动响应号召，他们自动每日节省菜金1 000 元，并且把例假日的菜金也取消。内汇股同人坚持使用复写纸至最大限度，不重要信件则用旧信封来代替。还有许多浪费的迹象，也给同人们纠正过来，厕所内面盆添加了塞头，"吃饭时勿用传票揩碗"，收音机及电炉等停用。一待打烊之后，部门同事都能自觉地把不必要的灯熄灭。

如火如荼的清理运动开始后，总行人事室首先动手，他们连不属于自己范围的房间也清理了，清出了大批物资，整理得井井有条。内汇股在"龙要头，树要根，清理物资要认真"的口号下跟进。二处地小物多，鼠类出没无常，早就想清理一下，这次就在主任带领下，忙到晚上 11 点钟，清出物资仅废纸就有 6 麻袋之多。四处则在死角落中找出不少旧脚踏车、废铜烂铁、吊灯、汽油灯等。总行的工友们也不甘示弱，把漫长的一条柜台内部做了彻底清理，获得许多物料。两星期的限期内，大家都能依照要求完成清理①。

第一分行是由原同庆钱庄归并的，其堆积的物资最多。他们利用了一个星期天，全体动员，清出的物资，装满了三卡车②。以下是第一分行活动的一个特写：

七月二十三日，清晨八时许，第一分行的弟兄姊妹们，陆续地集合在二楼和三楼部分，他(她)们把每个角落堆积着的东西搬出来，整个室内堆满了杂物，大家又忙着做着整理的工作。每个人都挥着汗珠，虽然衣服湿得像浸过水一样，但是没有一个人

① 《清理物资运动总结报告》，载《新语》15 卷 18 期，1950 年 9 月 15 日。
② 同上。

叫辛苦，"跑呀，搬呀，整理呀，……"这一种高度劳动的热情，使人忘去了疲劳，一位年龄已高，身体向来不很健康的冯葆荪先生，他忙着扛台子、搬东西；一位出名的"排骨"叶龙丞，他起先是做着搬东西的工作，后来又负责做整理的事；有人怕身体不健康的同人要"吃不消"，事实上他们表现得"出乎意料之外"。

女同人中的潘毓琪，跑来跑去工作很起劲，大家叫她"赵一曼"；其他还有经云、李文光、沈文鸢、金淡宜、顾爱芬、邵瑞英、董绯菊等，他们有的席地而做着整理狼藉在地上的物件，有的在统计物资数目。如经云站立了三个多钟头，没有片刻休息地工作着。一个新近入团的女同人孙爱芳，她隔一天还请病假，虽然身体还没有复原，这一次也跑来参加清理工作。

从一早就到行做清理工作的杨祥裕，他的衣服被扎破了，但一些也不叫怨。很多参加工作的同人不仅衣服脏得连自己也不认识，甚至连手指或足上被割破了，在他（她）们没有一个人叫过苦。在每个参加工作的弟兄姊妹的心目中，只认为这是劳动者的光荣的标帜。在这样崇高的爱劳动的热情鼓舞下，疲倦被忘却了，"怨""苦"被丢到了"天涯海角"中去，火热的工作的情绪洋溢在整个的第一分行中。在集体劳动中，不仅把三楼全部清理完毕，打扫干净，还有过去大家一向以为帐页没有了……这次都在清查中"清"出来了，使我们的企业里，省去了一笔不必要的损失。①

从工友盛凤发的例子，可以看到新华银行普通员工对待节约运

---

① 人言：《第一分行展开清查物资运动》，载《新语》15 卷 15 期，1950 年 8 月 1 日。

动的态度。

　　盛凤发时年 57 岁，矮胖胖的身体，光秃秃的头顶，待人老实诚恳，终日沉默寡言。静安寺第一办事处的同事多叫他"老将军"。他是崇明人，客户有不知道他姓名的，就率直称他"崇明老工友"。在一处，很少有废弃家具。有一次，营业室内有只凳子坏了，放在屋角里，隔了两天，这只凳子经过铅皮钉好又重新放在营业室里了。起先大家认为这是"老将军"叫人修的，一打听，原来是他自己把它修好的，他笑着说："我总不希望行里原来的东西缺了一件，抛弃了就觉得舍不得。"有一天，他看到厕所内揩手的毛巾，不知哪位职工把它拿来揩皮鞋，揩好后又把它丢在地上。在业务检讨会上，他请会议主席传递了一个意见："要求全处职工合作，不要把揩手的毛巾揩皮鞋。"第一办事处的房屋经常漏水，遇到落雨天，屋内就滴滴答答的，弄得扶梯上潮湿不堪。在历次会上一向不发言的盛凤发，向事务室提出要求，及早装修房屋、做好防漏[①]。

　　此次清点工作持续一个月，到 8 月底才告结束，清理出的所有物资分门别类，登入清单，接着估价及利用或变卖。其中包括：散装表报账页等 149 782 张；成捆传票 12 捆；非现用传票 2 492 本；非现用支票簿 13 709 本；非现用介款簿 2 200 本；杂项印刷品 10 捆；文具 926 件；营业用器具 97 件；电料 216 件；杂项 426 件；废纸 40 麻袋[②]。

　　相较于"节流"，"开源"的意义更为重大。无论是代收有奖定期储蓄、爱国主义有奖储蓄竞赛，还是爱国主义存汇竞赛、"存款新纪录

---

① 小卒：《盛凤发》，载《新语》16 卷 10 期，1951 年 5 月 16 日。
② 《清理物资运动总结报告》，载《新语》15 卷 18 期，1950 年 9 月 15 日。

运动"等,新华银行上上下下都体现了极大的热忱,投入了极大的资源,在响应政府号召的同时,促进了银行自身的业务发展。与此同时,员工的政治觉悟和业务水平也有了极大的提升。

1950 年 12 月 10 日,孙瑞璜副总经理在第五次员工大会上指出,本行最近受上海人行的委托,代收有奖定期储蓄,这是一个提倡储蓄、吸收资金的新办法,政府正在大力推动,意义是非常宏远的。他强调,我们应该重视这个运动,为累积社会上涣散的资金,发扬储蓄的美德,我们应加强宣传,努力推行,以符国策①。这项活动,是由中国人民银行、中国银行、四明银行、中国通商银行、中国实业银行、建业银行、新华银行等七家银行共同组织开展的②。

图 4-1 推行有奖储蓄 帮助国家建设(作者:徐炽诚)
(来源:《新语》16 卷 1 期,1951 年 1 月 1 日)

---

① 《孙副总经理在第五次会员大会上之报告》,载《新语》15 卷 24 期,1950 年 12 月 15 日。
② 《黑板报》,载《新语》16 卷 2 期,1951 年 1 月 16 日。

新华银行职工以高度的热忱来迎接这一新任务，并创造了多种多样的工作方式。如第一分行、人事室等，不但踊跃以自己的大部分年奖来存储，更向顾客和亲友们进行劝储。出纳第十一小组，自己定下了 1 200 万元的目标，在每天晚上汇报当天的劝储成绩，并定出第二天的劝储目标。尤其是朱承邦，向客户耐心解释有奖储蓄的好处，不厌其详地说服了很多不了解有奖储蓄意义的顾客们。在柜台内外，他们张贴了多种标语漫画，来引起存户们的注意。行内的黑板报及时公布各部门的成绩，挑起了竞赛热潮。稽核室施景义设计了一张巨幅统计表，用红线、黄线来标示各小组的成绩。服务股对每位来存储的顾客，都予以详细说明并列出有奖储蓄的好处。存款股屠易在新年联欢会上认了 100 万元，还在本股内动员小组同人向行外发展推广。他们的方法是先由本股认存 200 万元，然后分配大家去进行劝储，200 万元劝储完再来认 200 万元，目标是 1 000 万元①。

对新华银行的做法，《解放日报》给予了专题报道，认为新华银行通过推广有奖储蓄的竞赛活动，纠正了一般认为在银行内难以发动爱国主义竞赛的错误想法，同时也纠正了部分同人只重业务而忽视为人民服务的不正确观点，并使大家进一步认识到，把抗美援朝运动与具体工作结合起来，是完全可能的与必要的②。

1951 年 2 月 1 日出版的《新语》，发表了王志莘的文章《热烈展开爱国主义的存汇竞赛》，他指出，"巩固国防、稳定金融"是金融工作的重要任务；要稳定市场，决非空言所能了事，必须要以实际行动，配合国策，协助政府吸收私营企业及个人的存汇款，要把资金集中到银行

---

① 《继续扩大爱国主义有奖储蓄竞赛活动，再接再厉争取完成本月份的光荣任务》，载《新语》16 卷 2 期，1951 年 1 月 16 日。
② 《新华银行展开爱国竞赛》，载《解放日报》1951 年 1 月 1 日。

里来,这样才能消除市场游资作祟,以达到稳定市场、安定民生。他强调,参加存汇竞赛,协助政府吸收游资,是有很大政治意义的,是和抗美援朝保家卫国密切配合分不开的。同时,他也指出,存汇竞赛和搞好本行业务也是一致的,"有一人参加存汇竞赛,就是为行增加一分力量,也就是为国家增加一分力量"①。

与有奖储蓄竞赛相似,存汇竞赛也是由中国人民银行、中国银行、四明银行、中国通商银行、中国实业银行、建业银行、新华银行等七家银行共同组织开展的②。活动的目的,是吸收私营企业及个人存汇款,减销市场游资,使资金集中银行,完成存汇任务,协助财政收支平衡,稳定金融物价,安定民生,促进财经进一步好转,增强抗美援朝保家卫国的力量。竞赛分为行际竞赛、七行全体营业单位间竞赛、本行各单位竞赛、本行个人竞赛等四种,从 1951 年 1 月 1 日起,至 3 月 31 日结束。值得注意的是,本行个人竞赛,除营业员以外之同人,一律以报名方式参加③。

新华银行爱国主义存汇竞赛动员大会,与欢送邬宝康参干大会共同召开。邬宝康此前被录取为装甲兵干部学校学员。王志莘强调,仅是以欢送会来表示对邬同志致敬是不够的,"我们同人不沾人家的光",要保证以实际行动把爱国主义存汇竞赛做好。孙瑞璜强调,参军是为巩固国防,是前方的工作,在后方就要吸收存款来稳定物价,发展生产,搞好财经工作,使前方没有后顾之忧,要保证做好这

---

① 王志莘:《热烈展开爱国主义的存汇竞赛》,载《新语》16 卷 3 期,1951 年 2 月 1 日。
② 《七行存汇竞赛委员会新华分行组织办法草案》,载《新语》16 卷 2 期,1951 年 1 月 16 日。
③ 《七行存汇业务联合推进委员会新华分会存汇竞赛办法》,载《新语》16 卷 3 期,1951 年 2 月 1 日。

些工作，"誓为邬同志后盾"①。

各单位纷纷提出保证，全力参加爱国主义存汇竞赛，以实际行动来欢送邬宝康②。二处全体同人向邬宝康保证：① 完成劝储有奖存单 2 000 分；② 组织本处部门委员会；③ 积极参加存汇竞赛；④ 做好经济保卫工作；⑤ 搞好我们的学习③。

一位名叫魏永明的员工，在主动报名参加存汇竞赛个人组后，起初曾有不少思想顾虑，如缺乏社会关系，缺乏争取存款的经验，即使有存款但数目不一定多，对方如要求透支自己又无把握等，但他最终还是千方百计克服了这些困难。他说，通过这次存款竞赛活动，自己感觉到，"做任何事情，单凭美丽的理想，虚无的空想，或是纸上谈兵，而不去实地干，那是没有用的"。他特别指出，"干"的成绩如何，那完全看你"干"的程度如何了④。

"存款新纪录运动"，是新华银行为配合开展爱国主义存汇竞赛，推动本行业务开展的另一项重要活动。自 1951 年 2 月 28 日至 3 月 10 日，短短的 10 天，存款自 1 200 余亿元增加到 1 580 余亿元，在这个运动中，创造了不少新的宣传方式，出现了很多动人故事⑤。

这一运动一开始就和"反对美帝武装日本"的中心工作密切结合，提出了适时的口号："粉碎美帝新阴谋，创造存款新纪录。"行内的黑板

---

① 贰：《记欢送邬宝康同志参干、爱国主义存汇竞赛大会》，载《新语》16 卷 3 期，1951 年 2 月 1 日。

② 《以实际行动来欢送邬宝康同志，各小组纷纷提出工作保证》，载《新语》16 卷 3 期，1951 年 2 月 1 日。

③ 《给邬宝康同志的二封信》，载《新语》16 卷 3 期，1951 年 2 月 1 日。

④ 魏永明：《我怎样争取存款》，载《新语》16 卷 7 期，1951 年 4 月 1 日。

⑤ 《我们连破三关——记本行存款新记录运动》，载《新语》16 卷 6 期，1951 年 3 月 16 日。

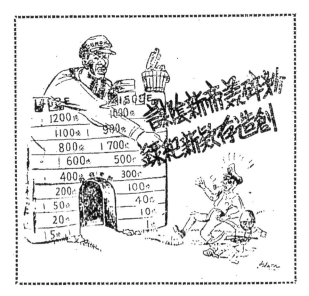

图 4-2　粉碎美帝新阴谋,创造存款新纪录

(来源:《新语》16 卷 6 期,1951 年 3 月 16 日)

报公布了上一年的存款最高纪录 1 321 亿元,及各单位的旧纪录、新任务与每日完成任务统计。存款升得快,黑板报也反映得快。黑板报上,或是画着一块块砖头,筑起城墙,比例代表着存款的数字,"城墙越筑越高,城墙下的美帝也越来越胆战心惊";或是画着一支寒暑表,"温度步步上升,旁边的雪人迅速溶化"。当存款冲过了某一大关时,就提出"存款突破××关,美帝走近鬼门关"的口号。此外,每两天出版快报一次,报道各单位竞赛情况,对模范事迹及时予以表扬和鼓励。

竞赛开始时,推展业务部门的同人首先组织锣鼓队,向各单位保证完成总行存款 424("试两试")亿元的纪录,此后每天的锣鼓声和挑战书不断地蓬勃发展,等到纪录突破后又提出 440("试试灵")亿元的新纪录,喊出"纪录、纪录、再纪录"的口号,使热情不断地向上发展。

等到某一个办事处突破纪录时,总行各部门及其他办事处的职工弟兄们马上各自写了五光十色的道喜帖子,捧着一颗光亮夺目的大红星(四周缀以电珠),前往贺喜,不会敲锣打鼓的在紧张的工作完毕之后,连夜练起来。

到"三四"游行前一天,更是出现了一个动人的场面,因总行存款一举突破了 440("试试灵")亿元,全行的旧纪录也同时被打破,黑板报、快报号外发布了,全行立刻卷入沸腾的热潮中去。那天正是星期六,下午对外不营业,总行各个部门及全沪的 11 个分支机构,在同一时间内从四面八方汇集总行道喜庆祝,锣鼓队、宣传横幅、贺礼热烈万分。七处送来一捆甘蔗,寓意节节高。二处买来两匣蛋糕,大红帖上说明:存款高,吃蛋糕,吃了蛋糕存款步步高。"一时军乐锣鼓声迸发,鞭炮齐放,握手言欢,互道辛苦,胜利的愉快,友情密切交流"。一支红色的队伍也立即组成,从一楼、二楼、三楼,盘旋到四楼,举行行内的大游行,热情得到最高的发挥,包括管理部门的同人在内,每人争取存款千万元运动也展开了,保证书、挑战书,再度全面揭出。

"三四"大游行又给全行员工上了爱国主义教育最好的一课,存款新纪录接连出现,纪录、突破、再提高、再突破,报喜队伍也连日出动,单位间竞赛热烈,个人中也时时涌现不少动人事例。内汇股提出了"争取汇款变存款"的口号,沿柜台同人立即抓住每一个客户,向他介绍存款种类,代为做好一切手续。有位负责记账的同人谢绳甫,每天利用晚上带上印鉴卡和章程向亲友推展存款业务,不论存户大小都亲自接送。二处的朱惟章,有一天和一位陌生人合雇了一辆三轮车,一阵寒暄,得知对方是一家袜厂的老板,马上介绍他来开户①。

――――――――――――

① 《寒暑表上升很快,雪人溶化得也快》,载《新语》16 卷 6 期,1951 年 3 月 16 日。

图 4 - 3　控诉日寇在华旧罪行 创造存款新纪录（组字画谜）

（来源：《新语》16 卷 6 期,1951 年 3 月 16 日）

4 月 22 日下午,新华银行假座震旦女中大礼堂举行庆功联欢大会。王志莘强调,这次存款新纪录运动获得光辉的成绩,主要是依靠全体同人的努力,通过功臣来具体地把它表现出来,"我们要表扬的是我们全体群众的力量,同时越加认识到毛主席告诉我们凡事要依赖群众的正确性"①。

有同人特地赋诗一首《功臣颂》：

你们是新华的好弟兄,

祖国的好儿女,

生产线上的英雄。

当爱国主义存款竞赛一开始,

① 《记本行庆功联欢大会》,载《新语》16 卷 9 期,1951 年 5 月 1 日。

图 4 - 4　功臣签名

(来源:《新语》16 卷 9 期,1951 年 5 月 1 日)

你们勇敢地迎上前去,

不怕艰难,忘了辛苦。

风里去雨里来,

我一亿,他五千。

昨天五千,今天一亿。

战鼓频催,勇气百倍。

纪录再纪录,超额复超额。

堆砌成,堆砌成一条又长又高的城。

为了你们的汗马功劳,

昨天我们为你们荣榜题名,

今天我们为你们庆功设宴,

祝贺你们的胜利，

学习你们的经验，

谨向你们致最崇高的敬礼。

大家团结紧，团结紧，

扎好篱笆，莫让野狗钻进门。①

民主管理

1949 年 11 月 4 日，新华银行董事会假座上海市虎丘路 20 号亚洲文会二楼举行联欢会，招待全体员工，"济济一堂，情绪极为融洽"。在同人自由发言环节，不少同人对福利问题表示了关注。张炳文举例说，有一位同人汪兴艺，在行有十多年的工作经历，他为了行，贡献出他的青春、血汗，"但是病倒后，行方毫不犹豫地将他一脚踢开，使他整个的家庭生活，发生问题"。张炳文还问道：为什么有的同事可以一再续假，而汪先生不能呢？能不能有一个补救办法呢？"我们并不是攻击个人，这种基本上的偏差观念，几时可以更正过来呢？"廖国豪发言时也认为，汪先生现在已成残废，应该在最短期内，想一个办法来帮他的忙；他也提到，"行中对于另一个同人却就不同了，可以一再续假"；他强调，"如果没有考虑余地，小同事设身处地，人人自危"②。

汪兴艺，别号众燊，安徽舒城人，出生于 1909 年 1 月 13 日，毕业于南京安徽公学，1933 年加入新华银行，先后在总行文书股、放款股、

① 洪：《功臣颂》，载《新语》16 卷 9 期，1951 年 5 月 1 日。

② 《新华同人的大团结，董事会招待联欢》，载《新语》14 卷 22 期，1949 年 11 月 15 日。

汇兑股、出纳股、六处会计组、苏州分行、总行营业室等处工作,历任练习生、办事员、股长等。

谢寿天董事长在致答词时,对此事专门作了回应,他说,听说有一位汪同事因病三月后留职停薪,全行同人对他很关心,这是一个普遍性的同人福利问题,应当根据现在条件作适当的计划。他同时强调:"将来各区看财政情况逐渐推行劳动保险制度,是可以改善和解决职工福利问题的,不致有个别的差别。"①谢寿天董事长的这一回应,没有回避矛盾,讲得也很实在。福利问题的解决,确实需要"治标"与"治本"相结合。

此前,在1949年2月15日出刊的《新语》上,有这样一则简短的消息:"总行同人汪兴艺君前患急症,经医治数月后,已见起色,惟因病体尚未复元,暂不能办公,行方特准予以留资停薪,刻在继续休养中。"②应该说,《新语》公开刊发这条消息,至少说明对汪兴艺"留资停薪"的安排,是符合当时行规的;某种程度上说,甚至还体现了一定的照顾成分。当然,这是上海解放前的事情。如今,上海解放了,新华银行进入了一个新的历史时期,员工在福利问题上提出了新的期盼,这也是无可厚非的。

距离1949年11月的联欢会差不多半年后,1950年5月25日,新华银行工会二届代表大会,专门讨论了汪兴艺先生的女儿请求来行工作事。经代表们热烈的讨论,认为整个国家有困难,"为了照顾整编节约的原则,最好发扬自己的阶级友爱来照顾汪君,决定请汪小姐到工会来工作";依据是,"照全总规定,在五百到一千员工会员的

---

① 《新华同人的大团结,董事会招待联欢》,载《新语》14卷22期,1949年11月15日。

② 《总行汪兴艺君病愈休养》,载《新语》14卷4期,1949年2月15日。

工会,是可以有二个办事人员的"①。此次会议同时决定:"在人事制度正式确定因公残废或丧亡有一定办法时,汪君权利应予保留。"②

从现有史料中,尚无法了解汪兴艺因公受伤的具体情况,但如此处理办法,对汪兴艺而言,既解决了其女儿的就业困难,又保留了其将来可以追溯的福利待遇,可谓"治标"与"治本"得到了较好的统一。汪兴艺的女儿汪湘文到图书馆工作后,行内图书馆的开放时间,从原有的几个小时值日,改变为全天上午9时至下午5时③。

这是解放初期新华银行实行民主管理的一个实例,应该属于个案性质,更重要的是形成制度。

定期召开员工大会,是新华银行民主管理方面的一项重要决策。1949年11月29日,新华银行董事会发布决议:"在组织大纲未修正前,每一月或二月举行员工大会一次,由上海全行职工出席,开会时除听取行务报告外,全体职工对于行务有咨询、检讨及建议之权,使全行职工获得共同之了解,以期发挥工作上之积极性。"④

1950年2月20日,新华银行沪区假座虎丘路20号亚洲文会二楼礼堂,举行第一次员工大会。参加者包括谢寿天董事长,赵帛、韩宏绰董事,王志莘总经理,孙瑞璜副总经理,工会朱应麟主席,及沪区各部分经理、副理、襄理及同人等,济济一堂,约600余人。孙瑞璜主持会议并致开会辞,他首先提议,为是日早晨去世的该行第二办事处主任陈步高副经理静默致哀⑤。有关陈步高其人其事,后续还将涉及。

---

① 《二届代表大会胜利闭幕》,载《新语》15卷11期,1950年6月1日。
② 同上。
③ 薇:《图书馆杂写》,载《新语》15卷12期,1950年6月15日。
④ 《沪区召开第一次员工大会》,载《新语》15卷5期,1950年3月1日。
⑤ 同上。

　　王志莘报告了1949年解放以来本行的几件大事，包括新董事会成立、总分行增资、认购人民胜利折实公债、增设青岛等分行计划、本行工会成立，人事制度方面的计划等。他对业务方面情形，尤其是本行上年出现赤字，以及营运资金由松转紧，及如何充裕头寸、加强行政管理等问题进行了报告与分析，要求全行上下统一意志，在人民银行的领导下，努力完成新生新华的新任务。

　　赵董事及韩董事都在会上讲了话，对当前局势、本行业务及今后业务方向，"均有透切的解释及指示"。韩宏绰董事特别指出，四家公私合营银行必须互相学习，相互矫正。他希望新华同人团结成一个人，公私合营银行团结成一个人，公私合营银行和人民银行也团结成一个人。

　　朱应麟在代表工会讲话时，盛赞中苏合作、反帝反轰炸的重要性，并提出"我们新华必须一面倒，倒向人民银行"。他认为新华银行必须联合四明、中实、中国、交通及人民保险公司等，围绕着人民银行，如此才能担负起扶植生产的任务，也才能由公私合营机构一步步走向国营机构的道路。

　　吾新民报告了参加上海市工代会的经过，以及慰问被炸后的上电公司相关情况，特别是工人阶级积极恢复生产的积极劳动态度，并认为响应政府节约号召，是一项长期的任务。

　　陈琳、屠易、苏森丙等三位员工代表，对于有关推进本行业务及搞好工会工作等问题，分别提出了许多具体建议。

　　谢董事长作总结时，强调工人阶级带头工作的伟大性。他指出："我们新华在社会上极受一般人的瞩目，处处更须加倍留神，不要让别人在一旁说闲话。要加紧学习！要努力工作！"他尤其提出，工会工作同志们更须养成优良的风度，要有气魄！要注意待人接物的态度,要有团结和指导全行同人的办法,要有耐心,不失领导群众为群众服务的风格。

最后为余兴节目,原定开映电影,因是日电力未能供应,临时取消①。

这次会议开创了一个员工大会的基本模式。在此后的六次员工大会上,一般由孙瑞璜作行务业务报告,由王志莘总结讲话,会议其他议程同第一次相仿。历次会议的有关内容,在本书各章会陆续涉及,此处不再赘述。

对于如何做好民主管理工作,新华银行管理层始终进行着不断的探索和实践。

1950 年 6 月 9 日,在该行行务总会议讨论"为搞好业务、增加行政效率、实行民主管理案"时,王志莘总经理专门作了补充报告。他说,解放以来,共产党给了我一个启示,就是要搞好企业,必须团结群众,发动群众,激发群众同人的创造性和积极性,才能发扬伟大力量,能够使政策贯彻,使事业成功。他说,我们要承认以前所学所做的一套旧的管理方法,好的方面只有"我来负责"。"少数人负责,多数人听命",这种办法过去并没有把事情办好。他指出,如今,本行基本上没有劳资关系,只有公私关系,"大部分属公,小部分属私"。他强调,目前本行经营追求企业化,而达成企业化的必要手段是建立经济核算制;要建立经济核算制,必须确立分层负责制,使每个人有一定的责任,自己完成自己应做的工作;要确立分层负责制,必须管理民主化②。他的这番讲话充分表明,管理民主化与经营企业化,都是新华

---

① 《沪区召开第一次员工大会》,载《新语》15 卷 5 期,1950 年 3 月 1 日。

② 《王总经理在行务总会议讨论"为搞好业务增加行政效率实行民主管理案"时的补充报告》,载《新语》15 卷 13 期,1950 年 7 月 1 日。

银行的重要战略,两者不可偏废。

说到民主管理,自然离不开工会组织的参与,本书后续留有专门章节进行讨论。这里需要指出的是,还有一些组织形式也非常值得关注,如新华银行先后成立的三个委员会,在民主管理中发挥了独特的作用。

在 1950 年 4 月 23 日召开的新华银行第二次沪区全体员工大会上,孙瑞璜对三个委员会的设立及作用作了较为详细的阐述。

新华银行业务检讨委员会的设立,是为了鼓励员工认真检讨业务上各项具体问题,充分发挥员工的积极性和创造性,共同搞好业务。该委员会由行政部分和工会共同组织,下面分设业务检讨小组,以便有组织地反映意见,使业务管理工作从少数人员负责的制度变为多数人负责的制度。孙瑞璜说:"这一个委员会还要效法中共有事和群众商量的办法,让作为本行主人翁的每一个员工对行的业务管理直接间接都有参加的机会。"①

新华银行人事制度委员会,也是由行政部分和工会共同组织。孙瑞璜强调:今后本行一切有关人事制度的规章办法,都要根据新的具体情况,新的正确标准,"加以无情的检讨,去非存是,增益内容,重新厘订"。他认为,全行每个人都和本行人事制度有切身的关系,同时行的前途是否能够循着一定的人事规章办理,秩序井然,避免偏向,也都和这个委员会的工作有密切关系。他希望全行同人认识到这个委员会的重要性,对这个委员会充分协助,充分提供意见,使它能够充分发挥功能,完成它应有的任务②。

―――――――――――

① 《新华员工第二次大会》,载《新语》15 卷 9 期,1950 年 5 月 1 日。
② 同上。

再有,就是总行学习委员会的设立。孙瑞璜认为,总行学习委员会的成立和学习工作的展开,比此前学习总会领导的工作显然有了进步,学习有定时,学习材料有审慎的选择,学习进度有周密的计划。从改造思想,搞通思想开始,切切实实打定基础。由研讨当前的形势和任务,来求得理论和实际的联系①。

王志莘指出,这种种行政与工会联系的措施,"无非想在不紊乱行政系统,不妨碍并且增进工作效率的前提之下,把从前少数人管理的行逐渐转变为同人群众管理的行,对行务、业务的推展有显著的帮助"。他说,尽管这方面经验贫乏,但是从这个基础上加以调整改进,我们行的管理,前途是极光明的②。

以下以业务检讨委员会为例,考察相关委员会的实际运作模式。

1950 年 11 月中旬,人民银行、中国银行、新五行(新华、通商、四明、中实、建业)等七家银行决定共同制作一批美术日历卡,并委托新华银行代办。11 月 22 日,新华银行向大新广告社委托印制日历卡 7.3 万张,每张 230 元,共计 1 679 万元,先付一半计 839.5 万元。此事由总行研究室具体承办。随后,大新广告社向中华印刷公司洽印,总费用仅 1 093 万元。很显然,大新广告社一举手之劳,净赚 586 万元之多。

此事由行外人士口头反映,并由行内员工袁筝韵作为提案人,向新华银行业务检讨委员会提出了意见,认为"严重存在着浪费现象",希望调查处理。业务检讨委员会认为,"此事对本行同人深具教育意义,并可藉此提高警惕",并于 12 月 9 日向行政会议提出两点意见:

① 《新华员工第二次大会》,载《新语》15 卷 9 期,1950 年 5 月 1 日。
② 《王总经理在解放后第一届行务总会议之报告》,载《新语》12 卷 15 期,1950 年 6 月 15 日。

① 经办人接洽订印时未经深入调查，即贸然同意，存有粗枝大叶作风。② 在行政系统上研究室何以未经事务室接洽，即可单独决定。同时，请求行政会议对原提案人袁筝韵予以嘉奖。

对此，行政会议于 12 月 19 日作出决议：① 经查，原经办者研究室已发觉广告商有"厚利情事"，已嘱重新开价，会同提交事务室处理，兹决定嗣后广告设计事项仍由研究室主办，惟购置印工估价等，应由事务室洽办。② 此事交由事务室交涉后，减少 179 万元，后又以交货不足又有污损实数 7 万张，再扣 100 万元，得以节省人民财产279 万元，对原提案人袁筝韵决定予以书面嘉奖，以"总务通知"公布之①。如此处理，既解决了当前的问题，又建立了着眼未来的长效机制，具有相当的说服力。

业务检讨委员会对职工提案的处理，应该说是比较谨慎和认真的。试再举两例：

（例一）提案：接受十处薛家凤事件的教训（此案后续还会涉及），应如何使主管平日不放松行政上的领导，并随时了解同人情况，全体同人要提高警惕，应提请行政会议考虑这一问题。

答复：已由行政会议决定处理办法如下：① 薛家凤行为不检，严重触犯行规，应予撤职处分，即遵照《工会法》通知工会后执行。② 将经过详情，陈报人行华东区行。③ 通知保证人，并追还套取之放款。④ 通知十处主任王琪甫，及该处主管存款人员张敦馥，提高警惕并切实负责整理账目，协助稽核室清查。⑤ 为引起教育作用，应以"总务通知"将此事经过公布，俾全行同人提高警惕，各级主管切

---

① 《业务检讨委员会对本行经办公营及公私合营银行联合印制日历卡一批被广告商居间牟利过高事件之处理经过》，载《新语》16 卷 1 期，1951 年 1 月 1 日。

实负起行政领导责任,并防微杜渐,以免类此事件之再有发生①。

(例二)提案:根据 1950 年 12 月 9 日"杂项收入"科目中有前同庆钱庄宁波分行所出卖之器具,其售价甚廉,估价方式不解,拟请予以调查案。

答复:查前同庆钱庄宁波分行结束后,所有生财器具,均堆放在孙祥康先生家中。孙乃该行主持人,情面难却,只得腾空房子一间,堆存什物;"惟当时曾要求租金每月廿单位,经再三磋商,始息前议"。总行事务室认为,如专程派人赴甬料理此事,甚不合算,乃决定当地出售,并委托孙全权办理。当时宁波经大轰炸后市面萧条,未曾脱手,直至 1950 年 8 月 2 日始出售 9 件,得价 16.4 万元,至 12 月 18 日才将上项各件售去。"按甬地沿途出卖器具者,据云比比皆是,若将甬地杉木所制之器具运沪,则加上运费,亦难合算,若永久摆放孙宅,于理亦说不过去,所以未能得善价而沽,恐此因耳。"②

1950 年 10 月 15 日出刊的《新语》,首页即刊登了《你对于行务、业务、人事有批评吗? 有建议吗?》一文,该文指出,工会和行政应该相信群众,依靠群众,珍惜和重视群众的批评和建议,把群众的智慧发扬起来,并呼吁全行员工"把随时随地想到的、听到的、见到的,所有具体的批评和建议",书面送交业务检讨委员会③。

业务检讨委员会秘书孟永伟在同期《新语》撰文指出,要"把背后的牢骚变成公开的批评,来纠正我们企业中的缺点";因此,要大力展开合理化建议活动,使业务水平逐步提高。他特别提出:"为了迎接

---

① 《业务检讨委员会对各项提案的答覆》,载《新语》16 卷 2 期,1951 年 1 月 16 日。
② 同上。
③ 业务检讨委员会:《你对于行务、业务、人事有批评吗? 有建议吗?》,载《新语》15 卷 20 期,1950 年 10 月 15 日。

新的斗争任务,我们要学会企业管理。"①显然,这些观点不仅仅只是孟永伟的个人想法,也不仅仅是业务检讨委员会的设想,更多的是传递了管理层的思路与决策。

如何增进管理层与员工的直接沟通,倾听一线的声音,是新华银行不断探索的重要课题。

1950 年 8 月,王志莘和孙瑞璜在北京参加全国金融业会议期间,听说了北京分行的一件事,该行有一位工友杨福,1916 年即到行服务,平日工作勤奋,颇著劳绩,因近来年老多病,日前被批准退休。8 月 19 日,王志莘特别邀请了孙瑞璜副总经理、华文煜经理、北京分行张代经理等,看望杨福并合影留念。这张照片在《新语》发表,并附了王志莘、孙瑞璜的题签:

> 京行同事杨福君为服务新华最久之一人,一九一六年进行,工作已卅四年,敬业有恒,难能可贵,近以年高自请退休,余等不能释然于怀,适以全国金融业会议在京开会,与总行经理华文煜君同来出席,乃于京行代总经理张超一君约杨君合摄一影,以留纪念,并誌数言,祝杨君高寿健康。杨君公子毓琦服务津行,毓璋服务京行。
>
> 王志莘 孙瑞璜 一九五〇年八月十九日北京②

当然,这仅仅是一个个例,王志莘等的这一举动,更多的是传递了新华银行管理层加强与员工沟通交流的信号。

---

① 永伟:《积极展开业务检讨工作》,载《新语》15 卷 20 期,1950 年 10 月 15 日。
② 荫:《京行通讯》,载《新语》15 卷 17 期,1950 年 9 月 1 日。

1950 年 10 月 24 日晚,王志莘假座第一办事处的会议厅,召集了总行各单位主管,工会委员,以及行政与工会合组机构的负责人,举行了首次茶会。会谈在诚恳率直和融洽的气氛中持续了 3 小时,与会者"都以家庭中一员的立场,不分畛域,兴奋发言",检讨本行的行务与业务。大家在几个方面取得了共识:第一,必须及早厘订奖惩制度,切实执行立功者奖赏,有过者处分,并体现重赏轻罚的基本精神。第二,应加强推进福利设施,如提高福利贷款额度,推进医药卫生设备,放宽医药补助金审核尺度,调节工作强度,倡导文娱活动等。第三,应明确规定政治思想水平是提拔干部的重要条件,各级干部要以身作则,起带头作用。第四,各级领导干部应学习怎样走群众路线,不能无领导无原则地迁就群众。第五,对于强调民主、不服从领导,形成无纪律、无组织的极端民主偏向,必须纠正①。

11 月 1 日出刊的《新语》首页,再次刊出了业务检讨委员会秘书孟永伟的文章——《彻底消灭悲观和消沉的现象,我们要积极展开合理化建议运动》,及时呼应了王志莘在 10 月 24 日茶会上的讲话,对同人情绪低落、业务趋势衰退、行政管理松懈等问题,进行了具体的分析。文章同时指出,要解决这些问题,不依靠群众的力量是不可能的,对症下药,就只能用"展开合理化建议",走群众路线②。

11 月 3 日晚,王志莘、孙瑞璜在第一办事处举行了第二次茶会。王志莘对上次茶会上提出的问题作了回应:第一是考绩和赏罚问题。预备将考绩制度、奖惩办法、考勤办法等尽快修订;工友文化水准高、办事努力、合于职员标准的,经过考试后,可以升为职员。第二

① 怀:《良好的开始》,载《新语》15 卷 21 期,1950 年 11 月 1 日。
② 孟永伟:《彻底消灭悲观和消沉的现象,我们要积极展开合理化建议运动》,载《新语》15 卷 21 期,1950 年 11 月 1 日。

是劳逸不均问题。人事室要和各单位主管取得密切联系，同事中有特殊劳绩的，行政上准备建立奖励制度，拟给以名誉奖励或物质奖励。第三是中下级干部放弃领导问题。今后要加强行政组织，确立分层负责制度，将领导能力强弱，是否能贯彻政策，支配工作是否恰当，同事工作努力程度，作为主管考绩标准之一。第四是劳动纪律松弛问题。要确立劳动公约，互相勉励。第五是训练问题。今后一切训练工作，均将按计划实施。第六是待遇与福利问题。行政上决定视能力所及，尽力办到，福利贷款原来的金额约为薪水总额的 10%，现拟增加一倍约为 20%；医药互助金，在可能情形下，放宽审核尺度；在行内设立医疗室，请医师来行应诊①。

对新员工的特别关注，对于一家银行而言，具有特殊重要的战略意义。

新华银行归属人民银行华东区行直接领导和管理后，三个多月时间陆续任用了 90 多位新同事，这些人是由人民银行华东区行统一组织招考和分配的，之前都有在不同行庄的金融工作经历。他们到了新华银行之后纷纷表示，"我们要紧紧地与老同事站在一起，取长补短，互相学习，携手并进，全心全意为新中国经济建设而奋斗"②。《新语》曾以数页篇幅，集中刊登了多位新同事的感想与体会。看得出，这些新同事为能加入新华银行而感到自豪，并愿意尽力做好工作。

1950 年 11 月下旬，孙瑞璜专门与所有新同事进行了一次较为深入的谈话。关于新华银行究竟是一家怎样的银行，他概括了四点：

---

① 《从良好的开始走上搞好业务的第二步》，载《新语》15 卷 22 期，1950 年 11 月 15 日。

② 《新进行的职工兄弟姊妹们的话》，载《新语》15 卷 20 期，1950 年 10 月 15 日。

① 新华银行由小到大,经过了艰苦努力的过程;② 新华银行是一个
"学校的银行",很多负责人是学校出身,保持书生本色,"很少市侩习
气";③ 新华银行希望能提倡一个格局,有一个"行格",不可与社会
上坏习气"同流合污";④ 新华银行是公私合营银行,向人行靠拢,接
受人行领导。孙瑞璜还向新同事提出两点要求,一是不要存雇佣观
点,要争当主人翁;二是站在金融岗位上,努力为人民服务①。

　　11 月 23 日晚,新华银行工会文教委员会举行了招待新同事晚
会,参加的有新老同事 150 余人,"每位分赠橘子和花生米一袋,谈谈
吃吃,情绪至为融洽"。工会主席朱应麟对新同人致欢迎词,凌华俊、
曹雁秋代表新同事向工会献旗,并致答谢词。再后,则以"中国人民
热烈展开抗美援朝斗争,会不会增加第三次大战爆发的可能",以及
"美国是不是纸老虎"为中心题目,展开热烈辩论,最后则是余兴
表演②。

　　新同事入行之后的管理更为重要,如怎样对新同事进行民主评
级,就是一个相当重要的问题。第十办事处在对试用期满后的 7 位
新同事评级时,认为个人思想生活的重要性,应视作"仅次于工作成
绩的";"因为我们假使是一个思想进步的人,他在工作方面的表现一
定是积极的"③。这样的评级标准,无论对新同事或老同事而言,实
际上都是一种明确的信号和导向。

　　总行人事室面对的问题显然要更为具体和复杂。人事室认为,
人事行政上一切措施,和全行员工都有深切关系,所以最为同人所关

① 《孙副总经理对新同事讲的话》,载《新语》15 卷 23 期,1950 年 12 月 1 日。
② 亦炬:《迎新晚会速写》,载《新语》15 卷 23 期,1950 年 12 月 1 日。
③ 三人:《我们是怎样进行新同事的民主评级》,载《新语》16 卷 5 期,1951 年 3 月
　　1 日。

心。同时要搞好人事规则，必须联系群众，依靠群众，想问题从群众出发，有困难和群众商量①。

1950 年 5 月 18 日晚，人事室召开了第一次人事工作座谈会，报告最近该室工作概况，并听取同人的意见。当时，同人所提供的建议批评和质询较多，人事室除对一部分问题予以当场解答外，又选择了一些重要的和具有一般性的问题，在《新语》上作了扼要解答：

（1）废除保证制度问题。依照本行员工具保规则各条的规定，员工保证人必须是一个资本家或资方的代理人，才有资格。"今天我们工人阶级在自己的企业里工作，必须觅具非工人阶级的殷富来保证自己的信用，无疑是不可思议的事情"。但在合理的具保规则施行以前，旧的规则不得不继续有效。对于保证人资格一项的尺度，当先予放宽②。

（2）提升工友为行员问题。4 月底本行职员和工友的人数比例，沪区总分行处是 541：184，等于 3：1；各分行的比例是 309：149，等于 2：1；个别分行的情形更突出，例如渝行为 16：11，滇行是 12：9。"我们固然不能机械地确定员工人数的一定比例，但部分工友的才力，没有给予适当使用的机会，就是人力的浪费"。工友中不乏具有相当文化水准，能够胜任行员工作的人才，假如能提升他们为行员，不但可以提高工友的努力进修，提高他们的工作积极性，并且可以减少目前行员工作的紧张情况。"预料在本行员工考绩制度或评级制度实施时，可以同时实行的"③。

（3）例假日工作酬劳问题。本行同人对于"当天事当天毕"，一

① 人事室：《人事问题释疑》，载《新语》15 卷 11 期，1950 年 6 月 1 日。
② 同上。
③ 同上。

向有传统的优良作风。"这种负责精神，在我们工人阶级参与本企业管理的今天，更需要提高发扬，并打破出卖钟点的雇佣观念"。对于例假日工作问题，认为是责任以内的工作问题，计较酬劳一节，决定不予考虑①。

（4）工友退休问题。对于工友的退休，解放前曾另行拟订一种办法，但没有实行，"以致有少数工友，虽然年迈龙钟，因为受旧规则的歧视，不得不继续供职，鞠躬尽瘁"。这种不合理的歧视必须纠正。"今天员工同是工人阶级，应该一视同仁，不分彼此"。在"行员恤养规则"修正以前，工友的退休可援照行员办理②。

平心而论，上述有些问题其实是相当复杂的，比如究竟应该实行怎样的保证制度，上海银钱业在 20 世纪 30 年代和 40 年代就有过激烈的争论和改革尝试③，解放后这个问题仍然受到了各方关注④。在新的形势下，如何认识和处理旧有制度，取其精华，去其糟粕，确实需要智慧。

或许正是由于人事室所表现出来的虚心听取意见的态度，同人对于人事室工作的批评建议接踵而来。刊登在《新语》的同人冯兰皋来信，就是一个例子。应当说，此类来信能公开发表，本身就是新华银行民主管理进步的一个标志。

冯兰皋认为："我觉得人事室在处理六月份考绩的事件上，充分表现出有旧社会的坏习惯，这就是拖、推、敷衍塞责。"这里所谓的"六

---

① 人事室：《人事问题释疑》，载《新语》15 卷 11 期，1950 年 6 月 1 日。
② 同上。
③ 刘平：《上海银行业保人制度改良述略》，载《史林》2007 年 4 期。
④ 潘惟勤：《银行员保证制度的检讨》，载《经济周刊》9 卷 16 期，1949 年 10 月 20 日。鲁国溥：《建议人民银行废除保证制度》，载《解放日报》1950 年 5 月 17 日。

月份考绩事件"，指的是上一年即 1949 年 6 月，按照新华银行的规定，此时应对进行满一年的员工进行考绩，并根据考绩结果调整薪金等级；但由于种种原因，此事一直暂缓办理。为此，他建议，从 1949 年 6 月份起，到实施全面评级评薪的前一个月为止，在这一段时期中，"六月份职工普遍补加薪金二级到三级"①。他反映的是"政策连续性"问题。

在同一期《新语》中，刊发了人事室对此事的回复。人事室首先说明，上海解放后，新华银行曾为此事专门请示过军管会特派员办公室，根据军管会金融处的批示，在整个薪给标准尚未制定前，此事暂缓办理。人事室同时指出，在今年 5 月 11 日收到张尧欣等员工来信，申请补办去年 6 月考绩时，"确认六月份同人向隅为欠公允"，对此深表同情，但此事并非人事室的特权，"无法负责把这个偏向纠正过来"。因此，人事室将该案通过人事制度委员会，反映给董事会来解决，是唯一最切实际的、实事求是的行动②。

员工提出的问题，并非都能得以圆满解决；在这种情形下，耐心细致和及时的解释工作就显得格外重要了，至少体现了管理层解决问题的诚意。

行政考绩

在叙述行政考绩之前，还得先从民主评薪评级说起。

1950 年 8 月 9 日、10 日，新华银行人事制度委员会连续召开第 6

---

① 冯兰皋：《关于六月份考绩问题》，载《新语》15 卷 15 期，1950 年 8 月 1 日。
② 人事室：《为六月份考绩问题答冯兰皋君问》，载《新语》15 卷 15 期，1950 年 8 月 1 日。

次、第 7 次会议,审议通过了《民主评级评薪办法草案》(简称"办法草案")。会上一致认为,民主评级评薪工作,事属初创,必须审慎将事;同时作出两项重要决议:① 民主评级评薪工作分两步办理,先办民主评级,俟有成效,再行评薪。② 将已通过各节草案,即行通过工会,分发各小组讨论①。

该"办法草案"指出,本行员工职级薪给之核定,均有一定的标准为依据,但由于人事变动,制度之更改,以及 10 多年来受战争环境之影响,以致就全行范围言,员工现行职级薪给,与"人尽其才""按劳取值"之原则不无距离,今天应以主人翁之立场与民主方法,来解决这一问题,通过此次民主评级评薪,一方面使大家懂得如何运用批评与自我批评之武器,使之自觉认识到自己之优缺点,明确今后之努力方向;另一方面,使每一个人都能发挥工作之创造性与积极性,从而使工资制度成为提高工作效率、促进行务与业务之工具②。

该"办法草案"规定,在民主评议以前,应根据各人之能力、经历与学历等项,评定其职级,作为评薪之一项根据:

(1)现任办事员至襄理各级人员,如具备下列评级条件各该级甲项条件者得留任,不具备者降低职级,如具有上一项条件者,得予升职,均以一级为限。

① 办事员,须具备下列条件甲、乙或甲、丙二项,方为合格:(甲)有一定实际工作经验并有独立工作能力,可依时完成任务者;(乙)曾任助员一年以上者;(丙)大学毕业或有相同学力者。

② 副股长,须具备下列条件甲、乙或甲、丙二项,方为合格:(甲)

---

① 《民主评级评薪办法草案,人制会已通过评级部份》,载《新语》15 卷 16 期,1950 年 8 月 15 日。
② 《民主评级评薪办法草案》,《新语》15 卷 16 期,1950 年 8 月 15 日。

对经办工作熟练而有条理,除完成本身任务外,并能推行计划领导别人完成任务者;(乙)曾任办事员三年以上者;(丙)大学毕业或有相同学力者。

③ 股长,须具备下列条件甲、乙或甲、丙二项,方为合格:(甲)除副股长甲项条件外,并能襄助上级规划者;(乙)曾任副股长二年以上者;(丙)大学毕业或有相同学力者。

④ 襄理,须具备下列条件甲、乙或甲、丙二项,方为合格:(甲)能了解政策及全行业务,并熟悉某一项业务、并有领导规划及训练能力者;(乙)曾任股长二年以上者;(丙)大学毕业或有相同学力者。

⑤ 现任襄理如具备下列副经理条件甲、乙或甲、丙二项者,得由总经理提请董事会任命为副经理者:(甲)能掌握政策与工作方针,熟悉全行业务并精通某一项业务,规划并领导推动某一部门业务之发展者;(乙)曾任襄理三年以上者;(丙)大学毕业或有相同学力者。

(2) 现任助员已服务一年以上者,具有办事员甲项条件者,可递升办事员。现任练习生二年以上,有一定实际工作经验及能力者,可递升为助员,如具有办事员甲、丙二项条件或具有甲项条件而已服务三年以上者,均得越级递升为办事员。

(3) 现任工友具备下列条件甲、乙或甲、丙二项者得报名参加升级考试:(甲)具有一定的职员工作能力者;(乙)具有相当初中程度之文化水准,已在行服务三年以上者;(丙)具有相当高中程度之文化水准,已在行服务满一年以上者。考试及格者得升为练习生,如成绩特别优良,得视其服务年资,递升为助员。

(4) 现任经副理之评级,由董事会办理之①。

---

① 《民主评级评薪办法草案》,载《新语》15 卷 16 期,1950 年 8 月 15 日。

　　该办法草案规定,总分行分别组织评级评薪委员会,由行政与工会以等数代表为委员,各行政单位成立评定小组一组或若干组。评议时由委员会就工会与行政方面各指定委员一人出席辅导。评定程序为:① 先由行政单位主管初步评定。单位主管本人由高一级主管评定。② 由各人自己运用自我批评之方法,发掘自己之优点与缺点,对于主管的评定,郑重提出自己之意见,然后由小组民主评议。③ 评议结果由全体组员签章后,由出席委员汇交委员会审核。④ 委员会审核时,得分别邀请各单位主管及其员工代表一人列席。⑤ 委员会审核后,如认为必要时,得将小组评议结果发回原小组重行评议。⑥ 委员会作初步评定后,即行公布。如有对本人之定评有异议者,得申请原小组复评后,提请委员会重行审核,作最后评定。⑦ 委员会之定评送呈总经理核定后,交人事室执行①。

　　该"办法草案"条文在《新语》刊出后,总分行同人展开了热烈讨论,纷纷反映意见。总行工会特召开了工会小组代表大会,集中讨论,将各方意见归纳成 10 项,提交人事制度委员会第 8 次会议讨论。经行政和工会双方委员协商后,决定了四项重要修正原则,另一部分意见属于技术性的,则留交将来评级评薪委员会处理。这些修正原则,和工会代表大会提出的意见,大体上是一致的,仅有小部分的变更。行政和工会双方委员在会议中充分表现了互相尊重、开诚协商的精神,认清人事制度委员会是协商机构,对于每一个问题,必须取得意见一致后,才作出决定。人事制度委员会秘书根据修正原则,又将草案条文,再度作了重大修正。经 10 月 13 日第 9 次会议修正通过。这就是民主评级评薪办法第二次草案,除送陈总经理核定后以

①《民主评级评薪办法草案》,载《新语》15 卷 16 期,1950 年 8 月 15 日。

备提请董事会通过施行外，并将条文油印公布①。

1950年12月，王志莘在与重庆分行员工座谈时，也谈到了民主评级评薪问题。他认为，这项工作要认真研究，研究工作和思想准备都要"不厌其详"，"务使真正符合原有之精神"。他同时认为，"目前练习生及助员尤其应先予调整"②。

基层单位对此项工作也很重视。第七办事处有7位新同事试用期满，需要进行评级。他们把这次评级作为全面评级的实验和探索，经过了较长时间的酝酿，历经10余次的会议，利用一星期的公余时间，较好完成了此项工作。他们在实际操作中，首先是克服"宁可宽些、不宜太紧"的偏向，对评级尺度的决定，以"正常"做出发点，"假定平常表现尚能赶上一般水准而无甚缺点"，就评为"正常"，有重大原则性错误的评为"平庸"，有特出表现超过一般水准以上，方为"优良"，在此原则之下，以"优良"和"平庸"用得最少，大多在"平正""正常""正优"三级。这次评级，对新同事的"思想生活"看得比较重，仅次于"工作成绩"，"假使是一个思想进步的人，他在工作方面的表现一定是积极的，如果思想错误，必能导致工作上的错误"③。

值得注意的是，民主评级工作尚在积极准备之中，年度考绩之事却先行提到了议事日程。

11月25日，新华银行人事制度委员会召开了第11次会议，会议认为，本行同人考绩，自1949年6月暂停办理以来，按照规定，练习

---

① 《民主评级评薪办法制订经过》，载《新语》15卷23期，1950年12月1日。
② 《王总经理在渝行员工座谈会上的讲话》，载《新语》16卷1期，1951年1月1日。
③ 三人：《我们是怎样进行新同事的民主评级》，载《新语》16卷5期，1951年3月1日。

生、助员应予升职者(约占全行行员总人数20％),以及办事员以上人员应予升职者,均无法提升,使人事与业务有脱节现象,"至于影响工作情绪,更不待言",需要通过全面评级以求得适当解决。但一方面当前评级办法,尚在制订之中,将来进行评级工作,"又恐非短期内所能办理竣事";另一方面,年度结束之期已在眼前,同人考绩工作亟待办理。会议决定,在评级之前,办理年度考绩,"先予提升以资奖励,实有继续并足为评级创造顺利进行之条件"。此次会议通过了《一九五〇年度行员年终考绩办法草案》和《一九五〇年度工友年终考绩办法草案》,并在《新语》全文公布,听取同人意见①。这就是说,民主评级评薪之事,暂时尚不具备实施条件;而考绩工作则刻不容缓,必须先行启动。

两个办法草案规定,凡在1950年7月以前经正式任用之行员和工友,普遍办理考绩。考绩项目包括:

甲、工作情形。

(1)工作勤勉:着重工作之积极性与其负责程度。

(2)工作速度:着重工作之敏捷与技术之纯熟。

(3)工作品质:着重工作之准确性、整洁与精细周到等。

(4)工作知识:着重本位工作之知识,本部门工作之知识(及)整个机构业务之知识。

(5)领导才能:着重掌握政策与工作方针及规划、组织、训练、判断、应付等能力。

乙、服务精神。

(1)待人接物:着重态度耐心、合作精神与群众关系。

---

① 《本年度年终考绩人制会通过办法》,载《新语》15卷23期,1950年12月1日。

（2）忠实程度：着重遵守纪律，服从领导，爱护行誉，珍惜公物。

丙、个人情形。

（1）学习：着重政治与业务学习态度与学习勤惰。

（2）生活：着重生活规律、作风与耐苦精神。

评量等级包括优良、正常、平庸等三档。具体办理步骤包括思想准备、组织准备、建立考绩系统等。办法明确规定，考绩审议委员会人选由总经理指定之①。

显然，由于考绩制度停顿已久，于是形成了全行"赏罚不举、纪律松弛"的现象。"长此下去，可能使工作积极的不再积极，不积极的转趋消极，消极的浸成麻痹，愈加消沉下去。"为了鼓励同人服务精神，提高工作积极性，及时办理考绩，自有其最现实的意义。那么，这次考绩办法，比较以往的考绩有些什么特点呢？

第一，考绩项目内增加了"学习"一项，说明了对于工作人员的要求，"不但是在业务水平上要有进步，同样在政治水平上也要有进步"。

第二，平日考勤和奖惩作为考绩之重要一部分，"使同人了解考绩是着重平时工作勤奋、不断进步，而不是取一日之短长"。

第三，这次考绩的办理，由各级主管共同组织考绩小组，采取个别评定，共同协商，分层审核的方式，经过初评、复评和总评等阶段。初评由直接主管办理，经考绩小组内各主管的共同复评，在小组长切实掌握之下，使各主管的初评标准趋于一致。再经上一级小组的总评，例如总行营业室各部门小组的复评，要经营业室小组的总评，总

---

① 《一九五〇年度行员年终考绩办法草案》，载《新语》15 卷 23 期，1950 年 12 月 1 日。

行各办事处和一分行小组的复评,要经营业、人事、稽核三室的总评,在营业室经理的掌握之下,使营业室各部门和总行各办事处(第一分行)的复评标准趋于一致。"就沪区来说,他们的人数占沪区同人的绝大多数,如能取得一致标准,沪区同人的考绩,基本上就可得到顺利完成的保证了。"

第四,这次考绩的审议由总经理任命组织的考绩审议委员会主持,对于总行各室和外埠各分行的复评或总评,再在审委会统筹兼顾之下,求得各单位标准趋于一致,审议时经过初审、反映和复审等阶段,"对于同人意见采取秘密反映办法,用以鼓励同人向行政上大胆提出批评,供审委会纠正可能存在的偏向"。

第五,对于工友的考核,除行员升职办法不适用外,大体上是和行员考绩相同的①。

这里,特别要说一下审议。这次考绩的审议,分为考绩和升职两部分,关于考绩部分的审议,着重在解放后到现在这一阶段的工作表现、服务态度和思想情况,重点在工作表现方面。依照考绩办法第五条的规定,关于考绩等级的划分,并不硬性规定得分多少列入某等,因为各主管的初评标准,有的偏高,有的偏低,"硬性规定了,结果必欠公允"。审委会的审议标准,是就每一小组的计分结果来考虑标准和分等。先选择列入正常者的分数,定为乙等,依次向上推进,在一定分数以上的列入优良,定为甲等,在甲等人选中,再选择工作表现更好的人,定为优等。又从正常依下推递,在一定分数以下的列入丙等,如工作庸劣或犯有过失的,列入丁等。

---

① 《关于一九五〇度员工考绩问题的报告》,载《新语》16 卷 6 期,1951 年 3 月16 日。

关于升职部分的审议，又分为两部分。对练习生、助员的审议标准，以服务年资为主，同时看成绩优良与否，缩短或延长规定期限。根据这一原则，助员、练习生如服务还不满三年，因为成绩优良，或因业余进修，已具大学毕业程度的，也予以越级提升为办事员，以此鼓励同人的进取。

办事员以上人员的升职，目的在选拔优秀的领导干部，审委会确立的审议标准，完全着重在领导才能上面，对服务年资一项则列为次要因素。所谓领导才能，具体规定了三项内容：① 工作积极，能起示范作用；② 能掌握政策与工作方针或具有规划、组织、训练、判断、应付等能力表现于日常工作中；③ 学习认真，思想水平有显著提高。审委会审议时，尤其着重第二项，同时观察政治思想是否明确，解放以来，有没有进步，"因为政治思想情况不明确的人，就不能期望他能切实掌握政策和正确领导同人的，就不能期望他能做一个优秀的人民勤务员"。

审议考绩的标准，与升职的标准有所不同，前者着重在工作表现，后者着重在领导才能，所以考绩列入优等的人，未必予以升职，因为未必具备升职的条件；另一方面，如能具备升职条件的，只须考级列入乙等以上，就予以选拔。假如工作上能有出色表现的，被选拔的机会当然更多，有的年资较浅也予优先选拔，甚至可以特殊考虑，越级提升。"这是审委会勇敢的尝试"，各委员一致认为这一选拔干部的立场是合理的。

考绩审议委员会由总经理指定委员 15 人组成，连续召开了六次会议，每次会议常常延续 3 小时至 5 小时之久，初步通过了升职人员的名单。2 月 14 日，人事室在《人事简讯》上公布了此名单，以听取同人意见。然而，初审升职意见公布后，同人反映意见并不踊跃，人事

室一度延长了时限,鼓励同人提供意见。到 2 月底,沪区部分共收到
意见书 76 份。到 3 月 7 日止,分行部分除渝、汉、厦、津四行外,共收
到意见书 33 份,其中一部分是个人所提,一部分是小组讨论的结果,
或是联名提出的。审委会对于这些宝贵的意见,无论关于本人的意
见或关于他人的意见,无论是批评某人的升职或建议某人的升职,都
非常重视,审委会完全从所提意见的客观性和真实性来考虑问题,分
别接收,又经过了连续三次会议,逐一复审以后,对于升职部分的初
审结果,作了小部分却是很重要的修正,这充分表示了审委会的公正
客观和尊重群众意见的诚恳态度①。

　　那么,在这次考绩的过程中有些什么偏向和教训呢?

　　审委会认为,在进行考绩初评和复评的时候,有个别单位的行政
上,未能切实掌握,有"一面倒"的偏高倾向,更有个别单位试行民主
评议,形成了"一团和气""普遍晋升"的现象。推测原因,这是由于小
组评议并没有和批评与自我批评相结合起来,"不进行批评与自我批
评,就不能搞好评议工作"。

　　公布初审结果后,同人之间虽然议论纷纷,但正式提出书面意见
的并不踊跃。有人认为审委会早有成见,提意见也是徒然的;也有人
认为,提意见可能遭遇到不好的后果;更有人则以为,自己既已升职,
不必去过问别人了;有的人又以为,自己反正不想升职,所以事不关
己,何必多管闲事。另有一部分以为可以升职而失望的人,表示了
"你开红灯我煞车"的态度。

　　在所有提出的意见中,审委会对真实、合理的部分予以了采纳。

---

① 《关于一九五〇度员工考绩问题的报告》,载《新语》16 卷 6 期,1951 年 3 月
　　16 日。

当然，也有一部分意见，审委会认为"不免要求过高"，不尽合理。如有人认为银行一切工作是环绕着业务的，所以营业部门工作人员应当适当照顾；有人要求公布不升职人员的缺点；又有人以为，某人既在岗位上当方面之任，就该升职，或者以为某部门缺少一定的干部，就应该就地取材，分别选拔，等等①。

香港分行汇款部门的黄德文撰文谈到，香港分行此次的评级，是由股长以上人员组织审评小组进行评议，评定的结果：押汇部门有一位甲等、一位优等，另有两位升职；存款部门有一位优等，一位升职；至于会计及出纳部门都有甲等以上的，唯独汇款部门除兼任股长（由会计股长兼），竟无一人列入甲等以上的。他说，如此结果，"使该部门同人感到万分惭愧，真是愧对自己，愧对新华"，他列举了汇款部门的工作态度，以及汇款业务在香港当地排名靠前等情况，对考绩结果表达了失望的心情，但他同时也表态："我们将更努力工作，毋负人负己。"②

概括起来，此次员工年终考绩工作，从制定办法到完成审议，经过了四个月时间，由行政办理，通过了各级主管的共同协商、分层审定，虽然不是真正意义上的民主评议，但却尽可能反映了群众的意见，"虚心接受、切实掌握的"，无论考绩标准、进行方式，都有很大的进步性。但人事制度委员会也坦承，工作中还存在一些缺点，偏向更是难免，由于对各个人的工作表现和领导才能"没有定型的尺度可以衡量"，所以考绩的结果一定存在着或高或低的偏向。同时，审委会对于沪区同人情况比较了解，但对于外埠分行同人就有若干情况的

① 《关于一九五〇度员工考绩问题的报告》，载《新语》16卷6期，1951年3月16日。
② 黄德文：《我对考绩的感想》，载《新语》16卷9期，1951年5月1日。

隔阂,"单凭一纸考绩报告来审议,可能存在的偏向就较多"①。

劳动公约

1950 年 6 月 1 日,《解放日报》给新华银行转来该报读者顾德苓的一封信。信的全文如下。

编辑同志:

我在五月十七日上午到江西中路泗泾路新华银行第一办事处(第一分行之误)去领款,当我去掉(调)铜牌时,不料印鉴部工作同志不在,我就问同柜台的另一位同志,他竟不理,五分钟后,他说:难道他一天到晚在此地不走吗? 他又不是死人,你没有看见他,难道就不能等了吗? 等不住就回去。一会,那位掉换铜牌的同志来了,就给我掉了铜牌,我就离开这张台子去领款去了。约过了五分钟,这位掉换铜牌的同志又离开本位了,那知此时从大门又有领款人进来,也像我一样的向同台的那位同志询问,并向他掉换铜牌,不料这位同志将对我的态度来对付那位领款人,但这人没有我这样的耐心,马上互相争吵起来。结果被别人劝止。我想,这虽是小事,但值得提出来,并盼望新华银行的这位同志好好检讨改正。

新中油脂厂工会文教科顾德苓②

---

① 《关于一九五〇度员工考绩问题的报告》,载《新语》16 卷 6 期,1951 年 3 月 16 日。

② 秉:《张瑞康事件的经过处理和总结》,载《新语》15 卷 15 期,1950 年 8 月 1 日;《新华银行敷衍批评》,载《解放日报》1950 年 6 月 26 日。

新华银行秘书处收到这封信后，即送交总行营业部办事处业务部门办理，办事处业务部门袁云汉副经理认为，此案颇可作为教育全行同人的材料，即转与工会主席朱应麟洽阅，同时依照手续，将此信批交第一分行查明情形具报。

6月6日，第一分行经理包述传为了解确实情形，打电话约请写信人顾德苓到行晤谈。事后，袁云汉副经理电话询问第一分行王丰年副经理，王回复称："已请顾君来行谈过，顾君已谅解而去。"同日，总行业务检讨委员会会同工会去第一分行参加业务检讨小组会，检讨张瑞康事件。会上，犯有过失的张瑞康态度并不好，只说"我记不起来，搞不清楚……"等门警郭炳林起来说明，好多同事提出批评，他还一再推诿，会未终止，就先行离席了。总行业务检讨委员会派去赴会的龚善继很懊丧地回来了，并向人事室张经理反映了这件事。

隔了两天，第一分行的童润德送来一封张瑞康的坦白信，交给龚善继，信里写着：

> 迳启者：前次开检讨会上检讨鄙人对客户态度不当，有违反替人民服务原则，以致使顾客对鄙人提出批评，并影响行誉。在会上鄙人因一时健忘，不能将该次事件作一明白自我检讨。会后经郭炳林同志详细说明当时情况。鄙人深自反省，确因一时工作特多而不及招待顾客之处，更有口头得罪，甚觉惭愧，今蒙工会工作同志耐心教育，感激不尽，可使鄙人今后能更好为人民服务，以答客户对我行的期望，而不负工会对鄙人之教育，努力前进学习。此致
> 新华工会①

---

① 《张瑞康的"检讨"》，载《解放日报》1950年6月26日。

龚善继看了此信,认为张瑞康的态度与检讨会时比较已经进步了,就将原件交给业务检讨委员会秘书胡绩勋。胡认为此事关系同人工作态度,应交人事室。人事室张经理认为应由一分行拟稿,胡认为该件原由袁副理经办,且一分行在行政上由袁副理联系,便就近请袁副理接洽复信核稿,经袁副理同意后,仍由胡拿到秘书处,并说此事已结束,请拟文复信《解放日报》。

秘书处杜襄理看了检讨记录和张瑞康的坦白信,"虽发觉其中不无参差之处,但会议在前,坦白在后,应可作为自我检讨",就拟了一封给《解放日报》的回信,全文如下:

> 迳复者:前奉五月卅日大函,并附读者顾德苓君投函一件,均敬诵悉。关于顾君对敝行上海第一分行工作人员作风表示不满一节,经于六月六日电请顾君列席敝行检讨小组,由同人深切检讨,当时犯有错误之同人张瑞康君,并经最严厉自我批评,决心改善工作作风,加强服务精神。此项检讨对于敝行全体同人深具教育意义,除已向顾君表示感谢外,用特备函奉复,尚希察照。①

此信送给袁副理核稿后,即送文书股缮正发出。

此事经过这样的曲折,动员这么多的同人,在各方面手续上和形式上似乎都做得很到家了,答复《解放日报》的任务总算完成了,行政与工会同人都松了一口气,认为此事可告一段落了。实际上,"不问此案的问题有没有解决,张瑞康工作态度有没有改变,都存在太平观念和麻痹思想"。

---

① 《新华银行总行来信》,载《解放日报》1950 年 6 月 26 日。

过了几天，《解放日报》来电话，由孙副总经理接听，报社表示对新华银行的答复不能满意。孙副总经理查卷后回复说："张君有坦白信在这里。"《解放日报》"嘱将原信抄去"①。

谁都没有预料到的是，6 月 26 日，《解放日报》在"批评与建议"栏刊载了《新华银行敷衍批评》的报道，并将读者顾德苓的来信、新华银行的复信、张瑞康的坦白信、该报通讯员的信，都详细地刊登出来。

该报通讯员的信内容如下：

六月一日那天，贵报转来客户顾德苓同志的一封批评信，经调查的结果，对客户顾德苓同志在服务上表现得傲慢的，是一位坐在柜台旁的工友张瑞康。因为该分行人手很紧凑，所以由他来帮助做应付柜台的工作，而张瑞康本人一向对人的态度很差，据说在同庆钱庄(未与新华合并之前)，曾经因态度作风有问题而被停职，复职以后，初期，据一般反映，在态度上是有改善的，但日子一久，待人态度又变坏了。

六月一日晚上，新华第一分行全体同人召开检讨会时，张瑞康同志说话的时候，不愿虚心检讨，只是说："我记不起来，搞不清楚，……无从检讨。"但这时候有门警郭炳林同志起来证明，很多人加以批评，但他还是坚决不说，一再推诿，工会正在设法进行教育。②

《解放日报》在编者按语里说："读者对张瑞康同志提出的批评，

---

① 秉：《张瑞康事件的经过处理和总结》，载《新语》15 卷 15 期，1950 年 8 月 1 日。
② 《新华银行敷衍批评》，载《解放日报》1950 年 6 月 26 日。

对银行工作及张瑞康同志是有帮助的。但张瑞康同志未能很好地于检讨会上接受批评，彻底改正自己工作作风，而藉口推诿掩饰，表明改造自己的决心是不够的。但新华银行总行给本报的复信，竟有'当犯有错误之同人张瑞康君，并经严厉自我批评，决心改善工作作风'等语，与事实不符，经本报于电话中询问，始将张同志致工会信抄来，希望新华银行负责方面及工会公开答覆。而张同志写给工会的信，据我们了解，又系别人代写，新华银行总行既知此信非张同志所写，仍抄寄本报，这种敷衍应付批评的态度，是不对的。"①该报当日"社会论坛"发表的《对待批评的几种不正确态度》一文，亦提到此事，认为这是"对人民群众的不负责任"②。

事情发展至此，自然引起了新华银行上下的高度关注。大家都认为《解放日报》的批评正确，"揭露了我们的疮疤，让我们看到了病根，鼓起勇气来洗刷一下"。

当日，工会常委会开会决定，先请朱应麟、陆荣根、张根新与张瑞康谈话，挖掘他思想的根源，其次由业务委员会将此事经过情形印发小组讨论，以上两个步骤完成后，即召开全行性的检讨会，由工会、行政与张瑞康本人三方面来检讨。这个建议通过业务检讨委员会经行政方面的同意后，在同事间酝酿了两个星期，于 7 月 19 日下午 7 时在总行会议室召开了第一次的全行性检讨会③。

行政方面，首先对此事进行了检讨。

---

① 秉：《张瑞康事件的经过处理和总结》，载《新语》15 卷 15 期，1950 年 8 月 1 日；《新华银行敷衍批评》，载《解放日报》1950 年 6 月 26 日。
② 《对待批评的种种不正确态度》、《新华银行敷衍批评》，载《解放日报》1950 年 6 月 26 日。
③ 秉：《张瑞康事件的经过处理和总结》，载《新语》15 卷 15 期，1950 年 8 月 1 日。

秘书处华文煜经理说：这次事件，秘书处要负很大的责任，秘书处只根据了第一分行的报告和张瑞康的坦白信，就写了一封含糊的、空泛的、官面的复信，这是旧社会遗留下来的不切实际的旧文牍作风，而没有自己去深切调查研究，亦忘了张瑞康的毛病不是一下子可以改造的，自己犯了粗枝大叶的毛病，以后要提高警惕，不再重犯。

营业室袁云汉副理说：自己以为这事出在第一分行，便批交第一分行处理，而没有考虑到这关涉同人服务态度，实际应向人事室联系一下。后来我虽电询王丰年先生，王先生说事情已经解决，自己也没有深切调查和考虑，秘书处拟稿后，自己就随便盖章，这完全是马马虎虎，不向人民负责的旧作风，以后更要慎重处事。

第一分行王丰年副理说：我们开小组检讨会时，认为顾德笭先生已经满意，似乎事情可以了了。开会时张瑞康坦白不够，会开得不好，没有将这种情况反映给行政当局，使袁云汉先生对事实真相仍有隔膜，这是我个人犯了很大的错误。

人事室张又新经理说：人事室根本忽视此事，这事是人事室职责所在，有三次机会送来，我们三次推出去，完全抱了多一事不如少一事的不负责任的态度，这是值得检讨的。

孙副总经理总结说，行政方面存在五个缺点：① 对于批评与自我批评的认识不够，有错误的看法，认为这件事只要顾德笭先生满意，对《解放日报》有个交待，希望快些了事，同时，旧的文牍作风，对新时代是不适合的。② 行政负责人处理此事没有抓紧，只听报告，不去检查，完全是官僚作风。③ 组织松弛，上下脱节，造成公文旅行的现象。④ 一部分人推诿责任，多一事不如少一事，应负责任的没有负责去做。⑤ 根本的缺点是学习不够，不能使全体工作人员全心全意为人民服务。他强调：这次我们应该感谢顾德笭先生及《解放日报》，他们指出我们缺点，向我们提出批评，使我们提高警惕，必须建立新的服务态度，以后不特在口头上说，必须拿行动来表现。

工会主席朱应麟检讨了工会的四个缺点：① 工会对这件事情没有重视，犯了放任自流的毛病。② 工会在上次检讨会以前，未能对张瑞康同志好好地去启发他的思想，帮助他深刻检讨。③ 部分工会工作同志犯了单纯的任务观点毛病，以为只要把《解放日报》的来信答复就行了。④ 工会存在着无组织无制度的现象①。

张瑞康本人作了检讨。他说，上次检讨会没有坦白，因为有两点顾虑，一是对于批评与自我批评弄不清楚；二是对客户态度傲慢，自己不觉得错，认为顾德苓的信和第一次的检讨会，是有恶意的，所以不肯坦白。后经同人解释，才明了这是旧作风，是旧社会的坏习惯，今后决心改变旧作风和旧习惯。

接着，由廖国豪、苏森丙、屠易、张根新、应道荣等几位同志发言，认为张瑞康的检讨是不够坦白的，同时也指出了像张瑞康这样工作作风的人并不少，必须接受这一次的教训，保证以后不犯同样的错误；并认为有订立劳动公约的必要，通过劳动公约来确立新的服务态度。

人事室张经理宣布，张瑞康慢待顾客，在行政方面决定予以警告处分。张瑞康表示很感谢同人给他的帮助，完全接受处分。

主席吾新民总结说，这个会将是本行展开批评与自我批评的很好开始，大家提出了订立劳动公约的要求，说明了大家以主人翁的态度，从检讨缺点而提出办法来，"那么，这一次会，可以说有相当成就了"②。

1950 年 8 月 10 日，《解放日报》刊发的新华银行总行及工会来

---

① 秉：《张瑞康事件的经过处理和总结》，载《新语》15 卷 15 期，1950 年 8 月 1 日。
② 同上。

信,报告了该行于 7 月 19 日召开检讨大会的情况,认为"会上由行政、工会及张瑞康同志三方面进行检讨,获得了相当的教育作用";同时进行了认真的反思:"没有把这件事看成是新华银行服务态度的问题,应该通过这件事对全行职工展开教育,从而把我们的服务态度提高一步",自身"对批评与自我批评的认识是不够的"。该信最后说:"通过这一次事件,在全行职工服务方面已起了相当的教育作用,尤其在第二次检讨会上大家提出了订立服务公约的要求,同时大家对于批评与自我批评的认识也得到了初步的提高,我们谨对顾德苓同志和贵报编辑同志致万分的谢意。"[1]

然而,张瑞康事件并非是孤立的偶然事件。不久,又发生了高润华事件。

1950 年 7 月 6 日下午,总行出纳部门在整理现钞时,内有几扎钞票因绳断散开,老司务高润华从中窃取了 1.9 万元(实缺 3 万余元),"初藏于腋下,后很匆忙的置放于小房间套鞋统内",经在场老司务及早发觉,追踪查询,"高君以事实俱在,只好承认,并坦白出以前曾犯过两次"。人事室将此事提交行政会议讨论后,决定拟予除名处分。根据工会法,人事室以书面征求工会意见,希望在 7 天内答复。工会常委会一致认为,此事一方面影响甚大,不能贸然决定,一方面可以通过这个典型例子的讨论,教育大家,故于会前将事实经过分发小组讨论,于 7 月 13 日下午 7 时在总行会议室召开临时代表大会。会议召开时,各方反映意见甚多,大多认为在目前情况下,工人阶级是领导阶级,而有这种盗窃行为,是不可宽恕的;同时以银行从业员而论,

---

[1] 《新华银行自我检讨,订立服务公约改进工作》,载《解放日报》1950 年 8 月 10 日。

犯银钱过失,最为严重。经正反两方面多时的讨论,结果以 30 票对 14 票通过,同意行方对高润华的除名处分①。

张瑞康事件与高润华事件发生后,在全行员工中引起了较大反响。有同人即提出,行政方面和工会方面都应该认清自己立场和责任,不仅仅着重处分这一点,应抓紧时间展开教育,发动讨论,挖掘思想根源,防止类此事件发生。大家认为,应首先从管理层、工会、党团组织做起,带头展开批评和自我批评,同时从下而上地发动群众,互出主意,建立劳动公约制度,"因为有了劳动公约,在检查的时候,必然和批评与自我批评结合的"②。

1950 年 7 月 7 日,分行处室的同人在该室签订了一份劳动公约,这在整个新华银行是首创。此前,在分行处室每次开检讨会的时候,大家总觉得该室以及本行同人的劳动观念及劳动态度在有些地方还不够坚强,认为有订立劳动公约的必要。大家认为,只有树立了坚强的劳动观点与劳动态度,才能够充分发挥工人阶级当家的态度,才能使最近学习社会发展史的劳动观点从理论联系到实际,才能够更广泛地展开批评与自我批评。这份公约的内容如下:

一、以人民勤务员的态度,为顾客服务。

二、竭诚解答顾客询问,尽力照顾顾客困难。

三、工作力求迅速,处理力求周到。

四、严守工作时间,坚持工作岗位。

五、节约物力,反对浪费。

---

① 《高润华窃取行款》,载《新语》15 卷 14 期,1950 年 7 月 15 日。

② 允:《从张瑞康、高润华事件谈到订立劳动公约》,载《新语》15 卷 14 期,1950 年 7 月 15 日。

六、崇尚廉洁，反对贪污。

七、真诚团结互助，发扬阶级友爱。

八、放弃个人成见，服从团体利益。

九、接受批评，虚心学习。

十、精打细算，搞好业务。①

紧接着，总行的不少部门也纷纷结合自身实际，订立了各自的劳动公约。大家体会到，订立劳动公约必须结合批评与自我批评的重要性，"不能仅是大家打个图章就行的"②。

内汇股认为，劳动公约和过去的服务规则具有本质上的区别；就劳动态度而言，目前有些人做得很好，有些人还没有做好，必须把劳动态度的共同要求明确起来，使大家可以"有一个相互批评和砥砺的尺度"③。

1950年8月26日，内汇股全体同人经过热烈讨论后，通过了以下劳动公约：

一、严守办公时间，不迟到早退。

二、工作时间内要严肃，不无故离开工作岗位。

三、工作力求敏捷准确，坚决反对拖延潦草、敷衍塞责。

四、待人接物，诚恳和蔼，坚决反对官僚作风。

五、精打细算，节约物力，反对浪费，反糟蹋。

六、放弃个人成见，加强团结互助，服从团体利益。

---

① 邬宝康：《分行处室是怎样订立劳动公约的？》，载《新语》15卷14期，1950年7月15日。

② 恭：《内汇股怎样订立劳动公约》，载《新语》15卷17期，1950年9月1日。

③ 同上。

七、积极改进工作，提出合理建议，反对背后发牢骚。

八、发扬批评与自我批评，随时检讨，随时改正。①

值得注意的是，内汇股同人对上述劳动公约每一条内容的讨论，都经过了结合实际的例子来批评和检讨：

讨论第一条时，大家认为，有形的迟到还容易看出，而无形的迟到——在学习时间开始后，仍旧在看报或整理抽屉的，也一样要改正，"那就非靠大家互相提出批评不可，否则是很不容易察觉的"。

讨论第二条时，大家认为，常看到柜台上工作空闲时，柜台线的同事，都聚在一堆聊天，这不但离开岗位，也影响他人工作，还有嘴里含着棒冰、抽着香烟接待顾客，也是不严肃的。

讨论到第三条时，有人明白地指出，有几位同人常常在工作空时在柜台边写稿子，多少要延搁时间，使顾客久等。还有一种普遍的错误，就是送人行的汇款用途报告表，常常是用途不明的或是潦草不堪的，"这是一种向人民不负责任的态度，应该纠正，因此必须力求敏捷与准确兼顾"。

讨论第四条时，例子更多，常犯的就是对柜台上顾客的询问，不肯详细说明，做出敷衍或爱理不理的样子，"这一种不负责任的态度，都是多多少少的官僚主义作风，在各种毛病中也是最普遍的"。

第五条说的是，精打细算不仅是指有形的物力，而且还包括避免人力和联行间调拨头寸等无形的浪费。

讨论第六条时，大家就感到，"放弃个人成见"在本单位是比较重要的问题，必须要一致努力的，"因为个人成见最足以妨害团结，也就

① 恭：《内汇股怎样订立劳动公约》，载《新语》15 卷 17 期，1950 年 9 月 1 日。

影响了业务，是与团体利益冲突的"。

　　讨论第七条时，大家认为，不但意见的提出者是取积极的态度，对方也应该尽力吸取别人的意见，不可故步自封，当然这在提出的人也不能就因此背后发牢骚。现在提意见的方式很多，如对方不采纳，可以公开批评，以获得合理建议的实行。"发牢骚是消极的、于事无补的表现。"

　　第八条是最重要的，是订立公约有效与否的重要保证。公约能否生效，完全靠批评与自我批评能否行通；行得通，犯了错的人一发觉就可以改，不然还是视若无睹。因此提出，每人今后不但要虚心接受人家的批评，还要勇于向人家揭出批评。同时也指出一些可能的偏向，如乱戴帽子，逢人乱说"你是官僚主义""你是命令主义"等，"必须要有与人为善、互相帮助进步的态度"①。

　　这一讨论的过程，实际也是员工提高思想认识的过程；与最终的结果相比较，这一讨论的过程似乎更有意义。

　　在各单位订立劳动公约的基础上，总行业务检讨委员会特地布置了专题性的讨论，经各小组深入研究后提出了很多意见。业务检讨委员会据此拟就了一般性公约的草案，再经过相当长时期的酝酿和小组讨论后，慎重地决定了六项全行性的劳动公约：

　　　　遵守时间，坚持岗位。服务周到，准确迅速。
　　　　团结互助，服从整体。积极建议，不发牢骚。
　　　　厉行节约，力持廉洁。虚心学习，接受批评。

　　公约订立后，新华银行每人的写字台上有了一张公约卡。有同人即

① 恭：《内汇股怎样订立劳动公约》，载《新语》15 卷 17 期，1950 年 9 月 1 日。

提出,它是建立在自发自愿的基础上,"我们希望不使它流于形式,如果部分有违反公约情事,那我们不妨提出在小组来检讨,一方面可以提醒违反公约的同志,一方面也可以提高同人对公约遵守的警惕性"①。

1951年2月2日,中共中央发出《关于进一步开展抗美援朝爱国运动的指示》,要求进一步在全国普遍开展各阶层人民的抗美援朝、反对美国重新武装日本及铲除匪特镇压反革命的运动,以与前线胜利相配合相呼应,并要求普遍推行爱国主义公约②。

以實際行動來反對美帝武裝日本,——深入擴大愛國主義生產競賽,改善服務態度,貫激工作保證。

图4-5 爱国主义工作保证

(来源:《新语》16卷7期,1951年4月1日)

---

① 曾允:《以实际行动来抗美援朝——全行性劳动公约通过订立》,载《新语》15卷23期,1950年12月1日。

② 当代中国研究所编:《中华人民共和国史编年》(1951年卷),当代中国出版社2007年12月版,第75—77页。

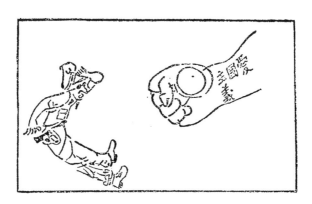

图 4‑6　提出爱国主义工作保证 巩固存款纪录（组字画谜）

（来源：《新语》16 卷 7 期，1951 年 4 月 1 日）

从"劳动公约"到"爱国主义工作保证"，对新华银行而言，措施的可操作性大为增强，是一次较大的提升。

根据上级的要求，结合开展存款新纪录运动，新华银行各单位联系目前本单位的缺点和要求，提出了爱国主义工作保证，努力把竞赛中激发的热诚，贯彻到日常的工作中去。如人事室提出：每逢星期一、六，总行代理办事处部门需要人手时，保证抽出一人协助工作；月底结息存放部门如需要人手时，保证抽出两人参加工作。分行处室提出：保证做好各分行生产竞赛的推动工作，保证做好向各联行介绍客户的联系工作，保证做好每天 300 张录票工作。外勤工友提出：保证不发牢骚，保证互相帮助，争取工作时间，保证当日事当日毕，保证竭诚使客户满意，客户有疑问，给予详细解答。饭厅厨师提出：尽力做到开饭不脱班，菜蔬方面尽力清洁卫生，调味品方面力求美味可口。清洁工友提出：保证每日早晨 5 时半开始工作；每人都发挥全部精力来工作①。

①《各部门及时提出爱国主义工作保证》，载《新语》16 卷 7 期，1951 年 4 月 1 日。

　　《新语》专门配发了短评,称:这一次各单位提出的工作保证,大体上都是相当具体的,"纠正了过去劳动公约一般化和不切实际的毛病"。而且,这次各单位提出的工作保证,都是经过郑重讨论,不同于以前的包办代替,以及生硬的从上而下的布置,是在职工自发自觉的基础上提出的,因此,"很自然的成为每个人行动的准绳"①。

---

① 《修正、补充、提高:为贯彻爱国主义工作保证而努力》,载《新语》16 卷 7 期,1951 年 4 月 1 日。

第五章

洗　礼

新华银行总经理王志莘说,"学习是指思想、学识、修养与技术"。在他看来,在新的历史时期,无论对于政治的认识,还是工作观念,都需要重新学习,以提高同人的自觉性[1]。他明确指出:"我们这些从旧环境里生活长大的人,政治思想上、生活方式上,毋庸讳言,背着很重的包袱。如果不把他抛弃,我们永远走不动,一定落伍,终归淘汰。"他强调:"我们要用学习的武器来丢开包袱,自我改造,来正确地认识时代,做新时代新中国的健全的、有用的公民,来激励我们工作的积极性和创造性。"[2]

作为一个具有深厚学术背景和丰富实践经验的银行家,这样的认识应该是比较准确和到位的,也是颇具战略眼光的。当然,对新华银行全体员工而言,新时期的"学习",已不仅是一般意义上的知识学习,更是一种醍醐灌顶的"洗礼",一种比较彻底的思想改造。

---

[1] 王志莘:《新生新华的新任务》,载《新语》15 卷 3 期,1950 年 2 月 1 日。

[2] 《王总经理在解放后第一届行务总会议之报告》,载《新语》12 卷 15 期,1950 年 6 月 15 日。

再学习

　　1949年9月,中国人民政治协商会议召开后,中共中央华中局作出指示,规定华中全党最近政治学习的内容,一律以人民政协的决议文件为中心,并规定以《中国人民政治协商会议共同纲领》《中国人民政协组织法》《中华人民共和国中央人民政府组织法》(以上简称"三大宪章"),以及《毛主席在新政协筹备会上的讲话》《毛主席在中国人民政协会上的开幕词》《中共中央政治局委员刘少奇同志的讲话》等六个文件,作为干部学习的基本读物。此外,将有关人民政协的重要文告(如关于"三大宪章"的三个说明报告)和毛主席的《论人民民主专政》,作为基本的补充材料。同时要求一切具有研究能力的干部,在工作时间许可的条件下,还可以参看《国家与革命》《新民主主义论》《论联合政府》《国际主义与民族主义》等,进行深入的学习。并要求行政、党、学委会必须密切结合起来,有计划有步骤组织领导这一学习①。

　　上海市人民电台举办了"三大宪章空中讲座",自1949年10月25日起,每星期二、五晚7时半至8时一刻,由上海市各首长担任讲演。新华银行全行同人热烈参加了听讲,包括在本行集体听讲及在家中听讲两种方式,由职工弟兄们自由选择签名。听讲者并向本行学习总会领取《人民大宪章学习提纲》一本,以便循序学习。"听讲时同人均随时作笔记,于每周内至少举行集体讨论一次,交换意见,提

---

① 《中共中央华中局关于学习人民政协文件的指示》,载《新语》14卷23期,1949年12月1日。

出问题，互相研究及解决问题"；如有一时未能解决者，则汇交本行学习总会，"敦请本市出席政协代表解答"①。《新语》还全文刊发了华东局宣传部副部长冯定的电台广播词《为什么学习三大宪章》②。

为适应新的形势，上海市银钱业以及新华银行也主动组织了一些学习活动。如上海银钱业工筹会举办了"三大宪章"学习班、马寅初演讲报告会等。在新华银行内部，周耀平董事的"新中国的经济构成"演讲等，吸引了全行同人积极参加。新华银行顾黄茂的征文获得了《大公报》"人民大宪章学习征文"第一名，并于 1950 年 1 月 22 日在《大公报》刊出③。

值得一提的是，上海银钱业在 1949 年 10 月间举办的一次讲习会，在同业中具有比较大的影响。这次讲习会自 1949 年 10 月 25 日至 28 日，为期四天，安排在每晚 5 时至 7 时举行，邀请了许涤新、陈穆、孙晓村、金仲华等，分别主讲《共同纲领》的经济政策、金融政策及国内外大势等④。新华银行管理层非常重视此次讲习会。王志莘在《新闻日报》发表《学习新智识，发挥金融界本能》一文，他说："我们通过了讲习会的学习，相信可以找到一条正确的路径，找到用力的方向，努力地发挥金融界的本能和使命，贡献出更大的力量，来掀起经

---

① 《同人热烈学习恭听无线广播人民政协三大宪章》，载《新语》14 卷 23 期，1949 年 12 月 1 日。

② 冯定：《为什么学习三大宪章》，载《新语》14 卷 23 期，1949 年 12 月 1 日。

③ 《银钱业工筹会文教科学习班开始学习三大宪章》，载《新语》14 卷 21 期，1949 年 11 月 1 日。《大公报学习征文，顾黄茂君当选第一》，载《新语》15 卷 3 期，1950 年 2 月 1 日。《浙兴工筹会聘请马寅初先生演讲》，载《新语》14 卷 21 期，1949 年 11 月 1 日。《周耀平董事在本行讲演》，载《新语》14 卷 21 期，1949 年 11 月 1 日。

④ 《银钱信托业举办讲习会》，载《新语》14 卷 21 期，1949 年 11 月 1 日。

济建设的高潮。"孙瑞璜在《文汇报》撰文强调,要"从学习中得到新的营业方法"①。

参加讲习会后,徐振东经理认为,"一个企业在社会中能否有其地位,看他所表现的是否有利于社会人民,为大众所需要而决定,否则不能生存";同样,"个人的职业地位是否稳固有前途,亦看他是否有贡献于其服务的事业而决定"②。华文煜经理则认为,"新民主主义的社会,既然容许私人资本主义经济与社会主义性质的经济并存,那么私营金融业当然可以存在。但是必须遵从人民银行的管理,消极方面与投机操纵绝缘,切实遵守共同纲领的立法精神,一百分之一百的做到"③。

很显然,这类讲习会的效果是不错的,只是受众面还比较小。而且,这类学习主要还是应急的、阶段性的,侧重对当前形势和政策的学习和了解。

与此同时,由新华银行总行党团支部及工会选派的部分骨干,接受了上海相关干部学校的培训,并在回行后成了学习的带头人。

如总行金其达及六处潘学敏,于 1949 年 7 月 19 日入上海干部学校学习,并于 10 月 9 日学习期满,返行供职。金其达告诉同事,在学校每天早晨五时起身,至九时半休息,一天共学习十小时。"学习以自学及集体互助为主。经过小组讨论后,得到小结,再请首长作总结报告"。学习内容包括经济政策、劳动政策、工会工作、青年工作等,而且在学习期内,每天还有唱歌、扭秧歌等自由活动,在精神上得

---

① 《银钱信托业举办讲习会》,载《新语》14 卷 21 期,1949 年 11 月 1 日。
② 徐振东:《听陈处长讲金融政策后》,载《新语》14 卷 21 期,1949 年 11 月 1 日。
③ 华文煜:《金融业讲习会听讲总结》,载《新语》14 卷 21 期,1949 年 11 月 1 日。

到不少调剂①。总行总经理室沈光宗、事务股罗镒宗、汇兑股龚宝春等同人，也赴上海干部学校进行了为期三个月的学习②。总行稽核室的孙震欧在华东革命大学参加了为期两个月的学习。他还在《新语》撰文说："仍旧要不断学习，不断清除，在今后实践和斗争中锻炼和考验。"③

为加强同人学习，总行学习委员会由此前工会单独组织，改为由行政与工会共同组织。行政方面选派了委员孙瑞璜、陈鸣一等 10人，工会方面选派了委员石柏泉、潘静洼等 9 人，并于 1950 年 3 月 15日召开了第一次委员会④。3 月 22 日，总行学习委员会专门下发的《展开沪区员工学习的通知》指出："为了教育自己和改造自己，根绝从旧社会得来的坏习惯和坏思想，树立新的全心全意为人民服务的态度，学习马列主义和毛泽东思想，已是每一个中国人民的基本要求。"而作为公私合营银行的新华银行，"为了学会管理企业，搞好业务，尤其有了解当前形势以及政府财经政策的必要"。该通知规定，学习的第一阶段内容，以时事政策为中心，包括 1950 年的形势与任务、财经情况及财经政策、中苏友好互助条约及反轰炸斗争等 4 个单元，每星期二、五上午八时至八时五十分为学习时间，实行签到制度，并对学习形式、工友学习、问题测验等都作了明确要求⑤。

为配合学习，《新语》从 1950 年 4 月起增加了《学习》专刊。《学习》第一期头条刊发的《从学习中改造自己》一文指出，必须明确学习

---

① 《金其达、潘学敏二君学成返行》，载《新语》14 卷 20 期，1949 年 10 月 15 日。

② 《同人续入干部学校学习》，载《新语》14 卷 21 期，1949 年 11 月 1 日。

③ 《孙震欧君学成返行》，载《新语》14 卷 21 期，1949 年 11 月 1 日。

④ 《学习委员会重行组织》，载《新语》15 卷 6 期，1950 年 3 月 15 日。

⑤ 《展开沪区员工学习的通知》，载《新语》15 卷 7 期，1950 年 4 月 1 日。

的方针与态度，"学习不仅以背诵一些书本知识或理论教条为满足，而是拿来作为思想武器去解决实际问题，指导实际工作"；"学习必须与改造思想相结合"①。

作为学习委员会重要舆论阵地的《学习》专刊，对推动新华银行全行的学习发挥了重要作用。从 1950 年 4 月 1 日起至 1951 年 3 月 16 日，《学习》陆续刊发了 19 期，内容丰富，贴近实际，针对性强。有以传递学习委员会声音为主的社论或文稿、通知等，如：《从学习中改造自己》《怎样克服学习中苏新约的困难》《唯物辩证法最浅易的解释》《深入一点看朝鲜战局》《站稳立场进一步认清美帝狰狞面目》等；有专题辅导材料或讲座记录稿，如《知识分子改造问题》（薛慕桥）、《谈谈美国电影》（梅朵）、《关于中苏新约》（金仲华）、《美帝的本质》（吴承禧）、《怎样认识土改》（汤草元）、《学习社会发展史的目的与方法》（周原冰）等；有员工学习体会、学习记录与经验交流，如《怎样克服学习中的偏向》《关于工友学习的几点意见》《关于问题测验与民主评分》《怎样记读书笔记》《自己怎样发掘问题？》《江南土改中的农村新面貌》《参加龙华区莘庄农民向地主控诉大会记实》等②。

值得关注的是，新华银行学委会选择了话剧《思想问题》作为全行系统学习的第一课。这部话剧由上海人民艺术剧院演出，反映的是上海解放后不久，一群背着沉重思想包袱的知识分子，在华东人民革命大学经过了三个月的学习，开始树立了革命的人生观，改造自己，成为新人。该剧后来还由上海人民艺术剧院和文华影片公司共同拍摄了同名影片。学习委员会认为，"这个剧本提供了关于小资

① 学：《从学习中改造自己》，载《新语》15 卷 7 期，1950 年 4 月 1 日。
② 见《新语》15 卷 7 期（1950 年 4 月 1 日）至 16 卷 6 期（1951 年 3 月 16 日）各期《学习》专刊。

产阶级在思想改造中的典型例子,它所描写的正是今天现实中普遍存在着的典型的思想问题,而且所提出的和分析的具体问题又刻画得非常深刻和生动",因此,"是很宝贵的参考材料和可以作为借镜的范例"①。

1950年4月4日晚,新华银行工会组织全体员工在上海市乍浦路解放剧场观看了话剧《思想问题》。开演前,孙副总经理首先致辞,他强调:"从今天以后,我们要加强学习,学习什么? 就是学习马列主义和毛泽东思想。希望各位看了这个戏以后,大家一致努力学习。"接着,上海市总工会文教部副部长王若望讲话,他说:"我们从《思想问题》这出戏里,可以看到各种不同的思想和什么才是正确的思想。"他强调:"思想搞通以后,不论吃饭、睡觉、工作、看报,可以一通百通。我们从戏中思想问题,又可知道解决思想问题,用不到什么科学管理,而要自动自发下决心去学习。"当晚七时半,《思想问题》开演,不少同人认为,该剧"对白紧凑,剧情生动,演来入情入理"。十时半演毕,"同人都受到很大的感动,在细雨迷蒙中归去"。②

在4月7日的学习课上,沪区各学习小组进行了《思想问题》观后的漫谈讨论③。

有的小组说:"我们这一小组,在讨论《思想问题》以前,先来一次'自我批判',大家毫不留情地批判了自己,从这些'自我批判'里,我们发现了周正华、于志让等人的影子,我们因此觉悟到'思想改造'

---

① 《学习第一课——〈思想问题〉》,载《新语》15卷7期,1950年4月1日。
② 《沪行职工争看〈思想问题〉》,载《新语》15卷8期,1950年4月15日。
③ 《反映看〈思想问题〉的情况,学习小组举行会报》,载《新语》15卷8期,1950年4月15日。

对于我们是必需的,而且是可能的。我们也因此坚定了对'学习'的决心。"①

有的小组说:"我们这一组,是依照漫谈提纲进行的,讨论情绪热烈而紧张,可是当我们讨论的兴趣方浓的时候,时间却到了。所以我们觉得一小时的学习,时间太短了。我们要求增加学习时间。"②

有的小组说:"我们这一小组,多么像存在着那些戏里的影子,在舞台上表演着的典型角色,却正是我们这一小组共同学习的朋友。可是事实上是不能苛求的,试想在过去以美国电影、舞台歌曲、打罗宋、吃酒等等作为消遣的人,要立刻生活严肃,思想转变,当然是不可能的,因此在今天,一般地说,对于开小组、上大课、看文件、做笔记,是不习惯的,所以难怪学习的空气会显得沉寂、散漫,在起初时就表现了一种现象:提意见,海阔天空;讲理论,术语连篇;答问题,扯东话西;但过后呢? 却全部忘记了。"③

有的小组说:"小资产阶级出身的知识份子,由于自己的阶级基础和生活条件,便易于接受'劳心者治人'的反动传统思想,同时也就容易轻视劳动,所以我们在《思想问题》漫谈的时候,特别强调了不该轻视劳动。"然而,"却因此牵涉了'劳动创造人'的问题"。结果由于一位同事是基督徒,"因此感慨地发表了大篇上帝创造人的传道福音,使人啼笑皆非"④。

有的小组说:"讨论时不能深入,解决问题也完全像做算术题一样,完卷完事,不知怎样去把理论和实际连结,讨论也不能集中,显著

① 小泉:《自我批判》,载《新语》15 卷 8 期,1950 年 4 月 15 日。
② 吴华:《增加学习时间》,载《新语》15 卷 8 期,1950 年 4 月 15 日。
③ 周章:《我们这一组落后吗?》,载《新语》15 卷 8 期,1950 年 4 月 15 日。
④ 允:《劳动创造了人?》,载《新语》15 卷 8 期,1950 年 4 月 15 日。

散漫,虽说集体学习主要要从思想入手,但究竟怎样入手呢? 最后,
我们的总结只要能抛弃知识份子的劣点,譬如说：自私、散漫、自
大;只要我们能严守学习纪律,虚心接受人家的意见和帮助;消灭个
人主义的意识,根除旧社会遗留下来的坏习惯,那末,在互助互问,
认真切实的学习中,不但我们的学习小组可以搞好,思想也可以搞
通了。"①

　　从各小组的讨论情况看,认识确实还存在比较大的差异,甚至有
讨论时偏离主题的。尽管如此,这次学习算得上是新华银行员工学
习的一个良好开端。

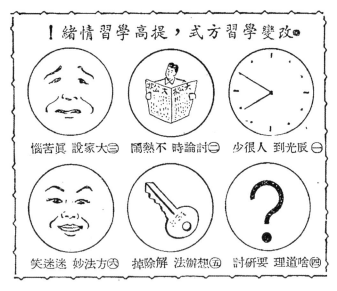

图 5‐1　改变学习方式,提高学习情绪

(来源：《新语》15 卷 21 期,1950 年 11 月 1 日)

---

① 衡：《搞通思想》,载《新语》15 卷 8 期,1950 年 4 月 15 日。

　　对包括新华银行在内四家公私合营银行的学习，人民银行华东区行极为重视。1950 年 6 月，新华银行总行专门下发了通告："兹转奉中国人民银行华东区行指示，今后新四行同人学习作为在职干部学习，由区行统一领导。"为此，新华银行决定，将原有总行学习委员会遵照指示重行改组，并调整学委会人选，"今后有关学习事宜，均由该会秉承区行领导办理，并自六月廿六日起每日上午七时五十分至八时五十分为学习时间"①。

　　全行性的系统学习开始后，图书馆和资料室变得热闹起来。

　　"资料室"是工会与学委会分工合作的一个机构，自正式开放以后，每天来室阅读、抄资料、借参考书的同人数字，也在统计表上向上攀升。图书馆和资料室的新书，一批批的到，"假如时常到馆的同人一定感觉到如入山阴道上，应接不暇，图书馆的目录已续编到第五号"。《为什么一边倒》《学习观点与学习方法》《钢铁是怎样炼成的》，《在苦难中进行》三部曲之一《两姊妹》，列宁格勒日记《将近三年》，《鲁迅思想研究》《中国美术史》等，借阅量不小，而同人的捐赠，也陆续不断。汪湘文自到工会工作后，图书馆的开放时间，从原有的几个小时值日，拉长为全天的九时至五时，除了随时可以借出书籍外，更希望同人尽量利用中午休息时间来馆阅读。俱乐部里的阅览室，放满了各种新到的杂志和文娱书籍，还新添了很多有新内容的连环图书，据该处值日员的报告，其中《鲁迅的童年》《人民的首都，北京》《红都，莫斯科》是最热门的读物。②

　　1950 年 12 月 2 日（星期六）下午，新华银行董事长谢寿天在总行

① 《总经理通告》，载《新语》15 卷 14 期，1950 年 7 月 15 日。
② 薇：《图书馆杂写》，载《新语》15 卷 12 期，1950 年 6 月 15 日。

图5-2   我们要保卫亲爱的祖国,反对美帝侵略,
一定解放朝鲜(组字画谜,22字)

(来源:《新语》16卷2期,1951年1月16日)

四楼会议室报告时事,对整个局势及朝鲜问题作了透彻的分析,并就一部分人士对于时局的错误看法作了扼要的指引,"讲词透彻生动,时时引起满堂的笑声"。他的报告历时约一个半小时,"同人们莫不属耳忘倦"[1]。

新华银行董事赵帛讲授了"国家财政经济情况和金融政策",对国家财政经济情况以及工业、农业、商业政策等作了清晰的介绍,尤其对金融政策作了详细的阐述[2]。

严景耀,曾在新华银行担任总行代理总秘书、总行人事室经理兼总务室经理等,抗战胜利后回到母校燕京大学当社会学系教授,1949年9月作为中国民主促进会候补代表出席了中国人民政治协商会议第一届全体会议。上海解放后,他数次给新华银行来信,以"燕

[1] 《谢董事长对目前时事的分析》,载《新语》15卷24期,1950年12月15日。
[2] 赵帛:《国家财经情况与金融政策》,载《新语》15卷24期,1950年12月15日。

园书信"形式,刊登在《新语》上,报告了学校师生参加抗美援朝运动、土改运动等情形①。

上海解放后,周耀平被聘请为复旦大学经济研究所研究员,该所的所长是同时担任上海工商行政管理局局长的许涤新。此时的研究所被改造为一个培养研究生的机构,相当于研究生院,周耀平给学生们讲解中国经济问题、世界经济问题等。他的授课与别人不太一样,不是根据某本书来教的,而是每次有一个课题,都有一些新的研究。用周耀平自己的话说,"当时我这门课很受学生欢迎,这主要是因为我懂一些美国的'新经济学',而且有一些经济事业的经验。我尽量做到理论和实际结合"。新华银行新董事会成立后,周耀平代表新华银行的公股参加董事会,同时还担任了人民银行华东区行的私营业务处负责人。这一时期的周耀平非常忙碌,有复旦大学的课程,有新华银行的工作,有人民银行的工作,还有很多座谈会。他还和许涤新、吴承禧、谢寿天等一起,复刊了《经济周报》。这份杂志在当时上海的经济舆论界具有相当大的影响,他在上面发表了不少文章②。

他专门给新华银行全行同人演讲了"新中国的经济构成",有同事形容,他的演讲"措辞动容,分析详尽,历一小时许始讲毕,到场听讲同人,甚为踊跃"③。

这些演讲和书信的内容,都先后刊登在《新语》上,为全行员工的学习提供了重要的指导和参考。

周耀平还向新华银行图书室赠送了他的著作《新中国金融问

---

① 严景耀:《燕园书信》,载《新语》15 卷 24 期,1950 年 12 月 15 日。
② 周有光:《逝年如水:周有光百年口述》,浙江大学出版社 2015 年版,第 252—257 页。
③ 《周耀平董事在本行演讲》,载《新语》14 卷 21 期,1949 年 11 月 1 日。

题》。该书于 1949 年 6 月在香港出版，列为香港经济导报社主编的"新经济丛书"第二种。周耀平在这本书的封面内页很谦虚地题了几行字："此书所载为'渡江'前一年间滞留香港习作之一部，今日视之已多时过境迁之处矣。"同人则反映，书中列举的许多针对现实的问题，如"金银外钞处理问题""商业银行未来地位""私人资本与资本市场"等，"在今日读来，依旧具有新鲜的内容"①。

组织观看电影和戏剧，仍是很受员工欢迎的学习形式。

表现英勇的人民解放军在抗日战争期间事迹的《中华女儿》，在 1950 年 2 月初开始上映。新华银行同人趁周末假期，于 2 月 4 日集团购票观剧。影片所表现的浩然正气和同志间友爱的最高度表现，"惊天地而泣鬼神，在无限悲愤的情绪中，蕴藏着无限力量"。一位同人看了电影后说："我们要多认折实公债，来报答国家。"②

上海兰心大戏院上演话剧《红旗歌》后，工会文教委员会洽购了 2 月 26 日下午七时演出的团体优待票 100 张，照定价 8 折优待。"同人购买者甚多，业已全部售罄，致同人向隅者不一而足，闻文教科将再洽购团体优待票一百张，日期则将略迟云。"③

1950 年 12 月 21 日起，上海剧专在上海兰心大戏院演出了话剧《美帝暴行图》，有同人观看后撰文称：自己学习了《美帝侵华史》后，已基本扫除了过去对美帝的不正确的看法，"但当我看到了剧专演出的《美帝暴行图》后，更使我对美帝有进一步的认识，从理论上的仇视美帝，进一步到感情上的痛恨美帝，从抽象的想象到现实的认清美

---

① 《周董事赠自著〈新中国金融问题〉》，载《新语》14 卷 24 期，1949 年 12 月 15 日。
② 《不朽的〈中华儿女〉，同人集团参观》，载《新语》15 卷 4 期，1950 年 2 月 15 日。
③ 《同人购团体票，欣赏〈红旗歌〉名剧》，载《新语》15 卷 5 期，1950 年 3 月 1 日。

帝。把仇视美帝的观念用具体例子说明与肯定起来了"①。

《解放了的中国》,是继《中国人民的胜利》后又一中苏合作的纪录影片。1951年1月7日,新华银行包定了该日的大光明早场,组织员工集体观看该片并作为一堂政治大课,同时邀请吴承禧讲《美帝的本质》②。有同人在观看了《解放了的中国》后说:"中国人民站起来了,他不仅摆脱了自己身上的锁枷,并已成为世界和平的有力柱石。帝国主义敢于发动侵略,一定是自取灭亡的。"③

为配合"镇压反革命活动学习",1951年4月11日,新华银行总行学委会组织集体观看了反特话剧《不拿枪的敌人》。在这部戏的结尾,以黄金魁为首的7个反革命分子全部落网,人民政府根据群众意见,决定予以严厉镇压。有同人认为,"对敌人仁慈,就是对人民残忍";也有同人表示,特务分子无孔不入,群众和干部都要提高警惕,积极参加镇压反革命运动④。《新语》"俱乐部"栏目,还给全行读者出了一个题目:"各位同志,假如这些反革命份子交给我们来公审时,我们将怎样根据他们各人情节的轻重来分别加以处理呢? 请大家按照中央人民政府颁布的《惩治反革命条例》,写成一份判决书(必须说明理由),于本月内寄交本会。"⑤

有同人在观看了苏联影片《党证》后说,我们知道了反革命分子是如何阴险毒辣,而对于政府现在所实施的镇压反革命条例,有了

① 林那:《谈〈美帝暴行图〉的教育意义》,载《新语》16卷2期,1951年1月16日。
② 《黑板报》,载《新语》16卷1期,1951年1月1日。
③ 功:《祖国的光辉》,载《新语》16卷2期,1951年1月16日。
④ 陶根平:《看了〈不拿枪的敌人〉的感想》;鲁洛:《〈不拿枪的敌人〉观后感》,载《新语》16卷8期,1951年4月16日。
⑤ 《公审反革命分子》,载《新语》16卷8期,1951年4月16日。

深一层的认识；反革命分子是绝对宽容不得的，同情不得的，"我们应该认识到反革命份子对人民的危害性，那么我们就会深深地痛恨"①。

如何消除和减少美国文化的不良影响，是社会上下包括新华银行在内，都非常关注的一个问题。

抗美援朝运动开展后不久，新华银行于 1950 年 11 月 19 日邀请了《大众电影》编辑梅朵，来行作了题为"谈谈美国电影"的讲座。梅朵认为，美国电影是美国反动派资产阶级牟利的工具，也是其文化侵略的工具。他指出，正因为美国电影在电影院中映出，于是对人们生活态度上有了很大的影响，"如使你染上了'今日有酒今日醉'的享乐思想、崇拜金钱的市侩思想、以不劳而获为荣的剥削思想，把男女关系看作是轻薄的玩世不恭的态度等"，但最主要的还是灌输个人主义思想，"像打天下，做英雄，不择一切手段，不问真理，以个人的刻苦耐劳、自己的本领来等待发迹，以小家庭的温暖来使你注意生活小节，对政治不感兴趣，正是迎合小资产阶级的胃口"，他特别强调，"像现在有很多的人，除了自己不问身外的事，别人抗美援朝，他不闻不问，没有爱国主义的精神，可以说是受了一些美国电影影响的缘故"②。

这次讲座在新华银行同人中引起了较大反响。有同人即认为这次讲座"把糖衣炮弹毫不留情地剥了开来，赤裸裸地暴露了内在的毒素"。并且指出：美国影片的内容，"虽然可以分成许多的类型，在银幕上出现五花八门的场面，但是他们灌输给观众的，同样是麻醉药、

---

① 明：《提高警惕，严厉镇压反革命——〈党证〉观后》，载《新语》16 卷 8 期，1951 年 4 月 16 日。

② 梅朵：《谈谈美国电影》，载《新语》15 卷 23 期，1950 年 12 月 1 日。

兴奋剂等的混合品,如果有区别的话,仅是分量有强弱,表现露骨或掩藏巧妙而已"①。

1950 年 12 月初,新华银行《学习》刊发社论指出,自从美帝国主义疯狂地侵略朝鲜并明目张胆地武装侵略我国领土台湾以来,国际形势日益紧张和严重,时局问题日益引起了同事们的关切与重视,时局的每一重大变化与发展,都对我们的思想和日常生活发生极大的影响。"但是目前的时事学习还只是停留在表面的讨论,没有能够认识问题的本质,只是纠正了某些错误观点,还没有明确地系统地建立起正确的观点来"。为此,学委会决定开展全行(沪区)时事演讲运动,并强调"竞赛的主旨就在于提高大家的认识水平,不是培养'专家',在于发扬集体英雄主义,不是奖励个人英雄主义";要联系实际,"最好能够针对目前同事中所存在着的对时局的各种疑虑,进行分析,这样能解决若干问题"②。

总行学委会对此次演讲比赛进行了精心组织。在布置这次时事演讲竞赛以前,总行学委会专门召开了一次分会负责同志联系会议,决定先以各分会为单位举行初赛。确定题目以后,学委会又针对这些题目中一般同事所存在着的思想疑虑,拟就了几个提纲,同时还就所知道的参考资料介绍出来,使大家可以遵循着去准备。题目分配给每一小组以后,各方面都有很好的反应,"有的小组忙着找参考资料,过去很少有人过问的资料室一下子也空前地忙了起来"。在各小组准备讲词当中,都表现了高度的积极性。准备工作进行了一星期,各分会都次第举行初赛,由于初赛是每一分会正副主任委员亲自掌

① 莘莘:《也谈美帝电影》,载《新语》15 卷 24 期,1950 年 12 月 15 日。
② 《展开时事演讲竞赛,把时事学习深入一步》,载《新语》15 卷 23 期,1950 年 12 月 1 日。

握，进行得非常顺利①。

12月26日下午七时，演讲决赛在新华银行总行四楼会议室举行，参加的同事达100余人，评判员共有五位：上海市新闻出版处欧阳文彬，黄浦区党委会戴蓉，青年团工作委员会董翊隆、孙副总经理、徐振东经理。首先由八位选手抽签决定演讲次序，接着由孙副总经理作简略报告，然后依次演讲。最终，第一分会何百华获得第一名，第六分会周文熙获第二名，第五分会赵荣光、第四分会黄雪芷同获第三名②。

此次竞赛过程中的一些花絮，颇为有趣。这次演讲竞赛的第一名是何百华，在未赛之前，何百华得奖之声，在总行呼声已很高，"第一分会会员们对何君讲词内容，尽力修改和收搜，所以他讲的与第一次初赛时完全两样，可见英雄并不是偶然产生的，他是从群众集体创造中产生的"。黄雪芷讲的内容很丰富，像"日本问题"这样一个枯燥的题目，经他一分析，大家对美帝扶日阴谋有了一个更清楚的认识。赵荣光演讲的"原子弹问题"与周文熙讲的虽是同一题目，而内容却大不相同，"他有一点的见解，真有独到之处"，他说以前美帝和反动派大力夸张宣传原子弹的威力，毫无羞耻宣传着原子弹对日本投降有决定性的作用，是想抹杀中国人民八年抗战和苏联出兵东北消灭关东军的功勋，"这一针见血的话，把美帝的纸老虎，便完全给戳穿了"。周文熙讲到原子弹的价值时，拿本行的存款来比较，"他说本行的存款仅够值三分之一的原子弹，这也给我们全行同人对本行的存款数字来下个警惕，一方面又告诉我们原子弹的价值贵，不会滥施投

---

① 昇、广：《关于时事演讲竞赛》，载《新语》16卷1期，1951年1月1日。
② 同上。

掷而并不可怕"。朱关桃演讲的姿势与语气,"完全是话剧派头,像朗诵诗篇,抑扬顿挫,实是好听"。有细心者作了小统计,八位竞赛者中,"有六位戴眼镜,五位穿人民装,三位讲国语"①。

图 5‑3　侵略者的道路(作者:维生)
(来源:《新语》15 卷 22 期,1950 年 11 月 15 日)

为配合全国抗美援朝运动的开展,新华银行员工进行了百年来美帝侵华史实的深入学习,"对于美帝用藏头藏尾掩饰侵略行为的狡诈手段都有了进一步的认识";同时也认识到,美国人民的生活,尤其真正的美国农民和工人阶级并非都住洋房、坐汽车,享受冰箱、无线电、浴室、电话等一切现代设备,过着富足愉快的生活。有关美国人生活的一些资料,使得大家对于美国人民生活的真相,"有了很清晰的轮廓"。如有些美国人为了要制一套七八十美元的西服,要在一年

① 文:《演讲竞赛花絮》,载《新语》16 卷 1 期,1951 年 1 月 1 日。

内分期付款；大戏院中有人出不起昂贵的票价，趁着中间休息的时间混进去看白戏；都市的平民找不到吃饭的所在，用铅块代替小银元，投入各种自动供应机器内，骗取一餐。有同人说："我们揭开了美帝的锦绣外衣，原来在华尔街压榨下的美帝人民的生活，也是破破烂烂的。"①

不少同人在《新语》撰文，表达了自己的想法。有同人表示，我们首先要加强时事学习，展开广泛的宣传，掀起蔑视、鄙视、仇视美帝的情绪②。有同人指出，类似"一颗原子弹就能毁灭世界"之类的谣言，"是那些蟊贼枭鼠的鬼祟伎俩，是美蒋匪帮们的穷途末策之一"，它虽

图 5 - 4　美帝越是疯狂侵略 更会加速它走向死亡(组字画谜，17 字)

(来源：《新语》15 卷 22 期，1950 年 11 月 15 日)

---

① 莘莘：《美国人民在水准下的生活》，载《新语》16 卷 1 期，1951 年 1 月 1 日。

② 青：《为抗美援朝贡献出我们的一切力量》，载《新语》15 卷 22 期，1950 年 11 月
15 日。

或能在某些群众中起到一些暂时欺骗的作用,最终也必然要为人民所揭穿①。有同人表示,我们工人阶级首先应该站稳自己的立场,相信人民政府的领导,树立起对美帝强盗的仇恨,"拿过去像打倒日本帝国主义一样的力量,将它从整个亚洲上赶出去"②。

通过时事学习,新华银行武汉分行工会还特地发起了"保证不听'美国之音'"签名运动,获得全行同志们的响应,34 位同人不但在签名书上写上自己名字,更纷纷发言要坚决站在自己岗位上,以行动表现,"在经济战线上配合中朝战士并肩作战"③。

《新语》评论员文章则强调,我们必须努力时事学习,认清当前局势,拥护政府抗美援朝的正确政策,坚守自己的岗位,搞好业务,稳定金融,"不要白白地在保卫世界和平宣言书上签了名"④。

另一方面,形成鲜明对照的,则是不断加强相关宣传与教育,增进对苏联的友好态度和认识。

1949 年 11 月 11 日晚,新华银行与中国实业银行、中国通商银行、四明银行联合举行庆祝苏联十月革命暨欢送陈特派员惜别会。时代社社长姜椿芳先生作了"苏联之现势"演讲,"对苏联政治、经济、社会、家庭等各方面均有扼要、恳切之叙述,听者莫不动容"⑤。

此后,《新语》刊发了一些有关苏联的资料,如《苏联的银行制度》一文,重点介绍了苏联的国家银行、专业银行、储蓄银行等,突出了其

---

① 明言:《谣言是怎样来的? 怎样拆穿它、扑灭它、根绝它?》,载《新语》15 卷 22 期,1950 年 11 月 15 日。
② 夏弘宁:《丢掉幻想》,载《新语》15 卷 22 期,1950 年 11 月 15 日。
③《集体签名拒听美国之音》,载《新语》16 卷 1 期,1951 年 1 月 1 日。
④ 华文煜:《抗美援朝,保卫和平》,载《新语》15 卷 22 期,1950 年 11 月 15 日。
⑤《庆祝十月革命陈特派员惜别会补记》,载《新语》14 卷 23 期,1949 年 12 月 1 日。

国家统制计划的特点①。《苏联人民的经济生活》一文则提道：

> 农民的收入略逊，月入约六百卢布，但是他可以养一头母牛，种植一处小菜园，除掉自给以外，有多余的话，还可以卖给人家。一般的农民进食肉类较少，但是主要的食物，如面包等项，却非常之便宜。"罗宋汤"尤其滋养可口。有几家工厂，还免费供给工人的膳食，技术工人则收入颇丰，往往月入二千卢布以上。②

土改学习，是 1950 年底和 1951 年初的一项重要学习内容。

为争取国家财政经济的根本好转，江南新解放区加紧完成土地改革，"但上海对乡间土改情况，传说纷纭"。为了申报土地田亩，乡人纷纷回去。有一位同人的家人到了乡下（鄞南县），对乡间土改情况作了一些调查和了解。1950 年 12 月 1 日出版的《新语》刊发了这位同人的文章《谁说江南无封建》，对当地土改的情况进行了披露。作者同时认为，只有了解真相，才能消除谣言③。

1951 年 2 月 18 日上午，在新华银行第六次员工大会上，上海黄浦区委宣传部副部长汤草元应邀作了有关土改工作的报告。他着重对土改工作各种思想反映进行了分析，用具体生动的实例，来廓清许多不正确的观点，如认为农民举止野蛮、采取报复手段等。"汤同志更强调我们要为农民说话，不要轻信地主之音，来完成这一个解放生产力、划时代的伟大的土改任务。"④汤草元的报告，还被全文刊载在

---

① 李养性：《苏联的银行制度》，载《新语》14 卷 21 期，1949 年 11 月 1 日。
② 孚：《苏联人民的经济生活》，载《新语》14 卷 21 期，1949 年 11 月 1 日。
③ 沄：《谁说江南无封建》，载《新语》15 卷 23 期，1950 年 12 月 1 日。
④ 华：《记第六次新华员工大会》，载《新语》16 卷 5 期，1951 年 3 月 1 日。

新华银行第 18 期《学习》专刊上，供全行员工学习。

　　同期《学习》专刊，刊登了该行员工谢绳甫的文章《江南土改中的农村新面貌》，该文指出："最近有些地主逃亡来沪，以他们自己的立场，到处广播目下农村怎样不宁，那样不好，以此来混淆听闻。"作者认为，这本不足怪，但居然有部分职工兄弟姊妹，受其蒙蔽，动摇对政府的信心，影响工作情绪，这是非常危险的。文中节录了作者的一个亲戚来信，报告了农村土改实况和真正的"农民之音"，反映了土改中的农村，翻身后的农民团结互助，努力生产，积极提高文化水准等情况。作者据此认为，这和某些人的传说，恰恰相反。作者最后提出，"土改是考验爱国和不爱国的试金石，让我们站稳立场，积极帮助农民兄弟们完成土改任务，为祖国的工业化及早实现而奋斗到底"①。

　　自从展开土改学习后，对此次土改的意义、政策、重要性等，员工们从理论上已有所了解，但大家对农村土改的实际情况接触较少，往往会受到"地主之音"的谣言攻势，使自己不能站稳立场。为深化学习，中国人民银行华东区行学委会，特于"三八"妇女节这一天，组织了各行的代表，由区行出发，参加龙华区莘庄农民斗争地主大会。新华银行派出了王德庆、龚善继、戚兆昇等四人参加。这次从上海去参观的，有各机关团体包括学校、银行、铁路局、纺织管理局等单位，另有当地军警工作人员，参加大会的人数估计有 5 000 人左右。这次大会，主要是揭发和控诉当地恶霸地主孙宝珍的历史与罪行。参加这次活动的新华银行戚兆昇回来后撰文说，参加了这次控诉大会，"认识到传说的江南地主剥削不深是不正确的"，也知道今天农民已真正

---

① 谢绳甫：《江南土改中的农村新面貌》，载《新语》16 卷 5 期，1951 年 3 月 1 日。

站起来了,从而更加明确了土改的政治意义①。

学委会各个分会较好地发挥了基层学习组织的作用。

以第四分会为例,他们在检查个人学习笔记时发现,"群众的创造性是伟大的,有各种记笔记的方法可以给我们参考"。其中刘秉恭的笔记,字迹清楚,内容丰富,有提纲、有表格、有摘要,都是经过自己的思考,重新组织的,还发掘了许多深刻的问题。沈丕建的笔记,完全是问题式,通过各种问题把书中的重点表达出来。胡通福的笔记,先把小组讨论中比较深刻的问题记下来,然后再把群众的意见和自己的意见比较一下。汪礼彰的笔记,另有一格,他把各词如"生产力""生产关系",用红笔写,而把各词的解释用蓝墨水写在下面,这样的提纲式,非常简洁明了,使人耳目一新。当然,不能否认的是,"一般的同事都能做到搞清书中要点,但能联系实际而写点心得和感想的不多"②。

第八小组(内汇)对怎样进行时事学习进行了总结。该小组一致认为,时事学习不单是谈谈几句新闻或是随便聊聊天,而"必须看作研究一种最生动的政治资料,最现实的阶级斗争史来加以重视"。他们总结说,看问题的时候,首先要有正确的立场,其次要深入问题本质,再次是要照顾问题整体。在具体实践中,他们还采取了设立时事资料展览板、分配问题、小型时事报告等形式③。

在公私合营银行干部学习委员会组织的"社会发展史"第一次测验情况中,新华银行共489人参加,平均分数为67.96分,100分者29

---

① 昇:《参加龙华区莘庄乡农民向地主控诉大会记实》,载《新语》16卷6期,1951年3月16日。
② 兆昇:《第四分会检查读书笔记的情况》,载《新语》15卷16期,1950年8月15日。
③ 第八小组:《我们怎样进行时事学习》,载《新语》15卷22期,1950年11月15日。

人,及格者 313 人,不及格者 147 人①。这次测验共有 12 个题目,都是"是非题",组织者"主要在提高大家的学习情绪和理解能力"。题目和答案列举如下:

(1)"人之性好逸恶劳"不是正确的看法。(＋)

(2)新民主主义社会前期的生产力与生产关系基本上是不矛盾的。(＋)

(3)革命的目的是为了解放生产力。(＋)

(4)人生观是人生来就有的观念。(－)

(5)人在能制造工具以前的劳动是动物的劳动。(＋)

(6)蒋介石如果不那样顽固而当政开明一些,那么国民党的政权不至于垮台。(－)

(7)宗教迷信起源于剥削阶级的捏造。(－)

(8)爱劳动、努力工作,在任何情况下都是一种美德。(－)

(9)生产力与生产关系的矛盾在任何社会都是自始至终存在着的。(－)

(10)自私自利是人的天性,将来也不可能完全消灭的。(－)

(11)劳心者食人、劳力者食于人,那是合理的社会分工。(－)

(12)生产关系的发展在某些情况下会超过生产力发展。(－)

从答题情况看,答错人数最多的是(7)(2)(8)(3)(1),分别占参加人数的 75.9％、47.4％、39.9％、32.1％、11.5％②。

至 8 月 21 日,公私合营银行干部学习委员会举行了第二次测验(五种生产方式),计是非题 20 题,选择题 10 题,新华银行 487 人参

---

① 《社会发展史第一次测验成绩统计报告》,载《新语》15 卷 15 期,1950 年 8 月 1 日。
② 同上。

加，其中，100 分 16 人，90 分以上 80 人，不及格者 8 人，总平均成绩
81.25 分，较上次总平均分已有显著进步①。

文化补习

从一定意义上说，只有抓好在全行占比不小的工友学习，才能真
正保证全行的学习质量。而要抓好工友学习，最大的难度就在于工
友的文化程度参差不齐。

1950 年 4 月初，学委会第一阶段的学习安排，对工友的学习，规定
以上大课和小组漫谈相辅而行，每两周一次。上大课时讲解力求通俗
易懂，并举实例说明，大部分工友对此都感到有兴趣；但在小组漫谈
时，就发生了一些问题。由于工友们文化水准大部分不高，且程度也
有差别，对通用的学习提纲觉得枯燥无味，常提出许多比较幼稚(但并
不可笑)的问题，如中国人开会为什么要挂外国人的像？马克思是不
是苏联人？等等。多数人在小组讨论时从不发言，"或漫谈得悬空八
只脚，踏不着边际"。但亦有文化水准较高的工友，在小组起带头作
用，他们与职员学习有同样的程度，这样参差程度的情况，使得"文化
程度较高的是好高骛远的学习，文化程度较低的，牵丝攀藤的拖着"②。

这一问题，在其他合营银行也不同程度地存在。为此，合营银行
学委会要求各行扫除文盲，提高工友文化水平。根据合营银行学委
会的指示精神，1950 年 7 月 3 日，新华银行学委会决定设立文化学习
班，并规定文化学习编制暂分识字班、中级班、高级班。中级班相等

---

① 《社会发展史第二次学习问题测验统计》，载《新语》15 卷 17 期，1950 年 9 月 1 日。
② 汆：《文化学习班是怎样搞起来的》，载《新语》15 卷 16 期，1950 年 8 月 15 日。

于小学三四年级程度,高级班相等于小学五六年级程度,经编班考试,并参酌实际情况进行分级分组;上课时间以每周两次至三次为原则,利用晚上业余时间每次两小时,每天还要保证一小时自修或课外作业(同职员学习时间)。文化水平较高者则划入职员学习组①。

7 月 25 日晚上,工友文化学习班在总行四楼会议室举行了开班仪式,每个工友都怀着兴奋与愉快的心情来参加,把会议室都坐满了,行政、工会、学委会、工友代表的讲话,"句句扣动了每个人的心弦",他们一致表示,要好好地学习!正式上课后,课室分散在四楼阅览室、饭厅等处,有的上一个钟点在四楼上课,下一个钟点在楼下饭厅,或上一课在饭厅,下一课在四楼,"穿梭的上下,大家都不觉倦烦,精神都很愉快"②。

该行的一位工友程少云,在《新语》发表了一篇文章,题为《回忆早年失学痛苦》,在工友中引起了强烈的共鸣。这篇文章的叙述方式,非常符合一个工友的特点。这里,不妨对作者的叙述逻辑略作分析和解读:

【1】在十四年前,当反动政府高唱"教育第一",抢救失学青年的时候,我竟不幸而遭失学! 大约是因为我才十岁只能称为儿童,所以不在抢救之列吧! 但是究竟有多少青年侥幸被救,恐怕只有伪教育部自己知道,幸而老百姓对反动政府各种不切实际的高调,并未受到蒙蔽,结果,我就在"抢救失学"的口号下,因家境困难,竟告失学,开始度着半"三毛式"的生活,同三毛不完全同的地方,是我还有父母抚养着;幸而我家庭管教甚严,以致未受恶习所染,但是家庭管教仅仅是不准同坏环境接触,而不知

---

① 《学委会关于设立文化学习班的决定》,载《新语》15 卷 14 期,1950 年 7 月 15 日。
② 汞:《文化学习班是怎样搞起来的》,载《新语》15 卷 16 期,1950 年 8 月 15 日。

道应用怎样方法,将纯洁的思想上正轨。更具体的说,就是这种方法仅是一时,而管不了一世,等到一个青年脱离家庭,踏上社会道路之后,随时随地都有被坏环境引诱堕落的可能,因为一个未受过教育耕耘的心,是充满了无知和盲从,对生活范围以外的事,看法与见解,都是不成熟的。①

首先,解放前,作者因家境困难,旧政府无能,从小失学,"一个未受过教育耕耘的心,是充满了无知和盲从,对生活范围以外的事,看法与见解,都是不成熟的"。

【2】我被限制在渺小的家庭生活圈子里,其他的事一概不懂,什么叫"革命",为什么要革命,根本未听到人讲过,甚至于一直到日本人强占了我故乡所在的小城市,才知道世界上还有一种日本人,但是他们为什么要打到中国来,那我就茫然,问是没有地方问的,倘若去问比较有知识的成人,他们绝不会同我细谈,回家去问母亲或姊姊,她们所知道的也未必比我多,像这样苦闷的生活,一直持续到十八岁,后来的两三年中,才稍微明白一点,但是也是"知其然而不知其所以然"的。就在那年冬天,为了生活驱使,到上海来,在一家牙科医院内工作,不久传来胜利的消息,那时人民都以无限的热忱和希望来迎接在遥远山城避难的重庆政府,结果是怎样!? 除去一般劫收(接收)大员大发其胜利财以外,带给老百姓的只有失望和愤怒。②

---

① 程少云:《回忆早年失学痛苦》,载《新语》15 卷 15 期,1950 年 8 月 1 日。
② 同上。

其次,正因为没有机会接受教育,对于日本为什么要侵略中国等问题,茫然无知;对于抗战胜利后接收大员的行为,只能感到"失望和愤怒"。

【3】在那种长期愤懑和苦闷中,以偶然的机会,找到了知识的泉源。在我工作的医院门口摆设着一个书报摊,有一天晚上,开始将他的书报架寄存到医院里来,这就便利了我们一般想看书而又买不起的人,得到了阅读的机会。我们从那些进步书籍中,提高了阶级觉悟,认清了敌人与友人,重新燃起了希望的火焰。在各种书报中,我最爱读《时代日报》,因为它所说的皆是我们心中想说的话,对腐败的反动政府,用行动来反抗,既不可能,那时唯一的办法就是骂。我真想写一篇强烈刺激性文章,骂得他们体无完肤,但是能力上办不到,手上写不出心中想说的话,因此又引起我求学的欲望,花了两个月薪水交学费,在一所夜校内补习,但只读了一个多月就被院长先生禁止,理由有二点:一是每晚出去,医院内少一个人使唤不方便。第二个是每晚开一盏电灯点到深夜太耗费。在他这二种名正言顺的理由下,又遭第二次的被迫辍学。①

再其次,也因为没有机会接受教育,想从进步书籍中求得答案,但"能力上办不到";也曾希望通过夜校求学,但又被工作单位禁止。这是第二次的辍学。

---

① 程少云:《回忆早年失学痛苦》,载《新语》15 卷 15 期,1950 年 8 月 1 日。

【4】现在我们自己的政权已经树立，一切的理想皆逐渐成了事实。我们的政府在这样百忙之中，仍然这样重视教育工作，照顾到各企业单位中的文化学习，尤其是我行几位热心的职员同事，在这种炎热的暑天，不顾本身疲倦，而为我们的教育工作来担任义务教师，我们应当向他们致最大的敬礼！①

最后，因为解放了，"一切的理想皆逐渐成了事实"，自己终于获得了文化学习的机会，自然内心充满了感激。

在激发工友学习的主动性方面，工友的现身说法应该是最有说服力的。

时隔三个月，10 月 25 日晚上，文化学习班在工人文化宫里举行了一个联欢晚会。上海总工会文教部教育科代表顾斯忠讲话，他以大连一位姓谢的老工友及上海的施小妹两人作例子，浅显生动地说明了只要功夫深，铁杵磨成针，年纪大，也一样可以坚持学习的。王志莘总经理很感慨地说，从前工友同志没有读书的机会，简直是国家的耻辱和损失，埋没了不少大可造就的人才，今天工友同志有此机会，不但是学习同志的光荣，也是新华银行的光荣，所以这是一件极有意义的事。他说，行政方面保证有时间给工友学习，只要工友们有志趣、有兴致来学习的话，行政上不但保证，而且奖励工友们学习，希望工友们通过文化的学习，把政治和技术提高一步②。

这次晚会还举行了阶段性的学习模范颁奖仪式。从不缺课的赵振山等 13 位工友，得到的奖品是一面代表勤劳的三角红旌旗。任寿

① 程少云：《回忆早年失学痛苦》，载《新语》15 卷 15 期，1950 年 8 月 1 日。
② 文熙、兆昇：《工友学模给奖在文化宫》，载《新语》15 卷 21 期，1950 年 11 月 1 日。

征、钱茂生、宋福康、蒋永魁、茅竟成、马德顺、陆荣发等 7 位被评为甲等模范，奖品是一支刻上了名字的新华金笔；陆荣根等 11 位被评为乙等模范，奖品是两条毛巾，上面由金融工会缝纫科的同志绣有"劳动模范"四字；周宝鸣等 6 位被评为丙等模范，各奖得一条毛巾。有同人记述道，散会时已十一时半了，工友们散出了巍峨的文化宫大厦，"大家不但带回愉快的心情，也体验了工人翻身的真实意义"①。

被评为甲等学习模范的陆荣发，是工友刻苦学习的一个典型。

他早年失学，文化水平极低。学习初期，在同人们研究"中苏友好条约"及"财经统一"这两个单元时，他就对学习起了极大的兴趣，但由于字识得不多，阅读时感到困难，在他谈话中常吐露出苦闷的情绪。当他听到本行要举办文化学习班的消息，真是喜出望外，但在编级考试中遭遇到了困难，如试题中有这样一个问答题："华东管辖的有哪几个省"，他对省名是知道的，可惜写不出来。经过了两次的挫折后，他对"识字"更感觉到重要，因此参加学习班后，就表现得很努力，从学期开始至结束没有缺过一次课。在考试的时候，由于业务繁忙不能抽空参加，但忙完后，他仍在八点钟赶到总行来参加第二课的考试；虽然考过了一课，但他以为，考试是测量自己学习的心得，检讨自己学习缺憾的机会，坚决要求班务会给他补考。

在课余和工作完毕后，他仍不断在进修，不懂的地方很虚心地向旁人请教。他没有把学习当作负担，像国文老师要他学写课本上的文字，但他却做到把已读到的文字都默写出来。算术教师为了照顾他的文化程度，不叫他做应用题，但他能在自修中自己解答。在签到簿上，他的签名和以前比较起来，有了显著的进步。以前做算术，乘

---

① 文熙、兆昇：《工友学模给奖在文化宫》，载《新语》15 卷 21 期，1950 年 11 月 1 日。

除方面根本不懂，后来也弄通了。有同事说，陆荣发已经 30 多岁了，平时业务工作相当繁重，能取得这样的成绩，完全证明了学习是没有多大困难的，"只要我们有恒心学习和研究，定会有很大的收获"①。

　　工友文化学习班开课后，在一个学期中总计上课时间为五个月，期间曾举行两次小考，一次大考。总体而言，效果是明显的。新华银行的工友文盲基本上是消灭了；识字班的识字成绩正常的，能认到250—300 字左右，到学期结束时，已经能够造简单的短句，写普通的请假条和收据，学会了算术上的简单加减甚至乘除法。中级班，一般的已能书写问答题。高级班，则已能写清通的作文了。同时，涌现了大批学习积极分子②。

　　1951 年 1 月 22 日晚，新华银行文化班举行结业典礼。工友们亲自动手布置会场，贴标语，担任招待，而且他们也动员了很多自己的家属来参加，"赛如学校里的恳亲"。会场上气氛显得很融洽，每一位参加的来宾都感到异常高兴，"这正是说明翻了身的工友在办他们自己的喜事啊"！给予优秀学员的奖品，有刻上名字的象牙图章，工作与学习手册及口琴等，勤学同学各得篮球鞋一双，领奖工友在全场鼓掌声中，喜洋洋地从孙副总经理手中接过奖品，工友同志们亦向文化班老师献旗及赠送礼物，礼物是新华日记一本，"礼短情长，老师们感到满意的，却是同学们学习的进步呢！"③

　　对不少工友来说，参加文化补习，收获的不仅仅是文化水平的提高，更多的还是思想觉悟的飞跃。胡友松的例子，至少能说明一些问题。

　　胡友松，矮矮的身材，稀疏而灰白的头发，满腮密密的胡子，在新

---

① 页：《陆荣发怎样会选上学习模范》，载《新语》15 卷 21 期，1950 年 11 月 1 日。
② 《文化学习班工作总结》，载《新语》16 卷 3 期，1951 年 2 月 1 日。
③ 《文化学习班结业典礼》，载《新语》16 卷 3 期，1951 年 2 月 1 日。

华银行已是 14 年工龄的老工友了。自进新华银行后,他的工作,由办事处而总行,而外埠分行,由外勤而内勤,"脸额上的皱纹,标志出他对行克尽职守的光荣"。抗战期间,行方鉴于昆明为后方重要城市,而金融机构不多,乃由徐振东经理偕同一部分同人,经香港,转海防而至昆明,历尽艰辛,筹设滇行,胡友松即是其中的一位。后因老母病重,他调回上海工作。除老母幼孩外,他妻子曾在一家橡胶厂做工。由于反动政府对工人的歧视和压迫,他对旧社会有着深切的痛恨,虽在白色恐怖之下,他仍偷偷地阅读进步的书报,渴望着光明的来临。

上海解放以后,他体味到翻身的快乐,热爱自己的行,热爱自己的政府,不论工作和学习,更显得积极起来,在二处当工友小组长的时候,他团结所有工友同志,起了骨干作用。公债一发行,他就节衣缩食,接连认购了 10 分之多;因工作过分辛劳,他不幸患了小肠气,愈后就不能再踏自行车,人事室为照顾起见,把他调到内汇股担任内勤事务。内汇股单据的传递,是比较复杂的,但他却在很短时间内,凭他的记忆,即能分别缓急,处理得井井有条,有空的时候,还帮做其他工作,如录票、点钞等。爱国主义存汇竞赛开展后,内汇股全体同志保证,把汇款条提前一小时送出,他主动地配合这个任务,每天早晨帮助外勤同志,到邮局去拿取信件,使工作得以顺利进行,并被选为内汇股全行总评功臣之一[①]。

他平常很喜欢研究,工余总是在看书写字,文化班里,他是一个用功的好学生。对业务知识,他也很留心,内汇方面的手续,时常请教别人。他对戏剧颇有兴趣,曾在文化班给奖大会上,领导工友同志演出《圣诞节回家》短剧,刻画麦克·阿瑟的疯狂,淋漓尽致,博得不

---

① 白丁:《胡友松》,载《新语》16 卷 7 期,1951 年 4 月 1 日。

少掌声，而他却谦虚地说："初次尝试，有什么不对的地方，请指教。"他浑身充满着青春的活力，虽然他已是 47 岁的中年人了，但对自己的缺点，也很肯检讨，常对人说："我易犯急性病，这对搞团结工作，不免要受到一些影响，但《思想问题》给了我很大的启示。"①

值得一提的是，文化班工友的学习成绩还与晋级晋升直接关联。1951 年 1 月，新华银行完成了考选工友为行员的工作，决定试用张根新、黄竞明、林学文、时明德、卞国樑等 5 人为练习生。此次考选中，有一位工友刘广佩，总评 62.5 分，未经录取（因总分 65 分为及格）。此后，经查，其成绩仅簿记一项较差，其余三科皆在水准以上。此人平日虚心学习，积极工作，群众关系良好，而且在参加总行工友文化学习班的编级考试时，中文、算术、常识三科成绩均列第一。工友文化学习班班务委员会于是"力予保举"，最终经行政会议研究通过，准予试用为练习生②。

扬清激浊

上海解放后出刊的首期《新语》，在"本行掌故"栏目中刊发了一篇短文，记述了一件往事：1948 年间，民主人士黄炎培先生曾亲书锦屏一幅，对于银行业同人应付顾客，处理工作，"规箴甚详"。此事当时影响颇大，新华银行一直将此屏悬挂于会议室内，作为同人座右铭。上海商业储蓄银行、浙江兴业银行等行的行刊及《新闻报》等，也曾转载了此屏的内容。这幅锦屏的全文如下：

---

① 白丁：《胡友松》，载《新语》16 卷 7 期，1951 年 4 月 1 日。
②《黑板报》，载《新语》16 卷 3 期，1951 年 2 月 1 日。

待男女顾客如兄弟姐妹一般亲切,尽量帮他们忙,事虽烦心勿躁,平时充分准备,临时虽忙勿乱,公私绝对分明,一钱一物之微不可假公济私,生活要紧,到底是人格第一,忘却自家也是平民而对人骄傲是最可耻。

新华银行诸君子属书所以勉从业同人谨献数言

中华民国三十七年黄炎培①

事实上,黄炎培先生所提倡的待客亲切、公私分明等要求,本来就是银行从业人员职业操守的题中之意。解放后,这些要求的内涵,理应得到进一步的丰富与完善。在新的历史时期,对新华银行管理层而言,要弘扬新华银行良好的行风,"扬清激浊"是一种必然的选择。

1949 年 10 月 16 日,《大公报》刊载了一封该报读者的来信,表扬了新华银行第六办事处林彤拾金不昧的事迹:

编者先生:

我是一个学徒,在上星期中午十一时多,我奉老板命到同行处拿款,取来后,经过新华银行第六办事处门口,碰着我朋友在摆摊,刚银行歇午工,铁门拉上,我就在门口与朋友聊天。一时拿东西,把钞票带出,回家后才发觉。老板一定不相信,要我赔偿。想我一个小学徒,哪里能拿出五十万元,当时我吓昏了,一直到下午八时我才到新华银行办事处门口找寻。正有一位先生向我问清楚找寻钞票原由,立刻还给我,并说就为了钞票才等着,如果再不来,预备把这款交给公安局。我问他名姓及职业,他告诉我他是新华银行中出纳

---

① 《一幅有意义的锦屏》,载《新语》14 卷 11 期,1949 年 6 月 1 日。

员，名叫林彤，并告诉我不要道谢，这是他行里规矩"见金不昧"。他使我职业及名誉保留着，当时我无法报答他，先生请你赐给我报纸上一角登载吧，同时我也感谢新华银行能教育这样的好行员。祝

安好

市民金寿上，十、十

一位热心的新华银行员工，看到《大公报》这篇报道后，还专门对这位同事林彤作了一次追踪访问，核实了此事，并撰写了《林彤君获得社会表扬，这是新华行格的表现》，刊登在《新语》上①。

同样是 1949 年 10 月 16 日，新华银行总行出纳股职员梁永佳因病去世，年仅 25 岁。梁永佳，原籍广东顺德县，早年在广肇公学及粤东中学商科毕业，后入法国汇理银行供职。1945 年 2 月 15 日改入新华银行，初在四处工作，共三年余。1949 年 1 月调至总行出纳间办事。《新语》专门刊发了梁永佳的遗像、简要生平，以及数位同事的回忆文章。对一位普通行员如此重视，以往是比较少见的。

一位同人说：他平时常穿一套青灰色细点花呢单排纽西服，穿得很整齐，打了一条素净而并不触目的领带；"这正和他沉默寡言，出于同一的作风"②。

一位工友说：梁先生的为人，和蔼率真，例如叫我们工友做一桩事情或谈话的时候，他始终面露笑容而态度很诚恳，用轻悠悠的声音和我们说话，表现了职工弟兄们的友爱和团结，"他的待人都是这样

① 普：《林彤君获得社会表扬，这是新华行格的表现》，载《新语》14 卷 21 期，1949 年 11 月 1 日。

② 恭：《悼梁永佳先生》，载《新语》14 卷 23 期，1949 年 12 月 1 日。

而不分彼此的"①。

根据其同事的回忆,"梁君生前,克苦自励,好学不倦",在供职汇理银行期间,"尝晨起骑自由车分送报纸,以贴补家用"。加入新华银行后,"复入夜校补习英文,成绩优异"。有同人认为,"以梁君之年少有为,待人诚恳,而竟不寿,同人哀切追思,自所不免";但尤可感者,"行方及同人自梁君患病至逝世期间先后前往探病",行方并拨福利贷金,同人自动捐赠,看似平凡,"实含有至情在焉"。有同人认为,"盖一方面固足以见梁君平日为人有感人之处,一方面更足见行方之爱护同人,以及同人间之彼此友爱团结"②。

之前曾经提到,在 1950 年 2 月 20 日下午召开的新华银行沪区第一次员工大会上,与会全体人员首先为当日早晨去世的陈步高副经理静默致哀。那么,这位陈步高究竟是何许人? 为何又能享受如此哀荣呢?

陈步高,原籍广东省汕头市,时年 50 岁,早年在北京清华学校攻读,1921 年 6 月毕业后,赴美国深造,先后入威廉玛丽学院文科、弗吉尼亚大学经济科及宾夕法尼亚大学商科攻读,先后获得学士及硕士学位,毕业后曾在美国费城 Land Title & Trust 实习,1926 年回国,初在浦东南洋烟草公司任事,担任工厂管理及营业事宜。1930 年转入浙江兴业银行上海总行地产部任职,"是为先生献身金融事业的开端"。1934 年 3 月进入新华银行服务,初任第四办事处主任。1936年 9 月调迁总行信托部副主任兼保管股股长及地产股股长,1937 年5 月升任粤行副经理,1943 年 8 月调任总行银行部副经理,仍兼任粤

---

① 秋生:《为梁永佳先生志哀》,载《新语》14 卷 23 期,1949 年 12 月 1 日。
② 荣:《总行梁永佳君病逝经过》,载《新语》14 卷 23 期,1949 年 12 月 1 日。

行副经理，同年 11 月，再兼任二处主任，1946 年 11 月起专任总行副经理，派任二处主任，直至在职去世为止。

《新语》刊发了其遗像及"生平事略"，对陈步高作了如是评价："先生生前，待人和蔼，律己严谨，公余热心各项球类运动，唤起同人对体育的兴趣，对于提倡业余正当娱乐，不遗余力，凡与先生有一面之识者，如坐春风中，莫不翕然乐从，方期先生对本行作更大的贡献，不意以患伤风咳嗽微疾始，竟致病逝。惜哉。"

陈步高去世后，其家庭状况引起了同人的格外关注：陈先生"自奉俭约，不善居积，身后颇为萧条"，其双亲早已于早年去世。家属除其夫人外，有女公子三位，公子两位，年龄最高者，尚在中学肄业，幼公子只有六岁。"先生亲友闻之均为酸鼻。"《新语》因此提出："如何抚育孤雏，责在我人，庶几有所告慰先生在天之灵。"①

5 月 24 日，新华银行在胶州路万国殡仪馆为陈步高先生举行了大殓，同时举行了公祭典礼。灵堂内的布置，简单庄严，在灵前供着香案水果，四壁及灵前安置本行同人及陈步高亲友致送的挽联、幛子及花圈。王志莘总经理的挽联是："千里转痛苦呻吟，与世长辞，子幼家贫，叹息斯人罹恶病；十六年筹谋建树，为行尽瘁，才丰寿啬，伤心新岁失良朋。"孙瑞璜副总经理的挽联是："半世尽忠诚，风雨多艰，正赖长才资共济；新年传噩耗，涕洟满眼，不堪瀛海忆同游。"徐振东经理的挽联是："少同学，长同游，十六年更袍泽相亲，湖海未除豪气；有长才，无长命，卅余天，竟膏肓不治，山河邈隔酒罏。"参加公祭者，有总经理以下诸同人及陈步高亲友等 100 余位。公祭后，孙瑞璜副总经理亲自伴同陈先生家属，护送陈先生遗体前往宝兴路火葬场，

---

① 《陈步高生平事略》，载《新语》15 卷 5 期，1950 年 3 月 1 日。

共同照料①。

　　二处同人张炳文说："在反动派统治的时候,许多人拼命找关系,走门路,想派甮头,陈先生有现成的关系,有现成的门路,并且有人来请教他,他毫不犹豫的回绝了。"他还回忆道："陈先生对钱素不重视,他总是量入为出,除了自己欢喜吃几杯老酒外,家庭的开支亦非常俭朴,常常自己提了篮去买小菜,佣人都没有一个,家庭一切工作,都与他太太通力合作。"张炳文还透露,陈先生死后两袖清风,除了藏在贴身有两张数目很小的定期存单外,一无长物,没有一点有形的资产②。

　　二处同人李绥镜说："想先生身体健康,与疾病似乎无缘,在今年一月间因气候骤寒骤热,才发觉伤风,后来转为很厉害的咳嗽,声音发哑,胸口发闷,多动气要急。这样情形下,仍忘不了行里的业务,照常到行工作,许多同事都劝他休息,先生总以为是小疾,岂知那时就是起病的开始。"李绥镜说："在大华医院里,许多同事都去探望他,他气色很好,谈风如常,绝无严重现象,更想不到有意外,岂知先生很快底终了一生,真使我们痛哭!"③

　　二处工友胡友松说："他对于我们工友说话,如同和知友说话一样,公正爽直,一点没有主任的架子,甚有民主风度。"胡友松并特别提道:在国民党时代投机风行,而陈先生一点都没有做过,而且劝人不要做,"那个时候伪币天天跌价,他仍拿每月薪金存在行中,请问全行中谁能这样做呢?"④

　　如果说,陈步高的事例具有一定的偶然性,那么,从 1951 年 1 月

① 知一:《公祭盛况》,载《新语》15 卷 5 期,1950 年 3 月 1 日。
② 张炳文:《二处的不幸——念步高先生》,载《新语》15 卷 5 期,1950 年 3 月 1 日。
③ 李绥镜:《步高先生不朽》,载《新语》15 卷 5 期,1950 年 3 月 1 日。
④ 胡友松:《向陈步高先生学习》,载《新语》15 卷 5 期,1950 年 3 月 1 日。

起,《新语》"半月一人"陆续推出的人物介绍,则更加体现了新华银行管理层和工会的正面舆论导向。此处列举其中的三位：

其一,龚善继："熬过寒冬的腊梅"。

龚善继,适中的身材,稀疏的胡须,一口整齐的牙齿(其实是"义齿")。在同事眼中,他非常和蔼可亲,个性非常耿直而倔强,主见也比较深,如果只有少数人的意见不对,他要坚持直到大家一致搞通为止,"但如果发现他的意见和群众的意见有出入时,他倒很愿捐弃成见接受多数人的意志"。

龚善继已年过半百,曾在交通银行和江苏农民银行工作。1931年1月进入新华银行,历任会计股、稽核处、二处主任,重庆总管理处襄理,分行处室襄理等职,在这些时间里,"他始终顽强地坚持了工人阶级的立场,对不合理的事务斗争着,但由于环境与人事的关系,他是一直处在孤立和苦闷的境地"。

解放后,经过了苦心学习,他开始建立起了新的人生观,他懂得了集体力量的伟大,认清了历史发展的方向,好似获得了新的活力,他觉得自己变得年轻了,他接二连三地每夜开会,觉得满不在乎。发动劝募公债、寒衣捐款,认购和劝储有奖储蓄竞赛,他都参加并且担负了很重要的工作,他就是这样一个肯做事、不服老的人。因为胃病,他每餐不离开"罗宋",然而他对苏联真是非常向往的,不论文化方面、生活方面,只要是苏联的一切,他都认为有值得羡慕、值得学习的地方,"尤其是使他急切希望的是我国全面的和平建设和对工农大众生活水准普遍的提高,真是他日夜盼念着的"。他"像站立着的腊梅一样,在寒冬里熬过了风雨的威迫,在今日和煦的毛泽东时代里不断地放出了浓郁的清香",他感慨地说过："过去服务了这样长久的日子究竟不知为谁服务,今后的服务,使我才明白了为人民服务,虽然二十年过了,我还要从头学起,还要向年青人学习。"①

其二,朱寿泰:"我们的劳模"。

朱寿泰,江苏省苏州人,时年 29 岁,尚未结婚。在同人眼中,他常穿着一套暗色方格的长褂,"背脊微曲,头向前倾,冬瓜面上,横着一副近视眼镜,时常隆起眉峰,显现思索的神态,谈话带着笑容,体现出纯真的心地"。

朱寿泰于 1945 年毕业于交通大学管理学院后,进入新华银行,曾服务于第八办事处及研究室,1947 夏调往七处。他在校成绩优越,毕业时名列第一,尤精通会计学、统计学、经济学等,爱好书本,至今,"阅读"仍成为他休息的一种形态。他不抽烟、不喝酒、不会应酬,只有弈象棋是他唯一嗜好。每期《新语》,几乎都有他的大作。他也擅长英文,是新华银行有名的译者,经常介绍国外的银行制度、银行业务知识等,也曾拟订过本行各行处的办事手续——结合当时本行各单位的工作经验与理论原则,使工作更合科学化。"沉重的家庭负担,旧社会的黑暗,以及由于勤勉而在学识上、事业上得来的荣誉,使他养成浓厚的纯技术观点及明哲保身的做人态度"。解放前后,国内正进行着翻天覆地的大转变,他却一直埋首在业务和书本中,"度那安静的岁月"。

新社会的一番新气象,使朱寿泰体会到时代变换的迅速,不赶上去,就要落伍,因此他对新知识"有如饥渴的需求"。全行性的学习展开后,他一直虚心学习、勤勉自修,不但看了规定的书籍,还阅读了许多参考书,他的学习,总比小组同人走前一步。他在学习小组中,充当带头、骨干的作用,也是小组同人学习疑难的"询问处"。由于学习

---

① 熙:《龚善继》,载《新语》16 卷 6 期,1951 年 3 月 16 日。

的启发,同人间的相互批评,使他的生活和思想在向上提高着。他已觉察到对同人无批判的、无原则的讨好是不对的,他已决定今后要不断地改造自己,充实自己,同时,更要做好帮助同人搞好学习、搞好业务上的工作。"我们的劳模",是七处同人经常对朱寿泰的称呼,正如"寿泰哥"一样的自然、顺口。"你相信吗? 他能记忆全处千余个往来户的帐号和营业性质,在一天内能登帐近千笔而极少乖谬,于廿分钟内他能利用计算机拉出三百多户的余额而一下把帐轧平……""劳模",就是这样被叫顺的①。

其三,茹钟英:"'少管闲事者'的转变"。

茹钟英,17 岁的那年,他就进入中国银行服务,足迹到过西南各地,1947 年加入新华银行。父亲早故,自幼赖祖母抚养,当他刚踏上社会的时候,祖母对他说:"对人要和气,少说话,少管闲事。"这句话便成了他的座右铭。他结婚后,有了四个孩子,还有一位年已 83 岁的老祖母,老幼五人的生活都需要他负担,整日里在这些家庭的小圈子里"兜",盘算着怎样使生活过得好,其他都是提不起劲儿。

解放后,翻天覆地的大转变到来了,首先使他体会的就是物价平稳,全国财经情况开始好转,那时他开始认识这时代和过去反动派统治下的局面是大不相同了,但是思想上依旧有矛盾,譬如整天的学习,第一个就使他头痛,勉强地抱着敷衍的态度,对政治不发生兴趣,想来想去还是"明哲保身",只要能保住"饭碗",工会工作让这些"傻子"去搞罢,"前进""后进",顾什么这些闲事?

抗美援朝的运动展开后,全行又展开普遍的学习,当时他思想上充满着"崇美"的思想,他想美国的物质文明"天下第一",国家又富

---

① 俊仪:《朱寿泰》,载《新语》16 卷 4 期,1951 年 2 月 16 日。

足,我国的财经情况才初步好转,武器又差,怎可和美国拼,岂不是鸡子拼石头吗? 可是全国却涌现出无数的爱国志士,纷纷要求报名参加赴朝的志愿部队,他虽进一步觉得这是群众性的伟大爱国运动,但在表情上还是冷漠地袖手旁观。

他的妻子陈是倩在民航局服务,有一天突然和他谈起,已报名参加赴朝的志愿部队。当她的话刚出口,茹钟英呆住了,他认为妻子跟他开玩笑,想想解放前,只爱虚荣,要享受,虽然她也有工作,但所得的薪水还不够她花费,时常为了追求不到物资享受而起口角,解放后虽有许多进步的地方,但决没有进步得这样快呀。可是事实上,妻子坚决的表情使他相信这不是玩笑,最后不得不向她恳求,希望她能看在六岁男孩、四岁女儿和一对三岁双胞胎的骨肉情义上,打消志愿赴朝的想法,但仍无果。他觉得失望,但妻子高度的爱国热情,对他的思想起了很大的影响。

1951 年 1 月 6 日,他参加了本行抗美援朝军民联欢会,看到老工人陈镇华激动地喊口号,光荣家长们鼓励自己的子弟参军,无锡分行参干代表潘大德报告怎样摆脱对家庭温暖的幻想,说服父母、坚定参干的决心,同时他又看到全场热烈的欢呼声和鼓掌声,不少人被激动得滴下泪来,他的情感也不知不觉地和会场上的人交融在一起,他第一次跟着群众举着手喊口号。7 日下午,他又参加青年团举办的团日活动,他听到参干团员潘大德报告思想斗争的经过,个人利益应该服从革命的利益,要有温暖的家庭,必须要有一个强盛的祖国;要巩固世界的和平,必须坚决反对侵略战争。他觉得惭愧,满腔的血液集中在脸上,火辣辣地怪难受,眼眶觉得有些湿润,他想到妻子要求到朝鲜参军是对的,自己不应该劝阻她,自己只重视个人的利益而漠视全人类的幸福,甚至还要阻止妻子的进步,再想下去越觉得难受,最终，他否定了自己过去的错误想法，同意了妻子的要求。由于民航局对要求参加志愿部队的职工都未批准，茹钟英的太太又报名投考了革命大学，这次不仅录取了，而且得到丈夫的鼓励。

他开始转变了，他不再是"保守"的，敷衍学习的，学习小组和各种集会他都参加，他对人说："我的缺点很多，我一定要更好地学习，充实理论，提高阶级觉悟，为祖国献出自己的力量。"①

当然，新华银行也并非就是一片净土。事实上，尽管总行管理层三令五申，但形形色色的案件也不时出现。重要的是，如何在"亡羊补牢"的同时，加强对员工的教育。这种以案为鉴的警示教育，本身就是员工学习的题中之意。

该行无锡分行发生的黄寿域案件，曾在新华银行内部引起了较大关注。黄寿域，别号龙奇，江苏无锡人，1923 年出生，先后就读于上海新寰初级中学、无锡匡村高级中学、上海大同大学，曾任无锡张镇桥中小学教员。1945 年 10 月加入新华银行，任五处练习生、办事员等。

1950 年 9 月 6 日，有位名叫王肇周的客户，到新华银行无锡分行马路区服务处存定活两便 4 900 万元。9 月 11 日，有人持了王肇周的一张存单在分行付出 2 450 万元，当时系由刘奉萱记账并报代付电话。10 月 4 日晨，又有客户持了王肇周的存单要支取 4 900 万元。此时，无锡分行才发觉账上已付掉 2 450 万元。起初无锡分行尚以为是存单漏批，但该客户始终不承认曾经来取款过，后经多方查核，仍无结果。

于是，该分行就在 10 月 4 日当晚午夜召开了全体员工大会，以

---

① 鹰：《茹钟英的转变》，载《新语》16 卷 5 期，1951 年 3 月 1 日。

检讨该事件。各位同事分别自叙了平时私生活情况，其间黄寿域的检讨，大家都认为不够深刻，于是就集中于几个疑点向他提问题。这一谈话直至次日凌晨三点半，但黄寿域本人尚不肯坦白事实真相。

次日，无锡分行委派张成栋与黄寿域进行了详谈。此时，黄寿域认为已无法再掩饰，便把舞弊的事实全都坦白出来——他串通了一个姓王的友人，想出用汪肇久的名义在马路区服务处做了 49 万元的一笔存款，开具了存单，然后再用褪色墨水涂改为王肇周的 4 900 万元，再到无锡分行去冒领。黄寿域同时还坦白，他曾用同样的手段，冒领过另外一位客户的 700 万元。

《新语》在刊发这一消息时，特别加了"编者按"："黄君平日行为不检，私生活又极腐化，与无锡一私娼相处，过从甚密，他的太太曾一再为此事来行声请将黄君迁调，可见黄君积习之深。"[1]

这是一起新华银行无锡分行自己发现的案件，突破口就是行员的私生活问题。一方面，破案效率如此之高，当然是应该肯定的。但另一方面，从"编者按"披露的情况看，黄寿域平时的私生活就存在不少疑点，是不是早就应该给予关注，并采取切实有效的措施呢？

对员工参与私营拆放的行为，新华银行给予了高度关注。

早在 1949 年 11 月 9 日，新华银行总行人事室"以风闻本行有少数同人，经营私人拆放，有违法纪，即行文通知各部门同人，力自整肃"。该通知称：查私人经营拆放，人民政府早有明令禁止，本行一再告诫在案，乃近闻仍有少数同人，玩忽法纪，私营拆放，如此行为，不独有违国法，抑且影响我全体同人之信誉，亟应严予取缔。该通知

---

[1] 《串同涂改存单，冒领巨额存款，锡行黄寿域送法院处理》，载《新语》15 卷 21 期，1950 年 11 月 1 日。

同时强调：嗣后务请各部门主管人员，随时注意，负责开导，并希望全体员工同人，"自动检讨，力主整肃，以杜绝此种不法行为，是为至要"①。但有了这样的明确规定，并不能保证就风平浪静。

1950 年 11 月 15 日出版的《新语》刊发了一封读者来信，揭发本行有同人私营拆放，公然对账上有存款的同人，"劝他不要做傻子，将存款存在行里，由他设法代为借与'亲友'可得较高的利息，他们经常利用现钞进出。"《新语》在刊发这封读者来信的同时，明确指出，必须支持和鼓励同人毫不姑息地来揭发这种危害人民利益的不正当活动，扑灭投机倒把、私营拆放的行为②。

1950 年 12 月间，新华银行第十办事处薛家凤私营拆放、收受金钞作为押品的非法行为，被上海市公安局刑警处发现，并于同月 19 日将薛家凤"拘局询查"，直至 21 日晚间 8 时，始将其从公安局具保释出。当薛家凤被带到公安局询查后的第二天，即 12 月 20 日，适值甲种活期存款结息期间，办事处察觉到分户账的总余额与总账不符。薛家凤回到办事处上班后，向其本人查问此事时，才知其曾利用职务便利，虚收账面，盗用行款，前后达 4 600 万元，并曾利用此款私营拆放、收受金钞作为押品，"后以结帐期近，遂即促原主售卖归还，事为公安局破案，因此被带案查询"③。

事发后，第十办事处主任王琪甫向行政、工会方面作了报告，并自承对十处人事存在一种"太平思想"，没有随时检查，对同人日常生活亦欠了解，抱有"可以放心"的心理。1950 年 12 月 28 日，总行行政会议决定：薛家凤行为不检，严重触犯行规，应予撤职处分，即遵照

① 《人事室告诫同人严禁私人拆放》，载《新语》14 卷 22 期，1949 年 11 月 15 日。
② 《忠告私营拆放者》，载《新语》15 卷 22 期，1950 年 11 月 15 日。
③ 《十处薛家凤已予撤职处分》，载《新语》16 卷 2 期，1951 年 1 月 16 日。

"工会法"通知工会后执行,并将经过公布,俾全行同人提高警惕;同时强调:各级主管切实负起行政领导责任,并防微杜渐,以免此类事件再有发生①。

薛家凤出身于地主家庭,于1945年在上海商学院毕业后入新华银行服务,初在六处,十处开幕即调至该处负责活期存款记账工作,平日工作上和同人相处还不错。据其坦白书中说:"起初过于着重友谊,昧于获利,竟然一时糊涂……"这也充分证明,此人对私营拆放危害人民的行为认识不足;同时主管领导松懈,没有及时发觉,因此日积月累,造成这种错误②。

1951年1月12日晚七时,十处同人就薛家凤事件召开了一次专题检讨会,出席者除十处同人外,总行人事室王德庆、办事处业务部分袁云汉、工会石柏泉、孟永伟、苏森丙、稽核室陈琳等六位,亦列席参加。

王琪甫主任首先报告了事件经过,他承认自己作为主管领导有"太平思想",对平时同人生活、思想、工作,没有作督导和检查,以致在六月底查账时,已发现有账轧不平现象,但当时并未进行彻查,今后当接受经验教训,加强在领导地位的职责,对同人生活行动随时进行深切了解,并在学习上帮助改造同人思想,注意同人生活行为,认真执行本行的牵制制度,"不再依恋旧的一切,争取在各方面的逐渐提高"③。

之后,由主管存款的张敦馥起立检讨,他说自己主观以为薛家凤家庭经济情况很富裕,个人工作也很繁重,在生活上看他也很正常,

----

① 《十处薛家凤已予撤职处分》,载《新语》16卷2期,1951年1月16日。
② 同上。
③ 《十处举行检讨会》,载《新语》16卷2期,1951年1月16日。

所以对他一切工作很信任，在六月底账轧不平时，也不生怀疑，这是自己疏忽的不是，现在通过这次事件，"个人已深切瞭解了决不能再凭主观见解来对待同人，应严格负起主管应尽责任来"。他说："对同事虽要信任，但也决不能没有警惕心。"①

继之，会计主管吾用武说："薛君生活虽正常，但做人的认识一直很模糊，这表现在解放后的学习上是很马虎的，这正说明了思想不求改造，行动是一直受影响的。"他说，今后大家要改正这种错误见解，不能认为政治认识是无关紧要的，今年决定力求在各方面的进步，来争取手续制度、生活思想上的改进，"同时也不要存有多做多错的念头，使工作受到阻碍"。

再后，王德庆讲话，他认为人事室的工作也有缺点，对同人教育不够，在学习上缺少检查，在每次事件发生之后，也不深入检查，今后决心加以纠正。他说，关于薛家风案，主管领导对同人生活思想不加深入督促和帮助是主要原因，今后应负起责任，加强经济保卫工作，同时十处同人对这事件亦不要看作是个打击，应该看作为一个教育。

继之，石柏泉代表工会讲话，他说解放以来，已有杨肇樑、田美昌等拆放事件发生过，然而至今尚有薛家风事情的发生，那是应该值得大家检讨的。他指出，薛家风曾于去年春，因优待证借给别人遭扣留，接着又有对客户慢待事情发生，"足见薛君在政治认识上始终是模糊的"，政府对我们金融从业员赋予很重要的任务，但我们还会有这类私营拆放、买卖金钞的事件发生，这是很可耻的，所以"薛君之有今日结果，也是必然的下场"，今后我们应重视学习上的进步。他也补充了一点，就是工会对基层小组照顾不够也是事实。在今后将适

---

① 《十处举行检讨会》，载《新语》16卷2期，1951年1月16日。

当照顾,同时会员小组长也要负起责任来,不要单为收点会费便认为尽了小组长责任,也应该帮助和了解会员们的思想、工作和生活。

稽核室陈琳说:十处的工作确有松弛,今后同人必须在工作上相互监督执行。

苏森丙说,同人在工作上、思想上、生活上都应相互帮助,这个帮助的过程也是了解同人生活的最好办法。

会议进行了两个小时,十处同人都表示了要在今后工作上、生活上、学习上争取求改进,来搞好业务,加强同人间的团结①。

1951年4月1日出版的《新语》,披露了一则消息。第二办事处的袁君卿,曾介绍邻居黄玉山开户,这个人原来是私营拆放和代卖金钞的。案发后,军管会金融处来行查账时,发现活存账面有先付抵用及付款不符手续情事,这都是袁君卿给予的方便。

二处为此开了一次检讨会,袁君卿自己的检讨是:"他常请我吃饭看戏,以致我碍于情面给予手续上之方便,后得知其有私营拆放暨有代卖金钞行为,未加以检举,无形中形成一种包庇现象,抵触了金融政策,这是我绝大的错误,甚至造成这次错误的根源,我深自检讨有:一、吃请;二、对旧社会遗习未改,以为只要与我个人无关系,对行方帐上不亏空,手续方面是无所谓;三、对政府政策不够了解……"②

二处同人认为,袁君卿承认这一错误,对他的学习改造是大有帮助的。其他同人检讨中也多归结到重情面、公私观念不强、忽视手续等。也有同人认为,实际上这都是表面上的现象,这些现象多多少少

① 《十处举行检讨会》,载《新语》16卷2期,1951年1月16日。
② 刀锋:《蜂刺集》,载《新语》16卷7期,1951年4月1日。

在行内是普遍存在着的，因此也不是一个个别的问题，如果透过这些现象深入到实质上去，那么这实在是一个为人民服务的基本观点和态度的问题，应该是值得我们好好地深入学习和检讨的①。

不仅仅是基层员工，即便是高级管理人员，也有出问题的。缪成之、陈卓人，就是两个比较典型的例子。值得注意的是，这两人均是外地分支机构的负责人。

缪成之，姓名缪葛萦，别号成之，1910 年出生，江苏如皋人，先后毕业于如皋私立乙种商校、上海省立第一商校，1926 年 6 月加入新华银行，曾先后在总行会计股、服务部、证券股、出纳股、会计组等工作，从一名练习生、助员、办事员逐步成长，最后任职为重庆分行副经理。

重庆解放后，军管会特派员检查重庆分行账目时，发觉缪成之在解放以前的几年间，利用职务上的便利，有种种违反行纪的逾越行为。此事披露后，缪成之进行了坦白悔过，新华银行总行管理层决定予以减薪两级、留任察看的处分②。

这次对缪成之的处分，在同人中引起了较大反响。有同人认为，中国旧社会的道德观念，向来主张隐恶扬善，"尤其对于有相当社会地位的人，往往由隐恶而发展有徇情袒护，以致造成一切法令纪律，仿佛只是为着下级人员而颁布的"；这次的处分，说明了本行行纪是必须要全行职工共同遵守，不许有任何的特殊例外；从处分的尺度而言，"教育的意义实重于惩处"，基本上是希望他通过这次教育，今后彻底觉悟，努力自新，改造自己，但更重要的是希望全行职工警惕，借鉴这项事件，来教育自己，不蹈覆辙③。

---

① 刃锋：《蜂刺集》，载《新语》16 卷 7 期，1951 年 4 月 1 日。
② 民：《缪成之事件的教训》，载《新语》15 卷 10 期，1950 年 5 月 15 日。
③ 同上。

1951 年 5 月，新华银行昆明分行经理陈卓人，因"思想落后"，对本行的性质和任务"认识不足"，且"未能及时掌握政策，领导员工搞好工作，完成合营银行之任务"，被调回总行学习，并经行政上决定，予以降职为副经理并减薪两级的处分①。

陈卓人时年 43 岁，先后就读于清华大学、美国伊利诺伊大学、哥伦比亚大学、纽约大学，曾任职中国银行纽约分行。1935 年底进入新华银行，先后任天津分行襄理、总行信托部副主任、总行银行部主任、襄理、天津分行副理、昆明分行经理等。此前，新华银行管理层曾数次收到新华银行昆明分行职工和工友的联名举报信②。据调查，陈卓人的主要问题如下：

（1）思想落后，违反政策，对国民党尚存幻想。如，1950 年在上海参加行务会议返回昆明后，在当年 9 月间，昆明的上信公司拟向人民银行出售房屋，请他代为担保证明，他说："这怎样能行，将来时局变了，我不是要受累么？"言外之意即是，国民党回来怎么办？

（2）对新华银行的性质任务认识不足。新华银行昆明分行在私营行庄中不能起带头作用，对于参加当地"联贷团"也很勉强，以为"联贷团"成立对存款有影响，所以"联贷团"成立时，不重视，不关心，轮到值日时，也是敷衍。在人民银行执行利率政策，减低利率，缩小利差时，他不但不拥护，反而带头反对。

（3）在发展本行业务方面不积极。1950 年 8 月以前，昆明分行

① 《总务通知 457 号》，1951 年 5 月 9 日，上海市档案馆藏新华银行档案，Q269－1－567。
② 《新华银行昆明分行工友举报函》，1950 年 1 月 19 日；《新华银行昆明分行全体同人举报函》，1949 年 10 月 20 日；均见上海市档案馆藏新华银行档案，Q269－1－793。

的存款在昆明市银行中为第1位,9月以后则逐渐下跌,至1951年2月,已为当地六家银行之第5位。他对业务不关心,不主动,每天坐在楼上,不问业务,就是对于大的客户,也很少去联系。

（4）不重视政治学习。当地人民银行组织各行经、副、襄理集中学习以后,本行职工问他学习些什么,他的回答是:"还不是应付应付公事",对职工的学习情绪影响很大。

（5）轻视职工。他对服装俭朴的员工,常皱眉掩鼻,以致职工畏而远之,不敢与其接近。

（6）贪占集体利益。其眷属住在行内,吃饭洗脸,统由工友伺候,也使工友不满。奉调回总行的旅程中,偕同妻女,从昆明飞重庆,机票875万元,重庆飞汉口,机票700万元,从汉口到上海,船票56.97万元,书籍行李邮寄费180.135万元,其他杂费16.9万元,共计支出1 829.050万元。总行人事室核查后,认为存在严重浪费现象。

（7）收受客户送礼。如1950年9月,收受穗丰面粉厂面粉一袋,华南科美药房西药一包,吴源茂火腿一只;1951年1月,收受大陆酱园大咸鱼三条等①。

《新语》对此事件专门发表了短评《论陈卓人降职》,短评认为,作为一个分行经理,更应该在人民银行领导之下,领导职工在执行政策上、工作作风上、学习改造上,为私营金融业的表率,然而陈卓人竟然对国民党还存在着幻想,不要说他不能认识革命的真理、共产主义的原理,甚至国民党反动派出卖祖国、压迫人民因而受到人民的唾弃、反对以致被打倒,和人民政府团结各阶层人民建设祖国,走向繁荣、走向幸福,而获得全国人民热烈拥护的事实也看不清楚,由于思想上

① 《前滇行经理陈卓人受降职处分》,载《新语》16卷10期,1951年5月16日。

这样的糊涂落后,他不知道这个时代已经是翻天覆地的、有了根本的改变了,对于服装俭朴的职工会皱眉掩鼻,眷属住在行内,吃饭洗脸也要工友伺候,甚至还保留了接受客户送礼的恶劣作风,更不问自己对人民有些什么功劳,徒以经理身份,在昆明到上海的旅程中,挥霍了巨额旅费,耗用了全行同人为人民所累积的血汗资金,具有这样的思想和作风,其违反政策,脱离职工群众,不能完成任务是必然的。短评最后指出:我们期待他,也期待具有同样糊涂思想的人,能因此省悟而在今后的工作中下决心学习改造,认清个人和祖国的前途,从而确立为人民服务的观点,来建设我们共同的人民事业。"人民的事业是决不摒弃每一个有能力而又愿意真诚为人民服务的人的。"①

镇反运动

1951 年 1 月 5 日,上海市军管会为巩固革命秩序,保障人民利益,颁布《对于反动党团、特务人员实施登记办法》。同日,《解放日报》发布社论,"认真进行对反动党团及特务份子的登记工作",指出上海市各界人民都有责任协助人民政府完成这一复杂而艰巨的工作任务。

为做好这一工作,新华银行工会抗美援朝宣传委员会即着手展开宣传教育。工会主席朱应麟说,必须进行广泛宣传动员,使全体职工弟兄认清这一任务,保证做好这一工作。他并指出,去年本行南京分行也有三个特务分子被查出,我们不能存在麻痹思想。他同时强调:行内如有过去被迫参加反动党团特务工作人员,解放后一年多

---

① 《论陈卓人降职》,载《新语》16 卷 10 期,1951 年 5 月 16 日。

图 5-5　人民的"巨掌"

(来源：《新语》16 卷 1 期,1951 年 1 月 1 日)

在工作上亦有了表现,要帮助他们丢掉历史的包袱,鼓励他们按照颁布办法,自发进行登记,分清身份。

1 月 6 日,新华银行抗美援朝宣传委员会就在营业室布置漫画、标语多幅,展开宣传教育。1 月 10 日,新华银行党支部邀请黄浦区党委戴容同志来行作了"反动党团特务份子登记问题"动员报告①。

在此氛围下,新华银行总行会计股的高尚斌,自发地到本行登记处申报了自己过去的身份,他曾参加过三青团②区队长的职务,称现

① 《全行广泛展开反动党团特务份子登记宣传教育》,载《新语》16 卷 2 期,1951 年 1 月 16 日。

② "三青团"："三民主义青年团"的简称。中国国民党控制的青年组织。1938 年 4 月国民党临时全国代表大会决定成立。同年 7 月组成中央团部,下设支团部、区团部、分团部、区队、分队各级组织,并建立"青年服务队"等各种外围组织。1947 年 9 月国民党六届四中全会决定,将三青团并入国民党,并在国民党中央执委会下设青年部。参见王邦佐等：《政治学辞典》,上海辞书出版社 2009 年版,第 84 页。

在经过了一年来的改造教育,已认清了美蒋毒害青年的本质。高尚斌对记者说:"我早就想等待这个机会,跳出泥坑,洗去污泥,恢复我本来清白面目。"总行办公楼内部设置的黑板报,发布了这一消息,并且庆贺高尚斌的新生,同时也告诉了大家:"一切反革命份子只有及时悔悟,改过自新,才是唯一的生路,否则就是自趋灭亡",一切顾虑和怀疑,都是对他们自己有害的①。有关此人,后续还会涉及。

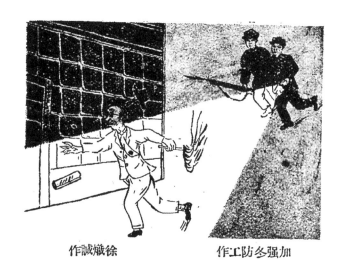

徐炽诚作　　　　　　加强冬防工作

图 5-6　加强冬防工作(作者:徐炽诚)
(来源:《新语》16 卷 1 期,1951 年 1 月 1 日)

　　1951 年 1 月 24 日,新华银行十多位员工受黄浦区委宣传委员会委托,到郑家木桥中华里进行了一次反动党团特务分子登记宣传活动。这次在里弄进行的宣传活动,效果虽不那么理想,却也有不少值

───────────────

① 《全行广泛展开反动党团特务份子登记宣传教育》,载《新语》16 卷 2 期,1951 年 1 月 16 日。

得记述之处。

考虑到要激发里弄居民的兴趣，同人们事先设计，采用一个"卖梨膏糖"的节目，把登记的要点和宣传标语都编进唱词，又把它写在纸条上，包进糖里，预备边唱边分给来参加的人们。由于时间很局促，大家连夜忙于布置标语、编剧情、找角色，直到去的那一天，总算组织完竣。那天下午三点多，宣传队出发了，到了那边，先敲起锣鼓，再由里弄的冬防小组进行动员听众。哪知道白天大人们都不在家，所以来的都是女人和小孩。宣传队于是开始迟疑起来，再加那条弄堂又小又狭，顿时把弄堂的走路也塞住了。大家心里都想着跟孩子们有什么可说的呢！因此心就冷了大半，"没奈何，只好唱起来"，待到唱完要分糖的时候，小孩子们便"大起蓬头"。宣传队的程芝祥站在凳上，险些被挤倒，一时秩序大乱，连忙中止，想转移阵地，但这时已太晚了，"孩子们紧随在后面不散，大家都搔头摸耳，不知怎样做才好，后来无奈，只得赶紧回来"。

宣传队在活动总结时认为，没有经验固然是一方面，但宣传方式和时间安排也存在问题；"另外据说该里连日开会也使居民感到有受不了的感觉"，这也是动员不成原因之一。尽管如此，宣传队的同人仍然表示，要接受这次的经验教训，"在下回的里弄宣传时要想个更聪明的办法"①。

1951 年 2 月 3 日下午，新华银行董事长谢寿天在总行四楼会议室，就反动党、团、特务人员登记问题，作了专题演讲。他对于登记工作的意义、办法，如何领导进行工作，以及对于这一工作的种种不必要的顾虑等，均作了剀切的说明，"分析精微，含义深长"。他在演讲

---

① 木耳：《我们做了一次里弄宣传》，载《新语》16 卷 3 期，1951 年 2 月 1 日。

（畫字組）

图 5-7 早一日登记 早一日自新

（来源：《新语》16 卷 3 期，1951 年 2 月 1 日）

结束时说，我们对于人事的态度是"用人莫疑，疑人莫用"，一向本着"与人为善"的精神行事。他同时也强调，希望行内要特别注意这项工作，"不要等登记工作结束之后，再抓出一二个反动党、团、特务份子来，以增加个人的麻烦和玷污本行的行誉"①。

为了帮助市民认识匪特的真面目，提高对匪特的警惕，同时督促匪特分子自新登记，上海市公安局举办了一次大型"反特展览会"，内容包括照片、漫画和实物等，很多照片是仿照连环图画格式

① 谢寿天：《关于反动党、团、特务人员登记问题》，载《新语》16 卷 4 期，1951 年 2 月 16 日。

摄制的，注重真人真事，实地实物，"等于一份有系统的新闻画报"。有同人参观后在《新语》撰文，详细介绍了展览会的各项内容，并评价说，这次展览把匪特的种种不法罪行，和镇压匪特的人民公安部队力量的强大，深刻地印在每一个参观者的脑中①。还有的同人说，帮助政府办好反动党团特务分子登记的工作，是今天每一个人民爱护自己祖国的具体表现，"同时也是为自己的安全打算的重要关节"②。

4月1日出版的《新语》，发表评论员文章《纠正麻痹思想，坚决镇压反革命份子!》该文披露，在上海人民银行最近就逮捕了五个特务分子，与总行相隔数步的金城银行，最近抓去了两个特务分子；从新华银行本身来说，南京分行在上一年就捉出三个特务分子，无锡分行也有与特务勾结的案子破获。该文同时指出：我们对敌人的麻木与宽纵，就是对人民的残忍和对祖国的不负责任，全体同人要随时随地提高警惕，注意一些可疑的人与事，"以争取存款那样的火热情绪来与无形的敌人作斗争"，保卫我们已获得的胜利果实③。

4月23日开幕的新华银行行务总会议，对于协助政府镇压反革命分子活动的提案，全场取得一致共识：为巩固革命胜利的果实，为保障本行已获的成就，防止匪特的破坏，务必视为当前的中心任务，协助政府严格执行④。

为了配合"镇压反革命分子"的中心任务，新华银行京剧组继《中

---

① 莘莘：《向匪特展开全面斗争——介绍反特展览会》，载《新语》16卷4期，1951年2月16日。

② 鹰：《爱祖国，恨敌人》，载《新语》16卷4期，1951年2月16日。

③ 《纠正麻痹思想，坚决镇压反革命分子!》，载《新语》16卷7期，1951年4月1日。

④ 《一九五一年度行务总会议开幕》，载《新语》16卷9期，1951年5月1日。

山狼》编排演出之后,又进行了一次新的尝试,编排了以揭露反革命分子血腥罪行作为主题的新京剧《血债》。它是由歌剧《白毛女》及新京剧《小苍山》所改编的,最初因为剧情过于冗长而又缺少对特务分子罪行的描述,于是又把《小苍山》部分几乎完全删掉,保留了对反革命分子斗争的一段,另外再加添了匪特危害人民及引领清兵屠杀人民的内容。该剧在行内的数次演出,颇受员工欢迎①。

第八办事处位于上海小东门,受过蒋军飞机的骚扰,见过轰炸后的惨状,同人因轰炸而不能安心工作,行方因轰炸而发生呆账,对于匪特的仇恨,大家早就记在心头。经过汤草元同志的报告,阅读文件,小组讨论,反特展览会,并看了《不拿枪的敌人》后,八处立即以成立纠察队与补充工作保证两项实际行动,来表示坚决镇压反革命活动。纠察队的主要内容是:① 晚上六时半起,后门上锁,随到随开,至九时由夜班工友负责;② 职员夜班纠察至进库为止,负责各室与库房检查及账册等进库事宜;③ 中午休息时间轮流值班,办理一切联系事宜;④ 例假日后门由值班工友负责上锁,严防歹人混入。工作保证方面,结合了反特中心工作,又补充了几点,并喊出"如要保证做得好,严防匪特第一条"的口号②。

镇压反革命运动从 1950 年 12 月起在全国范围内开展后,在1951 年春秋形成了高潮。新华银行内部,也揪出了一个反革命分子郁象超。

郁象超,上海崇明人,1911 年出生,1931 年毕业于上海法学院法律系,曾任华北合作事业委员会办事员、河北省立医学院附属医院事

---

① 小园丁:《新京剧〈血债〉编排的经过》,载《新语》16 卷 10 期,1951 年 5 月 16 日。
② 杜道雍:《严防匪特第一条》,载《新语》16 卷 8 期,1951 年 4 月 16 日。

图 5‑8　严厉镇压反革命活动(组字画谜)

(来源：《新语》16 卷 8 期,1951 年 4 月 16 日)

务主任、北平市政府社会局第二科主任科员、广西省立医学院总务课
课长、粤汉铁路局运输处课员等,1946 年 8 月加入新华银行,先后担
任二处办事员、总务室办事员、营业室办事员等。

　　关于郁象超的被捕,还得从 1951 年 4 月在杭州举办的浙江省土
特产展览暨交流大会说起。

　　1951 年,金融业的中心任务是扶助城乡物资交流,用以提高农
民购买力,开辟工业市场,迅速恢复国民经济,粉碎美帝的经济封锁,
因此土特产的交流,城乡贸易的扩大,在经济上、政治上都具有重大
的意义。当年 4 月举行的浙江省土特产展览暨交流大会,自然也受
到了新华银行等公私合营银行的关注。新华银行特派赵耀章、袁云

汉、夏文教、汪礼彰等四人,与其他几家公私合营银行同人一起赴杭参观。13 日,他们到达杭州后,新华银行驻大会临时办事处的郁象超等到站迎接。

同人们参观了大会的全部 12 个展馆,而且惊喜地发现,在大会所有陈列馆里,公私合营银行都有联合广告牌,蓝底红字写着公私合营五家行的行名,挂在各馆进出口的最显明处,地位很是适当,也是大会唯一的广告。有一处广告最为注目,是竖立在西泠桥畔的一幅大油画,表示着爱好和平的各民族携手前进,图旁写着五行行名。这幅大广告,新华银行所费是 500 万元,但是收获是巨大的。

新华银行在杭州没有分行,这次浙江省土特产展览交流大会在杭州举行,新华银行与兄弟联合设立临时办事处,自然与郁象超在杭竭力与各方联系不无关系,同时也离不开同业的协助。16 日上午,新华银行和建业银行一行,包括建业银行蔡经理及郁象超等,冒雨向杭州各兄弟行和其他同业面谢他们招待和协助的盛情,尤其是兄弟行对建业和新华两行在联合办事处成立时的帮助。当日中午,还以建业和新华名义邀请杭州各同业经理、副理等在“多益处”便酌,以示答谢之意①。这些情形,新华银行《新语》有过详细的报道。至少可以看出,在新华银行同人的眼中,郁象超的业务工作能力确实是比较强的。

然而,让人想象不到的是,1951 年 5 月 3 日,刚从杭州回到上海的郁象超,即被上海市公安机关逮捕。据查,郁象超在崇明和启东有田地 3 000 多亩,一贯依仗封建反革命势力,压迫和残害人民,以武装建立“公租仓库”,曾带领一个营的匪军杀死和杀伤革命战士,在暴力

① 彰:《参观浙江省土特产展览交流大会》,载《新语》16 卷 9 期,1951 年 5 月 1 日。

"征租"时,对缴不出租的当地农民严刑拷打,其中有人还被他打成残废。

新华银行员工对此事的前前后后进行了深刻反思。

郁象超 1946 年进入新华银行任职后不久,即由办事员升为副股长,并在 1951 年 3 月再升为股长。有员工认为,郁象超升迁如此之快,是由于他"饱经世故",善于钻营,因此颇得行政方面的"赏识"。考绩时,虽有人提出意见,指出其在学习上和年资上的问题(其在金融业工作仅四年余,平日作风,早有人觉得不满),但当时未被行政上重视,所以事后有人反映说:"噱头好的人还是有办法"①。

反动党团登记开始后,在学习小组有人公开促其登记,郁象超即含糊其词说,"我虽在国民党政府中做过事,但从来不会参加党派组织,我一向看不起什么党派",等等。有人善意劝他,结果被他以"从未参加政治活动",推得干干净净。住在他隔壁的一位同事揭发说,郁象超每夜收听"美国之音",妄想蒋匪能复辟。在学习抗美援朝文件时,郁时常发表谬论,颠倒黑白,说大汉奸汪精卫的"和平主张"对老百姓也有"帮助";"凭他一张臭嘴来迷惑人心,当即为人拆穿",但他又会"顺风转舵"来改变论调,"像煞又装得很进步的样子",开口"人民的",什么"立场问题"等,这些卑劣的行为,凡和他相交的人只知道是一根"老油条"。"他就凭着这一手'老油条'的作风,向各方面'摆噱头''钻路道',麻痹了一般职工的警惕性"②。

新华银行全行开展镇压反革命学习后,郁象超有时也觉得坐立

① 鹰:《恶霸地主郁象超被逮捕后,全行职工已提高警惕性》,载《新语》16 卷 10 期,1951 年 5 月 16 日。

② 应道荣:《潜伏新华银行恶霸地主郁象超就捕后,职工政治觉悟普遍提高》,载《解放日报》1951 年 5 月 12 日。

不安。自政府接受广大人民的要求,大张旗鼓镇压反革命的时候,他益发恍惚失措。他自知罪孽深重,难逃法网,但仍不知悔改,竟向行方要求调昆明分行工作,妄想逃脱人民制裁。这次行政上派他赴杭州参加土特产展览会,刚一回来,公安机关就及时予以逮捕。

自从郁象超被逮捕后,工会方面将他所犯的血腥暴行,用扩音机、黑板报、快报等,向全行进行了宣传教育,大家都说:"这样坏的人,政府老早就该捉去了。"大家对反革命分子表示了无比愤恨。有的说:"这次郁犯被派到杭州去,幸好公安局没有在中途将他捉去,否则这次土特产展览会的报告岂不是要他到监牢里去做了?"也有人说:"像郁象超在金融业混了四年半就升得这样快,我想行政上对他的'底细'一定有所了解的吧?"但也有个别职工觉得,"郁犯在乡下犯了这样大的罪行,在行内倒还吭啥"。甚至有人事先知道他的罪行,而错误地存有检举要"伤阴隲"的"仁慈"观点,没有明确了解反革命分子是甘心与人民为敌的,必须分清敌我,协助政府来坚决镇压。员工们对行政上存在着只凭"才能"忽视政治认识的某些不正确的麻痹思想,也提出了批判。

这一事件,初步澄清了"行内无反革命分子"的错误思想,批判了个别职工和行政方面过去所存在的麻痹观念,员工的一般警惕性也大大提高,"大家在镇压反革命的运动中严重考验自己,站稳立场,分清敌我"①。

---

① 鹰:《恶霸地主郁象超被逮捕后,全行职工已提高警惕性》,载《新语》16卷10期,1951年5月16日。

第六章

组　织

上海解放后，新华银行的中共党组织从地下转入公开，工会和青年团、妇女组织则是陆续新组建的。这些组织在推进新华银行走向"新生"的过程中，相互配合，协同动作，发挥了极其重要和独特的作用。

令人遗憾的是，因相关史料迄今尚未公开，对上述这些组织在银行业公私合营的过程中所扮演的角色和发挥的作用，研究比较薄弱，人们所知尚少。本书专辟一章，以新华银行为本位，对这些组织在银行公私合营过程中的实际运作，进行探索性的初步研究。

党支部

1950 年 4 月 6 日晚 7 时，中国共产党公私合营银行支部在新华银行四楼会议室召开了一次支部大会的扩大会议。这也是公私合营银行党支部解放后首次正式公开党组织。此时，距离上海解放已经接近一年了。

这次会议召开的目的，是为了加强与巩固党与非党同志的联系，讨论如何完成公私合营银行任务,检讨党组织与非党群众的联系等问题。此时的公私合营银行党支部,实际是一个涵盖新华银行等四家合营银行的联合党支部。出席此次会议的,包括该支部书记金其达(新华银行)、宣传委员潘学敏(新华银行)、组织委员兼工委王良士(四明银行)、青工委员程盛棣(新华银行)、夏弘宁(新华银行)、行政委员韩宏绰(四明银行)、党员廖国豪、梁宏、陈俊明、龚宝春、蔡斌炎、冯士伟(以上均新华银行)、袁绮祥、庄祖苓、陈道埔(以上均四明银行)、王勤本(中国实业银行)等,及公私合营四家银行职工共 200 多位。新华银行孙副总经理、张经理、华经理、缪副理也列席参加。无论从支委构成或党员人数看,新华银行都占有重要的位置。

在这次会议上,支部书记金其达报告了此次公开党组织的意义,说明过去在反动统治时期,为了避免迫害,保卫组织,党组织不得不采取分散的、隐蔽的方式,掩藏起来,这么做在那时是必要的,但在今天,人民已掌握了政权,就不再需要把自己隐蔽起来了。他说,共产主义的事业,本来就是光明正大的,用不着秘密,因此为了加强与广大职工弟兄们的联系,应当把党组织公开出来,此后支部讨论的一些问题,要请大家一起来讨论,在大家的批评与监督下,使同志们能进步。接着,韩宏绰对公私合营银行当前的任务作了报告,袁绮祥、金其达对过去支部工作进行检讨,并请职工弟兄提供意见与批评。与会的新华、四明银行同人对支部在政策的执行、工作作风等,纷纷提出批评与意见,发言热烈。这次会议一直开到晚上九时三刻,始告结束①。

中国共产党公私合营银行支部公开以后,密切了党与非党群众

---

① 《中国共产党公私合营银行支部举行支部大会,加强党与非党同志的联系》,载《新语》15 卷 8 期,1950 年 4 月 15 日。

的联系,也为思想上已成熟而有迫切组织要求的职工,准备了条件,使他们可以参加到这个工人阶级自己的政党中来,在党的培养和教育下,更有效地献身于中国人民的革命事业。

1950 年 5 月 10 日晚,归属于合营银行党支部的新华银行党小组在新华银行四楼举行党小组会,讨论石柏泉、汤慰曾两位职工申请入党事项,出席党员与非党员 60 余人。支委潘学敏回应了上一次公开党组织时非党同志所提出的批评,并作了检讨,他还解释了作为一个共产党员的条件。接着,申请入党的石柏泉、汤慰曾发言,对于个人出身、思想转变过程、入党动机,以及本人的优缺点等,作了诚恳坦白的说明和检讨。然后,与会的职工,或代表工作单位的集体意见,或就个人所了解的情况,展开了热烈的批评。有同人认为,"职工们对于一个共产党员的要求和期望是很高的,所以批评得具体生动,而极深刻"。

石柏泉,在解放前就长期团结在党支部的周围,具有强烈的正义感,在领导生活斗争中,站在斗争的前列,那也是大家所熟悉的,但他那种自由散漫,有偏颇的家庭观念,使他一直徘徊在组织外面。解放后,他逐渐克服了"一样可以为革命工作,何必参加组织"以及"革命已经获得了基本的胜利,现在入党,不是邀功吗"等不正确思想,提高和坚定了对革命的认识和信心,然而小资产阶级的包袱还是很重的,如生活上的自由散漫,轻视劳动,工作上避重就轻,主观强,思想和行动的脱节,不能密切联系群众等,对此,大家提出了许多意见。

汤慰曾,从一个狭隘的爱国主义者转变为新爱国主义者,而坚决要求入党。大家认为,老实朴素的作风,一贯积极的工作态度,说明他对人民革命前途的信心,然而大家也希望他在革命理论上更多下功夫,在业务岗位上更能积极带头,在群众关系上更结实联系,"这些都证明大家对于一个共产党员抱着殷切的期望和要求"。

　　会后,党小组集中了大家所反映的意见,同意了二位入党的申请,并提交支部大会通过,然后请上级党委批准①。

　　6月1日,中国共产党公私合营银行支部举行了四行职工参加入党宣誓典礼,接受吴伯尧(四明)、汤慰曾(新华)、杨希天(通商)、姜崇瑜(四明)、徐家庆(中实)、石柏泉(新华)入党要求,会场正中挂着党旗与毛主席像,显得气氛庄严隆重。很多四行职工弟兄们参加了这次会议。

　　主席金其达在报告中指出,六位同志的入党,给支部增加了新的力量与血液,并期望他们在组织的培养中,不断学习,在实际斗争中提高自己,经得起锻炼与考验,将个人的利益服从党的利益,做一个共产党的好儿女。六位新同志谈到入党愿望、今后努力方向,差不多共同的这样提出:希望入党后在党的教育培养中,努力学习,改正缺点,全心全意为人民服务。支部委员夏弘宁更明确指出,入党是为了终生为全人类解放事业而奋斗,无论什么时候,都要服从组织分配,而一切学习教育,都是为了能更好地为人民服务的准备。不少到会同志,亦相继提出很多宝贵的批评与意见,支部负责同志当场表示诚恳接受,并一定在实际行动答复大家的爱护。最后是新同志的宣誓,庄严地结束了这次有意义的典礼②。

　　从现有资料推断,至少在1950年8月党内整风前,新华银行已经单独设立了党支部③。此后,新华银行党支部的工作更加规范,计

---

① 《全心全意为人民服务,石柏泉汤慰曾申请入党》,载《新语》15卷10期,1950年5月15日。

② 凝:《新同志入党宣誓典礼》,载《新语》15卷12期,1950年6月15日。

③ 辉:《检讨廖国豪事件》,载《新语》15卷17期,1950年9月1日。

划性方面尤其得到了加强。

11 月 7 日晚，新华银行党支部召开大会，讨论 11 月份工作计划。这个计划先由支委同志起草，然后交支部大会讨论、补充、修正、通过。这个计划分为四个部分，即展开时事教育，推展合理化建议运动，巩固整风收获及效果和注意提高工人福利等，议决后将通过工会或个别同志，分别给工会或行政提出建议，包括本月内举办全行性的大课，布置座谈会，要求公布修改后福利贷金及医药补助金条例，发动爱克斯光透视等，涉及面较广。会上还对个别同志展开了批评，并决定于下一次支部大会继续对个别同志的思想作风，进行批评与分析及帮助解决。此类会议一般每周一次，每星期二举行①。

不断开展对党员的帮助与教育，是党支部的一项常规工作。对廖国豪事件的处理，就是一个比较典型的例子。

廖国豪，1929 年 4 月 15 日出生，江苏南京人，先后毕业于私立浙江旅沪小学、江苏省立上海中学，1945 年入党，1947 年 7 月 17 日加入新华银行，曾在第九办事处、南京分行及总行营业室做过试用练习生、练习生等。

前已述及，在 1949 年 11 月 4 日召开的董事会招待员工联欢大会上，廖国豪曾为了因公致残的汪兴艺福利问题提出呼吁②。此后，他还在《新语》发表了《我的无线电学习生活》一文，详细介绍了参加工会文教科组织的无线电研究班后，从素来不懂无线电，到短短三个月内装配成功一架"交流五灯外差式收音机"的经过。他说，自己很愿意除了将本行业务搞好，本身政治认识提高外，更能在无线电工程

---

① 史：《党支部订定十一月份工作计划》，载《新语》15 卷 22 期，1950 年 11 月 15 日。

② 《新华同人的大团结，董事会招待联欢》，载《新语》14 卷 22 期，1949 年 11 月 15 日。

方面有所成就,以服务人民,贡献国防①。看得出,廖国豪应该是一个性格比较外向的人。

1950 年 3 月间,廖国豪被新华银行派赴上海联合出版社代收教科书费,在收费的 14 天内,他带头向该社支取高于当时市价的饭钱,又以例假日办公为名,向该社支取高价车资,前后共领取 77 万元,而这些支取的车资并未交与同去的同事,并以第二个星期日的晚饭发票向行里开账报销。而且,廖国豪在该社收费时,服务态度表现得很恶劣,严重影响了新华银行的行誉②。

由于新华银行平时与该社的联系不多,此事一时未能及时发觉,直至新华银行黄雪芷赴该社接洽收费时,才由该社揭露,从而引起各方面的重视。尤其是新华银行的党支部及工会,认为必须彻查此事。经过详细调查后,党支部及工会在 8 月 19 日联合召开了一次检讨会,邀请了该社代表及行方共同参加。

会上,廖国豪首先作了自我检讨,他叙述了事实经过,接下来批判自己的错误:个人利益高于一切,处处为自己享乐打算,把全体人民的利益置于脑后,根本没有想到国家财经状况的困难和保护祖国人民财产,更没有好好地为人民服务的决心。他承认,从这件事本身来说,小而言之,使本行可能失去一个好客户;大而言之,是影响本行为人民服务的机会。最后,他表示在这次党内整风中,接受这次教训,在支部帮助和全行同人的严厉监督下,努力工作,以实际行动来表现,根除恶习,彻底改过,并将领得的车饭钱返还该社,并请党支部及行政给予严厉处分。

---

① 廖国豪:《我的无线电学习生活》,载《新语》15 卷 4 期,1950 年 2 月 15 日。
② 辉:《检讨廖国豪事件》,载《新语》15 卷 17 期,1950 年 9 月 1 日。

　　到会的联合出版社同志，追述了上一年新华银行史文涵在出版社的优良服务成绩，并谈到廖国豪的错误。最后，他总结说，一个同志的不好，不能说整个行不好，正像一个党员犯错误，不能说整个党都错误一样；为了对党员负责，对该同志负责，应本着惩前毖后、治病救人的方针，帮助犯错误的同志进步。他希望廖同志今后能建立革命的人生观，好好地为人民服务。

　　上级党委金其达说，廖国豪在 1945 年入党，当时由于地下组织关系，组织形式采取单线联系，所以党对同志的教育是受着限制的，解放后，党支部发觉他有许多不良倾向，于是对他进行教育和批评，一方面由于教育方式过于生硬，另一方面由于廖国豪的不虚心，所以收效不大，导致这次事件的发生。他说，分析廖国豪的思想根源，大致是个人主义、太平享乐思想和缺乏组织观念。他希望到会的党内外同志对廖国豪多提意见，帮助他认识自己的错误而进步。

　　接着，许多同志热烈地向廖国豪提出意见，指出他个人利益高于一切，把人民利益和行的信誉放在个人的利益之下；缺乏组织纪律观念，有困难不向上级请示汇报而擅自行动；服务态度恶劣——为着自己便利，不照顾他人；工作散漫，态度傲慢；强调疾病，企图减轻所犯过失，忘了自己是党员的身份，在"二六"大轰炸后，各方面都极困难的情形下，仍旧大吃大喝，工作上起坏的带头作用等。

　　最后，党支部书记夏弘宁宣布，为了郑重考虑廖国豪所犯的错误，党支部对廖国豪的处分将在下次支部大会中决定[1]。从现有史料中尚未发现对廖国豪的最终处分结果。但无论如何，党支部对这件事情处理的全过程，无论对廖国豪本人，或是其他党员同志，都是

---

[1]　辉：《检讨廖国豪事件》，载《新语》15 卷 17 期，1950 年 9 月 1 日。

一次极为深刻的思想教育。

1950 年 10 月 26 日晚,新华银行党支部在四楼会议室举行整风会议,出席的除全体 10 位党员同志外,还有非党员同志 40 余位。

会上,首先由党支书夏弘宁报告了自 8 月开始至 10 月结束的党内整风经过,他总结了支部一年来的工作经验,肯定了已有的成绩,如刚解放时成立人民保安队及审查委员会、建团工作、建立学习制度等;同时也指出了存在的主要缺点,如支部没有发挥好领导作用,掌握统一战线有偏左偏右的倾向,工作缺乏重心,对面向业务注意不够,对干部使用多、培养少,还有就是缺乏群众观点,专向少数干部接近,脱离了多数群众,因此在选举工会执委时,党员同志的影响力、号召力不够。最后,他又报告了党支部今后努力的方向是实施集体领导,建立检查制度,巩固现有工会的组织,站到群众里面去,加强对团的思想领导等。

报告完毕,夏弘宁书记请与会的非党同志提出批评和意见。大家本着爱护党的立场,纷纷起立发言,大多是指出了党支部在群众中起的核心作用不够,给非党同志具体的帮助很少,尤其是个别党员同志缺乏组织观念的作风,并提供了许多珍贵的意见,最后由龚宝春归纳了大家的意见,准备在以后支部大会上答复。会议在严正、认真的气氛中结束[①]。

及时树立正面典型,也是党支部的一项重要工作。

自从中共中央决定在全党建立宣传网后,新华银行党支部积极着手进行。按照中共中央规定,作为一个党的宣传员,必须具备下列四个条件:① 政治认识清楚。② 在生产及其他工作中积极带头。

[①] 丙:《党支部召开整风会议》,载《新语》15 卷 21 期,1950 年 11 月 1 日。

③ 联系群众。④ 有一定的宣传能力。至于宣传员的选拔,团内是经团支委提名,工会干部及积极分子由党支部提名,经党支部委员会讨论通过,并征得本人同意,送上级党委批准后,名单在群众中公布。宣传员的主要任务,是解释党与人民政府的法令与主张,宣传时事及群众中的先进生产经验,及反映群众的要求与意见。作为党与人民群众联系的桥梁,宣传员将由党支部领导进行工作。1951 年 3 月 1 日,该行工友王济猛同志在庆功大会上公开提出,要争取作为一个党的光荣的宣传员①。此事受到新华银行党支部的关注和重视。

王济猛在新华银行第七办事处担任警卫兼开定存户等工作,在这次存款新纪录运动中,是七处唯一参加总行评功的功臣。他是北京人,时年 51 岁,身材魁梧,具有北方人的一般性格——纯真诚朴,豪爽磊落。曾肄业于前北京市立中学,1918 年投军,考入保定军士学校,毕业后在直隶军队任事务长、排连长各职,历经直皖、直奉战事,因不满凶残腐化的军队生活,于 1922 年回北京从事烟酒业,营业失利后,投入中国银行充警卫工作,1924 年由中国银行推荐来新华银行服务,曾调总行、一处、二处、九处等处工作。1948 年,七处业务空前繁忙,内部工作人手不敷,当时七处主任王德庆遂请他担任目前的工作。

在以往的生活史中,他深切体验到军阀的腐败、专横,反动统治下的暗无天日。他看不惯旧社会人们的趋炎附势、吹牛拍马,感到世态炎凉,不满现实,但又无法挣脱现实的牵绊。在"好男不当兵,好铁不打钉"的旧社会里,当兵是受人轻视的职业,警卫工作也是受人歧

---

① 夏弘宁:《争取做党的宣传员,向王济猛同志学习》,载《新语》16 卷 9 期,1951年 5 月 1 日。

视的,因此他对于人生,抱着消极的态度,在"混世"的思想下,对于工作,也只抱着敷衍的念头。

解放以后,他对新社会起先也不存着信心,后来看到解放军生活俭朴,待人民和蔼,人民政府居然把物价压平了,投机倒把的现象消灭了,在员工大会上,工友也可以出来说话了,工会、学委会还帮助他们学习文化,提高福利,这一连串事实,使他们逐渐用新眼光来认识新社会,深深感到"穷人翻身""自己当了主人"的真谛,因此在工作上就逐渐积极了起来。他重视自己的学习,但也注意他人的学习,他常替同人购买东西,但为了避免他人在学习时间内吃点心,使学习分心,他拒绝在大家学习时间替大家买点心。"三四"大游行时,七处徐瑞龙小组,提出全体参加示威游行、风雨无阻的挑战书后,他在工友中发动应战,并提出"不迟到、不中途开小差",向全体同人反挑战。游行那天,还带着他 12 岁的儿子参加,并坚持到了终点,真不愧老而益壮。

常来七处的顾客,很少有不熟识老王的。他对每位客户,真正做到了他自己所说的"不怕麻烦、和气忍耐",除了本分的工作,对于每位进门来的顾客,都能帮忙完成各项手续,解答疑难。有些顾客以为利率太低,他就向他们强调私营拆放的风险弊害,存在银行有收付便利等好处;有些顾客嫌手续麻烦,等待时间太长,他就尽量注意单据传递有否中断或延迟。对于同人的内部工作,"极尽督促的能事"。他对于所有熟识的定存两便客户,常利用谈天的方式,明了他们情况,介绍他们开立活存、往来户。他说:拉存款是有风险的,我们要慎重,但不能因此而放松了吸收存款工作,大家现在做了主人,要把吸收存款、搞好业务当作自己的义务①。

---

① 方生:《王济猛》,载《新语》16 卷 9 期,1951 年 5 月 1 日。

　　1951年5月1日出刊的《新语》，刊载了时任新华银行支部书记夏弘宁的文章《争取做党的宣传员，向王济猛同志学习》，文章提出："现在王济猛已提出要争取做一个光荣的宣传员的口号，这是劳动人民获得翻身后，要求进步与觉悟的具体表现，王同志这个进步的要求是十分正确和值得鼓励的，同时也希望全体同事，响应王济猛同志的号召，积极地来争取作为一个党的光荣的宣传员。"[①]

　　如果仅仅从数量上看，新华银行的党员人数并不多，但他们所发挥的正面影响却不小。对此，王志莘总经理的评价是："我们看到共产党员的吃苦耐劳，勤奋好学，勇敢强毅，有纪律，有信心，种种优越的精神与作风，实在给我们许多惭愧和不少鼓励。"[②]

工　会

　　上海解放后，新华银行原有的同人福利会，因不能适应新形势的需要，决定筹组沪区职工会(即工会)，并于1949年5月30日成立了职工会筹备委员会(简称"职筹委会")。[③] 职筹委会一边积极开展筹备工作，一边主动开展了工会工作范畴内的不少工作，相关内容在第二章已有较详细叙述，此处不再赘述。

　　1949年12月6日下午七时，新华银行在总行膳厅召开了第一次全体职工代表会议。总经理室、秘书处、稽核室、研究室、人事室等各单位所选出的职工代表胡绩勋、徐永昭、龚善继、赵以洪、龚以桢、孙

---

① 夏弘宁：《争取做党的宣传员，向王济猛同志学习》，载《新语》16卷9期，1951年5月1日。
②《总经理在京行员工大会讲话》，载《新语》15卷8期，1950年4月15日。
③《本行沪区职工会筹委会成立》，载《新语》14卷12期，1949年6月15日。

继、王立方、王大鸿等 86 位，参加了这次会议。12 月 9 日晚及 13 日晚，新华银行工会续开第二次及第三次全体代表大会，通过了"工会修正章程案"等重要议案多件①。

12 月 18 日，上海市金融工会代表大会在解放剧场召开，出席的各行庄单位代表有 712 人，即席选出 71 位执行委员、18 位候补执行委员。新华银行朱应麟、吾新民及宋士敏三人当选执行委员②。这也意味着，新华银行的这三位工会骨干，在本行工会尚未正式成立之前，已经先行担任了上海市金融工会的领导职务。当然，这与他们此前在新华银行职筹委会卓有成效的工作表现是分不开的。

12 月 25 日，上海金融工会召开成立大会，会议提出了今后金融工会工作的中心任务是：① 支援前线；② 努力发展业务；③ 大家来办工会；④ 组织政治和业务的学习；⑤ 举办福利和文娱活动③。

1950 年 1 月 13 日，是新华银行工会选举自己的执行委员的一天。事先由工会选举委员会分发候选人的名单，计分职员部分和工友部分两组，共有候选人 120 位。这一天上午九时至下午七时为选举时间。到了这一天，同人竞选与投票的情绪，至为紧张热烈。在总行各部分和各办事处，到处见到竞选的标语，例如："请投汪潭一票""请投屠易一票"，等等。

各候选人的竞选印刷品，也各出心裁。分行处室龚善继所写的《假如我当选以后》一文，揭示了"七项工作纲领"作为当选的工作目标：① 要彻底肃清残余的官僚资本主义的倾向和作风；② 要接受国

---

① 《工筹会召开全体代表大会》，载《新语》14 卷 24 期，1949 年 12 月 15 日。

② 《金融工会代表选举执委》，载《新语》15 卷 1 期，1950 年 1 月 1 日。

③ 《庆祝金融工会成立，本行同人热烈参加，盛况空前》，载《新语》15 卷 1 期，1950 年 1 月 1 日。

营经济的领导,准备本行转化为公营企业;③ 尽速签订劳资集体合同,以保障工作权利和保证工作效能;④ 暂行工资制度,要根据各尽所能、各取所需的原则,重行厘订,既反对过度的偏差现象,也要纠正幼稚的平均主义;⑤ 通过选举制度,组织人事管理委员会,重订人事管理规章;⑥ 由工会和行方合组福利委员会,充实经费来源,积极办理各项福利事业;⑦ 强化职工学习工作,要从文化、经济和政治方面,把我们的水准提升上去。十处助选执委小组,印了红字的纸条,向同人宣传:"别忘了袁筝韵——在行服务十三年,一直为着我们工人阶级利益而奋斗的,请投他神圣的一票吧!"总行和办事处一部分同人王大鸿、李绍微、庄庆萱、孟永伟等,则一致鼓吹选屠易为执委。

工会投票的票匦,设在总行营业厅第十号柜台内,上面加着封签,用红布围了起来,显得郑重与庄严。当日最终选举结果,职员部分,当选执委的为:金其达、吾新民、冯士伟、朱应麟、徐繁勋、王大鸿、龚善继、石柏泉、赵以洪、欧阳震、朱善根、洪学孚、袁筝韵、屠易、叶望恭、陈镇华、郑国钦、沈光宗、张炳文、董忆潮、潘静洼、邹叔权、应道荣(以上两位同票数,将重选决定一为执委,一为候补执委),候补执委为:苏森乙、刘秉恭、邱鸿章、汤慰曾、李嘉德、夏承易。工友部分,执行委员宋士敏、李学文、严秋生、严根泉、陆荣根、张根新、时明德、唐浩雄、潘小根,候补执委程耀昇、刘锡峰、胡友松①。10 天后,即1 月 23 日,经再次选举,邹叔权当选执委,应道荣为候补委员②。

1950 年 1 月 29 日,新华银行工会成立大会在上海市商会大厅举行,到会约有 1 000 人,"济济一堂,盛况空前"。除新华银行沪区全体

① 一知:《选举本行工会执行委员特写》,载《新语》15 卷 2 期,1950 年 1 月 15 日。
② 《工会一执委重选揭晓》,载《新语》15 卷 3 期,1950 年 2 月 1 日。

员工外,王志莘总经理、孙瑞璜副总经理,以及各位经、副理也应邀参加。上海市军管会金融处副处长、新华银行董事长谢寿天,上海市金融工会副主席葛一飞,亦被邀出席。来宾中还有中国银行宗有亮、绸业银行马俊德、人民银行朱惠贞、上海银行丁可、中国农工银行张渊等。这次会议最引人注目的是新华银行工会全体执行委员的就职宣誓,其誓词如下:

> 我愿全心全意为会员大众服务,从工作中向大家虚心学习,共同前进,服从上级工会的领导,并坚决执行职工大众集体的决议和委托,不辜负职工选举我们的期望,不作营私舞弊,如有背誓行为,愿受大众处分。①

2月1日,新华银行工会执行委员召开第一次会议,会议选定朱应麟为主席,金其达、陆荣根为副主席,石柏泉、吾新民、沈光宗、赵以洪、张炳文、张根新、龚善继、潘静浒、王大鸿、屠易君等12位为常务执行委员。2月3日续开常务委员会第一次会议,通过工会秘书及各工作委员会人选。2月4日及7日续开会议,审查会员入会资格②。

在会员入会资格问题上,该行经副理申请入会之事,颇为值得关注。

3月4日召开的新华银行工会第三次执行委员会会议,对于本行经理、副经理申请加入工会组织者,作出了如下决定:"由于本行是公私合营的企业,经副理不是剥削他人劳动的私人企业资本家的代

---

① 《新华工会正式成立》,载《新语》15卷2期,1950年2月1日。
② 《本行工会执委会及常务委员会汇志》,载《新语》15卷4期,1950年2月15日。

理人,因此可以允许加入工会;但又因为工会是阶级性的组织,所以
对经副理入会的审查,是应该严格的。经副理申请入会,必须先学习
工会工作文件,再填写入会志愿书,向组织委员会申请入会,组织委
员会应将申请入会者,请各会员小组讨论,提供意见,然后在审查委
员会作最后决定"[1]。这就意味着,经理和副经理从理论上说是有入
会资格的,但必须经过严格的审查,尤其是需要得到各会员小组广大
会员的认可。据此,工会接受了经副理的入会申请。至 4 月 8 日止,
申请入会的经理、副经理有：华文煜、项吉士、缪子中、曲宗炎、徐福
苍、李养性、袁云汉、徐乐寿、夏文教、潘爽斋、张树年、赵耀章、汪礼
彰、徐维鏼、张又新、唐文进、郑际铺、徐振东、陈鸣一等 19 位[2]。

　　4 月 19 日晚,新华银行工会在总行四楼书报阅览室召开座谈会,
由工会审查委员会报告对于经理、副经理申请入会的初步决定,希望
同人反映意见。是日晚出席者,有总行各部门、第一分行及办事处职
工弟兄共 100 余人。金其达副主席报告称：审查经理、副经理申请入
会,系归纳各会员小组的意见,及根据全总"关于会员问题的决定"的
指示;工会像一个学校,对于暂缓入会的 5 位经理、副经理,还要争取
他们,并不永远将他们关在门外[3]。

　　此次未被审查通过的华文煜在座谈会上发言,他说："本人尊重
工会,珍重工会会籍,故首先申请入会;今知申请暂未核准,仍不灰
心,决心争取。"他表示,今晚特地到会,听取未被准许入会的原因,请
在座同人采取中共相互检讨的优良传统,本着古人"益者三友"的精

---

[1] 《工会办理经副理申请入会》,载《新语》15 卷 6 期,1950 年 3 月 15 日。
[2] 《经副理申请入会,工会组织委员会征求会员小组意见》,载《新语》15 卷 8 期,
　　1950 年 4 月 15 日。
[3] 《工会召开座谈会》,载《新语》15 卷 9 期,1950 年 5 月 1 日。

神,毫不容情,赐予批评检讨,"好让本人提高警惕,赶快改造,以求适合工会会员资格"。他特别说明,所提批评如与事实有距离,或需要说明之处,也可借此机会据实陈说,请求同人了解。

华文煜发言结束后,"旋有一部分职工对华经理提出意见,当经华经理作深刻的自我检讨及说明,在座职工都深切感动,一直报以掌声"。会议决定,对于审查经、副理申请入会,再广泛征求小组意见①。

5月9日,在新华银行第二届工会会员代表大会上,龚善继代表工会报告了审查申请入会的结果,他说:"由于经副理站在行政主管的地位,对于阶级意识,可能不够明确,因此对于经副理入会的审查,特别表示慎重,同时由于公私合营银行的性质,基本上审查的尺度,还是比较宽一些的。"最终批准入会的经副理为:袁云汉、汪礼彰、徐乐寿、缪子中、夏文教、曲宗炎、潘爽斋、徐福苍、张树年、赵耀章、陈鸣一、李养性、华文煜、张又新。暂缓批准入会的经副理为:王丰年、唐文进、郑际镛、项吉士、徐振东、包述传等②。

对比一下截至4月8日申请入会的经副理人员名单,第一分行包述传、王丰年是新增加的申请人员,只是这次暂未被批准;态度诚恳的华文煜,则最终如愿以偿。

值得注意的是,新华银行的工会会员会费,自1950年2月份起开始缴纳,标准为按每月实际工资收入缴纳10%,并规定"每月第一期发薪日一次缴付"③。这个标准在工资收入中的占比,实际还是比较高的。

新华银行工会正式成立后,进一步加强了与行政当局的沟通与

---

① 《工会召开座谈会》,载《新语》15卷9期,1950年5月1日。

② 《第二届会员代表大会》,载《新语》15卷10期,1950年5月15日。

③ 《工会会费开始缴纳》,载《新语》15卷6期,1950年3月15日。

配合。

　　1950 年 2 月 11 日下午四时，王总经理、孙副总经理招待总行工会第一届全体执委，由全体经、副理作陪。总经理、副总经理先后致词，祝贺诸位执委以民主方式当选，主持工会，负担搞好机构、完成任务之使命。工会主席朱应麟致答词，除感谢招待外，强调本行公私合营之性质，及行方与工会之协调联系，"凡行方欲工会配合推动，以达成共同目标者，工会必尽力为之"①。

　　6 月 15 日晚，在行务总会议即将结束之际，新华银行总行工会为了对各地分行经理表示欢迎及互相交换意见，在总行四楼会议室举行了一次招待会。朱应麟主席主持会议。被邀出席者有各分行经理，总、副总经理及总行各室经理，这是一个难得的盛会。会议室布置得很庄严，并高悬着红色的长幅："加强行政与工会的联系，团结全行弟兄搞好业务。"②

　　重庆分行熊经理代表各分行经理起立致词，他首先检讨了各分行行政作风，认为存在以下缺点：① 犯了辛辛苦苦的官僚主义，作风主观，不善于走群众路线，不重视群众的力量，常常把银行的责任拉在一两个人身上，忽略与职工弟兄的联系，没有共同来搞好业务。② 任务的意义没有作好好的传达，没有帮助同人作深切的了解，因而不能发生积极的作用，一般会议，流于形式。③ 对工会认识不够，认为行政与工会是对立的。往往不是刚愎自用，便是推诿责任。④ 过分强调企业化，对职工福利有疏忽的地方，因此影响了职工的情绪。

---

① 《王总经理孙副总经理招待总行工会执委谈话》，载《新语》15 卷 4 期，1950 年 2 月 15 日。

② 熙：《加强行政与工会的联系，工会招待分行经理茶会》，载《新语》15 卷 13 期，1950 年 7 月 1 日。

熊经理对各分行工会也作出了综合性的批评：① 领导不够正确，不善于说服落后分子，不善于掌握问题重心，并且有风头主义、个人英雄主义的偏向。② 未能与行政方面密切联系，对行政有不满时，不肯明白向行政提出，欢喜绕弯子。③ 把行政看作斗争对象，以为是资方代表人，形成对立现象。④ 少数职工公私没有兼顾，他们往往只对本身福利问题感兴趣，谈到节省开支或增加工作，就要发生困难，私的观点重于公的观点。⑤ 没有搞好学习，因此对新社会的了解不够深刻，对于旧社会的生活习惯，不易摆脱。

最后，他希望行政与工会彼此靠拢，互相了解，"以前种种，譬如昨日死，以后种种，譬如今日生"，大家要负起责任，为搞好业务的共同目标而努力①。

湘行杨经理、宁行陈经理、粤行王经理相继作了补充，都着重在团结和搞好业务方面。总行陈经理希望分行经理也能加入工会，提高他们的工作情绪。接着，总行徐经理提出一个意味深长的批评：目前同人中有一种想法，认为思想搞通最要紧，只要思想搞通了，业务也就没有问题了，这说明了不少工会干部对于业务的关心是不够的。接下来，孙副总经理指出，行政的作风不能固执，也不能太迁就工会，"这样就划分了行政与工会的适当界线"；同时，他认为，部分职工的平均主义是不正确的，工会应注意纠正这一些偏向。

工会同志很虚心地接受了行政方面的批评。屠易归纳了分行职工的意见，提出四点：① 分行经理自视很重，似小皇帝，不论行务、业务、杂务都包办，对群众不易联系，藐视及拒绝工会意见，甚至双方有

---

① 熙：《加强行政与工会的联系，工会招待分行经理茶会》，载《新语》15 卷 13 期，1950 年 7 月 1 日。

什么商量，以书面往返，造成公文旅行式样的商谈。② 行内重要事情，经理仅约到襄理少数人谈，不与群众商量，轻视群众力量，开会只作报告，以致引起同人不负责，减少积极性和创造性。③ 分配工作不顾同人工作能力及专长，常以少数主管的估计来调配，不合实际，以致忙时人手纷乱，有困难时无法解决，甚至发生劳逸不均现象。④ 行内事不分轻重，往往拖延不做，以致常失时效，为同业捷足先得。

张炳文特别指出了领导干部应首先确立群众观点，也就是"有事与群众商量"的态度。他举出了总行3月份代收公债款的例子，同时也举出了某分行为了突破纪录，延长办公时间的问题，说明了只有认识群众力量，信任群众，才是克服困难的最好办法。他又指出了要善于走群众路线，必须要好好掌握批评与自我批评的武器①。

王总经理很高兴地说："像这样的会，我还是平生第一次，我非常自信业务一定搞得好，同时也深信行政与工会不会搞不好，因为我们的目标是一致的，哪里会有分歧呢？假使有，那一定有毛病，这缺点在进步中是不能免的，但应随时调整。"他说："现在做一个银行家，应该有政治家的风度，必须有自我批评的勇气，必须经得起人家的批评。倘使一个负责人不能这样，那么他怎样能够全心全意为人民服务呢？"②

工会副主席金其达总结说："今天，行政与工会努力的方向是一致的，就是搞好业务，此后工会工作同志应消除某些与行政对立的思想，和行政配合一致，把搞好业务作为主要任务。行政负责同志对工会工作应有进一步的认识，把工会工作看作搞好业务的主要环节，不

---

① 熙：《加强行政与工会的联系，工会招待分行经理茶会》，载《新语》15卷13期，1950年7月1日。
② 同上。

断给工会方面以有力的支持。"

谈话至此,已 10 时半,在主席祝贺"顺风"声中,结束了这个富有意义的晚会①。

图 6 - 1 开好会员代表会议
（来源:《新语》15 卷 17 期,1950 年 9 月 1 日）

配合行政开展员工思想教育,是工会的一项重要工作。

1950 年 4 月 5 日,针对工友顾根和所犯错误,总行全体工友召开检讨会议,列席者有工会干部朱应麟、王大鸿及张根新等,出席者非常踊跃。首先由会议主席张根新报告关于 3 月 25 日,顾根和在总行营业室外拾得支票一纸,计人民币 176 010 元,即行解入自己账户内的经过情形。接着,就有许多同事加以批评,表示在行内拾得的支

---

① 熙:《加强行政与工会的联系,工会招待分行经理茶会》,载《新语》15 卷 13 期,1950 年 7 月 1 日。

票,应该交给有关部门处理,不应该擅自解入自己的支票户内,"在这新社会里是不允许发生这事情的"。接着,顾根和本人承认自己当初因一时的糊涂,所以犯了错误,自己"懊悔着不应该犯这种有损自己的前途而妨碍群众的事情"。同时他说:"这事情很对不起许多同事。"最后,工会主席朱应麟讲话,他说顾根和这次确是犯了很大的错误,"现在顾君既知他自己的错误而很坦白的悔过了,我们职工弟兄应该教育他,并请行政当局给予自新的机会"。顾根和当即缮具了悔过书,恳请本行行政当局给他自新的道路,表示以后他自己保证决不再犯类似这事情的发生①。后经人事室从宽惩处,给予顾根和记过一次②。

新华银行沪区青年职工共有180余人,除了参加青年团的50余人外,其余尚有2/3的青年职工亟待设法组织起来。总行工会照顾到广大青工很多特殊的切身问题——如工作、求学、恋爱、婚姻、家庭、经济、娱乐、健康等,在1950年3月成立了青工委员会,由邱乃庭担任主委。基于"团结广大青工,保障青工福利,开展文娱活动,提高政治水平,熟习业务技能,学会管理企业,为发展生产、繁荣经济的目标而努力"的宗旨,青工委员会与青年团组织配合,积极开展了多项活动,如配合了话剧、歌咏等文娱活动,加强青工兄弟姊妹间的联系,启发青工在业务工作上的生产热情,并通过几次突击性的群众活动,团结了更多的积极干部③。

7月28日晚,新华银行工会青工委员会举办了一次反侵略运动座谈晚会,参加的人有本行员工及圣约翰、大同、大夏诸校的实习同

① 《工友召开检讨会议,顾根和君坦白悔过》,载《新语》15卷9期,1950年5月1日。
② 同上。
③ 周文熙:《青工委员会到底要来做点啥》,载《新语》15卷18期,1950年9月15日。

学共百余人。会场设在中国实业银行的屋顶平台上，"面临浦江，明月照空，使人忆起朝鲜前线人民军浴血抗战的英勇情景，更使人在脑际刻画起朝鲜妇幼老少颠沛流离、渴望和平的一幅悲惨图画"。此次座谈会穿插了一次辩论活动，以"和平签名到底有啥用场？"等为题，正反意见分成两个集团，分开两面坐着：

反方意见：

> 大炮、飞机、原子弹，难道一纸签名就可挡住吗？所以和平签名是无用的。

> 签名的人只有二万万，而且有的还一个人签几个名字，全世界有二十万万人，签名的只十分之一，这样，签名有啥用？……

正方意见：

> 我们亲自看到有一个人来签名，写下自己一个名字还不算，回头说：我还要替我家的小孩签一个名；我回去要好好教育他，使他从小就知道要求和平，反对侵略……

> 我们要用尽种种方法来保卫和平，制止侵略。今天和平签名虽没有完全决定的作用，但有其相当大的作用，这在武装自己思想，瓦解敌人精神，使战争贩子发抖，终至放下武器，是有其极大的作用。

> 星星之火可以燎原，我们要把签名运动更推广开去，一个、十个、一万、十万、千万、万万，终至没有一个不赞成和平，这样，战争贩子就不敢轻易冒险了。

> 胜利不决定于武器，而决定于政治，决定于人民意志的团

　　　结，和平签名正是团结的表示，正是对和平投一票⋯⋯

　　争辩空前激烈，最后由潘静淉总结，"一席话，冲破了反面一派的胡言，和平签名有用的意见得到了一致的拥护"①。

　　为员工学习娱乐和日常生活提供帮助，也是工会的一项重要工作。

　　1950年5月22日，新华银行总行工会俱乐部全部开放。阅览室里陈列着许多有关文娱活动的书籍——戏剧、音乐、木刻、剪纸、绘画、摄影、拳术、运动、象棋、口琴以及各种有意义的连环画。还有三联出版的一套新颖的百科小翻书，内容也相当丰富。夜幕将近，俱乐部的阅览室已挤满了人，翻阅各式新近出版的杂志，最热门的是苏联建设画刊与华东、东北的画报，也有不少同人在仔细翻读文学与美术的刊物。健身室里，备有乒乓桌两只，及飞圈、铁哑铃、拉力器等几件，"其中以乒乓球最能引起同人们的兴趣"。俱乐部开放时间为每周一至周五下午四时一刻至八时半，周六为下午一时至八时半②。

　　1951年5月13日，由新华银行工会青工委员会主办的第一届运动大会，在国立高等机械学校的广场上开幕了。无数的红旗环绕着运动场的四周，迎风招展；跑道上，广场上，活泼的兄弟姊妹们在活动，在练习。大会在九时正式开始，由工会主席朱应麟讲话，强调"练好身体，更好的为人民服务"。比赛开始，"赛来情绪热烈紧张，健儿们个个大显身手"。旁观的有同人及家属100多人，"东一堆西一堆，感情融合在愉快紧张的空气中"，麦克风指挥着整个会场的秩序，控

----

① 《工会举行反侵略运动座谈会》，载《新语》15卷15期，1950年8月1日。
② 《俱乐部之音》，载《新语》15卷11期，1950年6月1日。

制比赛时间。午饭有预备好的排骨面，价廉物美。饭后二时余，比赛又起，以径赛为主，"似乎比上午更有劲"，有跳远、手榴弹掷远、100米、200米、400米赛跑、三级跳远、铁饼等，直至下午五时半结束。有同人说，这次运动会是展开本行体育运动的"先声"，打破了"过去银行职员不善运动的习惯"①。

在日常生活方面，工会也尽力为员工提供一些便利。例如组织消费合作社，向上海市公用局等部门申请集中办理水电优待证、职工公用事业价格优待证等，优惠代购自行车、吉美食品罐头、麦乳精及饼干、鹰牌洋烛、电灯头、光华肥皂等，其他如配米、配面粉、配售香烟，及代办公共事业月季票等②。

以新华银行的消费合作社为例，该社从1950年9月开幕至1951年2月的四个多月时间，社员人数从开办时的666人增加至898人，其中同人741人，家属157人。消费合作社共有四位职员，其中两位完全是义务劳动。合作社业务首在生活必需品的供应，比较注重有名厂商的货品，价格都比较优待。营业时间每天上午九时起至下午六时止。合作社的资金，包括社股1 781万元、行方赞助基金1 345万元，共计3 126万元。1950年底决算，纯益为808万元，盈余分配为：公积金60%、合作事业建设基金10%，公益金5%、教育基金

---

① 刚：《练好身体，准备为祖国服务》，载《新语》15卷10期，1951年5月16日。
② 《本行职工优待证发竣》，载《新语》14卷20期，1949年10月15日；《工筹会分发水电优待券》，载《新语》14卷24期，1949年12月15日；《工筹会福利科代购自行车》，载《新语》15卷1期，1950年1月1日；《工会福利科配售麦乳精及饼干》，载《新语》15卷3期，1950年2月1日；《工会福利组洽购鹰牌洋烛》，载《新语》15卷5期，1950年3月1日；《工会福利组洽购省电灯头、光华肥皂，配米、配烟等工作继续办理》，载《新语》15卷6期，1950年3月15日。

5％,社股红利 15％,职员奖金 5％[1]。

1951 年 4 月下旬新华银行召开行务总会议期间,列席会议的各分行工会代表首次举行了座谈会,会议只有短短一天时间,但内容很丰富,除了交流工会工作的经验外,主要讨论了行政与工会的关系问题、镇压反革命问题、工人福利问题、工会面向生产问题等。尤其值得关注的是,在行政与工会关系的问题上,大家交换了纠正过左过右偏向的意见,"不但要把过左过右的现象要纠正过来,有些单位行政与工会不分,还是亟待进行分工,以便关系明确起来,否则对于工会工作推动是有极大阻碍的"[2]。

青年团

上海解放后,为了加强上海青年工作,中国新民主主义青年团中央决定成立中国新民主主义青年团上海工作委员会,指定李昌、张本分任正副书记,该工作委员会于 1949 年 6 月 5 日在上海富民路 43 号正式开始办公,并随即开展了上海的建团工作[3]。

新民主主义青年团在新华银行的建团工作曾酝酿多时,并最终"开了上海银钱业的先声"。在 1949 年 10 月 30 日郊游漕河泾的一次交谊会上,很多青年员工提出了建立新华银行团组织的衷心要求。经过大家热烈讨论,一致认为建团已发展到了成熟的阶段,于是采用依据各人的思想与过去工作情形加以批评与自我批评的方式,提出

---

① 屠易:《四个月的合作社》,载《新语》16 卷 4 期,1951 年 2 月 16 日。
② 永:《全行工会代表首次举行座谈会》,载《新语》16 卷 9 期,1951 年 5 月 1 日。
③《新青团加强本市工作,成立上海工委会》,载《解放日报》1949 年 6 月 5 日。

了 17 个建团工作委员候选人。11 月 1 日,经过职工会筹委会青工科举办的青年会学习班全体学员的票选,选出了刘秉恭、程盛棣、夏弘宁、冯士伟、徐文华、诸家杰、汤慰曾、王豫干、屠思明等 9 人为团工委,并由青年团中区工作委员会批准为正式团员,即日成立建团工作委员会。11 月 6 日,建团工作委员会举行第一次会议,讨论工作进行程序,议决 7 日至 12 日这一周的工作以宣传为重点,号召大家深入学习,努力工作,以行动来争取入团①。截至 1950 年底,新华银行团支部有团员 56 人,以及组织关系不在本行支部的 5 人②。

新华银行团支部成立后,配合行政及党支部、工会等,在青年思想教育方面采取了不少举措。

1950 年 8 月 12 日、19 日两天的晚上,新华银行青年团举行了两次团内"互助大课",报告关于社会发展史中的五种生产方式的学习总结。所谓"互助大课",是由团内同志自己担任报告。青年团共有四个小组,第一小组准备"原始共产主义社会"和"奴隶社会",第二小组准备"封建社会",第三小组准备"资本主义社会",第四小组准备"共产主义社会"。各小组需要广泛地收集有关资料,在小组内展开讨论,把讨论的总结系统地组织起来,再推选一位口才较好而且有讲解能力的同志代表该组向大家作报告③。

这是一次有益的尝试,但由于缺乏经验,也有一些不足。最主要的缺点是所讲的材料都是抄袭书本上的大原则,没有完全经过消化,不能跟实际相结合,或以历史事实来引证。譬如沈燮庆讲"资本主

---

① 《创银钱业的先声,新华建团工委会成立》,载《新语》14 卷 22 期,1949 年 11 月 15 日。

② 刘秉恭:《回顾团的一年》,载《新语》16 卷 1 期,1951 年 1 月 1 日。

③ 高:《青年团的"互助大课"》,载《新语》15 卷 17 期,1950 年 9 月 1 日。

义"的"周期性危机"时，没有把它的意义和社会主义国家中为什么不会发生"周期性危机"的原因分别说出来。邬宝康讲"共产主义社会"时常常提到苏联的"劳动生产竞赛"和"斯塔哈诺夫运动"，但没有解释什么是"斯塔哈诺夫运动"和这个运动对苏联生产量提高的作用怎样。①

1950年9月9日晚，在青年团公私合营银行总支部大会上，上海市黄浦区委宣传部副部长汤草元作了整风学习报告。汤草元详细论述了整风学习的意义，以及整风学习的基本方法，并要求青年团员应该做到三点带头：① 带头把学习从形式进入到内容；② 带头开展批评与自我批评；③ 带头检查本单位的工作作风和方针②。

同日，青年团公私合营银行总支部取消，改为青年团公私合营银行工作委员会。原先的新华银行等四家公私合营银行分支部，成为四个独立的团支部。新的青年团公私合营银行工作委员会，把共同性质的四个支部联系在一起，由各支部书记及工作委员会书记组成，"工作委员会书记就等于区深入每个支部的组织委员，作为区的助手"。新华银行蔡斌炎接替辞职的夏弘宁，领导新的工作委员会③。

抗美援朝捐献运动开展后，新华团支部第五小组在讨论中，发觉慰劳袋中只有物质慰劳，还缺乏给战士们的精神慰劳。为了给保卫祖国的战士们一些更亲切的慰问，他们马上发起每人写一封慰问信，附在袋里，这样就更充实了慰劳袋的意义。这里检出两封。

---

① 高：《青年团的"互助大课"》，载《新语》15卷17期，1950年9月1日。

② 汤草元：《怎样进行整风学习》，载《新语》15卷18期，1950年9月15日。

③ 《改进团的领导工作，成立公私合营工作委员会》，载《新语》15卷18期，1950年9月15日。

其一——

亲爱的兄弟：

　　美帝企图霸占亚洲,甚至全世界,它要奴役全世界就疯狂的发动侵略战争,首先遭到侵略的是我们兄弟之邦——朝鲜。敌人不单是侵占朝鲜,还想进攻我们的边疆,为了保家卫国,打击美帝,援助朝鲜兄弟,你们光荣的行动起来了,你们的战斗是为朝鲜的人民,中国的人民,世界的人民! 全世界的人民是要持久和平,你们就是保卫和平者,亿兆人民的心愿,你们在执行着。彻底消灭了敌人,也就是争取持久的和平,子孙永久的幸福也就会来到,你们的任务是何等的光荣,这种光荣是与日月共存的,平壤的解放,几个漂亮的歼灭和包围战,传到这里,每个人的心里说不出的愉快! 每个人都兴奋的在庆祝——欢呼、歌唱、聚会、游行,这是表示我们是与你们在一起,你们在前方消灭敌人,我们在后方努力支援,最近我们这里发动捐献子弹、手榴弹、慰劳袋,多少人都争先恐后的认捐,大家感到多捐一粒子弹,就会多消灭一个敌人,我们以万分的热诚送上慰劳袋,这表示我们是与你们同在,你们到哪里,我们的慰劳袋就在哪里,亲爱的兄弟,敌人一日不消灭,朝鲜、中国、全世界就一日不会太平,努力消灭敌人,彻底的消灭敌人! 我们等候你们的好消息,敬祝你们康健并致

最崇高的解放敬礼

　　　　　　　　　　　　　　你的朋友陈之源上①

---

① 《慰劳袋里的两封慰问信》,载《新语》16 卷 1 期,1951 年 1 月 1 日。

其二——

亲爱的同志：

　　我希望你接着这封信的时候，正是你在一个英勇的战斗里杀死了许多美国豺狼，同志们在为你举行庆功而欢欣鼓舞的时候，或是一大群美国强盗在你神勇的震慑下怯懦地放下枪举着手，而你发出英雄的笑声的时候，我想这是可能的，不，这是一定的，不是吗？一次一次的胜利消息鼓舞了我们，一张一张的照片，表现了美国强盗外强中干的怯懦丑态，同志你知道我们是多么关心你们啊！因为你们每一颗子弹每一步行进都代表了我们人民的意志，代表了我们不许侵略者罪恶的猪鼻子伸进我祖国边疆共同的信心和决心。目前在北国正是冰天雪地的季节，你们的斗争是艰苦的，但是，同志请记住我们是和你们在一起的，在生产上我们在本身岗位努力，推展业务，来增强国家经济建设的力量，我们也正进行保密防特工作，使那些无耻的匪徒，逃不出人民的巨掌，此外也在热爱祖国的情绪鼓动下用献子弹捐大炮的具体行动来支援你们，同志！我们将以庆祝平壤光复的狂热心情等着朝鲜的兄弟姊妹欢迎你们和朝鲜人民军并肩进入汉城，进入釜山的胜利消息，我们也等着你们的胜利列车进入上海车站时多为你们献花歌唱和你们一同喊："毛主席万岁！"致最崇高的敬礼！

上海新华银行青年团员解志廉上①

---

① 《慰劳袋里的两封慰问信》，载《新语》16 卷 1 期，1951 年 1 月 1 日。

以下是一次团日活动的情景再现，出自新华银行一位青年团员的笔下。

1951 年 1 月 6 日下午，团员青年们看完了《解放了的中国》，带着愉快的心情，轻松的步子，边说边唱地走着。因为天雨，原本计划在公园中过的团日，改在了第三办事处，原拟的野餐也只好取消。到了三处，大家匆忙填饱了肚子，只休息了十分钟，便开始了交流活动。"大家都热烈的发言，生动的说出在运动中提高了自己，教育了自己的具体例子"。

蔡德惠："过去虽然对美帝恨，但是听到了打仗，就不起劲，今天才真正明白了帝国主义的可恨，祖国的可爱，今后应努力做好工作。"

顾德生："《解放了的中国》使我很感动，我亦看到中国人民在各种不同岗位上努力，回顾自己很觉惭愧，今后将计划在工作中加倍努力来表示自己爱祖国的热情。"

高尚斌："新年军民联欢大会中，当四下喊口号时，我激动得浑身发热，这也使我想到了自己以前太不努力，以后在组织工作上，要纠正过去对群众联系不够的缺点！"

葛文揖："我在今年日记簿上记着，要多学习，多做，多想。"

朱承邦："我以前不敢在会上说话，通过了最近的运动和看了几部好戏，今天我觉得要说，心里有话就说，过去做的工作太少，今后一定要努力的来搞。"

无锡分行的潘大德，是受邀专程来参加此次活动的。他报告了自己报名参干的经过："我经过了自己的一番思想斗争，觉得个人利益应服从革命利益。"他又说，"要有温暖的家庭，必先使祖国安全"。他坚决地说服了父亲和母亲，又说服了他的姐夫，同时得到了姐姐的支持，解决了经济问题。"在报告时，全场肃静，为他激动，当讲完时，大家以热烈的掌声，表示了对他崇高的敬意。"①

在加入青年团组织等重要节点上，团支部有意识开展的活动，针对性更强，效果也更为明显。

1951 年 1 月 17 日，新华银行团支部特地公开了一次大会，听取群众对五位要求入团同志的意见。在会上，众人对其中的一位同人高尚斌的意见，集中在两个方面，一是过去高尚斌曾参加过"三青团"，二是他一贯错误的工作作风，尤其着重在"挑拨离间""自高自大"的具体事实上。

有同人指出："为什么你写领导抗战是国民党，因之为了'爱国'，就要参加三青团的组织？""是不是国民党的接收人员，贪污中饱，坐汽车住洋房，你挨不到就脱离了三青团的组织？"

有同人则认为，"这样提问题在帮助一个人的进步和改造所起的作用是很微的，甚至于相反的，会收到不好的效果"；高尚斌解放前确实曾参加三青团，而且担任了分队长、分队指导员、区队长等职务，但他在这次反动党团登记中，已向政府坦白，并在未登记前已有申请入团的表示，在工会工作中，多少有些贡献的。

有同人提出，他的努力于工会工作，就是为了提高自己在群众中的威信，并积极向各办事处联络，想觅得将来竞选执委的名义。

有同人则指出：应当进一步发掘他的思想根源，要分析高尚斌为什么这样爱求"名誉"，为什么挑拨是非，为什么对工作能力较差的同志自高自大呢？这些都是反动统治下的社会所残余的特权思想，这是思想绊住了一个人走向进步的道路。

有同人认为：我们是小资产阶级出身的知识分子，我们也曾经

---

① 为：《团日在三处》，载《新语》16 卷 2 期，1951 年 1 月 16 日。

学会了一套"处世秘诀",懂得了如何用哄、吓、骗的手段谋得个人的"地位",对"上"卑躬屈膝,对"下"神气活现,甚至用卑劣的行为出卖朋友,挑拨是非,自己就此"登堂入室",派个"窜头",这是为了什么?"这些人就是怎样用各种方法剥削别人,把自己的幸福建筑在别人痛苦的基础上,也就是说,因为有这样反动的社会,因此造成了这些特权的剥削思想"。

有同人认为,既然高尚斌是参加过反动党团的,那么他所遭受思想的毒害一定更深刻,他的行为和作风,和过去所受反动派的影响是分不开的。在新中国产生已有一年多的今天,要帮助他发掘思想根源,解决问题,不是刺激和打击,要根据毛主席"治病救人"的原则,做个好医生,不是江湖郎中莫名其妙地把人治死。要耐心地分析,像一个好医生倾听病人的报告,然后对症下药,使他恢复康健①。

这样的大会,这样的讨论,对于厘清与会青年的思想认识,无疑具有很大的帮助。而《新语》以相当篇幅刊发的会议实况,对所有未与会青年和其他员工,同样会起到一定的教育与启发作用。

团组织的氛围和青年团员的言传身教,对青年的成长进步,确实有着极大的影响。

董绯菊,女,毕业于宁波鄞县县立商校,1949 年 11 月考入同庆钱庄。1950 年 3 月,同庆钱庄归入新华银行第一分行后,从总行调来不少同事,其中也有几位青年团员,加上本行的共有五六位。由于工作上的调动,她与团员们有了较大的接触。在学习社会发展史过程中,她几次向他们提出问题,要求解答,他们总是很关心。她说,有一次,"我开始向一位团员谈起了家庭困难和曾想投考东北银行事,经他简

---

① 野火:《谈谈高尚斌的申请入团》,载《新语》16 卷 3 期,1951 年 2 月 1 日。

明的分析,同时指出我不能逃避现实";以后,"他们对于我的家庭问题上,简直直接的给了我很多帮助,使我更认识了青年团员们都是这样热诚地关怀人家,照顾人家,给人家极大的帮助"①。

申请入团前,董绯菊应邀参加了团小组的一些活动,并深有感触:

> 我经常参加团小组(活动),在二楼会议室的一隅,团员同志围坐着,讨论着工作计划,和如何把这些计划贯彻到工作和行动中去,无论在本位工作或互助工作上,以及小组学习方面,始终使我钦佩的,值得模仿的。在二次互动大课和一次整风学习报告后,使我获得了新的认识,而且领会了对每次大会的精神,从此我和团组织更接近了。②

董绯菊总结说:"我们不能否认集体的学习比个人的能增加更多的知识,组织的智慧比个人更丰富。"③应当说,她的认识很朴素,也很实在。

1951年2月1日出版的《新语》16卷3期,在"我是这样要求入团的"专题之下,刊载了两篇文章,从文章内容看,与入团申请书体例不同,更像是申请入团的思想汇报。这里选择其中一篇,作者为朱承邦。

朱承邦,江苏嘉定人,出生于1926年11月26日,住上海武定路237弄(鸿庆里)28号,先后在江苏省立上海实验小学、江苏省立苏州中学和育英中学(初中)就读,曾在德丰钱庄工作,1946年1月加入新华银行,先后担任练习生、助员、办事员等。

---

① 董绯菊:《一年来的我》,载《新语》15卷21期,1950年11月1日。
② 同上。
③ 同上。

应当说,此人未必就是新华银行青年行员思想转变的标准样本,但解读此文,至少可从一个侧面感受当年青年成长的特殊氛围,以及这些氛围对青年的影响。为解读方便起见,笔者对各段加了序号。

【1】远在本行建团以前,我就已参加了青年学习班。在漕河泾决定建团的一次郊游,当时因为思想上存在着许多旧的意识,对政府不信任,对青年团也没有认识。因此当他们问我是否预备争取入团的时候,我敷衍的回答说:"让我考虑考虑再讲吧!"那时,我认为就是要爱国要进步,不入团也是一样的,加入了团,要受组织生活的限制,处处不自由,这又何苦呢?所以我没有加入,不过虽然团与我在思想上有些差别,但是我仍旧徘徊在它的周围,随着自己情绪的涨落,与团保持了一定的距离。①

这段话,实际是全文的一个铺垫,解释之前自己为什么没有争取入团的原因。尽管作者说自己"仍旧徘徊在它的周围",但在其内心深处,实际上排斥的成分更多一些,因此"与团保持了一定的距离"。

【2】学委会布置了正规性的学习,通过了一连串的学习与大课,我也懂了些新的理论与新的人生观,逐渐有了些进步。但我并不能把这种进步在原有的基础上巩固起来。往往看见了一点不顺眼的事,就会不加分析的否定了全面。一遇挫折也立刻会变得消沉。这时夏弘宁同志坐在我旁边,他不厌其详的替我分析解释,并且不断的鼓励与帮助我,使我仍旧能曲折的

① 朱承邦:《我是这样要求入团的》,载《新语》16 卷 3 期,1951 年 2 月 1 日。

缓步前进。①

从这一段开始，作者记述了对影响自己选择的若干因素。新华
银行内部组织的正规政治理论学习，肯定是第一位的。当然，他还提
到了团支部书记夏弘宁的鼓励与帮助，这也是很重要的因素。但，仅
仅这两方面还是不够的。

【3】由于业务上的机会，我奉派下乡办理农业贷款，在没有
下乡前，我仅不过抱着学些业务技术的单纯思想，但想不到竟因
此行而解决了我许多思想上的问题。在乡下看见了解放军垦荒
生产，帮助农民劳动。又看到干部们在艰苦条件下积极工作。
农村里也有了俱乐部、识字班，农民文化水平也提高了。青年团
协助我们动员开会，晚上民兵保护我们。在我们周围所看见的、
体味到的好事情实在太多了，也不是一下子说得完的，这些活的
事实把我在上海所听信的那些谣言完全扫除了，使我再也没有
理由不信任自己的政府了。对青年团也有了新的估价，通过这
二次下乡，使我思想上起了很大的转变，我对祖国的前途满怀着
希望。虽然在这种情况下，因为我是一个小资产阶级出身的智
识份子，有着自由散漫、以个人利益出发、容易动摇等许多缺点，
所以还是提不起坚决改造自己的决心来。②

通过两次下乡的实践，通过对解放军、乡村干部、青年团、农民等

---

① 朱承邦：《我是这样要求入团的》，载《新语》16 卷 3 期，1951 年 2 月 1 日。
② 同上。

的观察,说明自己思想上的触动和变化,这是可信的;同时作者也坦承,自己还是没有下定决心,原因就是自己小资产阶级的出身,这也是客观的。这段叙述,实事求是地反映了作者的有限格局。

【4】朝鲜战争爆发后,本行展开了时事学习,同时掀起了抗美援朝的热潮。许多青年参加了军事干校,或者参加了志愿军。在这些队伍里,有我的亲戚,也有我的朋友,他们毅然响应了祖国的召唤,走上光荣的岗位上去。捷报从朝鲜不断的传来,平壤解放,汉城解放,就在这时候我们学习了美帝侵华史,看了美帝暴行图,在这伟大胜利的前面,在这些血淋淋事实面前,我一扫过去恐美、崇美的心理,变为憎恨与仇视。新年联欢会听了陈镇华先生的传达报告,使我十分激动,什么事会把我们的镇老变得这样年青有生气呢? 我想就是他已经觉得做一个光荣的中国人是值得骄傲的了。①

此时作者的视角已经移到了现实社会的更广范围,抗美援朝的热潮,同事充满激情的报告等,营造了一种特殊的氛围,使得作者的思想再次受到猛烈的冲击。该行时年 52 岁的陈镇华,在 1 月 6 日晚的新年军民联欢会上说:"可惜我老了,不能和年青人一样参加军校,但是我们一定要搞好我们的冬防,镇压反革命活动,做好我们的工作。"在台上,他激动地欢呼"共产党万岁!""毛主席万岁!"这声音震撼了在场每一个人的心弦②。作者自然也难例外。

---

① 朱承邦:《我是这样要求入团的》,载《新语》16 卷 3 期,1951 年 2 月 1 日。
② 鹰:《记新年军民联欢会》,载《新语》16 卷 2 期,1951 年 1 月 16 日。

但即便如此，作者仍然没有下定决心；因为外在的所有因素，影响虽然不小，却还没有真正内化为作者确定的想法。

【5】看了《解放了的中国》，使我加深了对祖国的热爱。在这些新中国的建设中，在这些伟大的爱国主义中，我没有什么贡献，没有什么表示，是应当觉得惭愧与不安的。下午在第三办事处参加团日，许多同志都提出了要为祖国出些力的保证，参干的参干，保证搞好业务的也有，我觉得我不应再有任何顾虑。为了对祖国多尽些力，对人民进一步的服务，为了提高自己的理论水平和业务技能，使自己在团的教育下，在同志们的帮助下，克服缺点，纠正错误，求得进步起见，所以我坚决的要求入团了。①

参加此次团日活动，应该是一个触发点，实际是对以前所受到的各种教育、各种正面影响的一种归结。作者的最终选择，也反映了新华银行有意识开展的各种形式学习教育，对员工尤其青年员工具有相当大的正面影响。从一定意义上说，各种形式的教育都有其特殊价值，而最终必须归结为自我的内化和提升，这也是符合逻辑的。

差不多一年以后，在1951年1月16日出版的《新语》上，刊载了与朱承邦有关的一条消息：

本行推广有奖储蓄竞赛活动，上月份劝储成绩最好的是出纳股朱承邦同志，差不多每一位客户解现钞时，都要和他搭讪，即使这位客户不高兴认储，但是他总是耐心地向客户解释有奖

---

① 朱承邦：《我是这样要求入团的》，载《新语》16卷3期，1951年2月1日。

储蓄的意义,"成败利钝在所不计"。在朱承邦同志的心目中,就是怎样把工作搞得更好,用各种不同的宣传方法,提高客户对爱国主义的认识,朱承邦同志也就是从实际的工作中,体会到为人民服务的正确意义。①

邬宝康,这位新华银行的青年员工,则是用自己坚定无悔的选择,体现了一名青年团员的光荣责任。

邬宝康,时年 24 岁,个子生得很矮小,他的哥哥也在新华银行服务,已退休的父亲邬延祥是曾在新华银行服务 30 多年的老工人了。1949 年邬宝康进行工作,上海解放后,他看到许多青年职工、学生投向革命的热潮里,当时他就凭一股热情响应了工会的号召,第一个报名参加了南下服务团,跟随大军向大西南进军。当时他还给《新语》撰写了一篇长文《随军通讯》,详细报告了前往西南过程中的见闻,充满了乐观的态度②。

可是当队伍到了目的地——四川宜宾,开始工作后不久,他就病倒了,同时思想上仅凭热情参加革命工作,也还经不起实际生活的考验,终于得到组织上的批准,回到上海来工作了。1950 年 4 月他申请入团,在团支部大会上,他检讨自己说:"我是一个革命战线上的逃兵,经不起考验,我真正的证实了小资产阶级参加革命的动摇性,确信无产阶级是革命的领导者,因此我坚决要求入团,在实际工作中改造自己,坚定的跟着共产党走。"

入团后,他积极地要求进步,经组织安排,他在黄浦区青年团团

---

① 《四面八方》,载《新语》16 卷 2 期,1951 年 1 月 16 日。
② 邬宝康:《随军见闻》,载《新语》15 卷 24 期,1949 年 12 月 15 日。

工委工作。当美帝对朝鲜侵略的时候,志愿军英勇地作战,千万优秀青年学生响应祖国的召唤报名参加军事干校,邬宝康的心里"像千百只蚂蚁在往上爬"。他想起了从前的生活,在反动派统治下,物价一日数跳,父亲的劳动所得不足全家一饱,迫得自己只好辍学去做学徒,母亲的病也因没钱疗养而渐渐地折磨死了,今天正当我们可以安心过自由幸福的日子,而美帝又来发动侵略战争了,怎能忍受呢?

看过《解放了的中国》,团员们又举行了团日活动,大家都觉得祖国的解放是依靠无数烈士的鲜血,和中国共产党英勇正确的领导而获得胜利的,同志们一致表示要做好工作,保护自己胜利的果实。邬宝康的思想上也更炽热了,他想:我是一个青年团员,记得入团宣誓中"要为新民主主义的彻底实现而奋斗"那句话,我对祖国又有些什么贡献呢,同时他又认识到国防建设的重要,因此决定了报名参加军事干校。

经组织上考虑后,认为在沪工作的需要,以及他患有近视眼的关系,希望他仍留原岗位工作,但是青年学生们踊跃报名参加军事干校的热情和爱国行动,加强了他的决心。当军委发出招收后勤等学员时,他第二次要求组织考虑他的请求。新华银行保送委员会成立后,他立刻就报了名。各部门各办事处同事们对他的选择给予了热情的鼓励和帮助,他也为这种伟大的阶级友爱而感动。他被光荣地录取入装甲部队干校学习,并于 1950 年 1 月 28 日晚出发了①。

邬宝康出发前夕,新华银行隆重举行了欢送邬宝康参干暨爱国主义存汇竞赛动员大会。会场上不但到处喊口号,还纷纷以实际行动向邬宝康提出保证,出纳、一分行、九处、三处、服务股、女工组等,

---

① 鹰:《邬宝康》,载《新语》16 卷 3 期,1951 年 2 月 1 日。

都提出完成有奖储蓄、存汇竞赛任务，贯彻劳动公约，加强服务精神。外汇股更保证，邬宝康参干后，本部门不要求增加人手，并要更加密切团结，搞好业务。在热烈的口号和掌声中，由女工组朱珊云、徐静宜向邬宝康及家属献花，紧接着由第五处、第七处、第十处、一分行、工会献旗，并由夏弘宁代表党支部送书五本，青工委员会送全体青工签名纪念册一本，全体团员送眼镜一副（寓认清敌友之意），外汇股其他同事合送手表一只，新丰保险公司送毛巾半打，出纳股送钢笔一支①。

女工组

1950 年 9 月 18 日下午，新华银行工会在第一分行二楼会议室召开了解放后第一次女工大会。这次会议同时也是为了推选参加工代会的妇女代表。会上选举了潘毓琪为女工组组长，陈悦琏、杨祥裕为副组长。②

时隔不久，《新语》刊发的一篇文章《女工科的人物素描》，却在全行员工中引起了轩然大波。这篇文章不长，全文照录如下：

> 潘毓琪　提到"女工科"，谁都会想起我们的潘大姐，的确，她的干练，她的积极，真不愧是我们众望所归的女科长，举个例来说吧！上次清理运动中，由于作风的"真善美"，不就是大家一致公认她为"新华的赵一曼"吗？

① 式：《记欢送邬宝康同志参干、爱国主义存汇竞赛动员大会》，载《新语》16 卷 3 期，1951 年 2 月 1 日。

② 芳：《我们的女工组成立了》，载《新语》15 卷 19 期，1950 年 10 月 1 日。

　　李文光　我们行政的女主管,平时静静的,什么活动都没有她的份儿,可是这次国庆游行中她却破例地参加了,非但是参加,而且是坚持到底,现在我们请她协助潘大姐搞福利,预料一定会一鸣惊人的,看罢! 我们的李同志,将要活跃了。

　　陈悦琏　引用"短小精悍"这四个字,来描写我们处世老练的副科长,那真是恰当不过的成语,在她短短的生活过程中,已干过了通讯员、秘书、编辑⋯⋯一连串的文化生活,也无怪"工友文化学习班"中,少不了她这台柱。

　　汪侯达　女同事中,身体最娇弱的,该是我们的汪小姐了,也许是唯心的说法罢,多病的人,也就是情感最丰富的人,只要看她待人接物的态度,是那么和谦客气,尤其是来了新同事,她的照顾与帮助,真叫使人感动,所以当她请假不来的时候,大家都会担忧的说:"不会病了罢?!"

　　经云　朋友! 你会舞蹈吗? 你喜欢舞蹈吗? 讲到舞蹈,该是我们经云同志的拿手杰作了,前次员工大会中的新疆舞,不就是她的好本事吗? 听说她曾计划开办舞蹈班,你们愿意来报名吗? 最近行中开展文娱工作的声浪中,希望她能带头搞起,那一定会有所成就的,何况她又是青工委员呢!

　　金淡宜　一位美丽的小姐,凡是歌咏队的同志,都会知道她的"金嗓子",所以少了她,都会感到没有劲,可是她更爱好话剧,所以话剧组也有了她的踪迹,由于她的喜爱康乐,使工会的康乐组多了一位女将。

　　邵瑞英　人家说"好好先生",那么我该称她"好好小姐",如果认识她的人,没有一个不佩服她的工作精神,记得是一分行刚刚开幕的时候,她每晚工作到午夜十二点钟,可是从未发过一句牢骚。她唯一令人可亲的地方,便是最爱笑,所以我就称她"笑小姐"。

朱珊云　又是一位"好好小姐",也是女同事中唯一被群众推选为学习小组的组长,恬静的个性,表现了在群众当中的威信,由于第二次测验的成绩,将小组原有黄包袱的地位,一跃而为名列前茅,可不是我们组长的领导有方吗?

沈粹君　标准"苏州小姐",讲得一口吴侬软语,悦耳非凡,俗语说"苏州人订怕管闲事,只会自顾自",可是侬沈小姐,非但自己工作做得好,而且毫无本位主义,只要一有空,就到别处去帮忙,真是又老实又和气。

沈文鸢　假使推荐巾帼英雄,那么沈同志该是十拿九稳,性情既直爽,工作又负责,做起事来从勿拖泥带水,完全有北国儿女之风度。

孙爱芳　由于爱吃 RCA 唐,那么就称她 RCA 小姐罢,静恬的个性,造成了她的少讲话,可是她能写得一手好文章,所以成了《新语》的好助手,再说外表看看像个天真的小妹妹,这次人代选举的前夕,她曾被推选为我行女工的初选代表呢?

杨祥裕　这一位名符其实的"甜姐儿"——学苏编辑的口吻——也就是我们的副科长,大家一定对她很熟悉了,她的个性,恰好和李小姐相反,任何活动中,她都能插一脚,尤其是群众的事,特别关心,正像上期《新语》所说,合作社的推销工作中,她是一个标准的模范推销员。

徐静宜　同人们,您不会陌生吧!在《魔鬼末日记》里的大小姐,也就是她,她的演技和性格表现出豪爽、大方、温柔,没有一个同事,不乐于和她交谈,她更勤于办事,既快又准,谁不翘起大拇指声称"订好",再提起你一声上期《新语》里,合作社门口的剪彩小姐，不就是她吗？

　　董绯菊　　本刊的通讯员，也是最近申请入团的女团员，在业务繁忙的今日，她管理着定放的工作，当然更加辛苦了，虽然她的身体不十分康健，可是在营业室中，工作得最晏的，常剩下了她一个人，真可谓面向生产的好团员。

　　顾爱芬　　也是一位爱静不喜动的女同志，沪江的高材生，干起工作很负责，深得行政主管的信赖。不大跟群众接近，平时沉默寡言。①

1950年11月15日出版的《新语》，在"批评与建议"栏目，刊发了一位署名"一工人"的读者致编辑的信，信中说："在《新语》上一期中载了一篇本行女工科人物素描的文章，像这一种形式的文章本来是为一般读者所欢迎的。因为它可能是大家感到亲切或是轻松一些的，也许该文著者的原意也是如此。可是里面有几条写得太轻浮了，而且用了很多不得当的形容词。对新社会的女性是相当不尊重的，尤其在工会刊物上如此来描写女工，编者是不能不深刻检讨的。"②

《新语》编委会同时也听到了其他一些读者对这篇稿件的反映，总体认为"有落于过去小报风格，甚至对个别女同事的描写，有失于轻浮的地方"。对此，编委会坦承，这是一次严重的错误，"这也说明编委会的工作是不够对同人负责的，我们的水平是很低的，我们接受了读者们提出的缺点和错误，进行深刻的自我检讨，决定在今后的工作中，力求避免再犯这类错误"③。

---

① 亮：《女工科的人物素描》，载《新语》15卷21期，1950年11月1日。

② 《批评与建议》，载《新语》15卷22期，1950年11月15日。

③ 《读者、作者与编者》，载《新语》15卷22期，1950年11月15日。

在 11 月 22 日晚召开的《新语》通讯员第三次座谈会上，编委会再次对此事进行了深刻检讨，认为对内容审核把关不严，未进行个别深入采访，是造成这次错误的主要原因，并表示，"对错误是不容隐瞒或分辨的，所以应该有勇气来接受批评，这样对我们的刊物的进步是有极大的帮助"①。

女工组成立不久，即逢国庆一周年纪念日的来临。女工组提出了四项具体工作任务：① 除了搞好自己的本位业务工作以外，还得搞好同人家属的工作，把家属组织起来，团结在工会周围。② 要努力学习，以提高我们的政治文化水平，准备学好本领，迎接即将到来的建设高潮。③ 要注意关于女工的法令和政策，进行研讨；对于女工的特殊利益，更应随时提出具体意见。④ 关心和发现女工的积极分子，并协助工会有计划地培养和选拔女干部②。

有了计划，再加上具体措施，女工组随后的活动有声有色，《新语》上经常可以见到她们活跃的身影。

如抗美援朝战争爆发后，孙爱芳等同志做了 20 多只慰劳袋，捐献给在朝鲜的中国人民志愿军，每袋内藏毛巾、牙刷、肥皂、水果糖等，由本行工会转交上海市总工会③。

为团结职工家属，加强对抗美援朝保家卫国的认识，女工组特别发动观看越剧《信陵公子》，并附上了说明书，订购的有 150 人④。

协助调解老工友孙锡卿家庭纠纷，是女工组的一次成功尝试。

---

① 《新语通讯员第三次座谈会综合记录》，载《新语》15 卷 23 期，1950 年 12 月 1 日。
② 其：《我们——女工应该怎样来纪念国庆》，载《新语》15 卷 19 期，1950 年 10 月 1 日。
③ 《黑板报》，载《新语》16 卷 1 期，1951 年 1 月 1 日。
④ 同上。

老工友孙锡卿于 1950 年 7 月退休,1951 年 1 月 13 日去世,享年 71 岁,当时应得抚恤金 2 567.37 万元,人寿互助金 98.9 万元。新华银行原拟全数拨付其孙孙坤元,后孙锡卿妻子来行,要求行方拨付一部分以保障其晚年生活,因孙妻年已 74 岁,同其媳不洽,一向住在甥女家。经了解系属家庭纠纷,于是,由女工组陈悦琏邀请双方进行调解,并对孙坤元疏导说服,最终经协商决定,"三分之一作孙君丧葬费用,三分之一拨给孙妻收存,余款交孙子孙坤元,款均存储本行,由陆宝根君代办手续"。这样的解决,使双方都感到很满意,"这是本行女工组第一次调解家庭纠纷的范例"①。

　　1951 年 1 月,女工组组长潘毓琪在《新语》撰文《送弟弟参干》。她的弟弟还有两年就将从交通大学毕业,但仍报名参加了军事干校。她写道:"今天,弟弟以胜利、愉快的心情来向我道别,我望着他的背影,不禁想起了过去,看到了未来。"她在文章中回顾了弟弟的童年:"当他才开始学描字的时候,法西斯的火焰就燃到了家乡,为了不甘心接受奴化教育,爸妈带了他和其他六个孩子,离开了家园,历尽艰险,流浪到湖南。湖南,是毛主席的故乡,这里曾经养育过很多有血性的青年,就在那块土地上,依赖着父母的执教生涯,在物价动荡的季节里,度过了童年。"她强调:"我当然为有了这样的弟弟而高兴,但我更为了有这么好的政府而感到骄傲,只有在今天,我们才真切地感到我们已有了政府,只有在今天,我们才真切的感到我们已有了祖国。"②

　　在 1951 年的新华银行春节园游晚会上,第一分行的四位女员工

① 《黑板报》,载《新语》16 卷 3 期,1951 年 2 月 1 日。
② 毓琪:《送弟弟参干》,载《新语》16 卷 2 期,1951 年 1 月 16 日。

合作表演了一个节目"西藏舞",收到大家的肯定与好评。首次参加演出的董绯菊,事后很有感慨地说:"我对舞蹈虽是外行,却很爱好,因为它是一种综合艺术,能表达出喜怒哀乐,也能陶冶人们的心情。"更重要的是,"它也是一种群众性的宣传教育,青年文娱生活的重要组成之一"①。

1951 年 1 月 11 日,新华银行总行女工组专门给工友们写了一封信,动员工友家属参加文化学习。细细读来,这封信的内容亲切、自然,具有相当的感染力和说服力。

在这封信的开头,首先肯定了工友们参加本行文化学习半年多来取得的成绩:

> 由于你们获得了文化的钥匙,逐渐进入了知识的宝库,尤其参加了行中所发动的各种政治性的运动和晚会,以及配合国际情况的时事大课,还有观看具有历史意义的电影、话剧等,时代的大潮流,已经后浪逐前浪地把大家推到时代的前列了。②

同时,也坦率提出了工友家属们在学习方面存在差距:"但是你们的家属,却依旧每天置身在琐碎的家务中,很多都没有上过学,不识字,没有机会接受新思想、新知识,于是在思想和认识上,就同你们有了距离。"接着,又列举了这种"差距"的若干具体表现:

> 为了救济皖北难民,你想捐几件衣服给难民穿,但是她不知

---

① 董绯菊:《我第一次演舞蹈》,载《新语》16 卷 4 期,1951 年 2 月 16 日。
② 《为动员工友家属参加文化学习给全体工友的信》,载《新语》16 卷 2 期,1951 年 1 月 16 日。

道皖北在哪里，灾害是怎样造成的，这件不肯，那件不肯，破旧的宁可做尿布，不肯救难民，于是你经不起她的埋怨，热情冷却了，回到行里，只能很冤屈的受着同志们的批评；这不能怪她，是狭小的家庭环境使她落伍了！

行里轰轰烈烈的发动捐献子弹运动，你又要遭埋怨了！她说："捐子弹去杀人，罪过不罪过！"虽经你再三解释，美帝是我们的死敌，所以要打死他们；但她无法了解抗美援朝的大道理，这不能怪她，因为她的思想同你有距离，她落伍了！

全市响彻了鞭炮，欢乐的庆祝着汉城解放，你回到家里，她向你发问："今天是什么日子啊？外面整天的在放鞭炮呢！"你说："都是因为汉城解放了。"她问："汉城在哪里？"你说："在朝鲜。"她问："朝西几里路啊？"于是这个问题就难以谈下去了！而且还冲淡了家庭和乐的空气，这不能怪她，这是由于她没有机会接受新知识，她落伍了！

有时你因为开重要的会议或是上大课回去迟了，她不清楚你在做什么，你解释不清楚，她不谅解你，于是就造成了大家都没有错的小误会，甚至影响了你的工作情绪，这不能怪她，这是由于她没有了解你的工作和学习的重要，她落伍了！①

接着，又对工友家属参加文化学习的重要性作了进一步的阐述：

家庭中最要紧能够在感情的基础上互相鼓励互相检讨，彼

---

① 《为动员工友家属参加文化学习给全体工友的信》，载《新语》16卷2期，1951年1月16日。

此意见一致,大家一起进步,但由于一般家属被限制在家庭琐事里得不到文化得不到进步,你一到家里,就只能听她谈些柴米油盐或是孩子同隔壁小毛打过架的事,其他的事就很少谈得投机了;当然烧饭洗衣带管孩子,都是非常重要的工作,她为你布置温暖的家庭,以解除你一天工作的疲劳,都是每个人所希望的,但是我们还应该在不妨碍家务的情况下,帮助她得到读书的机会,不但为使家庭生活更加美满,而且也为将来参加生产工作、改善家庭生活打下一个基础。

在《解放了的中国》里,我们看到祖国多么的宽广富饶,一望无际的稻田麦浪,成群的牛羊,无限的矿藏,灿烂的文化,雄伟的建筑,生在毛泽东时代的人民,该觉得多么的骄傲,祖国多么值得我们的热爱,祖国光明辉耀的前途,掌握在我们自己手里,现在男子大都已参加生产了,但占全国人口二分之一的妇女,还没有充分发挥她们的能力,这是国家莫大的损失。①

最后,女工组还提出,愿意为工友家属们参加文化学习提供各种帮助:

本行女工组为团结并组织工友家属参加文化班,希望全体工友同志们加以协助,回家进行动员,我们已看到《解放了的中国》里,抱着孩子学文化的妇女识字班,我们愿意尽一切可能帮

---

① 《为动员工友家属参加文化学习给全体工友的信》,载《新语》16 卷 2 期,1951 年 1 月 16 日。

助她们克服困难，如果每星期学习一次，可以同你们各人的上课日期排在一起，下课大家可以一起回去。①

1951年3月8日，公私合营银行女工庆祝三八节晚会在上海虎丘路全安大厦举行。"在锣鼓军乐声中，男工同志们送来了道喜牌，他们为我们致贺，为我们欢呼"。参加此次晚会的新华银行女工组组长潘毓琪，记录了自己的心情：我们公私合营银行的女工们，不但要记住主席及上级工会的要求，把我们纪念"三八"的热情，贯彻到实际工作中去，行动中去，而且我们还要告诉日本姊妹们说："让我们更紧密的团结起来，为争取全面的、公正的对日和约，争取我们美好的、和平的生活而斗争！"我们也寄语朝鲜的姊妹们："美帝不但是你们的敌人，也是我们乃至全世界的敌人，让我们携起手来，坚决的战斗，我们有充分的信心，即将把侵略者驱逐出去，取得最后的胜利。"②

另一位女员工在参加这次晚会后，激动地写下了一首诗，题为《三八》：

> 这伟大的节日啊！
>
> 千余人聚在一堂，
>
> 为你庆祝欢狂！
>
> 道喜队，
>
> 敲锣打鼓，
>
> 军乐队，

---

① 《为动员工友家属参加文化学习给全体工友的信》，载《新语》16卷2期，1951年1月16日。

② 琪：《〈三八〉晚会后记》，载《新语》16卷6期，1951年3月16日。

大吹大擂；

兴奋的女主人，挂上感激的微笑。

这伟大的节日啊！

标志出：

解放了的新中国妇女，

已真正站起来了。

歌唱、口号……

"千年冰河解了冻"；

解了冻的河流在奔腾。

在新生的春天里，

茁长着壮大的妇女一代。

口号随着行动，

鼓掌说明力量。

学习好，

工作好；

创造模范，

创造生产新记录。

深入抗美援朝，

准备解放台湾。

这伟大的节日啊！

标志出：

全国，全亚洲，全世界妇女姐妹们，

紧密的团结起来，斗争！

为美丽的将来，勇猛前进，

坚决消灭法西斯魔主，

获得全世界妇女的解放。

口号随着行动，

鼓掌说明力量。

全世界和平的人民，

是真理，是正义……

汇成巨大的铁流，

——革命的火炬。

告诉侵略者：胜利永远属于人民！①

---

① 薇：《三八》，载《新语》16卷6期，1951年3月16日。

第七章

典　型

　　《新语》的"半月一人"专栏,从 1951 年 1 月 1 日起开始刊发专门的人物介绍,截至 6 月 11 日,共介绍了 11 位员工。这些文稿最显著的特点,就是作者都是被介绍人物身边的同事,有的作者甚至还是文化水平不太高的工友,但这些文稿的真实性和代表性是无可置疑的。"半月一人"阐述的人物包括管理人员龚善继、黄雪芷;专业技术人员陈镇华、朱寿泰;普通职员苏森丙、何霖;工友胡友松、王济猛、盛凤发;以及具有某种特殊表现的员工,如茹钟英、邬宝康等①。这些人在之前的叙述中已或多或少出现过。

　　在这其中,我特别关注了一位普通职员——苏森丙。

---

① 而今:《苏森丙》,载《新语》16 卷 1 期,1951 年 1 月 1 日;不古:《陈镇华》,载《新语》16 卷 2 期,1951 年 1 月 16 日;鹰:《邬宝康》,载《新语》16 卷 3 期,1951 年 2 月 1 日;俊仪:《朱寿泰》,载《新语》16 卷 4 期,1951 年 2 月 16 日;鹰:《茹钟英的转变》,载《新语》16 卷 5 期,1951 年 3 月 1 日;熙:《龚善继》,载《新语》16 卷 6 期,1951 年 3 月 16 日;白丁:《胡友松》,载《新语》16 卷 7 期,1951 年 4 月 1 日;壹洪:《黄雪芷》,载《新语》16 卷 8 期,1951 年 4 月 16 日;方生:《王济猛》,载《新语》16 卷 9 期,1951 年 5 月 1 日;小卒:《盛凤发》,载《新语》16 卷 10 期,1951 年 5 月 16 日;家:《何霖》,载《新语》16 卷 11 期,1951 年 6 月 1 日。

半月一人

　　苏森丙，别号宝桐，浙江慈溪人，出生于 1920 年 12 月 17 日，先后就读于上海通惠小学（6 年）和中法中学（5 年），曾任永元股票号的市场买手等，1945 年 1 月 30 日进入新华银行，先后在总行分行处股、总行营业室办事处收付部门做练习生，1948 年 1 月晋升为办事员，此后在总行营业室存款部门、第四办事处、内汇部门，以及总行研究室等处工作。1951 年 1 月 1 日，《新语》"半月一人"栏目发表"苏森丙"一文的当日，苏森丙晋升为总行研究室副股长。同年 5 月 27 日，苏森丙调任总行营业室综合部门副股长。

　　实际上，苏森丙是《新语》"半月一人"专栏推出的第一位员工。这种安排，应该说也是颇费心思的。这篇文章不长，总共只有五段，信息量却相当丰富。以下为第一段：

　　　　穿着颜色黝黯，半旧不新的长褂，微偻着上背。在结实，瘦削，微白，不甚滋润的面孔上，生着一对活络机警，乌黑的眼珠，颧骨微隆，头发粗健浓密，嘴上时常留着一抹刚长起的胡须。他走起路来，脖子常显出坚强的样子，身子微微摇晃；说起话来，爽快有力，时常发出几声朗笑。有时，他边说边笑，垂下了下颚，好似在思索着对方所遭遇到的问题。这便是我对他粗浅的影像。①

　　这一段文字不多，描述的是苏森丙的外在形象，用的词汇也很克

---

① 而今：《苏森丙》，载《新语》16 卷 1 期，1951 年 1 月 1 日。

制和实在："粗浅的影像"。以下为第二段：

> 他今年三十一岁了。由于早婚,已有了四个孩子。太太是一个十分忠实的女子,和老苏很相投,她那番殷勤的照料,有时我们谈起,他也觉得有不胜愧疚之心。但是,事后,他对于家事还是那般的慵懒。他的父亲从事投机数十年,人是挺老实的,这对于他在解放前从事金钞的一段生涯,当有很大的影响。由于他父亲从事半生投机,所以家庭经济波动靡定。这该是他们一家一个悲痛的回忆吧!他有兄弟三人,哥哥便是苏森乙同志,弟弟是一位斗志弥坚的共产党员。曾经被反动派抓去坐过牢,受过残酷的刑罚。这就勾起了老苏日后对反动派的一片愤恨。[1]

这一段介绍了苏的家庭简况。参照苏森丙填写的员工履历表可知,其祖父曾是前清安徽候补知府,父亲苏仲年曾任上海永元股票号监理、大德成金号经理等职。他的弟弟苏森壬,曾是漕河泾国民教育实验处教员。他的哥哥苏森乙,时任新华银行总行襄理、第二办事处主任。他和哥哥都居住在陕西北路 815 弄 62 号,这是一个大家庭。解放前,他们一家还雇用了三个仆役,经济状况应当不错。以下为第三段：

> 他进行六年了。在以前,他曾受过六年教会学校的奴化教育。接着,在学校介绍之下,又到旧法租界的巡捕房去当过二年的翻译。那时,他经常出入歌榭舞池,过着腐化的生活。之后,他进了他父亲所经营的一家证券字号工作,使他懂得了一点关

---

[1] 而今:《苏森丙》,载《新语》16 卷 1 期,1951 年 1 月 1 日。

　　于投机买卖的伎俩。这几年的"油炒米饭"，确弄得他心猿意马；
终于，他被我们新华驯服过来了。①

　　这段话简要勾勒了苏森丙在进入新华银行之前的工作经历，至
少可以看出两点：一是苏森丙有相对完善的教育背景，尽管作者说
的是"教会学校的奴化教育"；二是在进入新华银行之前，他已在巡捕
房翻译、证券字号操作员等数个工作岗位进行过历练，见识较广。当
然，文中用了"腐化""伎俩""心猿意马"等词形容，对他之前的经历更
多是带有批评的色彩。以下为第四段：

　　解放了，他的生活开始作了一次戏剧性的大转变。他对于
以往的生活再没有留恋；在做了一番自我清算工作之后，他的心
中只充满着忏悔和一些新的希望。但在进行十处窃案的侦查工
作以后，却惹起了一些批评。于是，他悻悻不平，向工会和行政
作"对人不对事"的意向性批评。这自然产生不好的结果；于是，
他在痛心疾首之后，又钻研了一些新的书籍、杂志、文件，以寻求
思想上的出路。当他看到高岗同志《荣誉是属于谁的》这一篇文
章时，便不由觉察到自己并不属于他所指出的第一类干部，自怨
自艾之余，便猛醒了过来。从此曾经支配过他生活的"风头主
义"和"个人英雄主义"都不支而踣地了。以后，在各种群众性的
运动中，他就很高兴的都参加来搞，这未始不是高岗同志这一篇
文章的教育之功。②

----

① 而今：《苏森丙》，载《新语》16卷1期，1951年1月1日。
② 同上。

这一段提到了"十处窃案"的侦察工作,《荣誉是属于谁的》一文对其的触动和影响,以及曾经的"风头主义""个人英雄主义"等,作者显然对苏森丙本人作过采访,但"语焉不详",仅仅从这些简短的叙述中,似乎还不足以完全明了其中的内涵。或许也恰恰因为如此,勾起了我进一步探究的兴趣。以下为第五段,也是最后一段。

> 现在我们时常看到他背上一只他儿子用下来的旧书包,起劲地搞着黑板报和《新语》的编辑工作,他对我说:过去的岁月过得太荒唐了,所以现在一切都得从头学起。背书包的原因恐怕就是这个道理。①

这段描述是上述五段文字中最简短的,但相关内容则是最引起我关注和沉思的。尤其文中提到的那只"他儿子用下来的旧书包",还有那句话:"过去的岁月过得太荒唐了,所以一切都得从头学起",画面感极强,苏森丙的形象在我的眼前仿佛一下子鲜活起来了。

于是,我试着努力寻找和"打捞"与苏森丙先生相关的零散史料,尝试完成一幅"拼图",探询一个普通青年行员在时代转换过程中所作所为的典型意义。

员工代表

1949 年 11 月 4 日(星期五)晚,新华银行董事会为招待全体员工,增进彼此感情,假座虎丘路 20 号亚洲文会二楼举行联欢大会。

---

① 而今:《苏森丙》,载《新语》16 卷 1 期,1951 年 1 月 1 日。

除了谢寿天董事长和王志莘总经理讲话外,这次会议特意安排了自由发言和讲话环节。担任此次会议司仪的周耀平董事在此环节开始前,还特意强调:"今天的会,等于兄弟们在一起讲话,不要客气。各位没有用过麦格风的,可以来试一试,就是说错了话,也没有关系。"或许正是在这种宽松的氛围下,先后有9位员工登台发言,苏森丙是第三个。这是迄今为止我所发现的苏森丙首次公开亮相记录。

苏森丙的发言,开场很有自己的特色。他说:"诸位不要拍手,一拍手,我的心慌张起来,说不出话了。我要说的话,有许多话给讲完了。我站在本位工作上,和各位谈一谈。"这段话,确定了自己发言的定位,是站在本职工作的角度。作为一个普通员工,这种定位应该说也是比较恰当的。

接着,他说:"我最近在办理十处定期存款。这种存款,还办理不久,技术上的设计,由少数人主持。其中有许多缺点,我不能向上头表达,上头也不能解决。"这段话,明显表达了自己对相关业务制度设计的不满情绪,同时也显出了自己这次发言的必要性。

接着,他指出,相比上海商业储蓄银行(简称"上海银行")、金城银行等,本行最近的存款迅速减低;如果依靠提高利息,"人家挂九元,我们挂十元,人家挂十元,我们挂十元五角。这是有违商业道德的"。而且,"今天的存息,最少三角一分半,放出去利润很薄。我们这种措施,并非一劳永逸的办法"。他认为,对如何争取短期存款,除了提高利息外,应该再多想些其他办法。

那么,应该采取什么办法呢?他举了一个实例:"我最近遇到客户来行结算结清户头时,便向他们请教结清的原因。有一位客户从袋中摸出好几张存单,有的是上海银行的,有的是四明银行的,他说上海银行存取便利,手续不多,存单后附有七天、十天、廿天的息单,计算容易，客户觉得很满意。到期不取，还可转入下期。本行客户如要提前取款，一定要填提前申请书，还要担保。种种官样文章，不切实际。"这里，他重点强调的是应该学习其他银行，在便利客户方面多下功夫。

他在发言中还提出了另外一个问题，即办事处人手紧张。他说："十处的定期存款，由我一人办理。客户到行以后，不能马上就结束手续离开。有一位客户取出四份存单，一张要取清，一张要取息，一张要加本钱，一张要加四千元。一时忙不过来。"他说，总行和办事处不同，逢到忙时，办事处颇感不易应付，"总行有人要尽量出来帮忙"。他说，"办事处往往有许多困难，两三个人的工作交给一个人做；我尽量干得快，客户还是不满意"。

他最后的结论是：要总结办事处的好办法，"拣顶简单顶快的办法去做"，"不要只在抢业务、加利息上动主意"①。

平心而论，如果从一位基层临柜行员的角度看，苏森丙的这次发言尽管有少许火药味，但问题指向明确，措施建议具体，总体而言还是中规中矩的，应该说也比较容易引起管理层的关注。

如果说，这次是苏森丙的一次即兴发言，那么，接下来他在新华银行第一次员工大会上的发言，或许可以称得上是其履行员工代表职责的真正开端。

1950 年 2 月 20 日下午，新华银行沪区假座亚洲文会二楼礼堂举行第一次员工大会。此次会议，参加者包括谢寿天董事长，赵帛、韩宏绰董事，王志莘总经理，孙瑞璜副总经理，工会朱应麟主席，及沪区

---

① 《董事会招待全体员工联欢大会》，载《新语》14 卷 22 期，1949 年 11 月 15 日。

各部分经理、副理、襄理及同人等,济济一堂,约 600 人①。

此次会议,共有三位员工代表发言,苏森丙是第三位,在他之前是陈琳、屠易。

苏森丙发言的第一段,讲了一个自己身边发生的故事:

> 最近在我们的办事处中,有位同事他平时在工作岗位上很努力,同样对工会工作,他很热心,但忽然他自动请求行方调任总行办事,我很奇怪,好端端的在一起,他为什么要离开我们,他对我说:"我在小圈中,我的理想已受到重大的阻碍,我深知自己力量的微薄,须要加紧学习,因此想换个新的环境,希望尽我的力量,能发挥一些效果。"他表示有点失望的样子,我听了他的话,感觉也有点失望,失望的是在我们这个小团体中,本来已经很少力量,假如再在些微的力量中,提去了一部分,留存的,不将更难发挥他的效果了吗? 所以我同情他的心情,却不赞同他的消极态度。

这段话,表面看说的是团队凝聚力,实际指向了员工发展前景问题。接下来,他又特别提到了工会组织不应当与员工脱节。他用车头与车厢的关系,来说明工会组织所肩负的使命重大:

> 工会最大的使命是领导群众走向正确的目标。要怎样才能领导群众不使脱节呢? 即如车头跟车厢一般,要在行车之前,经过严密的布置,装备和检查,务使紧紧的连系在一起,一点不会

---

① 《沪区召开第一次员工大会》,载《新语》15 卷 5 期,1950 年 3 月 1 日。

松弛,然后可以生火开拔,向着共产主义所引导我们的方式,顺着轨道前进,那么本来就不会再有前进和后进的分别了。

接下来,他以称颂当日早晨去世的陈步高先生为主题,实际是委婉地对行政当局提出了希望:

> 得知陈步高先生逝世的噩耗,使我不禁想起他才真是一位深知怎样深入群众的好人物。虽然我没有跟他同事过,但听到过许多关于他待人接物的诚恳和慈蔼。他的职位和年龄虽然跟我们距离得很多,可是他终是那么的年青,像如我们兄弟一般的亲热,不论细琐的工作,忙着分劳,在业余的康乐活动中,他提倡组织小型足球队,鼓励每位同事参加。由于他的热忱,把隔在我们中间的障碍都除去了,于是乎他始终跟每位同事都相处得很好,如今他过世了,我们缺少一个兄弟,也缺少了一般力量,我们在痛悼之余,要深深地学习他的精神来纪念他的一生。

显然,苏森丙的这次发言,寓鲜明观点于具体实例之中,心平气和,生动具体,具有一定的说服力和感染力;同时也展示了自己作为员工代表参与银行管理的愿望和能力。

1950年4月23日上午九时,新华银行第二次员工大会在河南路天后宫北堍工商联合会大礼堂召开,全行共有800余人参加。这次会上,只有苏森丙一个人作为员工代表发言。这应当是管理层有意安排的。他的这次发言,只集中叙述了一个问题,即其最近在办理的一件"闲事"。

他的开场白很特别,自然也很引人注意:

今日我上来讲话，精神比较萎靡一点，大家似乎也有些看得出。那么这是什么原因呢？即是管了闲事的缘故，暂在事实真相未明了之前，不谈管些什么闲事，只能解说一下什么叫闲事。闲事就是不属于自己本位的事，那么管了几天呢？四天三夜。

接下去，他专门解释自己"为什么要管得这样起劲"，也就是"管闲事"的动机，概括起来有三个方面：① 与自己关系太大；② 出于正义感；③ 受了两句话的鼓励，一句是话剧《白毛女》中的，"旧社会把人逼为鬼，新社会把鬼变成人"，还有一句则是夜报副刊的文章题目"提倡管闲事"。他也坦承，在这个"管闲事"的过程中，自己承受了来自家庭、同事等方面的较大压力：

在管闲事的过程中，我感到几方面的反应，主要一点要提出来的，就连父母也在内，认为我不守本位，连夜不睡，到底是转好念头？还是坏念头？我因没有多余时间来解说这事的原因，所以也就只好暂时让他们成个疑问。也有说我是小事化大事啦！出风头啦！瞎起劲啦！凭什么身份来做这件事啦！我也因此迷惘起来，心理上发生了斗争，甚至想半途放弃，可是我的神经中枢已全部集中在这件事上，不能分散，日间的工作，也受了影响，丢也丢不开，想吃吃不进，想睡又睡不着。没有办法，只得继续管下去，同时却又把这些反应，反映上去。

接着，他报告了自己向行政当局和人民政府有关部门汇报，并且得到支持和鼓励等情况：

　　首先,我同行政当局,把我管的闲事讲给他们听,同时问他们我可以管吗? 结果行政当局,不但鼓励我管下去,而且授权给我专任管这件事,而且还请人事室、工会协助我办理。

　　我又去问人民政府某机关:我可以管吗? 有没有这身份? 结果他们说,现在是人民的政府,每个人民当然有权利管这件事。你能帮我们的忙,得到这么多的资料,真该感谢你的大力。我们的事多,并不是你的事小不看重,不论小事大事,都得一样看待,因为事多,不能抛掉别的,像你一样日日夜夜专心做这件事,所以不能管得周到。承你帮忙,真是值得表扬的。

　　直到此时,苏森丙都丝毫没有透露这件"闲事"究竟是什么事。他只是告诉大家两点:① 这件事已有了重大的新发展,现在近乎已发展到最末阶段了。② 剩下的一点,得请大家帮助,"因为这问题的解决,不但教育了我们,而且也教育了大家"。最后,他说:"在不久将来,将有一个会议召开,在这个会上,我把这件事公布,来打破这个闷葫芦。"①

　　那么,苏森丙说的这个会议是否召开了呢? 这个"闷葫芦"究竟是什么? 最终又是否打破了呢?

　　然而,事情的发展,似乎并没有像苏森丙预料的那么顺利。时隔一个多月后,《新语》刊出了苏森丙的《处理十处窃案的教训》一文,实际上是对这件事情作了交代。文章不长,全文照录如下:

　　我调查十处窃案,凡十数天,其经过情形可分三个阶段,第

---

① 《新华员工第二次大会》,载《新语》15卷9期,1950年5月1日。

一阶段目标集中在当初嫌疑人物俞志德身上，第二个阶段追寻嫌疑可能性较大人物，第三阶段追查真正的贼。第一第二个阶段都算完成了，第三个阶段是失败的，全案最重要关键不能水落石出，在我个人认为很遗憾的，总结调查工作，唯一收获，就是大家起先有一个不准确的偏向，而我却把这个错误给纠正过来，在我是弥觉珍贵的。因该案牵涉扩大，引起行政当局与我们工会的重视，使大家得到一个很大的警惕。我个人所得，更是丰富。因处理该案，给我上了最深刻的一课，各方面以及群众给了我很好的指示，使我今后不论在生活上、行为上都有了很大的帮助，以致我个人的思想也有了很大的转变。在处理过程中，我自始至终浸沉于热情的阶级友爱中，特别是十处全体同人，不单分担了我的本位工作，更是全力协助我进行，不断的鼓励我，增加我的信心。我谨借《新语》宝贵的篇幅，对各方面协助我的朋友们深致谢意。①

苏森丙的这篇短文，实际上已经明确告知了那件"闲事"，就是调查十处窃案，而结果则是：查办"十处窃案"确实有进展，比如发现了部分工友牵涉赌博等情况，但此案最终并没有告破。苏森丙在文中并没有详细讨论案件本身及查办细节，但特别提到了因参与此案查办对其个人生活及行为上的影响和帮助。这是值得注意的。

同期《新语》还刊发了一则消息《提高警惕展开教育，工会召开座谈会》，从中可知，因十处发生窃案，且牵涉少数工友赌博等，新华银行工会和青年团支部于 5 月 16 日晚专门召开了一次座谈会，"认为教育工作做得不够，有提出批评与自我批评的必要"，出席者包括总

---

① 森:《处理十处窃案的教训》，载《新语》15 卷 11 期，1950 年 6 月 1 日。

分行及办事处同人 100 余人,占据了整个四楼阅览室。在这次座谈会上,苏森丙报告了调查窃案经过,参与赌博的部分工友作了坦白检讨,在座同人也提出了批评和反思。这次会议一直开到晚十时①。

显然,即便从加强员工思想教育的角度看,苏森丙积极参与的这次调查工作,也是具有一定价值的。

1950 年 6 月 25 日(星期日)上午八时半,新华银行第三次员工大会假座河南路天后宫桥工商联二楼大礼堂举行,与会者约 800 余人。苏森丙再次作为唯一的员工代表登台发言。

需要补充的是,在此之前的 5 月 25 日,新华银行工会召开了二届二次代表大会,并决定成立节约委员会,"使节约运动成为一个经常的工作",委员人选当场推定 7 人,包括陶志才、苏森丙、蒋如高、葛兴彰、严根泉、童润德、陆彬等,苏森丙为召集人②。

苏森丙这次发言时,首先代表节约委员会,说明节约委员会的成立,目的是帮助企业节省些开支,中心工作首先是清理物资工作,其次是订立一个节约制度。他特别强调,无论学习政府有关统一财经工作的文件,还是学习社会发展史,学习历史唯物论,都要和实践相结合,而这次清查物资行动是理论与实践结合的最好机会,希望大家积极参加入这次行动。其次,他"代表个人替工会向各位号召一下",要运用"批评与自我批评"的武器。他认为,"批评与自我批评"之所以称为"武器","当然像刀剑一样,但刀有刀法,枪有枪法,必需懂得它的方法,才会运用得法。"他还形象地诠释了自己对"批评"二字的理解:

---

① 《提高警惕展开教育,工会召开座谈会》,载《新语》15 卷 11 期,1950 年 6 月 1 日。
② 《工会二届代表大会胜利闭幕》,载《新语》15 卷 11 期,1950 年 6 月 1 日。

先谈"批"字，它的左边是挑手旁，象征一只手托头的姿态，这表示，在批评之前，需要我们多加思考。右边是个"比"字，分开是两个"上"字；这表示，批评的目的是：我要你上进，你要我上进，大家都得好处。批评的"评"字，很简单，就是讲起话来，要平心静气，而且要站在同等的阶级立场来批评。①

由上可知，苏森丙的发言风格与之前已有了较大转变，个人感情色彩少了许多，讨论问题的层面则上升了不少。

1950 年 9 月 24 日上午，新华银行假座天后宫桥堍工商联二楼大礼堂举行第四次员工大会，与会者 800 余人。此次会议内容安排比较丰富，除了孙瑞璜副总经理报告外，还邀请了新董事讲话，并举行了清理物资模范单位、有功劳模及存款竞赛优胜单位的颁奖典礼。因时间关系，这次会议取消了员工代表发言环节②。

新华银行第五次员工大会，于 1950 年 12 月 10 日上午八时一刻在大华大戏院举行。此次会议上，孙瑞璜副总经理报告最近行务和业务，对在本行工作满 20 年的同人赠送纪念品。工会主席朱应麟代表工会讲话，工会对于存款红旗竞赛优胜各单位颁给奖旗。正式议程的最后一项是员工同人代表讲话，这次依然是苏森丙登台发言。

在连续的鼓掌下，苏森丙登台讲话，他这次发言的主题依然与节约委员会有关。他解释了此次节约委员会颁布的节约办法，事先没有经过大家讨论，可称是闭门造车，其中有许多条文，不尽切合实际，希望大家能从自发自觉的基础上来遵守。他强调，这次通过的劳动

---

① 《新华员工第三次大会》，载《新语》15 卷 13 期，1950 年 7 月 1 日。
② 《新华员工第四次大会》，载《新语》15 卷 19 期，1950 年 10 月 1 日。

公约的第五条是"厉行节约",际此抗美援朝运动进入以行动来表现的阶段,我们就应该把这个工作推动起来。他说,这次节约办法的全文,有许多同人或许尚未看到,希望通过业务检讨小组上提出讨论一下。今后各位如见到有浪费现象,请随时用口头或书面,向节约委员会提出来,节约运动是否会流于形式,就要看大家是否能遵照实行。过去的清理物资运动,已有很好的表现,相信这一次推行节约办法一定也有很好的成绩①。

关于这次员工会议,与苏森丙相关的,《新语》相关报道还披露了一些花絮。

花絮一:

苏森丙同志未登台前,已是一片掌声。不料苏同志此番的讲题十分严肃,总之一句话,"叫大家做人家"。同人们听了似不免有"求鹿得马"之感。末了,苏同志喊出谢谢各位"捧场",笑声和掌声又来一次共鸣,苏同志可说是最了解听众们对于轻松气氛的强烈要求的。②

花絮二:

冯士伟同志喊出"请新同事讲话"这一句后,台下静寂甚久。最后由苏森丙同志连拥带推的请了七处凌华俊同志上台讲话,苏君拖凌君的这一副样子,是象征旧同事和新同事团结在一起,

---

① 许桐华:《第五次员工大会综合报导》,载《新语》15 卷 24 期,1950 年 12 月 15 日。
② 而今:《员工大会花絮一束》,载《新语》15 卷 24 期,1950 年 12 月 15 日。

携手共进的好镜头,会场于是又掀起一片掌声。①

看得出,无论发言内容的把控,还是现场气氛的调节,作为员工代表的苏森丙,都比之前老练了许多,也轻松了许多。

1951年2月28日上午九时,新华银行第六次新华员工大会假座虎丘路50号全安大厦二楼举行,应邀出席的包括黄浦区宣传部副部长汤草元,以及全行各部门、各单位工作同志近800人,分坐会场楼下和楼上的各席次。因时间关系,此次会议未设立员工代表讲话环节。但我依然在会议的综合报道中,发现了与苏森丙有关的一个细节。这次会上,为了向在本行服务满20年的同人表示敬意,大会中由王志莘总经理主持赠送欧米茄纪念手表。在仪式即将结束时,坐在会场二楼的苏森丙,突然响亮地喊出:"向老工人致敬!"的口号,会场上又扬起一片赓续不断的掌声②。

1951年4月23日,新华银行召开了第七次沪区员工大会,这次会议是和沪区存款新纪录运动庆功总结大会,以及参加解放后第二次行务总会议的各分行经理与工会代表欢迎大会结合举行的。这次会议没有专门安排员工代表大会发言环节。王志莘总经理在讲话中,对存款新纪录运动中涌现的功臣给予了充分的肯定和高度的评价,并特别提到了该行存汇竞赛委员会印发的《功臣事迹录》,他指出,可以从中"读到许多特出的事例、可敬可佩的事例"③。苏森丙在这次存款新纪录运动中被评为特等功臣,其事迹应该也在此中;可惜的是,这本《功臣事迹录》,迄今尚未能发现。

---

① 而今:《员工大会花絮一束》,载《新语》15卷24期,1950年12月15日。
② 华:《记第六次新华员工大会》,载《新语》16卷5期,1951年3月1日。
③ 《王总经理在第七次员工大会上的讲话》,载《新语》16卷10期,1951年5月16日。

自我清算

1950 年 6 月 15 日出版的《新语》,在解放一周年征文"我这一年"专栏里,整版刊发了苏森丙的文章《高岗同志改造了我》,计 3 000 余字,可见编辑部对这篇文章的重视。解读这篇文章的内容和逻辑结构,有助于了解苏森丙以及以苏森丙为代表的青年行员解放之后的心路历程。全文共十个自然段。序号是笔者为叙述方便所增加的。

【1】上一个月,有一天在报纸上,看到一桩新闻,关于虹口分局集体贪污案件的揭发,报道中提起是由于一位第二股便衣警员在学习了高岗同志《荣誉是属于谁的》文件以后,才自觉地坦白出来他过去所犯的贪污行为。当时我有这末一点感觉,奇怪一篇文章会感人这样深吗? 使一个积习深的坏蛋一下子翻转过来,真有点奇迹在内。由于好奇,也去把它找来读读,他说到三类干部的一段,我特别细心的念下去,思想有些跟着起伏,也觉得有点汗颜,就丢开一下,睡到床上,脑子里不自觉的幻出一幅自己的轮廓来,隐约地看到一点自己的本职,但不肯再仔细想得深入一点,我读这篇文章,连续有许多天,就这样看看想想的,好像洗印照片一样,显影从淡入深,愈来愈清楚自己的真面目。我由一点汗颜开始以至于惭恨至于彻底的悔悟过来,到现在为止,我的思想总算有了初步的改造。下面的写真,便是《荣誉是属于谁的》给我显影的一部分。①

---

① 苏森丙:《高岗同志改造了我》,载《新语》15 卷 12 期,1950 年 6 月 15 日。

这一段是开头，构思得很精巧。因为整篇文章都是在讲高岗这篇文章对作者的影响，难免会有读者提出问题，一篇文章难道真有这么大的影响力吗？作者用虹口警局一个便衣警员思想转变的例子，说明高岗这篇文章之前确实发生过很大的作用。也就是说，有例在先。这在某种程度上确立了接下去讨论的基础，增加了逻辑性和可信力。

【2】我生长在一个小有资产的家庭里，在解放前，靠着一点小聪明，脑子里注满一些自由散漫的意识，迷惑于眼前红红绿绿的享乐观念，过着不算差的日子。解放以后，大环境改变，手头的经济也拮据起来，物质的享乐观念冲淡不少，可是脑子里的空隙，给名利观念填补进去。听到一句"要为人民服务"的话，便学了过来，自诩很懂得这句话的深意，要一切从群众利益着想，必须建立群众观点。在我们团体内，由于我的秉性尚称忠厚，所以人缘很好，真像刘少奇同志在《论共产党员修养》里所说一样，很吃得开。最初给选上了工会会员小组代表，且被推崇为"众望所归"。我那时雄心很大，以为一个小团体的称誉不够，必须推广到绝大多数的群众，对我称誉才真算为光荣。我不屑去注重会员小组代表的工作该怎样做，就只挂着荣誉的愿望去追求，使尽方法来引起群众对我的兴趣，在会议上，勇于发言，因为要追求这荣誉，甚至在千多群众面前，把"上台慌"的困难也给克服过来，利用这群众的场面来替我自己做宣传，效果的确不小，每一位起先对我陌生的同事，对我有了深刻的印象。①

---

① 苏森丙：《高岗同志改造了我》，载《新语》15 卷 12 期，1950 年 6 月 15 日。

作者坦承,解放以后自己在物质方面的追求冲淡了不少,但比较重视荣誉方面上的追求,或者说名利观念增强了;而且认为,自己如想要在荣誉方面有所收获,就必须建立群众观点。于是,担任工会会员小组代表,在行员大会上作为员工代表发言等,作者认为都是为了引起群众对其的注意,是表现自己的机会。这里,无论作者的观点正确与否,至少他的表达是坦率的。

　　【3】我自信荣誉已在手里了,业务检讨小组长、工友学习干事等衔头接连加上头来,工作也多起来,我近乎得意忘形,背了这么多的包袱,不以为苦,算是真正做到了替群众服务的地步。①

追求政治上的进步,包括担任这些职务,实际都是义务劳动,确实很辛苦。作者也认为已经达到了自己追求的目标。当然,这是否算是真正建立了群众观点,则另当别论。

　　【4】后来报纸上提倡展开"批评与自我批评";接连登载着几篇上级干部所写述的批评文件,看了很着眼,也很想把批评的武器,拉在手里玩玩。凑巧因为有些事情率在身上,情绪闹得很厉害,埋怨别人不肯出力,就在几个会议上,使用起这件武器来,将斧头斫了出去,批评人家官僚作风,事务主义,本位观点,包办现象,跟群众脱节,被批评的对方果然或多或少有这些缺点存在,也被我有几矢中的,他们虚心接受,我看到他们"唯命是听",

① 苏森丙:《高岗同志改造了我》,载《新语》15 卷 12 期,1950 年 6 月 15 日。

也就此更其得意起来。①

把"批评"作为对付别人和发泄自己情绪的"武器"，这种做法确实不妥。至于看到被批评者"惟命是从"而"得意起来"，则显然有点"忘乎所以"了。但作者敢于承认，并在文章中坦白出来，则是需要相当勇气的。

【5】我用心分析别人的工作缺点，逢到机会就使用。哪里知道群众对我的反应，却有些异样，他们暗地里说我变了，说我思想有了问题。我起先笑他们给我滥戴帽子，真该再深刻一点批评他们才有效果。②

如此错误的做法，群众对其有批评的反应，则是很正常的。问题在于，作者此时完全没有意识到自己错在哪里。

【6】富有敏感的群众，有部分开始对我见疏起来。我也着了慌，对批评的武器，起了怀疑，认为它并不太好，倒有点像"搬弄是非"那样，反伤害了我和群众的感情，我怕再用下去，会把这荣誉的成果也给掉了下来，不是吗，有些人不愿对我说话了，有些人也在背后批评我的缺点起来，心里又奇怪起来，假定不是好的武器，为什么我们的领导要提倡来叫我们使用呢?③

---

① 苏森丙：《高岗同志改造了我》，载《新语》15 卷 12 期，1950 年 6 月 15 日。
② 同上。
③ 同上。

　　直到群众的反应如此之大的时候,作者才开始自我反省,到底怎样认识和使用"批评"这件武器呢?

　　　　【7】这时候,我也看到了高岗同志的文章,心里已经起了某种作用,两件事情并在一起,情绪很不佳,因此下决心去找寻"为什么"的答案,在文件堆里钻研,向人家求批评,我终于找到了一切答案,也照见了我的本质。"批评的武器,不很容易掌握,必须要在共同的政治方向下,而且只有在无产阶级的政治方向下,才谈得到批评与自我批评,特别说小资产阶级的立场,使用不了这一件武器,因为批评要根据具体事实,深刻而严肃,不要浮光掠影,而且要责己从严、责人从宽。这在小资产阶级来说,是办不到的。因为他的特色是个人第一,个人利害,个人地位,个人面子要紧。"①

　　认真学习之后,作者才认识到,用好"批评"这件武器,是有严格的前提条件的,尤其要根据具体事实,责己从严,责人从宽;而对于小资产阶级出身者而言,要做到这些更不容易。

　　　　【8】就这么几句话,把我批评得再确当也不过,而且要具有甚么条件才能使用这武器也给答复得清清楚楚。还有高岗同志在第三类的干部一段里,也把我的特色给刻画得一针见血,他说:"不求进步,不研究改造自己的工作,专门讲大话,讲空话,处处表现自己,甚至摆老资格,好讲名誉,地位,能力不大,个人

_____

① 苏森丙:《高岗同志改造了我》,载《新语》15 卷 12 期,1950 年 6 月 15 日。

欲望颇高。"根据他的话来检查我的特色,结果全给找了出来。①

在这一段里,作者主动"对号入座",明确地把自己列在了"第三类干部"里。这需要极大的勇气。当然,这也是接下去叙述的逻辑基础。

【9】从表面看来,我像与群众有联系,工作也似乎很为形式的公事而忙碌,甚至为了对一些群众生活毫无联系的事情而忙碌,也有时候用一些手段来笼络群众,附在一起胡闹一时。实际上对群众的情绪,漠不关心,即使知道一些,也觉得没有方法去帮助他们。偶尔想用点言语来启发他们对政治的认识,又觉得生不了什么效果。再想想自己也不见得思想搞通,说得不好反弄坏大家对我的感情,何苦假充积极分子呢,就一直抱着这种观念,姑息养奸地放松自己。我在工作中的态度,也是同样,不把自己的思想集中在做好工作,也找不到做好工作的具体方法,我好像是积极热心,东奔西走找工作做,结果是风头占先,成绩除外。后来在处理十处窃案时,确实也下过一点苦工,尽几日几夜钻研在上面,并且也呼吁群众来帮助,求得他们的谅解和支持,结果也是因为我过去的群众联系工作做的是不巩固的,因此得到反应,并不理想,他们称我为"福尔摩斯",有的说我"噱头好来西",我为此闹了几次情绪,积郁在心头,很久不能解脱,看见爱我的知己,只会向他们诉苦,有几次还哭得很伤心。但这些泪水并没有洗去我的污泥,我就在这时候,心交了一位知己,即高

---

① 苏森丙:《高岗同志改造了我》,载《新语》15 卷 12 期,1950 年 6 月 15 日。

岗同志,他首先毫不容情的揭发了我不容易给看出来的错误。
而后又对我严正指出:"我们对于任何贪图个人名誉地位与物
质享受的腐朽思想,都是极端鄙弃的。"最后他告诉了我今后的
工作指针:"革命工作是一个长期的永久的任务,同时又是一个
很复杂的细致的、艰巨的工作,这不是喊口号的工作,也不是出
风头的工作,而是须要埋头苦干的工作。""争取第一类的干部,
必须是积极努力,生龙活虎,能在实际工作中克服困难,时时刻
刻钻研工作,从不计较个人的荣誉、地位与物质待遇,而把自己
的思想集中在如何做好工作。"①

作者的这一段写得比较琐碎,也相当口语化,是作者对自己进一
步的反省。作者认识到,自己做了不少工作,其实出发点并不在于真
正关心群众的情绪,更多地只是为了自己出风头;也正因为如此,实
际工作中自己的行为很难真正得到群众的支持,也是自然的了。

【10】我接受高岗同志的教训,也听从他的对我今后的工作
方向,现在我正在思想上重新确立革命的人生观,加强马列主义
与毛泽东的思想学习,加强自我批评,最近大家选上我做节约工
作,这对我将是一个严格的考验。希望爱我的人们,随时给我教
训和策励,因为高岗同志只是我的心交,他看不见我在今后工作
中的错误和缺点,只有在我周围的群众,才能见到,我随时将我
的工作做成经验总结,告诉大家,请大家批评。最后我对大家宣
誓:"绝不再让从前的旧思想侵蚀进来,也不再在工作遭遇困难

---

① 苏森丙:《高岗同志改造了我》,载《新语》15 卷 12 期,1950 年 6 月 15 日。

时闹情绪，向情感屈服"，相信在这点，我是慢慢地会坚强起来的。①

找到了问题的症结，解决问题的答案就有了，那就是在用好批评这件武器之前，首先要确立革命的人生观，做好"批评与自我批评"。这样的结论，应该说是符合逻辑的。

某种意义上讲，这篇文章也算作者一次比较彻底的"自我清算"。

不断进行自我批评，确实是苏森丙的一个特点。

1950 年 8 月 1 日出版的《新语》，刊发了苏森丙的文章《我学习建立为人民服务的观点》，表达了他在 7 月 19 日参加张瑞康事件检讨会之后的感想。

首先，他认为，建立一个系统的、明确的为人民服务的人生观，需要经过长时期的理论修养与思想锻炼，工作的实际体验，并结合了高度的革命热情，进行内在的思想斗争，"以忠诚老实、实事求是的正确态度来做人做事，才会做得更好"。

其次，他认为，"只有在为人民服务的过程中，才真的说得上改造"。自己曾经害怕工作做得不好被批评，曾经数次想请求人事室调往外埠，"想藉此多学得一些东西再接受工作"，这实际是逃避行为。

再其次，要真正做到为人民服务，仅凭主观愿望是不够的，还要具备相当的能力。他认为，自己曾被安排临时记账、出纳等几项工作，都是因为业务不熟，出了差错。"我开始觉悟到自己是在逞强，明明是能力不大，为什么不老老实实向上级陈述理由而硬要在不相称的工作上要强呢？"

---

① 苏森丙：《高岗同志改造了我》，载《新语》15 卷 12 期，1950 年 6 月 15 日。

再有,工作过程中难免犯错,要有正确的心态。"人的过错像落叶一样,甚么时候看,总有些在那里,扫过一回落叶,也就一回开朗。"他认为,"共产党是本着惩前毖后、治病救人的方针来改造每一个从旧社会里来的人,我被救了过来,当然更要紧紧的靠在他们的一边,来无条件的为人民服务"①。

1950年9月15日出版的《新语》,刊发了苏森丙的文章《学习"上联"的服务精神》。在这篇文章中,作者介绍了自己的一段工作体会。此前,他参加了代收上海联合出版公司教科书款的工作,为期十天。作者在工作中观察到:上联公司在学期未开始前,就在全市设置了八个供应站,进行了市内十五个地区的完整访问;迅速为学校取书缴款办好全部手续,并认真听取学校意见;许多在郊区的学校也不使他们跑路,派人将书本送到每个郊区的文教科办理;"来客要自己带回去,就替他叫好三轮车,付掉车资,为怕书本受湿,买来蒲包装就"。他说,"我看到上联这次配售教科书的妥密准备和认真服务的工作,使我体验到要更好地为人民服务,应该向上联看齐"②。

向"上联"看齐,意味作者意识到着自身还有差距,也意味着抱有迎头赶上的决心。

特等功臣

如果仅仅是因为在数次全行员工大会上的发言,以及在行刊《新语》上发表了数篇"自我清算"的文章,那么,苏森丙还称不上是一个

---

① 苏森丙:《我学习建立为人民服务的观点》,载《新语》15卷15期,1950年8月1日。
② 森:《学习"上联"的服务精神》,载《新语》15卷18期,1950年9月15日。

有影响力的典型人物。苏森丙，当年之所以被《新语》列入"半月一人"，被多次选中为行员代表，其实背后还有许多工作实绩在支撑着。

如前所述，1950 年 5 月 25 日，苏森丙在新华银行工会二届二次代表大会上被推举为节约委员会委员，并担任了召集人①。他在这个公益性的岗位上刚刚履职，即在《新语》上发表了《为节约而奋斗》一文。

他在这篇文章中指出，节约委员会的工作重点，包括清理存货物资、厉行节约制度和提高工作效率等方面，"我们将对浪费，不论怎样表现出来的浪费，展开不容情的斗争"。他同时指出，"这个工作是艰巨的，不应该看作是短期的，而且也不是依靠少数人的努力所能有成就的"。同时，"要抓住节约运动的中心，它必须是群众性的，自发自觉的全面展开，动员所有本企业中的工作者，从总经理一直到每一位工友都懂得节约的重要和方法，来集体参加推行，才会做到有辉煌的成绩"。他热切希望每一位同事参加在这个斗争之内，来发挥高度的劳动热忱，创造各种节约方法，贯彻节约精神②。应该说，他对节约委员会工作的定位是清晰和准确的，所提出的工作措施也是比较到位的。

需要指出的是，此时由苏森丙担任召集人的节约委员会，起初是由新华银行工会发起成立的。此后不久，鉴于此项工作的重要性，新华银行管理层决定由行政和工会共同组织一个新的节约委员会，并于 7 月 5 日正式成立。苏森丙在筹建这个委员会的过程中，也发挥了重要作用。

---

① 《工会二届代表大会胜利闭幕》，载《新语》15 卷 11 期，1950 年 6 月 1 日。
② 苏森丙：《为节约而奋斗》，载《新语》15 卷 11 期，1950 年 6 月 1 日。

　　7 月 11 日晚,新组建的新华银行节约委员会在四楼会议室举行了第一次干事联席会议,出席者包括孙瑞璜副总经理、节约委员会全体委员,以及节约干事等共 60 余位。苏森丙在会上报告了节约委员会筹备期内的主要工作:一是清理物资工作方法的调查和研究,除了访问人行和中行外,还参考了许多其他机关的清理工作报导,结合了同事们的意见,根据本企业内的实际情况,集中一起,经过大家的讨论和研究,完成了如今这个计划,将要依靠同事们的积极努力来实施。其次,他对加强宣传的目的,也补充了一点说明。因为这是一次群众性的运动,所以特别应该注重在思想上的动员。这次工作的成绩如何,就要看每位同事所发挥的力量来衡量。末了,他对节约委员会的成立经过也作了简短的报告①。

　　有一个细节值得关注。在刊登上述消息的同期《新语》"读者服务栏"中,刊出了如下一则节约委员会的信息:

　　　　三联书店惠赠本会学习毛主席"为人民服务"的思想纪念册五十本,精美书签二百张,书签除在节约干事联席会议上赠去八十余张外,尚余一百二十余张,同事们如需索取者,请向本会苏森丙同志接洽,当即送奉,赠完为止。又纪念册业经赠完。②

　　连领取书签这样的小事,苏森丙都要参与,可见其在节约委员会所承担的工作是相当繁琐的。

　　11 月 10 日晚六时,新华银行工会第一分行部门委员会(即第一

---

① 高:《节约干事联席会议简报》,载《新语》15 卷 14 期,1950 年 7 月 15 日。
②《读者服务栏》,载《新语》15 卷 14 期,1950 年 7 月 15 日。

分行分工会)召开成立大会,作为总行工会代表参会的苏森丙上台"侃侃而谈",他补充了一分行同人在清理节约运动中的成绩,并对第一分行工会委员的竞选方式提出了意见,"认为利用废报纸是很好的,用英文名字竞选是不妥当的,并附带介绍了交大同学的竞选方式"①。

1951年4月13日晚七时,筹备数月的新华银行工会第三、七、九办事处部门委员会,假座钱庄俱乐部举行成立大会,除三处、七处、九处同人外,有本行各单位来宾代表,及财政金融工会副主席沈文达等列席指导。苏森丙在此次会议上代表来宾讲话,他以自己的体验,号召当选的部委同志,应该以不折不挠的意志,任劳任怨的精神,搞好工会工作,并领导大家喊口号。他激动地说:"一年多来的工会工作所以有极大的进展,这主要应该归功于中国共产党正确的领导!"他抑不住沸腾的情绪,再度高喊:"中国共产党万岁! 毛主席万岁! 万岁万万岁!"②

对《新语》的编辑工作,苏森丙也投入了极大的热情。

为了避免重复,节省支出,自1950年5月起,由研究室主办的《新语》和工会主办的《新华生活》进行了合并,并组成新的编辑委员会③。8月9日下午六时,《新语》假座总行四楼会议室,举行《新语》通讯员第一次座谈会,出席者包括编委会正副主任委员、各编委,总行、第一分行及办事处同人共22位。主持会议的编委会主任委员吴中凡,在会议开始前特别说明,这次通讯员座谈会是经苏森丙先生发动的。不仅如此,苏森丙还在这次座谈会上作了多次发言。

---

① 周访:《庆贺新组织细胞的产生》,载《新语》15卷22期,1950年11月15日。
② 仪:《墙脚打得好,房子才牢靠》,载《新语》16卷8期,1951年4月16日。
③ 《〈新语〉与〈新华生活〉合并出版》,载《新语》15卷10期,1950年5月15日。

在谈到写通讯稿的门径时,他代表编委会提出了几点希望和要求:一是多听,对于企业本身及业务进展情形,同人的生活情况,都是很好的题材,"现在只要用讲话方式写,写出来只有比老的一套具有内容而且深刻";二是多跑,不论总行或办事处,多去跑跑,所谓"跑新闻",一定能够跑出许多稿子来;三是多讲,"在同事之间,多作启发性的提示,有许多问题,大家没有想到,经过提示后,就会发掘出意见来"。

在谈到前一期《新语》刊登的一篇有关新光公司贷款的文稿时,他指出,"通讯员同志只有扼要的叙述,在客观条件上,还够不到,所以写得不够具体,这类稿子题材,需要行政及实际参加驻厂的工作同志提供资料,才可以做到"。

谈到如何发现问题时,他说:"听说有几个业务检讨小组,对于订立劳动公约反映得并不热烈。各位可以来一个调查、研究,要做到写得真实,指出那些不正确的认识,分析发生错误见解的原因,这样就可以帮助我们纠正偏向。平时可以备一本小册子,见闻所及,随听随记。"

谈到稿纸和稿费问题,苏森丙说:"供给稿纸和致送稿费应有一定办法。以往办事处同人往往领不到稿纸,影响写稿的便利。又有一位同事最近来问我,怎么一篇有稿费,一篇没有?编委会的确要注意到这些问题。"①

及时总结,敢于直面问题,是苏森丙极为明显的工作特点。

1950 年 10 月 28 日至 11 月 24 日,新华银行广泛开展了劝募寒衣运动,收到了明显的成效。苏森丙所撰写的《劝募灾民寒衣工作的

---

① 《新语通讯员第一次座谈会》,载《新语》15 卷 16 期,1950 年 8 月 15 日。

总结》一文，在充分肯定此次工作成效的同时，明确指出了在领导工作上存在的缺点，"主要表现在缺乏组织性，我们光会发动一下，号召一下，但不能与干部打成一片的来搞，使分工不能明确，联系不够密切，因此整个工作进行得不够深入到全面，有偏重于积极的一面"。他进一步指出："我们从后面的成绩表上看出来，单位与单位之间的成绩，距离很大，这也表明我们的工作，只做到了单纯为劝募寒衣而工作，忽略了最重要的思想教育任务。"他特别强调："我们要通过每次运动，把群众的积极性提高一步，这在运动中也是很重要的工作，可是我们常常忽略掉，所以在今后的工作上，应该注意这一点。"①

1951年1月12日晚七时，第十办事处同人为薛家凤事件召开了一个专题检讨会，苏森丙作为工会代表也列席了此次会议，他发言说，薛家凤今日犯了错误，大家对他很惋惜，这已是太迟了，我们工作在一起的同人必须随时帮助同人在工作上、思想上和生活上的进步，在帮助的过程中，也是了解同人生活的最好方法，所以大家绝不能有独善其身的思想，应该相互团结起来，才能变为推进社会进步主要的动力②。

1951年3月1日出版的《新语》16卷5期，在"批评与建议"专栏刊发了苏森丙的文章《工会忽视生产领导，爱国主义存汇竞赛流于形式》。他开宗明义地指出了问题：

　　自从去年六月举办红旗存款竞赛以来，由于工会对"面向生产"的方面一直没有很好的加以重视和研究，"风平浪静"，红旗

————————

① 丙：《劝募灾民寒衣工作的总结》，载《新语》15卷23期，1950年12月1日。
② 《十处举行检讨会》，载《新语》16卷2期，1951年1月16日。

竞赛并没有成为群众性的运动;今年起七行举行存汇竞赛,我们仍未能检查出过去的缺点,并加以克服,所以也仍然使不起劲来,目前兄弟行的存款已在显著的增加了,我们应该赶快正视这个对生产任务的麻痹倾向。

苏森丙明确指出,"工会的部分负责同志,单纯地搞突击任务而放松了对存款竞赛的领导,没有将突击任务和经常的生产任务结合起来,这是最大的毛病所在"。他认为,"鼓动工作情绪,提高生产效率,改进劳动态度,争取存款增加,乃是最基本的任务,也是不容推卸的责任"。他认为,"面向生产"是工会经常的中心任务,必须重视这一个问题,从而接受过去的经验教训,与行政配合,广泛听取群众意见,分析情况,指出根源,然后对症下药。他强调,要加强对业务委员会的组织和领导,分别召开各基层委员会的工作联系会议,组织群众讨论,确定一定的汇报、检查和奖励的制度,切实贯彻执行,"以求达到存汇竞赛由形式走向实际,由沉闷走向热烈,由微波涟漪走向波澜壮阔,使我们每一个人都卷到这个运动里去"①。

激情昂扬,是苏森丙给同人留下的另一深刻印象。

1951年3月4日,全上海66万工人参加了"反对美帝武装日本"的示威大游行,新华银行职工除了留在行内护卫行产的,以及在宣传鼓动站工作的,共有620余人参加,基本上做到了百分之百参加②。新华银行游行队伍中,专门安排了本行自己排演的活报剧《血海深仇》。此次参加游行队伍中,还有一些新华银行员工的家属,如潘毓

---

① 苏森丙:《工会忽视生产领导,爱国主义存汇竞赛流于形式》,载《新语》16卷5期,1951年3月1日。
② 《我们参加三四示威大游行》,载《新语》16卷6期,1951年3月16日。

琪的妹妹,苏森乙、苏森丙的父亲,苏森丙的太太,王济猛的儿子等。
有同事记录了游行队伍中的苏森丙：

> 游行队伍中,苏森丙同志随着化装队,挟着大喇叭,不断高
> 声向路旁观众介绍活报内容,声音激越。第二天来行,嗓音大大
> 失调。①

1951年3月16日,《新语》专门发表社评《巩固存款新纪录的成绩,做好总结工作》,同时披露了评功的四项参考标准：① 在新纪录运动中有具体功绩者；② 在内部工作上努力,对新纪录运动有极大帮助者；③ 在工作方法上有创造发明,使新纪录运动发生很大效果者；④ 宣传鼓励,团结群众,完成新纪录运动者②。此次评选活动,最终评出了特等功臣6人,一等功臣20人,二等功臣41人,内部功臣92人。苏森丙就在特等功臣之列,并且位居第三③。

4月12日下午一时,新华银行假座震旦女中大礼堂举行庆功联欢大会。工会主席朱应麟同志作评功总结报告,他说：这次新纪录运动是在"粉碎美帝新阴谋,创造存款新纪录"的口号下进行,通过这一运动,行内掀起了空前的生产竞赛热潮,还带动分行及同业,并普遍地提高了劳动态度和工作效率,订立了爱国主义工作保证,这次功臣是发挥了国家主人翁的态度,团结全行职工,集中群众的智慧和经验创造出来的。他还特别指出,这次评功自始至终是以向群众负责

---

① 《游行花絮》,载《新语》16卷6期,1951年3月16日。
② 《巩固存款新纪录的成绩,做好总结工作》,载《新语》16卷6期,1951年3月16日。
③ 《功臣榜》,载《新语》16卷8期,1951年4月16日。

的态度来进行,其间经过反复讨论,实地调查,以民主集中、个别说服方式,很郑重、很公平、很合理地评出了功臣,希望功臣们能够在群众中应起骨干、桥梁、带头三个作用。他同时说明庆功必须结合保功,功臣们应在镇压反革命的具体行动上有新表现。最后提出功臣们必须要戒骄戒躁,虚心向群众学习,为永久保持"功臣"的光荣称号而努力①。

有同人记录了此次庆功联欢大会上与苏森丙有关的一个细节:

> 老苏(苏森丙)领导高呼口号,手举得高,音提得响,身体好像要跳跃起来。看了他这一副起劲的样子,有人担心他嗓音会嘶哑,可是,第二天,他的声音仍是正常,这该是"三·四"大游行锻炼之功吧!②

此次存款新纪录运动评功在新华银行内部引起了不小的反响,《新语》专门刊发了一首《功臣颂》:

> 你们是新华的好弟兄;
> 祖国的好儿女。
> 生产线上的英雄;
> 当爱国主义存款竞赛一开始,
> 你们勇敢的迎向前去,
> 不怕艰难,忘了辛苦。

① 《记本行庆功联欢大会》,载《新语》16卷9期,1951年5月1日。
② 南:《庆功联欢大会花絮》,载《新语》16卷9期,1951年5月1日。

风里来,雨里去,

你一亿,他五千,

昨天五千,今天一亿。

战鼓频催,勇气百倍。

记录再记录,超额再超额。

堆砌成,堆砌成一条又长又高的城。

为了你们汗马功劳,

昨天我们为你们荣榜题名,

今天我们为你们庆功设宴,

祝贺你们的胜利,

学习你们的经验,

谨向你们致最崇高的敬礼。

大家团结起来,团结紧,

扎好篱笆,莫让野狗钻进门。①

　　1951年5月上旬,因公私合营银行总管理处即将成立,新华银行工会不少干部工作岗位有所变动,工会各工作委员会人选也相应作了适当调整,文教委主任委员改由夏弘宁担任,苏森丙则担任了副主任委员②。

　　5月28日,新华银行庆祝解放二周年暨肃清反革命委员会成立大会隆重举行。在这次会议上,新华银行党支部书记夏弘宁,"以严

---

① 洪:《功臣颂》,载《新语》16卷9期,1951年5月1日。

② 《黑板报》,载《新语》16卷10期,1951年5月16日。

肃微带笑容的脸和坚毅有力的话,说明了党的宣传员的意义、条件和任务",同时宣布了"党的宣传员"名单,共计 27 名:龚宝春、解志廉、陈镇华、陈之源、苏森丙、苏森乙、陈俊明、潘静洼、孟永伟、戚兆昇、袁筝韵、应道荣、王济猛、杨福田、吉汉平、葛文楫、刘秉恭、葛兴彰、蒋如高、陈芙泉、林学文、石柏泉、冯士伟、汤慰曾、梁宏、吾新民、夏弘宁①。从上述名单可见,苏森丙和他的哥哥苏森乙,以及夏宏宁本人均在此列。

接着,会议宣布新华银行肃反委员会正式成立,有同人记下了当时的场景:

> 在这时候,一个光荣、隆重、严肃的仪式开始了。朱应麟(缺席)、石柏泉、陆荣根、汤慰曾、王大鸿、苏森丙、夏弘宁、龚宝春、刘秉恭、葛文楫、陈镇华、黄定安、王济猛、陈之源、王志莘、张又新、杨嗣舜十七位委员们,一个一个在热烈拥护的掌声中,走到了台上,在静穆的气氛里,他们举起了左手,庄严的宣读了誓言。②

从这份新华银行肃反委员会的委员名单可以看出,苏森丙与该行总经理王志莘等并列其中。无论是"党的宣传员"或是"肃反委员会委员",至少可以说明,通过近两年的艰苦努力,苏森丙在相当程度上获得了新华银行上上下下的一致认同。

1951 年 6 月《新语》休刊后,追寻苏森丙踪影的难度增大了许多。

---

① 亦炬:《一个值得记忆的晚上》,载《新语》16 卷 11 期,1951 年 6 月 1 日。
② 同上。

　　1951 年 9 月，公私合营银行联合总管理处编印的内部刊物《合营银行通讯》第 3 期，刊发了《我们怎样克服爱国公约流于形式的偏向》一文，署名为"新华银行工会爱国公约第一检查小组苏森丙"。该文报告了新华银行对各单位爱国公约进行全面检查的情况。文章称，这次检查把全行 60 个小组，划分为 4 个检查大组，由各部门民主产生代表 1 人，合组成检查工作组，并要求依照整编后小组为基础，改订小组爱国公约，"把原有细碎的、重复的、难于检查的，偏高或偏低的条文，作及时的修正"，并且选择了十处作为重点检查单位来试行这个办法，检查结束后还举行了一次经验交流会议和爱国公约成绩展览会①。该刊在"编后"中指出："爱国公约已是全国人民进行爱国主义运动的良好方式，各地行处的增产捐献竞赛运动，大部分亦是通过爱国公约来进行的"，因此特地发表苏森丙的这篇文章，"供各地行处进行工作的参考"②。

　　1951 年 10 月出版的《合营银行通讯》第 4 期，再次刊发了苏森丙的文章《怎样开好爱国公约展览会》。从 1951 年 9 月 15 日至 27 日，新华银行工会文教委员会举办了一次爱国公约展览会，参观人数达2 000 多人。这次展览会前，文教委员会用巨幅的海报、黑板报和麦克风进行宣传动员，并把印有"爱国公约自我测验"的入场券分发到行外各机关工会中去。展览会的内容包括了各小组的创作，分政治、学习、生产、团结互助、合理化建议、创造发明等，用对比（爱国公约执行前后不同的情况）、实物、照片、统计图表等形式，介绍出各小组具体的成绩和经验方法等，"画面非常生动，而且张张有不同特点，画中有

① 苏森丙：《我们怎样克服爱国公约流于形式的偏向》，载《合营银行通讯》第 3 期，1951 年 9 月，第 31—34 页。
② 《编后》，载《合营银行通讯》第 3 期，1951 年 9 月，第 42 页。

字有物,内容都系真人真事,所以参观的人都留下了深刻的印象"①。

短时间内,苏森丙连续两次在全国性的公私合营银行刊物上发表了文章,实属不易。

1951 年 12 月 30 日,《解放日报》刊载了苏森丙等的来信,报道了新华银行工会发动竞赛,动员群众自动储蓄的情形。信中说:"我们觉得,每一个拿到年奖的职工弟兄们,都不应该随便花用,甚至铺张浪费,因为这不但违背节约原则,而且还可能影响到物价的稳定。"信中特别强调:"因此写这封信给你们,希望大家都能响应上海总工会通知中提出的建议,尽可能把拿到的年奖存到银行去,或者组织互助储金会。这样不但照顾了我们的长远利益,还可以协助政府稳定年节物价,加强经济建设的力量。"②

这封读者来信表明,苏森丙依然活跃在他的工作岗位上,并且关注的目光已经投向了社会。

有关苏森丙的故事,到此暂告一段落。

但对于他此后相关信息的寻觅,始终没有脱离我的视线。

也许,有那么一天,他真的会成为我另一部专著的主人公。

---

① 苏森丙:《怎样开好爱国公约展览会》,载《合营银行通讯》第 4 期,1951 年 10 月,第 26—28 页。

② 苏森丙、陈志皋:《新华银行工会发动竞赛,动员群众自动储蓄》,载《解放日报》1951 年 12 月 30 日。

第八章

联　合

公私合营,最初只是人民政府接管官商合营银行后实行的一种企业组织形式。新华银行和其他公私合营银行相互间的关系,从最初较为松散的业务协作,逐步发展为极为密切的联合经营和联合管理模式,并最终融入"大一统"的计划体制。这种安排,既是人民政府新经济与金融政策实施后的必然结果,也是以新华银行为代表的公私合营银行顺应历史潮流,积极应对社会变迁,谋求生存与发展的理性选择。

"新四行"

1949 年 11 月 11 日晚,新华银行与中国实业银行、中国通商银行、四明银行,共同举行庆祝苏联十月革命纪念会暨欢送陈先特派员惜别会。在此次会议上,王志莘提议,以"新四行"一词,作为新生后四行之"集团名称",到场众人"莫不鼓掌,以示赞同"①。此后,"新四

---

① 《庆祝十月革命陈特派员惜别会补记》,载《新语》14 卷 23 期,1949 年 12 月 1 日。中国国货银行是国民政府定都南京后成立的一家官商合办银行,1929 年 11 月 1 日开业,总行设在上海,在南京、汉口、广州、重庆、香港等地设（转下页）

行"便成为新华银行、中国通商银行、四明银行、中国实业银行四家公私合营银行的合称。

"新四行"中，除了新华银行之外，其余三家银行也都具有悠久的历史，并且在近代中国金融史上有着特殊的地位和影响。

中国通商银行，简称"通商银行"，系时任督办全国铁路事务大臣盛宣怀奏准清廷后设立，于光绪二十三年(1897年)四月开业，是中国自办的第一家银行，也是上海最早开设的华资银行。总行设在上海，先后于北京、天津、汉口、广州、汕头、烟台、镇江、香港等地设立分行。资本银初定500万两，实收250万两，其中招商局投资80万两，电报局投资20万两，度支部借银100万两，分5年还清。盛宣怀掌握该行实权。创办时作为政府银行，起英文名"Imperia Bank of China"(中华帝国银行)，内部制度仿照汇丰银行，除华大班(经理)外，还聘英国人美德伦(A. M. Maitland)为洋大班。有兑换券发行权，发行银两票和银元票，1935年国民政府实行法币政策后结束。辛亥革命前后官股转为商股，该行渐具民族资本性质。1912年英文行名改为"Commercial Bank of China"(中国通商银行)。1935年金融危机中发生挤兑，杜月笙出面调停，由中央、中国、交通三行各拨100万元解决危机。1937年正式改组为官商合办，资本额增至400万元①。

(接上页)有分行，孔祥熙为董事长，宋子良为总经理。与中国通商银行、中国实业银行、四明银行合称"小四行"。上海解放后，陈先奉命担任的是驻新华银行、中国通商银行、中国实业银行和中国国货银行五家银行的特派员。因中国国货银行账册不全，资金外逃，无法复业，予以结束清理。参见洪葭管主编：《上海金融志》，上海社会科学院出版社2003年版，第160—161页。于光远主编：《经济大辞典》，上海辞书出版社1992年版，第161—162页。

① 洪葭管主编：《上海金融志》，上海社会科学院出版社2003年版，第145—146页。于光远主编：《经济大辞典》，上海辞书出版社1992年版，第252—253页。

　　四明商业储蓄银行,简称"四明银行",清光绪三十四年(1908年)8月成立,由宁波人袁鎏、周晋镳、陈薰、虞洽卿等人所发起,总行设在上海,先后于宁波、杭州、汉口、重庆等地设分行。资本初定规银150万两,实收75万两,1933年累增至225万元。开办后因经营不善,连年亏损,于宣统三年(1911年)4月进行改组,邀请时任浙江兴业银行上海分行经理孙衡甫担任总经理。孙接任后,先从内部整顿入手,健全组织,继而大力开展业务,情况逐渐好转,不但抵偿了积亏,而且已有盈余。1931年5月董事会改选,一致推举孙衡甫为董事长兼总经理。该行有发行券兑换权,1935年国民政府实行法币政策后结束。早期以经营一般商业银行业务为主,1930年代初该行有存款4 000余万元,成为上海较大的商业储蓄银行之一。该行资金运用侧重于投资房地产,除建造营业用房外,还兴建了大批里弄房屋,就上海一地而言,最多时曾达1 200幢左右。1935年金融危机中发生挤兑,国民政府财政部用公债加入官股3 662 500元,将原商股按15％折减为337 500元,合成资本额400万元,改组为官商合办银行①。

　　中国实业银行,简称"中实银行",1915年由北洋政府财政部筹办,1919年4月正式成立。主要发起人为前中国银行总裁李士伟、前财政总长周学熙、前国务总理熊希龄、钱能训等人。资本总额定为2 000万元,商股公股各半,其公股1 000万元由中国银行担任,商股1 000万元向社会招募。但开业时实收资本仅为200余万元,主要由中国银行拨付。总行设天津,1932年4月迁上海,改为总管理处。先

① 洪葭管主编:《上海金融志》,上海社会科学院出版社2003年版,第160—161页。于光远主编:《经济大辞典》,上海辞书出版社1992年版,第483—484页。

后在上海、南京、杭州、汉口、重庆、青岛、天津、北京、福州、温州、芜湖、宁波等地设立分行,资本 350 万元,经营一般商业银行业务,兼营储蓄、信托、仓库、保险等业务,有兑换券发行权,1935 年国民政府实行法币政策后结束。抗日战争前存款额最高达 6 500 万元。1935 年金融危机中发生挤兑。1937 年 3 月国民政府财政部令其将原有资本 350 万元按 15％折成商股 526 100 元,另由国民政府以复兴公债抵充,合成资本 400 万元,改组为官商合办银行,派傅汝霖为董事长,周守良为总经理。1940 年增资至 800 万元[①]。

上海解放后,新华银行与上述这三家银行的官股,分别由人民政府接管,均改组为公私合营银行。与此同时,这四家银行相互间也有一定的关联,如前所述,这四家银行均由陈先特派员统一负责监管,党、团组织也是集中统一的,这四家行的员工共同参与了人民银行华东区行组织的示威游行、政治学习、联合防空等集体活动,在不少重要时间节点体现了协作精神。这样的例子在业务合作方面也有不少。

1950 年 3 月 22 日起,新华银行与中国通商银行、四明银行、中国实业银行共同举办了定活两便存款。此举是为使社会资金纳入生产途径,并便利顾客随时存取。此种存款利率机动调整,随时可取。开户至少 10 万元。其存款办法,系由存户填写申请书后,由行签给存证,客户可凭存证,或兼凭预留印鉴支取。利息结算,以开户日起息,每七天为一存期,结息一次,利息转入本金生息。存户存款余额不满 1 万元或每笔支付万元以下之零数,或不满一个存期而提清者,折扣

[①] 洪葭管主编:《上海金融志》,上海社会科学院出版社 2003 年版,第 161 页。丁光远主编:《经济大辞典》,上海辞书出版社 1992 年版,第 251—252 页。

给息。存户不得将存证在外转让或抵押。存入票据如有退票无法通知存户致发生损失时，行方不负责任。这项存款一经开办，即收到热烈欢迎，存户加入甚为踊跃①。

1950 年 4 月 21 日起，新华银行与四明银行、中国通商银行、中国实业银行联合举办整存零付存款及分期付息存款。前者以 10 万元为一单位，满五单位开户，期限分五星期及十星期两种，每隔一星期平均取本金一次，少取者照常给息。利息照各行挂牌利率计息，与末次本金一并支取。后者满 10 万元开户，期限自四星期至十二星期，可随意选择。利息同样照各行挂牌利率，每隔一星期付息一次。存款到期，本金一次支付，如商得存款行同意，可申请抵押或提前取本。上述两种存款，具有利息优厚固定、适合生活需要等优点，为存户着想，颇为便利。"新四行"及其所属的分支行与办事处均可办理②。

1950 年 12 月 16 日，上海市工商界"抗美援朝保家卫国"示威大游行，各合营银行就是以集体的形式来参加的，新华银行等四家合营银行与人民银行一起，合编为第二大队第一中队。四明银行准备了二幅大漫画，中国实业银行准备了二幅小漫画和红旗以及中国、朝鲜两面大国旗，中国通商银行准备了两幅一丈二尺的领袖像，新华银行则准备了横幅和五面红旗，中国实业银行和新华银行还分别派出了所在单位乐队助阵，阵容强大③。

---

① 《四家公私合营银行共同举办定活两便存款》，载《新语》15 卷 7 期，1950 年 4 月 1 日。
② 《本行、四明、通商、中实四行联合办理整存零付及分期付息存款》，载《新语》15 卷 9 期，1950 年 5 月 1 日。
③ 《十五万人结成浩荡队伍》，载《新语》16 卷 1 期，1951 年 1 月 1 日。

四行联合经理会议的召开,是四家公私合营银行发展史上的一个里程碑。

1950年6月3日下午,新华银行、中国通商银行、中国实业银行、四明银行四家公私合营银行联合经理会议在新华银行会议室开幕。人民银行华东区行领导出席指导,新华银行王志莘总经理致开幕辞。四行分支行经理分别重点报告了上海、天津、无锡、重庆、武汉、广州、香港、昆明等地情况。6月5日晚,人民银行华东区行行长召集四行总分行经理讲话,特别指示公私合营银行今后的任务,并要求在同业中起模范作用①。

此次会议经过热烈的讨论,决定了合营银行的发展方向、业务重心、相互关系、人事制度、工作作风等问题。

关于发展方向:合营银行是国家金融体系的一个组成部分,在执行政策上,是完全在人民银行领导下进行的;在不断争取自身的进步和完成任务中,要做到精打细算的企业化经营,实行经济核算制度,建立工作计划和检查制度,要做到新民主主义的新金融机构的新水平,成为团结私营行庄的中心以及私营行庄改革和进步的模范②。

关于业务重心:① 大力吸收存款,并在一定时期后,简化存款种类;存款利率必须统一,各行应严格遵守规定,在同业中起示范作用。② 推行积极性放款,深入了解工业生产情况,帮助其财务调度、经济核算,使每笔放款能切实解决工业生产上资金周转的困难;巨额放款可在人民银行领导下,组织合营银行联放或结合私营行庄联合贷放。③ 开展汇兑业务,建立合营银行间全国分支机构的相互通汇网,争

---

① 《四行举行联合经理会议》,载《新语》15卷12期,1950年6月15日。
② 《新华银行、中国通商银行、中国实业银行、四明银行第一次联合经理会议综合纪录》,载《新语》15卷13期,1950年7月1日。

取商业汇兑；积极改造内汇市场，办理有利于城乡内外物资交流的埠际进出口押汇；在人民银行领导及参与下，试行合营银行联合的国内信用状。④ 在现有机构基础上，开展国外业务，吸收侨汇；组织土产出口，争取外汇。⑤ 推展信托业务，在适应币值物价稳定的局面下，争取私人资金投向生产事业。⑥ 发展代理业务，以扩大为人民服务的机会，并分担人民银行一部分工作。⑦ 设立联合仓库，各行中如有已设立者，应相互利用；未设立者，应设法设立联合仓库。⑧ 建立联合征信机构，希望各地人民银行多予协助，关于调查统计资料，随时分发合营银行参考；并由人民银行领导合营银行等组织联合征信机构，以免浪费人力。

关于相互关系：① 各地合营银行，在各行总行的垂直领导下，与当地人民银行的联系方式，并不一致。沪区合营银行总行在人民银行领导下，已有华东区行主持的业务会报制度，和上海分行主持的放款小组和存汇委员会，各行行务会议亦派员列席。这些指导关系的建立，拟请各地人民银行参考实行。② 各行在分工合作方面，暂不实行分业分户工作，应相互团结，避免抵消力量。③ 统一会计制度的草案，原则上一致通过，进一步研究后实行；各地的表报，也研究尽量简化，以省人力。④ 合营银行行政与工会的关系，由于国家资本的成分，不能完全视同私营企业中的劳资关系，为保证完成任务，并做到保本自给。行政应和工会加强联系，定期召开员工大会，说明行的业务与财务状况，以提高员工的积极性与创造性。

关于人事制度：① 会议同意了合营银行统一待遇标准的意见，并准备和人民银行采取同一标准，已经实行当地标准的各地各行，要向员工们说明这样处理是必要的。② 会议同意修正旧的员工保证制度，请各行与工会研究适当办法，呈请人民银行核准施行。

关于工作作风：① 要确立为人民服务的观点和整体思想，部分必须服从全体，不能片面从本位出发；要变盲目为计划，加强逐级领导。② 要提高工作效率，讲求工作标准，树立企业化的思想。③ 要深入调查研究，不怕麻烦，经常、系统、全面钻研问题①。

需要指出的是，与其他私营行庄相比，实行公私合营以后，新华银行等四家银行在许多方面获得了中国人民银行的支持与帮助。1949 年 12 月，中国人民银行在各家合营银行中实行财务计划制度，四家银行的业务得以较快发展。到 1950 年 2 月底止，四家银行的存放汇业务在私营行庄中的比重，比上年 10 月几乎增加了两倍②。

1950 年"二六"轰炸使上海工业遭受严重打击，四家银行的放款总额中，工业放款均在 85% 以上，呆滞情况十分严重。中国人民银行强调各公私合营银行要紧密团结，加强交流情报与业务联系，并要求从当年 2 月下旬开始，各行之间建立起业务会报制度。3 月，在中国人民银行的指导下，四行建立了定额存款制度，并以存款总额的 30% 定存于中国人民银行，中国人民银行则给予 7 天定存息另加 20% 的优惠计息。从 4 月开始，汇款业务也实行定额制度，要求每日争取 20 亿元的汇出款，汇兑差额由中国人民银行予以调拨的便利，并给予汇水折扣优待。另外，中国人民银行华东区行及上海分行各派代表与四家合营银行的代表组成"公私合营银行放款小组"，负责合营银行共同放款审核工作。

由于新华银行等四家公私合营银行，在业务上得到了国家银行政策上的诸多特殊照顾，并代理了国家银行指定的一些特殊业务，在

---

① 《新华银行、中国通商银行、中国实业银行、四明银行第一次联合经理会议综合记录》，载《新语》15 卷 13 期，1950 年 7 月 1 日。
② 《中华人民共和国经济档案资料选编·金融卷》(1949—1952)，第 960 页。

私营行庄遭遇经营困难之时,特别是 1950 年 3 月金融市场银根全面紧缩、私营行庄困顿不堪的情况下,各合营银行不仅渡过了危机,而且业务取得较快发展,在上海金融业中的比重也迅速提升,并占据压倒性的优势。四家公私合营银行存款、贷款和汇款所占上海市私营行庄的比重,从 1949 年 10 月的 7.79％、9.76％、8.54％,上升为 1950 年 5 月的 51.43％、37.78％、45.35％①。

"4＋1＋7"

新华银行等四家合营银行业务的良好发展引起了众多私营行庄的关注,一部分行庄开始"见贤思齐",考虑选择公私合营的形式。其中,建业银行首先向中国人民银行提出了公私合营的申请。

建业银行 1944 年 6 月在重庆成立,1946 年底该行总管理处迁到上海,设有上海、天津、汉口、重庆、成都、长沙、南京七个分行。建业银行初创时,中共地下党员龚饮冰曾以公费参与投资,并任该行常务董事,1945 年 2 月代理该行总经理,上海解放后任中国银行总经理并兼任建业银行董事长。1949 年底,李偶夫任建业银行总经理。

在众多私营银行中,建业银行设立年限较短,资力相对薄弱。在解放初期增资过程中,该行长沙分行因缺乏资金而结束,对该行是一个不小的打击。进入 1950 年,特别是"二六"大轰炸后,上海私营行庄出现集体倒闭现象,存款纷纷向公私合营银行集中,建业银行的业务也受到极大影响,存款大幅减少,加之利率降低,除天津分行外,各

---

① 张徐乐:《上海私营金融业研究(1949—1952)》,复旦大学出版社 2006 年版,第
　124 页。

分行均有赤字表现,且逐月增加,令人惊心①。为谋求生存,该行总经理李倜夫与兼任董事长龚饮冰商议后,决定向政府申请实行公私合营。他们认为,建业银行在成立之初,即有中共党组织的股本参加,"实为先天性的公私合营事业",如今请求改为公私合营,"不过是把已存在的事实使之明朗化而已"②。另一方面,建业银行股款中除了原有的公股以外,该行职工也愿意将公积股份作为公股,因此公股已占股份总额 50%以上,符合公私合营银行的条件。

据此,中国人民银行行长南汉宸认为,建业银行是以一部分革命资本与一部分民族资本结合而成,与官僚资本不同,且建业银行全行职工不到 200 人,包袱不重,欣然接受了这一申请。1950 年 4 月 20 日,中国人民银行总行分别向天津、汉口、重庆、成都分行及华东区行发出指示,将该行公开为公私合营银行。该指示说:"今后对建业的态度应照全国金融会议决定的方针,在我行政策指导下,认真执行政府金融法令,经营一般银行业务,为国家银行吸收与组织资金,扶助有利于国计民生的私营工商业,团结正当的私营银钱业,向投机者进行斗争的外围银行之一,把它同新华、中国实业同样看待。"③此后,建业银行天津、汉口、重庆、成都、南京分行先后在当年 5 月中旬前公开为公私合营银行,人民银行华东区行也于当年 7 月 4 日起,将建业银行上海分行列为公私合营银行④。建业银行宣布公私合营后,与

---

① 《建业银行总管理处致各位董监书》,1950 年 6 月 5 日,上海市档案馆藏建业银行档案,Q287 - 1 - 53。

② 《董监联席临时会议记录》,上海市档案馆藏建业银行档案,Q287 - 1 - 14。

③ 《中国人民银行指示为建业银行公开为公私合营银行由》,1950 年 4 月 20 日,上海市档案馆藏建业银行档案,Q287 - 1 - 49。

④ 《奉总行指示建业银行公开为公私合营银行由》,1950 年 7 月 4 日,上海市档案馆藏建业银行档案,Q287 - 1 - 14。

新华银行等四行并称"新五行"。至此，"新四行"实现了"4＋1"的变化，成为"新五行"。

图8-1　五行弟兄团结起来，把美帝蒋匪消灭干净，
为创造美好将来而努力！
（来源：《新语》16卷11期，1951年6月1日）

1950年8月，中国人民银行召开全国金融业联席会议，研究调整金融业中的公私关系、金融业与工商业的关系、金融业的劳资关系等问题。会议决定，由中国人民银行给私营行庄以转抵押、委托业务、调拨资金、汇兑折扣等多方面的业务支持。会议指出，私营行庄只有进行整顿改造、精简节约、服务于工商业，才能生存和发展，应当鼓励

私营行庄实行联营,这是私营金融业的发展方向。会后,许多全国性的大型银行纷纷要求国家银行加强领导,接受其官股,指派官股董事,实行公私合营。私营中小行庄则积极酝酿"联营"①。

在1951年2月18日召开的新华银行第六次员工大会上,王志莘指出,解放以后,新华银行和其他合营银行在本质上已起转变,行的地位提高了,任务也加重了,但两年以来合营银行在业务上还有抵触作用。他认为,将五家合营银行个别地看,力量薄弱,发生的作用不多,业务与私营行庄也没有什么不同,假使人行给我们一些更重大的任务,可能没有一家合营银行能够单独负责起来。他透露说,本行和兄弟行正在协商组织建立联合管理处,并要求全行员工摒弃本位主义,发扬整体观念②。

新华、中国实业、四明、中国通商、建业等五家合营银行,共有分支机构105处,分布在上海、北京、天津、汉口、广州、重庆等26个城市,全部员工3 600余人。这五家银行的业务在行庄中是比较好的,在全国银钱业机构中人员占25%、业务占33%。自宣布公私合营以后,由于自己创造了发展条件和进一步靠拢国家银行,在国家银行领导之下,无论在经营方式、业务作风、内部组织,以及职工关系各方面,都有过很多的改造与转变,因此克服困难较快,业务的发展超过一般行庄,1950年不仅能够做到保本自给且有盈余。但是,在工作中也还存在一些缺点,特别表现在与工商业的联系不够密切,对各行业的具体了解不够深入,对放款工作缺少计划性,片面的业务观点尚未完全清除,同时各行之间因客观环境与主观条件不同,在共同发展的

---

① 《中国金融通史》第6卷,中国金融出版社2002年版,第25页。
② 《王总经理在第六次员工大会中报告》,载《新语》16卷5期,1951年3月1日。

道路上，还有时发生脱节现象，抵消了一部分力量①。

有一个比较典型的例子。"新五行"中的中国实业银行，曾于1950年12月间贷款给上海市振兴毛纺织厂，帮助其解决政府加工订货所需的周转资金，但因为存在片面的业务观点，事先缺乏对该厂情况的深入了解，也未与有关部门联系，以致该厂资方获得大钻空子的机会；贷款放出后，又缺乏监督和检查，因而放款呆滞，收回期限一再转期。1950年12月30日一笔三亿二千万元的质押放款，期限原定七天，但后来竟连续转期九次（最长一次转期十四天），拖延时间达三个月之久，违背了放款是帮助企业单位短期周转的原则。这不仅使部分国家资金遭受了损失，且由于转期过多，养成了该企业的依赖性②。

《解放日报》为此专门发表短评《必须认真纠正放款工作的偏向》。该短评认为，中国实业银行的这种做法，在各种放款中间同样是严重存在的；并分析其原因为：① 对去年秋天以来经济情况的开始好转，与对每一具体贷款对象之企业经营是否正当和正常，混为一谈，不加分析和区别；② 思想上依旧存在着片面的业务观点，只求盈利，不讲政策，只求联系，不管正确与否，更不与实际情况相结合；③ 放款方式上沿袭着老一套的做法，不讲手续和不讲制度，无原则地迁就客户③。

对于种种情况和需要，各公私合营银行的同人，两年来已经有了共同的体验、共同的认识。同时，第二届全国金融会议决定，"建立合

①《新华等五行联合总管理处成立》，载《中国金融》第1卷第8期。
②《中国实业银行对振兴毛纺织厂放款不甚监督不够转期多次损失严重》，载《解放日报》1951年5月23日。
③《必须认真纠正放款工作中的偏向》，载《解放日报》1951年5月23日。

营银行的联合管理机构,实现进一步的集中领导"。五行董事会及其行政负责人根据自身的认识、结合政府的政策,在1951年2月下旬充分交换了意见,并拟具了设置合营银行总管理处的意见书。这一方案得到了五行职工的一致拥护,获得了人民银行的鼓励和支持,在各行董事会分别获得了通过。总的思路是集中管理,加强组织、统筹业务、统配财务,在保持各行原有法定地位,兼顾公私股东权益的原则下,组织公私合营银行联合董事会,为公私合营银行集中管理与经营的最高领导与决策机构;并由联合董事会组织联合管理处,为合营银行集中管理与经营的最高执行机构①。

为了迅速完成联合总管理处的筹备工作,即由各行董事会,推出代表,成立筹备处,分为三个小组进行筹备工作。

第一小组负责研究组织与人事配备问题,经过了多次会议后,拟定了联合董事会章程草案和总处组织大纲草案,建议由各行董事会推派代表董事,授予全权组织联合董事会,总管理处设置秘书、计划、检查、会计、业务、人事和业务七处。同时,因沪区业务数量占合营银行全国业务总量50%以上,需要专设机构来指挥策划,创造典型,该组一致认为有设立沪区业务委员会的必要。各处会的负责人选,也经该组初步协商,统一调配。

第二小组负责研究调配财务与统筹业务问题,经过了反复讨论,认为今后合营银行业务方面要逐步实现成为服务私营工商业的专业银行,总处成立后,沪区各单位业务应制订计划,统一经营,广泛与私营工商业建立联系,深入了解各行各业的具体情况,以经验创造典型,有步骤地走向专业化。外埠各分支行处的情况不同,应由总处根

---

① 《中国金融通史》第6卷,中国金融出版社2002年版,第25页。

据沪区经验,视当地分支情况制订计划,逐步实现统一经营。至于统配财务方面,为了兼顾公私股东权益,在各行财务未经正确估定价值以前,各行自有资产及一部分需要整理的负债,仍归各行自理,此类资产负债,所生损益亦仍归各行。至于存放汇及代理业务,统由总处集中经营,所生损益,拟定五行分配标准,由总处集中分配。

第三小组根据各行董事向董事会提出的意见书精神,同时根据第一第二两个小组的综合意见,深入研讨以后,拟定了"公私合营银行组织联合总管理处协议纲要草案"(简称"协议纲要"),决定总处的七个处设置在中实大楼,沪区业务委员会设置在新华大楼。

"协议纲要"经各行董事会分别通过,并推定代表签订,联合董事会于 1951 年 5 月 8 日成立①。新华银行参加联合董事会的公股董事是:谢寿天、孙及民、陈心波;私股董事是:冯耿光、王志莘、孙瑞璜。联合董事会推举中国人民银行副行长胡景沄为董事长,新华银行的公股董事谢寿天、私股董事王志莘被推举为常务董事②。

5 月 8 日,合营银行联合董事会假座中国实业银行西区支行举行成立大会,并决定了 1951 年业务方针,提供给即将成立的合营银行总管理处遵照施行。在 5 月 10 日召开的合营银行 1951 年全国行务会议上,陈穆主任宣布了合营银行的业务方针,其主要内容如下:

(1)为了配合国民经济计划化的准备,努力完成各项任务,进一步为国家经济建设服务,应广泛与私营工商业建立联系,深入了解各行各业的具体情况,逐步做好专业分工工作,并根据私营企业不同的情况与需要,分别订立各种业务联系合同,以协助生产之发展。

---

① 《合营银行联合总管理处筹备经过报告》,载《新语》16 卷 11 期,1951 年 6 月 1 日。
② 《中国金融通史》第 6 卷,中国金融出版社 2002 年版,第 25 页。

（2）加强征信工作，建立事前审核与事后检查的放款制度，并积极参加与推动联合放款，尽量解决私营工商业资金之困难。

（3）扩展押汇业务，降低押汇利率，大力协助土特产交流。

（4）简化手续，改进作风，加强服务，广泛与深入开展存汇业务。

（5）努力吸收侨汇，积极推进易货贸易，团结指定银行，组织外汇资金。

（6）整理各项投资事业，有重点地扶助其发展。

（7）通过业务计划与财务计划的编制，精打细算，降低成本，配合国家银行降低利率，逐步实施经济核算制，更多地积累资金。

（8）为扩展业务，面向内地发展，必须迅速调整各地分支机构，并统一调配人员，合理使用。

（9）在各地人民银行领导下，各项业务，须与国家银行密切结合，统一步调，增强力量[1]。

继五行联合董事会成立后，五行联合总管理处于 5 月 27 日正式成立，中国人民银行华东区行行长陈穆任主任，新华银行总经理王志莘任第一副主任。联合总管理处成立后，各行总行与分支处统归该总处直接领导管辖，所有各总行的管理部门归并于总处。同时成立沪区业务委员会，统一制定业务计划，经营管理上海地区的存、放、汇业务，孙瑞璜担任沪区业务委员会主任[2]。从这些人事安排上可见，新华银行在五家公私合营银行中具有相当重要的地位和影响力。

为祝贺公私合营银行联合总管理处成立，《新语》"休刊号"专门制版，发表了若干位领导的贺词手迹：

---

① 《合营银行联合董事会成立并制定业务方针》，载《新语》16 卷 10 期，1951 年 5 月 16 日。

② 《中国金融通史》第 6 卷，中国金融出版社 2002 年版，第 25 页。

集中力量,扶助工商业发展。(南汉宸)

把金融力量进一步组织起来,更有力地为工商业服务。(胡景沄)

正确执行金融政策,进一步扶植工商业发展生产,团结私营行庄,使其成为国家银行有力助手。(曾山)

国家资本主义是人民经济的五种成份之一,而公私合营企业则为国家资本主义的最高形式。希望公私合营银行加强组织,提高业务,公私双方更好的团结合作,更好的在国家经济领导下,发挥其积极性,俾在国家财经金融迈向计划化进程中,完成其光荣任务。(许涤新)

新华银行的同人也纷纷撰文,庆祝五行联合总管理处的成立。

孙瑞璜副总经理指出,适值上海解放两周年纪念,合营银行总管理处宣告成立,正可说是一个难得的日子。他认为,总管理处的成立,提出了新的要求:第一,要进一步向人民银行靠拢;第二,要努力团结私营行庄;第三,要保持整体观念;第四,要努力成为一个私营工商业专业银行①。

徐振东认为,新华、中实、四明、通商、建业五家公私合营银行,荟集其全部人力和资力,组织了联合总管理处。组织健全了,力量亦增加了好几倍,人力和物力不会再有浪费和抵消的缺憾,再以经营上将逐步走上计划化,必将发挥更大的力量。他认为,将来与人民银行、中国银行、交通银行有了更明确的分工,"对人民服务也能

---

① 孙瑞璜:《迎接总管处成立,争取新任务》,载《新语》16 卷 11 期,1951 年 6 月 1 日。

更进一步了"[1]。

李维城认为,解放了的中国,银行由个体经营走向联营,更由联营走向新民主主义的最高形态,完全是经济发展的顺序。作为建业银行的一员,他同时也认为,以新华之"大"、建业之"小"、通商之"老"、四明之"明"和中实之"实",冶为一体,一变而为认识之高、组织之强、团结之紧、进步之速以及完成任务之大的具体组织,"不能不归功于中枢神经的领导和指臂之相互为用"[2]。

董祥桐说,五行联合总管理处的成立,"象征我们灿烂的前程,从今天起我们进入了一个新阶段,从胜利走向更大的胜利"[3]。

人民银行上海分行金融管理处副处长王伟才指出,合营银行成立总管理处具有三个意义:① 这是表示国家资本主义经济在金融业中已经获得了进一步的巩固与提高,这一工作做得好,有助于整个国家资本主义经济的发展。② 这是为金融业的集中经营,创造了一个范例。解放以来,合营银行的各种做法,颇受私营行庄的重视。现在更进一步成立了联管总处,使得集中经营问题,由抽象的理论问题成为一个实际行动的问题,这对于一般私营行庄的影响,无疑是很大的。③ 这是表示公私合营银行进一步扶植工商业的开始。过去合营银行虽然对工商业进行了帮助,但那是缺乏计划的,是近乎盲目的。今后则将专业分工,通过有计划的放款,进一步扶助工商业,发展生产[4]。

---

① 徐振东:《欢迎五联总处的诞生》,载《新语》16 卷 11 期,1951 年 6 月 1 日。

② 李维城:《联管成立之我见》,载《新语》16 卷 11 期,1951 年 6 月 1 日。

③ 章祥桐:《走向新的胜利》,载《新语》16 卷 11 期,1951 年 6 月 1 日。

④ 王伟才:《集中经营是金融业的新方向》,载《经济周刊》13 卷 2 期,1951 年 7 月 12 日。

　　1951 年 5 月 27 日上午，五家公私合营银行联合总管理处成立大会在上海大光明大戏院召开。到会的有各机关首长、工商界人士及五行职工 2 000 余人，盛况空前。

　　那天早晨七时半，五行职工组织了一支 300 余人的宣传队伍，其中包括了 100 多人的混合乐队，配合了鲜艳的绸旗和宣传横幅，排成一个很长的行列，从江西路、北京路口出发，转入南京东路，直达会场，沿途观众围观如堵，大家都在说："这么大的乐队还是第一次看见。"的确，100 多位鼓手，奏出了同样的声音，踏着统一的步伐，"沐浴在祖国天空和熙的阳光下前进，象征着新中国经济建设无限光明的远景"。总管理处成立，恰逢上海解放后两周年纪念日，每个职工弟兄的情绪，都表现得格外的兴奋与愉快。

　　会场的布置庄严隆重，台前是首长席，稍后则是来宾席，台下坐满了五行的职工弟兄们，黑压压的。主席台正中上端，挂上了红底仿宋体白字的横幅，写着具有划时代意义的一列字"公私合营银行联合总管理处成立大会"。横幅下方正中挂着毛主席彩色巨幅肖像，肖像旁边，挂着两面鲜艳的国旗。讲台的两旁也挂了两条布幅："加强抗美援朝，争取镇压反革命斗争的胜利"，"努力国家经济建设，更好的为工商业企业服务"。台前散置着鲜花和各界道喜致送的花篮。

　　在台下观众席的墙上，左右两侧挂了同样字句的横幅："集中力量，加强团结，力求进步，在中国人民银行领导下，扶助工商业"，短短几句，指出了成立联合总管理处的意义和今后的任务。

　　沿着横幅过去，墙上挂满了工商界各业致送的锦旗和立轴，有的是白底红字，有的是黄底黑字，有的绣着"繁荣经济"，有的绣着"先进领导"……粗算在 100 幅以上，代表着无数工商业单位的心意。可以反映出，总处成立同样也是工商界所关心的一件大事。

成立大会于九时二十分在庄严的歌声中正式开始,主席团首长纷纷登台入座,会场又掀起了热烈的掌声。在各位首长讲话以后,全场高呼口号,热情高涨。五行女工代表登台献花、献旗,由总管理处正副主任等接受。乐队又奏起了雄伟的歌声,配合了暴风雨般的掌声,把整个会场的情绪带到最高潮。工会代表吾新民讲话完毕后,由奚副主任选读全国金融工商业庆祝总处成立的贺电。最后大会临时动议,由总处计划处毛处长报告,庆祝西藏解放,“要上电向毛主席和人民解放军致敬”,全体以赓续不断的掌声,一致通过这一提议,大会即在轰雷般的口号声中胜利结束①。

新华银行等五行联合总管理处成立后,新华银行的历史进入了新阶段。1951 年 6 月 1 日,《新语》出版了“休刊号”,这是配合着这一历史进程的适当措施。某种程度上说,《新语》就像是新华银行的缩影。王志莘撰文说:“我们为《新语》完成它的历史任务而欣慰;我们更为预祝总处刊物的成功而欢呼!”②

此前,1951 年 5 月 1 日出刊的《新语》刊发了一首诗,题为《人民的新华》,作者为丛延宗。该诗全文如下:

勇敢的新华
　　三十年来,
在风雨飘摇
　　重重难关中壮大。
诞生于军阀的魔掌,

① 桐:《集中力量为经济建设服务——记五行总管处成立大会》,载《新语》16 卷 11 期,1951 年 6 月 1 日。
② 王志莘:《为〈新语〉终刊号写》,载《新语》16 卷 11 期,1951 年 6 月 1 日。

成长于连年的战火。
挣脱官僚资本的牢笼，
争取人民勇士的荣耀。

可爱的新华
　　　年轻、活泼、蓬勃
是一个家庭，
是一所学校。
孕育了多少个经济战士，
充当生产战线上的前哨。

民主的新华
　　　大家是工人，
　　　大家是主人。
困难大家来清扫，
荣誉大家来分享；
千百个兄弟姊妹，
个个都是好当家。

前进的新华
奔腾在金融战程上的健马。
奔向祖国，
奔向人民。
为祖国驰骋
为人民流汗。

勇敢的中国共产党，

指引了前进的目标。

人民的新华

足印烙遍南北，

客户工农兵商；

做过渡的桥梁，

做大厦的骨干，

做队伍的领导。

人民要什么，

你就做什么。

广大的人民，

等待着人民的新华。①

从"勇敢的""可爱的""民主的""前进的"，到"人民的"，实际概括了新华银行历经风雨数十年的最终归宿。

新五行联合总管理处成立后，接受国家领导、整顿内部组织，因此开始获得业务上的迅速发展。中国人民银行副行长胡景沄撰文指出："今后对于行庄热切要求参加联合总管理处者，或者决心仿照此一形式进行联营者，均应予以鼓励。"②此后，新五行联合总管理处的阵营陆续扩大。

1951 年 9 月 1 日，浙江兴业银行、国华银行、和成银行宣布公私

---

① 丛延宗：《人民的新华》，载《新语》16 卷 9 期，1951 年 5 月 1 日。
② 王伟才：《金融业集中经营后的努力方向》，载《经济周刊》13 卷 13 期，1950 年
　9 月 27 日。

合营,并加入新五行联合总管理处,其分支机构均按照新五行办法,统归新五行联合总管理处直接领导和管辖。其中,和成银行是先退出原属的第一联营集团,再申请加入新五行联合总管理处的。

同日,中国企业银行归并于新五行联合管理处,改为公私合营银行联合总管理处中国企业分行。值得注意的是,中国企业银行是"归并",与其他银行"保留原有法定地位"有所不同,故也有统计未将其列入合营银行联合管理处成员单位的①。

1951 年 11 月 1 日,聚兴诚银行、源源长银行加入合营银行联合总管理处。

1951 年 12 月 1 日,浙江第一商业银行加入合营银行联合总管理处。

至此,合营银行联合总管理处的成员单位共有 12 个,原新五行联合总管理处的名称,改为公私合营十二行联合总管理处,实现了"4＋1＋7"的转变。

公私合营银行十二行联合总管理处成立后,新华银行实际已经融入了国家金融体系之中,王志莘等原新华银行高级管理人员的政治站位,也与之前有了很大的不同。

1951 年 10 月,在《中国金融》杂志举办的"中国人民银行成立三周年笔谈"中,王志莘指出,我们要明确认识到金融业是企业的枢纽,不仅要逐步把一切私营企业业务上的账款进出都透过银行,成为他们的一个好账房;同时,还要在贷款的取舍选择之间,给工商业一个指针,也就是替他们做一个很好的司机。他认为,金融业的从业员,

---

① 张徐乐:《上海私营金融业研究(1949—1952)》,复旦大学出版社 2006 年版,第140 页。

要主动地向工商业深入了解，紧密联系，帮助他们在组织上，从事一切改进的计划（例如联营、合并、合营）并帮助他们在业务财务上作好一切计划。他强调，各私营行庄已在国家银行领导之下，组织起来了，但是，金融业更要帮助一般私营工商业，在国营经济领导与金融业扶助下，也照样组织起来，通过工商业与金融业的密切合作，才能为社会一切经济建设创造更好的合作①。

同年 11 月，王志莘在《中国金融》撰文《为完成我们更重大的任务而奋斗》，他指出：联营只是一种方法，不是目的。我们是新民主主义的国家，目前在五种经济成分中，私人经济还占着很大的比重，它们的经营常是盲目的，无计划的。金融是综合性的经济事业，本身既走上了有计划的发展途径，更应该通过资金的供应与调剂，帮助私营工商业进行改造，促进其生产和财务的计划化。他认为，新的发展带来了新的情况、新的要求，今后我们的任务是更重大了，怎样来展开工作，完成使命呢？他提出：① 必须更加紧密地靠拢国家银行，服从人民银行的领导；② 参加联管成员要去除本位主义，全心全意执行联管工作，加强组织观念；③ 确立依靠工人群众的观点；④ 加强学习，提高政治认识，坚定为人民服务的信心②。

"新四行"阵容的逐步扩展，并最终走上统一领导、集中经营的实践，同时也为金融业的同行提供了示范。

数量诸多的中小行庄公司，在市场的压力和公私合营银行的示范之下，也纷纷要求实行公私合营。当时，政府对于金融业实行公私合营仍较慎重，不急于对中小金融机构全部实行公私合营；但又考虑

---

① 王志莘：《中国人民银行成立三周年笔谈》，载《中国金融》1 卷 12 期。
② 王志莘：《为完成我们更重大的任务而奋斗》，载《中国金融》1 卷 11 期。

分散经营给市场造成的波动，决定先鼓励实行集体联营，然后走向联合管理。在中国人民银行的推动与帮助下，上海四十余家私营中小行庄彼此联络，在 1950 年 7 月相继组成私营金融业第一、二、三、四联营集团，进行多种业务的联合经营，共同承担风险。在实际经营运作中，这些联营集团确实没有让成员行庄因经营困难而停歇，有助于维持整个金融业和市场的稳定①。

当时，在早期的合营银行与中小行庄公司联营集团之外，还有一些规模较大的私营银行，包括上海商业储蓄银行、浙江兴业银行、浙江第一商业银行、国华银行（以上合称南四行）、金城银行、中南银行、大陆银行、盐业银行、联合商业储蓄银行（以上合称北五行）、聚兴诚银行、和成银行（以上为川帮银行）、源源长银行等，这些银行在全国各地设有不少分行，资产规模和业务规模都比较大，但在 1950 年上半年经营情况却不如人意。上述 11 家银行中，除浙江第一商业银行、联合商业储蓄银行两家有少量盈余外，其余均出现了亏损，数额达 233 亿。这个数字还是在变卖外汇或出售房地产弥补后的账面亏损，实际业务亏损更大，并且这种亏损还在继续进行中②。现实使这些银行普遍认识到，必须选择公私合营的道路。他们纷纷主动请求政府接管属于依法应予没收的敌伪股份，并派出董事加以领导。

1951 年 7 月，中国人民银行同意上海商业储蓄银行扩大公股成分，增派公股董事，转为公私合营。此后不久，被称为"北五行"的金城、盐业、中南、大陆、联合等银行也实行公私合营，并在同年 9 月成

---

① 吴景平：《20 世纪 50 年代中国金融制度变迁的历史考察》，载朱佳木主编：《当代中国与它的发展道路》，当代中国出版社 2010 年版，第 400 页。
② 张徐乐：《上海私营金融业研究（1949—1952）》，复旦大学出版社 2006 年版，第 130—131 页。

立"北五行"联合总管理处①。

如前所述,1950 年 6 月、7 月间,上海市的 42 家私营中小银行和钱庄,为求生存和发展,曾先后组建了四个私营金融联营集团。至 1951 年 10 月,这四个私营金融联营集团,则整合成立了金融业第一、第二两个联营总管理处,由中国人民银行接管其中的官股,并委派公股董事,所有联营联管的办法,均仿照公私合营银行联合总管理处,实现业务、财物和人事的统一规划安排②。

新征程

从 1951 年底至 1952 年 10 月,全国范围内在党政机关工作人员中开展了"反贪污、反浪费、反官僚主义"的"三反"运动,在私营工商业者中开展了"反行贿、反偷税漏税、反盗骗国家财产、反偷工减料、反盗窃国家经济情报"的"五反"斗争。

"三反""五反"运动对于上海金融业的影响是巨大的。上海金融业除上海商业储蓄银行、新华银行等 13 家行庄在人民银行华东区行直接领导下进行了"三反"运动外,其余 50 余家行庄也全部参加了"五反"运动,其中包括北五行、两个联营集团及三家华侨银行,另外尚有典当业及保险业 27 家③。国营、合营企业通过"三反"运动,为此后的生产建设在思想上打下了基础。私营企业的职工通过"五反"运

---

① 吾新民主编:《新华银行简史》上篇(1914—1952),1998 年,内部印刷品,第 79—81 页。
② 《中国金融通史》第 6 卷,中国金融出版社 2002 年版,第 25 页。
③ 《上海金融业五反运动情况与收获》,载《中国金融》1952 年 7 期,1952 年 7 月 4 日。

动,站稳立场,积极地揭发检举资本家的"五毒"行为,阶级觉悟大为
提高①。

　　与此同时,金融业发展过程中自身存在的一些严重问题也是不
容忽视的。时任上海财金学院教务长的著名学者吴承禧,应邀在中
国金融学会上海分会学术演讲会上作了一次报告。他指出,从 1952
年 6 月底统计数字看,上海金融业的存款放款都减少,其中又以放款
减少为甚,存款数额比上年底减少了 45%,放款总额减少了一半以
上,与此同时利率降低,金融业的总收入也随之减少,而开支并未减
少,金融业每月要亏 100 亿元以上。他认为,上海的金融业实际上已
经不能养活自己,业务规模与机构、人事规模极不相称(上海 9 000 多
从业人员中,工友占 2 500 人,职员与工友约为三比一);目前这个没
有经过彻底改造的旧金融体系,已经不能适应新中国经济发展的规
律和要求,必须由现行的联管进一步合并,紧缩机构,精简人事,在人
民银行有计划有组织的领导之下,配合国内经济建设的发展,充分发
挥扶持生产的力量②。

　　时任公私合营银行联合总管理处副主任王志莘指出:联营、联
管原是进步的方式,可是,从个别分散经营的行庄转入联营、联管后,
经过一年半时间,发觉改造非易,收效甚微,机构未能调整,人事未获
精简,制度未见改善,同业盲目竞争的作风依然存在,人情放款依旧
不免,损人利己、唯利是图的思想依旧浓厚,所以在联营机构中,统一
待遇、统配人事等新的管理制度未能普遍推行,专业分工、一户一行

---

① 吾新民:《为迎接祖国伟大的经济建设,彻底完成金融业的改造而奋斗》,载
　《中国金融》1952 年 10 期,1952 年 8 月 20 日。
② 吴承禧:《"三反""五反"后上海金融业的情况及其前途》,载《中国金融》1952
　年 10 期,1952 年 8 月 20 日。

等新的经营方法,商议日久而未能推行。他认为,这充分说明一切新的制度,新的方法,如不建立在国家人民利益的思想上,是推不动的。他强调,银行、钱庄必须积极参加转变,在人民银行的领导下,加强金融业的集中性、统一性、计划性①。

1952年4月,中央人民政府作出了全面改造金融业的决定,对金融业臃肿的机构进行裁并、调整,对职工进行统一调配,妥善安排。当时恰好西北各省金融人才十分缺乏,急需一大批具有业务专长、技术熟练的人员去充实和加强。人民银行华东区行行长陈穆向中共上海市委、市政府汇报后,潘汉年副市长指出,人员安排是金融业改造成败的关键,要从全国一盘棋出发,动员一批有经验的金融职工去支援大西北;做到由职工以爱国主义精神自觉请缨,主动报名,然后再由领导根据情况批准,使去者高兴,留者安心。为了充分做好动员工作,在人民银行华东区行的领导下,此项工作由上海市金融业改造工作委员会负责进行。经过宣传动员,广大金融职工在"好儿女志在四方"的口号鼓舞下,满怀豪情壮志,纷纷报名,争先到祖国最需要的地方去②。

1952年8月27日,上海金融业职工响应祖国建设号召动员大会在天蟾舞台举行,参会的上海职工代表计3 000余人,潘汉年副市长在动员报告中指出:"上海金融业必须进行彻底的改组,这个办法已经得到中央人民政府的同意。"他同时强调,政府一定要做到使每人不失业,要为人民服务,并号召大家积极参加西北的建设。人民银行

---

① 王志莘:《银行钱庄应争取转变,迎接国家有计划的经济建设》,载《中国金融》1952年10期,1952年8月20日。
② 吾新民主编:《新华银行简史》上篇(1914—1952),1998年,内部印刷品,第82—83页。

华东区行陈穆行长在会上宣布了支援西北人民银行工作的相关待遇：① 凡自愿报名参加西北工作的同志，其直系及供养眷属均可同往，并由公家负责觅妥住房（房租自理）；② 前往西北旅费（包括宿费、膳费、行李费）全部发给，如眷属随往或眷属不随往而返回原籍者亦全部发给旅费；③ 眷属迁往西北后，根据人口多少发给原工资 20天至 30 天的安家费；④ 参加西北工作同志之配偶在上海或他地有职业者，如随同赴西北，当地人民政府保障其职业；⑤ 参加西北工作同志之同往眷属，如有工作能力，并愿意工作者，当地人民银行尽先协助其获得职业；⑥ 到西北后在 6 个月内仍按上海原工资额度发给；⑦ 6 个月后根据工作能力，按照政务院统一规定工资额度发给。会议当场，就有 896 人报名①。

到 8 月 30 日，报名者达 6 200 余人，占全市金融业职工 2/3 以上。第一批批准的是 2 031 人，因又有坚决要求支援者，再度批准了 28 人，前后共计 2 059 人，连同眷属共 4 600 余人，自 9 月 19 日起至 10 月 18日分五批出发。在出发之前召开了万人欢送大会，政府特备专车，各首长亲自到车站欢送，沿途并有各地人民银行工会迎送，情况甚为热烈。到西安后，人民银行西北区行组织了 600 人的服务大队，热情地接待他们和眷属及行李到达旅舍，并由区行行长亲自主持召开欢迎大会。"所有职工都感到欢欣鼓舞，愉快地按期分赴西北各地"②。这其中，就有新华银行职工 283 人。他们离开了繁华的大都市，前往相对艰苦的陕西、甘肃、青海、新疆等省(区)。许多人都表示了此去西北，

---

① 《上海金融业职工热烈响应祖国建设号召》，载《中国金融》1952 年 12 期，1952年 9 月 20 日。

② 《上海金融业职工两千人响应建设祖国号召，光荣地走向大西北》，载《中国金融》1952 年 16 期，1952 年 11 月 20 日。

安家立业，义无反顾的决心。有的退掉了在上海所住的花园洋房，有的卖去钢琴家具，有几对青年还在出发前举行集体结婚典礼①。

这批金融职工浩浩荡荡去支援大西北建设，开创了上海各行各业，以及以后百万职工陆续支援内地建设的先河。当时担任人民银行西北区行行长，后来调任中国人民银行总行副行长的乔培新，30多年以后的 1986 年，在陕西视察工作时，评价当年上海金融职工支援西北这一行动时，深有感触地说："当时西北地区金融职工文化水平和业务水平不高，帐务错乱严重，上海金融职工来了以后，很快查清了错帐，帮助建立和健全了会计制度，开拓了各项业务。"他一再强调："这两千多名金融职工奉献了青春年华，建设了西北金融，对他们的贡献应充分肯定。"他们中的许多人后来都成为西北各省（区）人民银行的业务骨干，在黄土高原、天山脚下生根、开花、结果，先后担任了省（区）及其以下各级银行的行长、副行长、处长、科长、总经济师、总会计师等领导职务，有的成了省（区）市金融研究所所长、研究员、金融报刊总编辑，以及大专院校的教授等②。

应当指出，联合管理之不同于一般的联营组织，就在于联合管理在业务、财务、人事各项工作已经得到了统筹统配。除了资本尚未统一以外，基本上已经形成了一个整体。各参加联合管理的单位名称虽依旧存在，但实际上已经是一个分支机构。一定时间之后，经过了重估财产与调整资本工作，即可顺利进入合并，成为一个整体③。

---

① 吾新民主编：《新华银行简史》上篇（1914—1952），1998 年，内部印刷品，第82—83 页。
② 同上。
③ 王伟才：《金融业集中经营后的努力方向》，载《经济周刊》13 卷 13 期，1950 年9 月 27 日。

　　1952 年 12 月，全国 60 家公私合营及私营银行、钱庄、信托公司，在服从国家银行的领导，保证私股权益地位条件之下，经过全面性改造运动，合并组织成立了公私合营银行。这个公私合营银行和原来新华等十二行、金城等五行、上海银行、第一联营、第二联营等五个公私合营的金融系统已经不同，它是中国人民银行总行直接领导之下的全国性金融机构，它的任务主要是配合国家银行积极扶持有利于国计民生的工商企业的发展①。

　　作为集中此前所有公私合营银行的大一统组织，公私合营银行在北京、天津、上海、汉口等 14 个城市设立分行，其中 11 个分行的行长是由所在地中国人民银行分行副行长兼任；各分行名义上受公私合营银行联合总管理处和当地人民银行分行的双重领导，除了财务、会计由公私合营银行联合总管理处管理、损益自理外，业务、人事均归当地中国人民银行分行管理。根据 1953 年 8 月制订的章程规定，公私合营银行经中国人民银行核准，可以经营如下业务：① 代理人民银行储蓄业务；② 办理私营工商业存、放业务及各种出进口外币贷款、押汇及代收款项；③ 办理华侨汇款；④ 办理银行信托业务；⑤ 办理经核准之其他有关业务。而公私合营国外行处可以经营当地法令许可的一切银行业务②。可见，公私合营银行无论作为整体还是分支机构，主要业务被限定在私营企业存放款以及中国人民银行的某些代理业务方面，不能单独与公营企业发生业务联系。

　　除新华、中国实业、浙江兴业、国华、聚兴诚、和成、浙江第一、盐业、金城、中南、上海等 11 家大银行在香港或国外有分行，为适应国

---

① 《公私合营银行总管理处迁京》，载《中国金融》1953 年 10 期，1953 年 5 月 20 日。
② 《中华人民共和国经济档案资料选编(1953—1957)》金融卷，中国物价出版社 2000 年版，第 38—39 页。

外业务需要而保留外,其余行庄名号,一律撤销。新成立的公私合营银行联合董事会由 103 人组成,其中有人民银行指派的公股董事 27 人,各系统推举私股董事 76 人。中国人民银行总行副行长胡景沄任董事长,陈穆、周作民、谢寿天、项叔翔、王志莘任副董事长。1952 年 12 月 1 日,联合总管理处正式成立,陈穆任总经理,王志莘任第一副总经理。同日,公私合营银行上海分行成立,项伟略任经理,孙瑞璜任第一副经理。原新华银行许多上层人士和职工中新涌现的优秀人才成为公私合营银行的各级领导骨干。各行庄在上海的原有机构 128 处调整合并为 35 处。其中原新华银行总行行址改为公私合营银行上海分行江西中路第三办事处。在上海金融业进行改造的过程中,全国各地区的金融业也在当地人民银行的领导下同步改造完成,在各大城市相继建立了公私合营银行的分行①。

　　王志莘在《中国金融》撰文指出:人民银行在这次金融业改造中,发挥了领导机构的爱护备至和照顾周到的精神。他具体列举了四个方面:第一,改造是为了符合国家利益,这是大家所深切了解,也是大家衷心拥护改造的根源;第二,机构因地制宜地裁并,照顾了客户的便利,人事的精简则为减低成本、减低利息,创造了更有利的条件,照顾了私营工商业的利益,尤其不使一个行庄倒闭,更保障了人民的私有财产;第三,私股的权益,也获得了保障,以具体行动表现了公私兼顾,增强民族资本家的经营信心和认识;第四,全体职工普遍地获得照顾,一致地提高了认识,愿为国家贡献一切力量。他强调,以上各方面的苦心孤诣,细致周到的照顾,表现了政府对

---

① 岳新民主编:《新华银行简史》上篇(1914　1952),1998 年,内部印刷品,第 83—84 页。

人民的考虑周密的负责态度，也再一次证明了"公私兼顾""内外兼顾"而能达到"发展生产、繁荣经济"目的的新民主主义制度的优越性①。

　　1952 年 12 月 26 日，公私合营银行联合董事会召开第一次常务董事会议，议决将董事会及总管理处由上海迁往北京，其主要意义是：① 便于接受中国人民银行总行的领导，以便更好地执行国家金融政策，在国家大建设中发挥一定作用。② 加强对国内外分支行处的领导。1953 年 5 月 5 日，公私合营银行联合董事会和总管理处均迁抵北京，联合董事会设于北京西交民巷原大陆银行旧址，总管理处设于西交民巷金城银行旧址，并于 5 月 5 日开始办公②。

　　1953 年 5 月 26 日，人民银行总行和人民银行总行工会联合召开了欢迎大会，欢迎公私合营银行董事会和总管理处迁京。人民银行总行黄亚光副行长、私人业务管理局陈穆局长和朱川副局长、总行工会高俄光主席，以及公私合营银行总处的全体员工都出席了大会。合营银行总处王志莘副主任和工会主席封根泉一致表示，要在人民银行总行领导下，努力学习，加紧工作，完成祖国建设任务。③

　　1953 年 7 月 6 日，公私合营银行联合总管理处召集各地分行代表，在北京举行清估财产专业会议。陈穆主任在报告中指出，公私合营银行要对所有财产进行全面的清理和估价，把财产统一起来，发掘其潜在力量，并加以充分利用。他强调，这项工作关系到合营银行财

---

① 王志莘：《为金融业彻底改造的伟大胜利而欢呼》，载《中国金融》1952 年 18
　期，1952 年 12 月 25 日。
②《公私合营银行总管理处迁京》，载《中国金融》1953 年 10 期，1953 年 5 月 20 日。
③《在国家银行领导下继续前进》，载《中国金融》1953 年 12 期，1953 年 6 月 22 日。

务状况，关系到企业前途，关系到全体职工利益等各方面，必须要
做好①。

　　1954 年 9 月起，人民银行的私人业务管理机构与合营银行合并
办公，公私合营银行的业务全部纳入了国家计划。此后，公私合营银
行也不复有独立的业务经营和投资活动②。

　　1957 年 7 月，随着工商业全行业的合营基本完成，公私合营银行
的机构、人员、业务、财产，全部转移入了中国人民银行。合营银行董
事会暨上海办事处等机构名义上仍予以保留，但关于发付股息公费
及其他股务事宜，规定由人民银行各地分支行派员以合营银行名义
代为办理③。至此，可以说中国金融体制已经是清一色的国家所有
制，实行了高度集中的"大一统"计划体制。

　　从 1953 年到 1957 年的实施过渡时期总路线和第一个五年计划
时期内，整个私营工商业开始并基本完成了公私合营，在金融领域则
彻底去除了"合营"的名义，实现完全的国营体制。应该说，新华银行
在中华人民共和国成立以后，作为国家银行的助手和公私金融业的
桥梁，在对私营金融业社会主义改造的过程中发挥了"领头雁"的作
用，并在与金融业一起改造、演变的过程中胜利地完成了其历史使
命。新华银行香港分行则从新的起点，翻开了的历史新章。

　　如何看待和认识新华银行公私合营的这段历史，作为当事人的
周耀平，有着自己的观点。

---

① 《公私合营银行清估财产专业会议胜利闭幕》，载《中国金融》1953 年 16 期，
　 1953 年 8 月 22 日。
② 《中华人民共和国经济档案资料选编(1953—1957)》金融卷，中国物价出版社
　 2000 年版，第 41—42 页。
③ 尚明主编：《新中国金融五十年》，中国财政经济出版社 2000 年版，第 70 页。

　　上海解放初期，周耀平曾坚定地认为，上海解放时大多数银行都是私营的，必须要整顿。他认为，私营银行起初被接收后，第一步先改造成公私合营，第二步是全部合并到人民银行，这一合并过程中，新华银行当然要被取消了。他认为："取消私营银行，这是共产党经济政策的一个非常重要的方针。"他后来回忆说："1949 年冬天到 1955 年，这个五年，是不断地运动，不断地改造，真是闹得天翻地覆。当时我的情绪很高，虽然有很多事情我不大理解，但总觉得这是一个大改造、大前进，所以我当时也是衷心拥护的。"①

　　1951 年，因之前已发表和出版过一些关于拼音和文字改革的论文和书籍，周耀平被中国文字改革委员会邀请担任汉语拼音方案委员会委员。

　　1952 年，上海大专院校进行院系调整，将华东二十余所大学的财经系科或经济研究所都并到了上海财政经济学院，周耀平从复旦大学调往上海财金学院担任教授②。

　　1955 年 10 月，周耀平到北京参加中国文字会议，会后即被留在中国文字改革委员会工作，参与制订汉语拼音方案③。

　　1980 年，香港"中国语文学会"邀请周耀平偕同夫人，赴港作一次公开演讲，这是周耀平 1949 年以后第一次去香港，也是他第一次到内地以外的地区去作演讲，题目是"中国文字改革的现状和问题"。此次到香港，他特地访问了新华银行香港分行。新华银行当初在香港设立分行时，根据当时状况，在伦敦登记，作为一个独立的银行在

① 周有光：《逝年如水：周有光百年口述》，浙江大学出版社 2015 年版，第 264—265 页。
② 同上书，第 162 页。
③ 范炎培编著：《周有光年谱》，群言出版社 2012 年版，第 71—76 页。

香港经营。其营业执照挂在银行大厅并写明了该银行的主要董事，周耀平就是其中一人，代表的是新华银行总行。中华人民共和国成立前夕，新华银行在香港不算一家大银行，只有一两个办事处，但周耀平此行却发现，新华银行已发展到有 77 个办事处①。

周耀平后来回忆说，他这次去香港，真正印象深刻的是经济问题。他说："30 年之前，我觉得银行全由国家来办理是对的，银行让商人、私人资本来办理是不对的。可是 30 年之后的今天——1996 年，中国内地已经有很多外国的私人资本的银行来经营业务，同时也允许中国人用私人资本加入银行。"他认为："在今天看来，把国内的新华银行以及其他所有私人银行都取消，对中国的经济发展并不一定是一件好事情。"他说，"人的思想是会变的"②。

确实，毕竟，这个世界也是始终处在不断的变化之中。

1952 年初，公私合营银行各行在香港地区的分行，包括盐业银行、金城银行、中南银行、新华信托储蓄商业银行、国华商业银行、浙江兴业银行、中国实业银行、聚兴诚银行、和成银行 9 家银行，联合成立了公私合营银行联合总办事处，统一领导各行在港分行。

1954 年，中国实业、聚兴诚、和成 3 家银行的香港分行宣布结业，新华银行等其余 6 家则继续营业，直到 1958 年统一归由中国银行驻香港总稽核室领导，原设立的公私合营银行联合总管理处宣布取消③。

---

① 周有光：《逝年如水：周有光百年口述》，浙江大学出版社 2015 年版，第 412 页。
② 同上书，第 413 页。
③ 冯邦彦：《香港金融史(1841—2017)》，三联书店(香港)有限公司 2017 年版，第 253—255 页。

1957 年 2 月 6 日,《人民日报》第一版刊登消息：据新华社 5 日电,全国人民代表大会代表、中国民主建国会中央委员会委员、公私合营银行副总经理王志莘先生患胃癌症,经北京、上海等地名医诊治无效,于本月 2 日在上海逝世。由陈叔通、黄炎培、盛丕华、刘述周等人组成的王志莘先生治丧委员会正在进行治丧事宜,决定 10 日在上海举行公祭①。

同日,《解放日报》发布了王志莘治丧委员会成立等相关消息,王志莘治丧委员会发布的讣告,更为详细列举了王志莘生前担任的职务：全国人民代表大会代表、中国民主建国会中央委员会常务委员、中华全国工商业联合会常务委员、中国银行常务董事、交通银行董事、公私合营银行副董事长兼副总经理;并决定 2 月 10 日下午三时假胶州路万国殡仪馆举行公祭。(瞻仰遗容时间为 2 月 10 日下午一时至三时。)②

2 月 10 日,上海市各界代表公祭王志莘先生。灵前陈列着全国人民代表大会常委会、中共中央统战部、全国工商联、全国人大常务委员会副委员长黄炎培等致送的花圈。公祭由盛丕华主祭,金仲华、刘述周、荣毅仁、黄亚光、常紫钟、胡厥文、沈克非和孙瑞璜等陪祭。治丧委员会主任王性尧宣读了全国人民代表大会常委会、民建中央常委会等的致唁电③。

1965 年底,香港地区共有中资银行 12 家,包括中国银行香港分行、交通银行香港分行、广东省银行香港分行、南洋商业银行(成立于

---

① 《全国人民代表大会代表王志莘病逝》,载《人民日报》1957 年 2 月 6 日。
② 《王志莘治丧委员会成立,定于本月十日举行公祭》,载《解放日报》1957 年 2 月 6 日第 2 版。
③ 《本市各界代表公祭王志莘先生》,载《解放日报》1957 年 2 月 11 日第一版。

1950年)、宝生银行(成立于1949年)、华侨商业银行香港分行、盐业银行香港分行、金城银行香港分行、中南银行香港分行、新华银行香港分行、国华银行香港分行、浙江兴业银行香港分行等。在港中资银行中,中国银行和交通银行是香港银行公会理事,南商、新华、中南、金城、国华、浙江兴业等为外汇授权银行。其中,中国银行香港分行是各行中历史最悠久、实力最雄厚,经营范围最广泛的银行,因此成为中资银行的核心。

1975年6月,经中国银行总管理处同意,在港部分中资银行,包括中国、交通、新华、金城、中南、盐业、浙江兴业、国华、广东省银行等9家银行决定扩大各行总行的股本额,股本增加部分全部为政府股本。其中,中国银行股本从1 980万元人民币增加到4亿元人民币。私股由原来占1/3,下降到1.6%,公股由原来占2/3增加到98.4%。其他银行情况大体相似。新华银行股本从原有的900万元人民币,增加到8 000万元①。

1999年,中国银行开始对中银集团进行了全面结构重组,以在香港地区注册的宝生银行为载体,将集团内的8家在内地注册银行的香港分行(中银、广东省银行、新华、中南、金城、国华商业、浙江兴业及盐业银行)、广东省银行及新华银行的深圳分行,以及在香港地区注册的华侨商业银行的业务,注入宝生银行,而宝生银行则改名为"中国银行(香港)有限公司"②。至此,"新华银行"的名称正式退出了历史的舞台。

2017年1月14日,周耀平去世,享年112岁。

---

① 冯邦彦:《香港金融史(1841—2017)》,三联书店(香港)有限公司2017年版,第253—255页。

② 同上书,第381—382页。

主要参考资料

一、档案

上海市档案馆藏新华银行档案，全宗号：Q269。

上海市档案馆藏建业银行档案，全宗号：Q287。

《中华人民共和国经济档案资料选编（1949—1952）》金融卷，中国物资出版社 1996 年版。

《中华人民共和国经济档案资料选编（1953—1957）》金融卷，中国物价出版社 2000 年版。

二、报刊

《新语》《经济周报》《解放日报》《中国金融》《合营银行通讯》。

三、著作

吾新民主编：《新华银行简史》(1914—1952)，内部印刷品，1998 年。

《中国金融通史》第 6 卷，中国金融出版社 2002 年版。

当代中国研究所编：《中华人民共和国史编年》(1951 年卷)，当代中国出版社 2007 年版。

中共上海市委党史资料征集委员会主编：《上海市金融业职工运动史料》(第三辑)，1990 年。

中共上海市委党史研究室：《中国共产党上海史（1920—1949）》，

上海人民出版社 1999 年版。

　　中国人民银行上海市分行编：《上海钱庄史料》，上海人民出版社 1960 年版。

　　于光远主编：《经济大辞典》，上海辞书出版社 1992 年版。

　　洪葭管主编：《上海金融志》，上海社会科学院出版社 2003 年版。

　　陈立群编：《上海·1949》，同济大学出版社 2019 年版。

　　朱佳木主编：《当代中国与它的发展道路》，当代中国出版社 2010 年版。

　　陈先：《九十纪行》，中国计划出版社 2010 年版。

　　张徐乐：《上海私营金融业研究(1949—1952)》，复旦大学出版社 2006 年版。

　　张徐乐：《上海钱庄的最后时光》，上海远东出版社 2021 年版。

　　尚明主编：《新中国金融五十年》，中国财政经济出版社 2000 年版。

　　周有光：《逝年如水：周有光百年口述》，浙江大学出版社 2015 年版。

　　范炎培编著：《周有光年谱》，群言出版社 2012 年版。

　　冯邦彦：《香港金融史(1841—2017)》，三联书店(香港有限公司) 2017 年版。